中国审判指导案例精选与参考适用丛书

侵权责任纠纷
案例精选与参考适用

人民法院出版社
《法律家》实践教学编委会 编

精选权威案例，提炼150多个常见裁判规则

依托大数据资源，扫描二维码见裁判原文/启发办案思路，指引同类案件裁判标准和尺度

案例来源·基本案情·判决主文·裁判要旨·重点提示

人民法院出版社

图书在版编目（CIP）数据

侵权责任纠纷案例精选与参考适用 / 人民法院出版社，《法律家》实践教学编委会编．
—北京：人民法院出版社，2018.10

（中国审判指导案例精选与参考适用丛书）

ISBN 978－7－5109－2292－3

Ⅰ.①侵…　Ⅱ.①人…　②法…　Ⅲ.①侵权行为－民事纠纷－案例－中国
②侵权行为－民事纠纷－法律适用－中国　Ⅳ.①D923.05

中国版本图书馆 CIP 数据核字（2018）第 232912 号

侵权责任纠纷案例精选与参考适用

人民法院出版社、《法律家》实践教学编委会　编

策划编辑：李安尼　责任编辑：刘晓宁
出版发行：人民法院出版社
地　　址：北京市东城区东交民巷 27 号（100745）
电　　话：（010）67550572（责任编辑）　67550558（发行部查询）
　　　　　65223677（读者服务部）
客服 QQ：2092078039
网　　址：http://www.courtbook.com.cn
E－mail：courtpress@sohu.com
印　　刷：天津嘉恒印务有限公司
经　　销：新华书店

开　　本：787×1092 毫米　1/16
字　　数：460 千字
印　　张：30.5
版　　次：2018 年 10 月第 1 版　2018 年 10 月第 1 次印刷
书　　号：ISBN 978－7－5109－2292－3
定　　价：98.00 元

编辑委员会

前　言

最高人民法院一向重视案例在司法审判中的作用，自上世纪五六十年代开始，就有通过编选案例来总结审判工作经验、指导审判工作的习惯。自1985年起，最高人民法院编辑的《最高人民法院公报》定期公开出版发行，并在《公报》中发布典型案例，登载该案例的裁判摘要或裁判要点。2010年最高人民法院发布《关于案例指导工作的规定》，建立了在司法审判中“类案参照适用”的规则与制度。同时，最高人民法院规定了作为“类案”标准的“指导性案例”的来源、甄选、审查、发布的规则。到目前为止，最高人民法院已经发布一定数量的指导性案例。这些案例对统一法律适用，提高审判质量，维护司法公正，起到了相当大的作用。

但与此同时应当看到，我国案例指导制度建立的时间仍相对较短。最高人民法院对推出指导性案例较为慎重，其发布的指导性案例数量较少而司法实践中对指导性案例的需求量又很大，现有的指导性案例尚不能完全满足司法实践中对指导性案例的需求。因此，就需要有其他具有一定权威性和规范性的典型案例在司法审判工作中类比参考适用。

基于上述情况，为满足司法实践中对具有指导性作用案例的需求，人民法院出版社与《法律家》实践教学编委会合作共同推出了《中国审判指导案例精选与参考适用》丛书。本丛书从最近几年《最高人民法院公报》中发布的案例和最高人民法院各审判庭选择公布的案例中精选部分对我国司法审判工作有一定指导与示范作用的典型案例，提炼出体现认定事实和适用法律裁量标准范式的“裁判要旨”，在法理上深入论述，并着重指出比照适用的要点。

本丛书为开放式丛书，先推出四册，分别为：《买卖合同纠纷案例精选与参考适用》《民间借贷纠纷案例精选与参考适用》《房屋拆迁、土地纠纷案例精选与参考适用》《侵权责任纠纷案例精选与参考适用》。每一分册在体例上均包含案例来源、基本案情、判决主文、裁判要旨、重点提示五部分。

本丛书具有以下显著特色：

1. 权威准确。本丛书由专家、学者编选、审定，通过对每个案例核心内容的深入阐述、分析和解读，形成对认定事实和适用法律的一般性规则，具有较高的权威性和准确性。

2. 实用方便。本丛书对选取案例进行逐个梳理，通过对案例裁判要旨的提炼、法律修订前后的对比，编辑出契合司法审判中常遇问题的专家观点，使本丛书更具实用性，方便易用。

3. 内容丰富。本丛书选取的案例均是各级人民法院民事审判实践中涉及最多的案例。本丛书依托案例大数据资源，对民事审判实践中较常见的争议点进行归纳总结，准确抓住案件认定事实和适用法律的关键点，对民事审判实践中适用本案例时要注意的问题，作了重点提示。

4. 传统纸媒与数字内容深度融合。鉴于本丛书涉及的案例和裁判文书原文内容庞大，悉数收录全文将增大图书内容篇幅、不便于阅读，遂本丛书纸质部分仅提供了案例渊源、基本案情、判决主文、裁判要旨、要点提示五部分内容。读者可扫描相应位置的二维码，进入“法律家 www. fae. cn”数据平台查看裁判文书原文。

最后，要着重强调，正是由于本书所选取的案例中裁判法官们具有深厚的学术造诣、严谨的执法态度以及在司法实践中积极探索的精神，才使本丛书中的案例能够成为司法实践中具有指导性作用的案例，成为中国法学理论界、法律实务界和社会各界学习、研究、适用法律的范本，在此特表示感谢。

人民法院出版社

《法律家》实践教学编委会

二〇一八年十月十二日

目　录

第一章　审理程序（12 例）

一、诉讼主体（3 例） …………………………………………（1）
1. 人身损害赔偿案中民事诉讼主体资格的认定 ………………（1）
2. 刑民交叉案件民事赔偿责任的认定 ……………………………（3）
3. 死者名誉权的法律保护 …………………………………………（6）
二、立案管辖（2 例） …………………………………………（9）
1. 再审发回重审案件中管辖权异议的处理 ……………………（9）
2. 民事纠纷案件合并审理的法定条件 …………………………（11）
三、诉讼时效（2 例） …………………………………………（15）
1. 医疗侵权纠纷诉讼时效的起算点 ……………………………（15）
2. 关于医疗损害责任诉讼时效中“知道或应当知道”
的理解 …………………………………………………………（18）
四、证据证明（3 例） …………………………………………（21）
1. 关于医疗事故鉴定机构鉴定意见的司法审查 ………………（21）
2. 医疗事故技术鉴定意见的法律分析 …………………………（24）
3. 证据规则在医疗事故纠纷中的适用 …………………………（27）
五、举证责任（2 例） …………………………………………（30）
1. 举证责任倒置规则在环境污染侵权案件中的适用 …………（30）
2. 如何明确产品质量问题的举证责任 …………………………（32）

第二章 人格权侵权（40 例）

一、生命权、健康权、身体权（9 例） …………………………（37）
1. 侵权损害赔偿责任中的因果关系认定 ……………………（37）
2. 旅游辅助服务者（第三人）对旅游者造成侵害时经营者的责任承担 ……………………………………………………（40）
3. 关于间接结合的侵权行为的认定问题 ……………………（43）
4. 关于体育竞技活动中参与人受到损害的公平责任原则的适用问题 ……………………………………………………（47）
5. 关于第三人侵权时经营者的法律责任问题 ………………（49）
6. 在自发组织的登山活动中遇难如何认定责任主体 …………（51）
7. 如何区分雇佣法律关系与加工承揽法律关系 ……………（53）
8. 关于执行外籍船舶引航任务时受伤的赔偿责任认定问题 ……………………………………………………（56）
9. 关于数名未成年人共同燃放烟花致害的责任认定问题 ……（58）
二、姓名权（2 例） ………………………………………………（61）
1. 关于假冒他人姓名办理信用卡的侵权行为认定问题 ………（61）
2. 冒用他人姓名参加升学考试的行为认定 …………………（64）
三、肖像权（4 例） ………………………………………………（67）
1. 关于肖像权人与再现形式之间关系的判断问题 ……………（67）
2. 关于人体模特对作品主张肖像权的问题 …………………（69）
3. 学校擅自使用学生个人肖像制作宣传广告行为的认定 ……（71）
4. 未经同意将权利人肖像加工成瓶贴商标行为的认定 ………（74）
四、隐私权（2 例） ………………………………………………（76）
1. 网络举报违法事实侵害隐私权的认定 ……………………（76）
2. 因性骚扰事件引发的隐私权保护问题 ……………………（79）
五、名誉权（19 例） ……………………………………………（81）
（一）侮辱、诽谤（4 例） ………………………………………（81）
1. 因未成年人偷盗而产生的名誉权侵权问题 ………………（81）

2. 建立网站发表诋毁文章的侵权行为认定 …………………（84）
3. 关于新闻报道事实真实的名誉权侵权认定问题 …………（88）
4. 关于纪实性文学作品侵害名誉权的认定问题 ……………（91）
（二）抗辩事由（4例） ……………………………………………（94）
1. 关于银行征信系统中的不良信用记录侵犯名誉权的问题 ……………………………………………………（94）
2. 公安机关向媒体提供案件侦查材料而产生的名誉权侵权问题 ……………………………………………………（97）
3. 关于报社刊登评论文章侵害他人名誉权的问题 …………（100）
4. 文学作品中侵犯名誉权的认定 ……………………………（102）
（三）侵权情形及责任（11例） …………………………………（106）
1. 关于律师声明中侵犯名誉权的问题 ………………………（106）
2. 用人单位在退工通知书中作不实记载构成名誉权侵权 ……………………………………………………………（108）
3. 关于新闻媒体侵害企业法人名誉权的问题 ………………（111）
4. 名誉权纠纷中出版单位对文学作品的审查义务 …………（115）
5. 知晓网友真实身份后毁损其名誉行为的认定 ……………（118）
6. 发表不当言辞致公民社会评价降低行为的认定 …………（121）
7. 婚内侵害名誉权行为的认定 ………………………………（127）
8. 如何认定单位依职权对内部人员作出的处理决定侵害其名誉权 ………………………………………………………（129）
9. 关于编辑出版单位出版侵权作品的民事责任问题 ………（131）
10. 如何认定文学作品侵犯死者的名誉权 …………………（134）
11. 有关新闻报道"内容失实"与名誉权侵权问题 …………（137）
六、一般人格权（4例） ……………………………………………（139）
1. 有关侵犯未成年人受教育权的问题 ………………………（139）
2. 性猥亵侵犯人身权利的判定 ………………………………（142）
3. 医疗机构侵犯生育权的认定与处理 ………………………（145）
4. 对死者骨灰侵权的认定与精神损害赔偿问题 ……………（147）

第三章 产品责任（6 例）

1. 生产者产品缺陷应承担的责任与免责事由 …………………… (150)
2. 有关销售者的进货检查验收义务 ……………………………… (152)
3. 产品质量符合标准与否的判断依据 …………………………… (154)
4. 与产品安全使用期有关的消费者知情权问题 ……………… (157)
5. 无过错责任原则在产品缺陷纠纷中的具体适用 …………… (160)
6. 生产、销售未经审定的种子致损的责任认定与处理 ……… (162)

第四章 替代责任（16 例）

一、雇主责任（6 例） ………………………………………………… (166)
1. 关于合伙人执行合伙事务期间受伤的责任承担问题 ……… (166)
2. 由雇员受伤引发的侵权行为因果关系认定问题 …………… (169)
3. 关于临时劳务关系的法律性质认定问题 …………………… (171)
4. 雇主对雇员的死亡无过错时应承担何种责任 ……………… (174)
5. 关于承包人对实际施工人的雇员的责任承担问题 ………… (177)
6. 劳动关系与雇佣关系的判定 ………………………………… (180)
二、帮工责任（3 例） ………………………………………………… (183)
1. 被帮工人对义务帮工人返回途中意外身亡应承担的责任 ……………………………………………………… (183)
2. 帮工人在帮工过程中遭受损害的责任承担 ……………… (185)
3. 在被帮工人款待过程中，帮工人与他人赌酒致死的责任承担 ……………………………………………… (188)
三、用人单位责任（4 例） ………………………………………… (190)
1. 学生在实习单位实习过程中受伤的责任承担 …………… (190)
2. 生产经营者对其工作场所内的安全保障义务 …………… (194)

3. 关于用人单位对已满16周岁未成年人的监管责任 …… (197)
4. 用人单位对实习生伤亡事故应承担的赔偿责任 …… (200)
四、监护责任（3例） …… (202)
1. 有关限制民事行为能力成年人的监护责任问题 …… (202)
2. 监护人对未成年人致人损害的赔偿责任 …… (205)
3. 经监护人同意携带未成年人外出玩耍时发生伤害的责任承担 …… (208)

第五章　校园事故责任（5例）

1. 学校组织未成年学生参加校外活动的管理和保护义务 …… (211)
2. 关于学校对学生自杀事件的责任承担问题 …… (216)
3. 关于学校对未成年学生承担何种责任的认定问题 …… (219)
4. 未成年学生在课间休息时参与体育活动受伤的责任认定 …… (222)
5. 在校小学生离校出走的学校责任认定 …… (224)

第六章　医疗事故责任（14例）

一、医疗产品责任（2例） …… (227)
1. 不合格医疗器械致患者损害的责任认定 …… (227)
2. 关于医疗产品缺陷致损的民事责任认定问题 …… (229)
二、医疗损害赔偿（12例） …… (232)
（一）赔偿责任（8例） …… (232)
1. 因医疗机构产前检查疏失致缺陷婴儿出生的责任认定 …… (232)
2. 医院对精神病人的监护职责与责任承担 …… (234)
3. 关于医疗机构擅自变更医疗方案的责任承担问题 …… (237)

4. 医院错抱婴儿的民事责任认定和处理 …………………… (240)
5. 关于医疗风险责任承担主体的认定问题 ………………… (242)
6. 因医疗机构管理瑕疵致婴儿被偷的责任认定 …………… (246)
7. 关于医疗机构擅自处分遗体后的责任承担问题 ………… (248)
8. 患者知情同意权侵权认定 ………………………………… (250)
(二) 赔偿范围 (4 例) ………………………………………… (253)
1. 医疗事故的赔偿范围与标准 ……………………………… (253)
2. 医疗机构违约精神损害赔偿的认定 ……………………… (256)
3. 医疗机构遗失病历的赔偿责任 …………………………… (260)
4. 有关植物人精神损害赔偿请求权的问题 ………………… (262)

第七章 交通事故责任（24 例）

一、事故责任认定 (2 例) ………………………………………… (266)
1. 交通事故认定书对民事侵权责任划分的影响 …………… (266)
2. 机动车驾驶人在交通事故认定书上签字的法律后果 …… (269)
二、事故损害赔偿 (16 例) ……………………………………… (272)
(一) 赔偿主体 (11 例) ……………………………………… (272)
1. 优者危险负担原则在机动车交通事故责任中的运用 …… (272)
2. 套牌机动车肇事的责任承担主体 ………………………… (274)
3. 机动车交通事故责任中被挂靠单位的责任承担 ………… (278)
4. 禁设设施的侵权损害赔偿责任认定 ……………………… (283)
5. 关于公车私用发生交通事故的赔偿责任主体
认定问题 ……………………………………………………… (285)
6. 挂靠车辆肇事致损的责任主体及责任承担 ……………… (289)
7. “好意同乘”发生交通事故的责任认定 ………………… (292)
8. 在交通事故中出具刑事担保书的民事担保责任承担问题 … (294)
9. 出租机动车发生交通事故的责任认定与处理 …………… (297)
10. 被挂靠单位的道路交通事故责任认定 ………………… (300)

11. 关于连环发生的两起交通事故致损的责任认定问题 …（304）
（二）赔偿范围（5 例）………………………………………（307）
1. 交通事故受害人的个人体质状况对责任认定的影响 ……（307）
2. 关于未投保交强险的机动车之间发生交通事故的责任认定问题 ………………………………………………（310）
3. 关于残疾赔偿金与精神损害抚慰金能否并存的问题 ……（313）
4. 关于七旬老人主张交通事故误工费赔偿的问题 …………（316）
5. 死者生前实际应当抚养的人的损害赔偿请求权认定 ……（318）
三、事故保险理赔（6 例）……………………………………（321）
1. 家用车营运发生事故时保险人的赔偿责任 ………………（321）
2. 保险人对因醉酒引起的交通事故中的受害人的赔偿责任……（324）
3. 保单系保险公司员工伪造情形下的保险责任认定 …………（326）
4. 连环购车未办理转移登记的交通事故赔偿责任认定 ………（329）
5. 无证驾驶、醉酒驾驶肇事致人伤亡时保险公司的责任认定 ………………………………………………………（332）
6. 保险合同中车上人员与第三人的认定 ……………………（335）

第八章　违反安保义务责任（17 例）

一、直接责任（11 例）………………………………………（338）
1. 未成年人在物业管理场所遭受人身损害的赔偿责任 ………（338）
2. 公共道路路面瑕疵妨碍通行损害责任的认定 ………………（341）
3. 地铁运营单位的安全保障义务与责任承担 …………………（344）
4. 高速公路管理瑕疵致害的责任承担 …………………………（347）
5. 关于经营者安全保障义务合理限度的认定问题 ……………（350）
6. 自助储物柜物品丢失时超市的赔偿责任 ……………………（353）
7. 旅游景区经营者对游客的安全保障义务 ……………………（355）
8. 电力企业违反电力管理行政法规但与损害结果无必然联系的应否承担民事责任 ………………………………………（359）

9. 银行设施致未成年人损害的责任承担 …………………… (364)
10. 餐饮经营者的安全保障义务 …………………………… (366)
11. 无民事行为能力人在经营场所被自动扶梯绞伤的法律责任 …………………………………………… (368)
二、间接责任（4 例） …………………………………… (371)
1. 相约进行户外集体探险时发生意外伤害事故的责任承担…… (371)
2. 安全保障义务人的补充赔偿责任 ………………………… (373)
3. 第三人侵权时经营者的义务与责任 ……………………… (377)
4. 宾馆对住客的安全保障义务 …………………………… (380)
三、免责情形（2 例） …………………………………… (383)
1. 因受害人自身过错致损时经营者的责任认定 ……………… (383)
2. 因海浪冲击致人损害的民事责任承担问题 ……………… (386)

第九章 环境污染责任（4 例）

1. 检察机关提起行政附带民事公益诉讼的情形 ……………… (390)
2. 侵权人承担刑事责任后对其民事侵权责任的影响 ………… (392)
3. 环境公益诉讼主体之“社会组织”的界定 ………………… (395)
4. 光污染侵权认定及其责任承担 ………………………… (398)

第十章 物的致害责任（7 例）

一、动产致损（3 例） …………………………………… (401)
1. 工伤保险赔偿与第三人侵权损害赔偿竞合的处理 ………… (401)
2. 建筑物倒塌致损的侵权责任承担 ……………………… (403)
3. 公路设施致损时管理人的赔偿责任 …………………… (405)
二、地面施工、地下设施致损（3 例） ……………………… (407)
1. 关于排放污水结冰致损的赔偿责任认定问题 …………… (407)
2. 关于路面施工致损发包人是否连带担责的问题 ………… (409)

3. 见义勇为者遭受损害的赔偿责任 ……………………………… (412)
三、饲养动物致害责任（1例） ……………………………… (415)
动物园动物致未成年人损害的赔偿责任 ……………………… (415)

第十一章 高度危险责任（9例）

一、高度危险物致损（7例） ……………………………… (419)
1. 供电企业在触电人身损害事故中的免责事由 ……………… (419)
2. 用电企业与供电企业对触电事故连带担责的情形 ………… (421)
3. 在电力人身损害案件中电力设施产权人的免责情形 ……… (426)
4. 关于照明电线触电致人死亡的民事责任认定问题 ………… (430)
5. 关于为掏鸟窝而攀爬高压电线杆致残的责任承担问题 …… (433)
6. 抛洒农药致家禽死亡及饲养人中毒的责任认定 …………… (435)
7. 非高压电设施漏电造成人身损害的责任认定 ……………… (438)
二、高度危险活动致损（2例） ……………………………… (440)
1. 高度危险作业行为的认定与归责原则 ……………………… (440)
2. 铁路行车事故造成未成年人人身伤亡的赔偿责任 ………… (442)

附录：侵权责任纠纷相关规范 ……………………………… (445)

第一章　审理程序（12 例）

一、诉讼主体（3 例）

1. 人身损害赔偿案中民事诉讼主体资格的认定

案例来源

江苏省××县民政局诉王××、吕×、××保险股份有限公司××省分公司机动车交通事故责任纠纷案

发布单位：《最高人民法院公报》2007 年第 6 期（总第 128 期）

审判法院：江苏省南京市中级人民法院

判决日期：2007 年 3 月 27 日

基本案情

王××驾驶三轮运输车，将一名无名男子撞倒在东侧机动车道内，恰遇吕×驾驶小轿车途经该路段，从该无名男子身上碾轧而过，致该无名男子当场死亡。交警部门认定：王××、吕×对此次交通事故负同等责任，无名男子不负事故责任。事故发生后，交警大队刊登认尸启事，因无人认领，遂将该无名男子尸体火化，骨灰暂由殡仪馆保管。经查，王××的三轮车及吕×的小轿车均在××保险××分公司（××保险股份有限公司××省分公司）投保了第三者责任险。此外，民政局（江苏省××县民政局）的工作职责包括对社会流浪乞讨人员实施救助。

民政局代表本案无名男子，以王××、吕×导致的交通事故致使无名男子死亡，二人构成侵权为由，提起诉讼，请求判令王××、吕×、××保险××分公司共同赔偿死亡赔偿金和丧葬费。

判决主文

一审法院裁定：驳回原告民政局的起诉。

原告民政局不服一审裁定，提起上诉称：按照法律规定，本单位的职责是对生活无着的社会流浪乞讨人员进行救助，该种救助职责不仅体现为对上述人员的生活提供保障，还应包括代其提起诉讼的司法救助。另外，本局虽属行政机关，但已实际为本次事故的无名男子支付了尸体火化等费用，与该无名男子之间存在一定的民事法律关系；本单位提出的赔偿死亡赔偿金和丧葬费的诉讼请求，符合最高人民法院有关司法解释的规定；在该无名男子确无亲属代其主张民事权利的情况下，本单位提起诉讼，将避免侵权人逃避其应当承担的民事责任，故本单位具有民事诉讼主体资格。综上，请求撤销原审裁定。

被上诉人王××经法院依法传唤，未到庭参加诉讼，亦未作答辩。

被上诉人吕×、××保险××分公司辩称：上诉人民政局的职责是对社会上的流浪乞讨人员进行救助，故上诉人民政局与流浪乞讨之间不存在民事法律关系，而是行政法律关系；上诉人民政局代无名男子主张交通事故人身损害赔偿，无法律依据，不具备民事主体资格，故不享有诉权。本案中无名男子死亡后的尸体火化以及保管费用均由本方进行了实际支付，上诉人民政局并无证据可以证明其实施了救助行为。因此，上诉人民政局的诉讼主张缺乏事实依据。综上，请求驳回上诉，维持原审裁定。

二审法院裁定：驳回上诉，维持原裁定。

裁判要旨

因交通事故引发的人身损害赔偿案件中，死亡受害人为城市生活无着的流浪乞讨人员，经公安部门刊发启示未发现其近亲属，政府民政部门作为原告提起民事诉讼，要求赔偿义务人承担赔偿责任的，因民政部门不是法律规定的赔偿权利人，与案件不存在民事权利义务关系，且其法定职责不包括代表或代替城市生活无着的流浪乞讨人员提起民事诉讼，故民政部门不是案件的适格诉讼主体，其起诉应依法驳回。

重点提示

民事诉讼的提起，应当由具有诉讼主体资格的民事主体来完成，即引起诉讼的主体必须是案件的适格诉讼主体，对适格诉讼主体的认定可从以下几个方面予以考虑：第一，根据我国《民事诉讼法》以及最高人民法院《关于审理人身损害赔偿案件适用法律若干问题的解释》的相关规定，关于起诉主体的规定，该主体必须依法与案件具有利害关系，即具有被法律规定确定的民事权利义务关系。具体到人身损害赔偿案件中，以人身损害赔偿为由提出的损害赔偿责任承担的民事主体须是案件的受害人，或者受害人死亡后，可以由受害人承担抚养义务的被抚养人以及死亡受害人的近亲属作为诉讼主体；第二，对于不具有赔偿权利人身份的民事主体，可基于与受害人之间的其他民事权利义务关系予以认可，如提供支付了相关丧葬费用的证据等；第三，基于我国法律的基本原则，民事诉讼形成于平等的民事主体之间，行政机关只有在法律授权的情况下才可以介入民事诉讼中，而不得直接以其对受害人履行了行政职责为由提起民事诉讼；第四，对于侵权行为人的侵权责任并未因不具有诉讼主体资格的主体提起诉讼而终结或者消失，在案件审理期间至审理结束，尚未有适当的赔偿权利人出现，应当考虑该赔偿权利人依旧存在的可能，只是尚未能了解本案的情况，仍然需要依法保留赔偿权利人的诉讼权利。

2. 刑民交叉案件民事赔偿责任的认定

案例来源

吴××诉成都市×××公园管理处公共场所管理人责任纠纷案

发布单位：最高人民法院中国应用法学研究所《人民法院案例选》2004 年民事专辑（总第 48 辑）

审判法院：四川省成都市锦江区人民法院

基本案情

吴××前往×××公园（成都市×××公园）所管理的公园游玩时，被歹徒抢走其携带的财物。吴××遂呼救，但×××公园未有人员到达现场。抢劫后，歹徒利用公园围墙上的孔洞和围墙下的石头，迅速翻越围墙逃跑。随后，吴××至×××公园保卫处报案，该处态度消极。因吴××在与歹徒搏斗中头部受伤，而后前往医院治疗。经查，×××公园未设置任何防范措施。该案尚未被公安机关破获。

吴××以×××公园未修复围墙，未设置任何防范措施或竖立警示标志，导致其被抢，并在处理其报案的过程中消极应付，给其身心、财产造成损害为由，提起诉讼，请求判令×××公园赔偿其随身携带的财物、医疗费，并赔偿其精神损失费。

×××公园辩称：吴××在公园游玩时被抢劫，侵害主体是抢劫行为的实施者，依国家相关法律规定的罪责自负的原则，应当由实施者承担刑事和民事责任，而公园只是犯罪行为的实施场所，并未对吴××的身体及财产造成损害，故不应担责；公园的治安管理属公安机关的职权范围，公园保卫部门的职权仅限于公园的内部保卫和秩序维护。抢劫犯罪具有突发性和场所非确定性，防止此类犯罪，并不能以是否设置警示标志，确认其是否应当承担责任；吴××出示的证据并不能证实手机及其他财物被抢。据此，请求法院驳回吴××的诉讼请求。

吴××为证明其主张，提交了其报案的“刑事案件报案受理登记表”、其委托代理人的调查笔录、其购买手机及病历、医疗费票据以及事发地照片2张。

判决主文

一审法院判决：驳回原告吴××的诉讼请求。

宣判后，双方当事人均未提起上诉，判决已发生法律效力。

裁判要旨

受害人因在公园游玩被抢劫而提起民事诉讼时，与该民事案件相关联的刑事案件未破获。因损害事实及损害数额尚不能确定，故受害人缺乏民事赔偿的条件，且公园管理人处理报案的消极态度并非构成损害赔偿的要件，据此，在刑事案件得以侦破并对本案基本事实及损害结果予以确定前，受害人无权要求公园管理人承担民事赔偿责任。

重点提示

侵权民事赔偿是由平等民事主体之间的侵权引起的民事责任，即权利人有权因其合法权益遭受不法侵害而要求加害人或者与其损害有利害关系的责任主体承担民事赔偿责任。民事赔偿具有制裁性，系对作出违反民事义务行为的民事主体负以相应的法律后果的惩罚性措施，故对于民事赔偿责任的承担应当在确定构成民事赔偿的要件后，才有权要求承担民事赔偿责任，具体分析如下：第一，对于纯民事案件的审理，需要通过对侵权行为、损害后果以及因果关系和免责事由的判断确定行为人应否承担民事赔偿责任。第二，在刑事案件与民事案件的诉讼主体、法律事实等方面存在着交叉的情况下，当刑事案件的事实认定对民事诉讼的审理可能具有决定性的影响时，就会出现民事案件的审理必须以另一起刑事案件的审理结果为依据，此种情形可以理解为：（1）民事诉讼必须以刑事诉讼查明认定的案件事实为依据，或者民事诉讼必须以刑事案件作出的裁判结论为依据；（2）关于行为人行为性质的认定，刑事诉讼将会对民事诉讼起到预决效力，存在犯罪就必然会构成侵权，故只要刑事诉讼中认定有罪，则民事诉讼中必然构成侵权；（3）民事赔偿请求基于刑事案件的侦破才能实现的，应当在刑事案件事实认定之后，确认受害人的损害后果。由此，如果确实存在民事诉讼的审理必须以另一起刑事案件的审理结果为依据的，则适用“先刑后民”的审理原则，可以为有效避免民事诉讼在案件事实、行为性质、赔偿责任范围的认定上，与刑事案件的有出入，致民事诉讼裁判错误情形出现。综上，刑事案件尚未立案或者尚未审结的，不能认定案件事实，难以确定赔偿责任的，受害人提起民事诉讼要求行为人承担民事赔偿责任的，应予驳回。

3. 死者名誉权的法律保护

案例来源

李×诉何××、《×××》杂志社名誉权纠纷案

发布单位：《最高人民法院公报》1998年第1期（总第53期）

审判法院：北京市高级人民法院

判决日期：1997年3月21日

基本案情

何××曾担任杂志社（《×××》杂志社）主编，其于1995年7月将自己撰写的长篇报告文学《科学大师的×××》发表于《×××》杂志1995年第3期。《科学大师的×××》主要描述李××在新中国成立后的政治表现。文章描述李××积极充当知识界的“革命势力”，积极与“反动势力”作斗争，并猜测李××在中国地质计划指导委员会会议上大骂丁×江系出于维护个人私利的目的。此外，文章内容影射李××在“文化大革命”中运用政治斗争迫害地质学家谢×荣，迫使谢×荣被定为右派后含冤自尽。《科学大师的×××》一经发表，文章中部分内容即被其他报刊转载。李××之女李×为此致函有关部门领导，反映《科学大师的×××》一文对李××的描述和评价失实。

李×以何××发表的《科学大师的×××》一文损害其父亲李××的名誉，亦对李××的亲属造成精神痛苦为由，提起诉讼，请求判令何××和杂志社收回《科学大师的×××》，以消除影响，并在《光明日报》《科技日报》《中国科学报》《中国地质矿产报》和《×××》杂志上发表声明，公开认错，赔礼道歉，恢复名誉，赔偿精神损害费100万元。

何××辩称：《科学大师的×××》的内容符合客观实际，未损害李××同志的名誉权，故李×的诉讼请求与事实不符，请求驳回李×的诉讼请求。

杂志社辩称：《科学大师的 × × ×》的文章内容具有历史依据，并非诽谤李 × ×名誉，故李 ×的诉讼请求无事实依据。

何 × ×以《科学大师的 × × ×》发表后，李 ×投递信函诽谤其名誉，其行为构成侵权为由，提起反诉，请求判令李 ×停止侵害，收回其散发的材料以消除影响；李 ×向其公开认错、赔礼道歉、恢复名誉并赔偿其精神损害抚慰金等共计 5 万元。

判决主文

一审法院认定：反诉原告何 × ×发表的《科学大师的 × × ×》内容严重失实，致使社会公众对李 × ×作出贬损评价，构成对李 × ×名誉权侵害，故反诉原告何 × ×与被告杂志社均应承担相应民事责任。因李 × ×已死亡，其女儿反诉被告李 ×有权就侵害李 × ×名誉提起诉讼，也有权要求精神损害赔偿及经济赔偿，故反诉原告何 × ×与被告杂志社应予以赔偿，但反诉被告李 ×主张的赔偿数额过高，故酌情予以调整。《科学大师的 × × ×》发表后，反诉被告李 ×向领导反映意见并非向社会散发，属于行使公民权利的正当行为，其行为并未损害反诉原告何 × ×的名誉权。

一审法院判决：反诉原告何 × ×、被告杂志社停止向社会发行、赠送《 × × ×》杂志 1995 年第 3 期（总第 12 期）；反诉原告何 × ×、被告杂志社在《光明日报》《中国地矿报》和《 × × ×》杂志上发表经法院审查的致歉声明，以消除侵害李 × ×名誉造成的影响；反诉原告何 × ×一次性支付反诉被告李 ×精神抚慰金 5000 元、赔偿金 5000 元，被告杂志社一次性支付反诉被告李 ×精神抚慰金 5000 元；驳回反诉被告李 ×的其他诉讼请求；驳回反诉原告何 × ×的反诉请求。

反诉原告何 × ×不服一审判决，以一审判决认定事实及适用法律错误、审判程序违法为由，提起上诉。

二审法院判决：维持一审民事判决的第一、三、四、五项；撤销一审民事判决的第二项；上诉人何 × ×、原审被告杂志社分别在《光明日报》《中国地质矿产报》和《 × × ×》杂志上发表经法院审查的致歉声明，为李 × ×恢复名誉、消除影响。

裁判要旨

自然人的名誉即使在其死后也受到保护，不应遭受侵害。如果自然人的名誉在其死后受到侵害，其近亲属有权提起诉讼。作者在作品中叙述我国当代科学史上的重大事件时，理应尊重事实；在对著名历史人物的经历和人品进行评价时，应当持客观、慎重的态度。但是作者在其撰写的文章中，却从政治、学术、人品等方面对历史人物进行了不恰当的描写，许多情节缺乏客观事实根据。作品的发表，客观上影响了公众对历史人物的公正评价。作者的行为已损害了历史人物的名誉，同时也给历史人物近亲属造成了一定的精神痛苦，作者应当依法承担侵权的民事责任。杂志社未尽审查义务，在其主办的刊物上发表明显带有侵权内容的作品，也应依法承担相应的民事责任。

重点提示

死者名誉权的保护，作为自然人名誉权保护的一个特殊领域，实践中，主要涉及两个问题：第一个问题是自然人死亡后，其名誉权是否受到法律的保护；第二个问题是死者名誉权遭受侵害，谁有权请求司法救济。为此，我国相关法律中明确规定，自然人死亡后，其名誉权依法受到保护，如我国《民法总则》第 185 条规定：侵害英雄烈士等的姓名、肖像、名誉、荣誉，损害社会公共利益的，应当承担民事责任。同时最高人民法院《关于确定民事侵权精神损害赔偿责任若干问题的解释》第 3 条进一步规定了死者近亲属因死者名誉、荣誉等人格权利受侵害而遭受精神痛苦时诉请精神损害赔偿的权利。同时，在死者名誉权受到侵害时，有以下两种救济途径：一种是死者近亲属为保护死者名誉而向法院提起的民事诉讼，请求停止侵害并消除影响，其诉讼地位为受害人的代理人，即死者近亲属的他益诉权；另一种是死者近亲属因死者名誉权受到侵害而遭受精神损害，由此提起民事诉讼，请求赔礼道歉和赔偿损失，其诉讼地位为受害人，即死者近亲属的自益诉权。此外，应该注意的是，死者名誉权的保护是有一定限度的，需考虑学术自由和社会舆论监督。在对死者生前行为加以考证的前提下，对死者的评价，特别是正面的评价，以及正常的学术研究和社会舆论监督，是受到社会鼓励和倡导的，但学术自由和舆论监督必须受到规范和限制，不得滥用学术自由和监督权利侵害死者名誉权。

二、立案管辖（2 例）

1. 再审发回重审案件中管辖权异议的处理

案例来源

韩××诉内蒙古××药业有限责任公司、上海××商厦有限公司、××广播电视台、大连××大药房有限公司产品责任纠纷案

发布单位：最高人民法院 2015 年 11 月 19 日（指导案例 56 号）

审判法院：最高人民法院

判决日期：2013 年 3 月 27 日

基本案情

韩××收看电视台（××广播电视台）时，发现该电视台播出的节目中宣传的一款药品可以治疗自己的疾病，该药品的生产厂家为××药业（内蒙古××药业有限责任公司）。韩××遂按照广告中的提示，至××商厦（上海××商厦有限公司）中的××大药房（大连××大药房有限公司）购买。服用后，韩××身体出现不适，四处求医未果。

韩××以××大药房出售的××药业药品存在质量问题、电视台虚假宣传，误导消费者为由，提起诉讼，请求判令××大药房、××药业赔偿其各项损失；电视台及××商厦承担连带赔偿责任。

判决主文

一审法院判决：被告××药业、××大药房、××商厦、电视台赔偿原告韩××经济损失及精神抚慰金。

被告××药业、××商厦、电视台不服一审判决，提起上诉。

二审法院裁定：驳回上诉，维持原判。

上诉人××药业、××商厦不服二审法院裁定，申请再审。

再审法院提审并作出裁定：撤销一、二审民事判决，发回一审法院重审。

重审中，被告××药业和××商厦提出管辖权异议。

一审法院重审裁定：驳回被告××药业和××商厦的管辖权异议申请。

被告××药业、××商厦不服一审法院的重审裁定，提起上诉。

二审法院裁定：驳回上诉，维持原裁定。

上诉人××药业、××商厦不服二审裁定，申请再审称：本方住所地分别在内蒙古自治区及上海市，而生产与销售行为均不在大连市，亦未在大连市实施侵权行为，故案件不应由二审法院管辖，而应由上海市或者巴彦淖尔市（内蒙古自治区巴彦淖尔市）法院管辖；销售发票上客户名称并非被申请再审人韩××，不能证明系原审被告××大药房向被申请再审人韩××销售药品，故二审裁定认为原审被告××大药房为适格被告有误。请求再审法院支持本方提出的管辖权异议申请。

再审法院裁定：驳回申请再审人××药业和××商厦的再审申请。

裁判要旨

当事人在一审提交答辩状期间未提出管辖异议，在二审或者再审发回重审时提出管辖异议的，人民法院不予审查。

重点提示

管辖权制度的应用目的是为了限制法院对案件进行审理和裁判的权力以及权限，该制度是法院受理民事纠纷的前提。同时，为了更加充分地保障当事人的合法权益，立法者在民事诉讼中设立管辖权异议制度，从而有效预防法院出现管辖权错误的情形。但因目前尚对管辖权异议提起的主体、客体存在争议，管辖权异议被滥用的现象层出不穷。实践中，为了防止这一现象，需注意以下问题：第一，因原告以及有独立请求权的第三人大部分为自己选择法院提起诉讼或者主张权利，故被告可作为管辖权异议的提出主体对管辖权提出异议。第二，因管辖权异议既可以是对地域管辖提出，也可以是对级别管辖提出，故应当区别对待：地域管辖权异议，法院对当事人提出的管辖权异议，经审查认为异议成立的，裁定将案件移送有管辖权的法院审理，异议不能成立的，裁定驳回异议；级别管辖权异议，受诉法院应认真审查，确无管辖权的，应将案件移送有管辖权的法院，并告知当事人。第三，管辖权异议申请在法定期间内提出，不论是在答辩状之前、之后还是同时提出，只要符合管辖权异议的申请期限的规定，法院即需审查案件的管辖权。第四，在一审答辩期内当事人未对管辖权提出异议，而在二审或者再审发回重审时提出管辖异议的，则说明其已接受了一审法院的管辖，管辖权已确定。故当案件诉至人民法院后，经人民法院立案受理，诉状送达给当事人，当事人在答辩期内未提出管辖异议，表明案件已确定了管辖法院，此后不因当事人对案件裁判结果不服提起上诉或重审而改变案件的管辖法院。

2. 民事纠纷案件合并审理的法定条件

案例来源

昆明××墙材有限责任公司诉昆明市×××总公司地面施工损害责任纠纷案

发布单位：最高人民法院民事审判第一庭《中华人民共和国最高人民法院判案大系》（民事卷—2000 年卷）

审判法院：最高人民法院

判决日期：2000 年 12 月 26 日

基本案情

1996 年 1 月 1 日，×××村村委会与××有限公司（昆明××墙材有限责任公司）签订《土地有偿有期使用合同》，××办事处（昆明市西山区×××镇××办事处经济管理委员会）在该合同上加盖了印章，约定：×××村村委会将位于小漾田村南部集体所有的 24 亩土地有偿有期交由×

×有限公司使用。合同期限为1996年初到2007年末。该土地由××有限公司投资进行规划新建砖厂；×××村村委会原有堰塘（水沟上面大坝内）提供××有限公司作生产用水的蓄水池使用，由××有限公司每年支付1000万元给×××村村委会。双方还签订了《补办土地使用协议》，约定：在原有砖厂占地面积6000平方米基础上增加使用面积6660平方米，共计12 660平方米土地面积由砖厂使用。××办事处在该协议上也加盖了印章。同年11月，××有限公司向矿产资源管理委员会申请办理采矿证，《采矿申请登记表》中注明：采矿范围和极点坐标为东至现有水沟、南至水沟、西至山脚、北至道路，东西长200米，南北长180米，开采垂深10米至20米。次月，××有限公司向土地管理局申办非农乡镇企业用地用以新建砖厂，土地管理局批准出租的土地期限为同年年初到次年年末，租土地四至为东至路、南至村庄、西至自卫村水田、北至山脚。

1996年11月22日，昆明市计划委员会、城乡建设委员会发布批复文件，决定在小漾田村建设水厂（×××水厂），之后×××公司（昆明市×××总公司）办理水厂的征地审批手续。昆明市征地处、西山区国土局与××办事处、×××村村委会签订了代征地协议，并取得了建设用地规划许可证、国有土地使用权证。次年1月，水厂施工期间将部分施工用土堆放在××有限公司砖厂的取土现场，之后为此发生纠纷，砖厂职员领取了三千元的堆土补偿费并向×××公司出具了收款收据。

××有限公司以水厂占用了其原料来源地使其停产，给其造成巨大损失为由，提起诉讼，请求判令×××公司赔偿其经济损失7 198 719.94元，其中直接经济损失4 565 718.34元，间接经济损失2 633 001.60元。

一审法院委托审计师事务所（云南××审计师事务所有限公司）对××有限公司在小漾田村红砖厂的实际投入和损失情况、砖厂空心砖生产设备的价值进行审计，结论为：建厂的实际支出为4 379 468.30元；停产间接损失为1 136 223.41元；砖厂空心砖生产设备现值为372 331.50元。此后，法院进入现场查明：砖厂位于小漾田村以南；水厂位于小漾田村以西。水厂四至均有围墙，在砖厂生产区及取土区范围外，中间隔有水渠。

判决主文

一审法院认定：被告×××公司的行为对原告××有限公司的合法经营权与采矿权构成侵犯，承担损害赔偿责任。第三人×××村村委会将其砖厂重复转让，对侵权的发生有一定过错，也应承担相应的民事责任。因原告××有限公司砖厂丧失了制砖原料，其与第三人×××村村委会签订的合同及补充协议已履行，应终止履行。根据审计结果，被告×××公司及第三人×××村村委会应对原告××有限公司建厂、停产的损失进行赔偿。原告××有限公司与第三人×××村村委会间的合同关系终止后，原告××有限公司拆走价值 372 331. 50 元的空心砖生产设备外，砖厂的其他财产应交还第三人×××村村委会，原告××有限公司曾支付第三人×××村村委会 140 万元转让费，在扣除原告××有限公司实际使用土地和经营砖厂的费用外，其余款项应退还原告××有限公司。在扣除第三人×××村村委会退回的款项和空心砖生产设备的鉴定值部分外，应由被告×××公司向原告××有限公司赔偿。

一审法院判决：被告×××公司赔偿原告××有限公司经济损失 2 912 117. 40元；原告××有限公司与第三人×××村村委会之间的《土地有偿有期使用合同》及相关协议终止履行；第三人×××村村委会返还原告××有限公司 1 241 135 元，砖厂内的空心砖生产设备由原告××有限公司自行拆走，其余财产移交第三人×××村村委会；驳回原告××有限公司的其他诉讼请求。

原告××有限公司不服一审判决，以一审判决有误为由，提起上诉，请求判令：上诉人×××公司向其支付 1 241 135 元建厂投资及空心砖生产设备费；上诉人×××公司赔偿因侵权为其造成的间接损失 1 136 223. 41 元及未实现的利润 1 805 875. 32 元。

上诉人×××公司不服一审判决，提起上诉称：水厂建厂办理了合法占地审批手续，占用砖厂的取土土地，不存在侵权事实。砖厂的产品因违反国家产业政策及质量，使其销路不好而造成砖厂停产，与本公司无关。本公司与上诉人××有限公司发生的纠纷属于土地使用权权属纠纷，应由人民政府解决，不应由人民法院受理。一审法院判决存在数字计算错误与两处笔误。故请求撤销一审判决，驳回上诉人××有限公司的起诉。

原审第三人×××村村委会述称：本村委会租借上诉人××有限公司的土地与上诉人×××公司征用的土地是两种完全不同的土地，本村委会不存在侵犯上诉人××有限公司土地使用权、采矿权的事实，不应承担侵权赔偿责任；一审判决终止本村委会与上诉人××有限公司的租借土地协议，缺乏法律依据，应予撤销。

二审法院判决：撤销一审判决；驳回上诉人××有限公司的诉讼请求。

裁判要旨

行为人以被控侵权人在其厂内建水厂构成侵权为由所提起的诉讼属于侵权纠纷，而被控侵权人在建厂施工时将土堆放在行为人厂内的生产区，造成妨碍及损失则属于相邻关系纠纷，此两者系性质不同的法律关系，且不具备法定合并审理的条件，依法不能合并审理。

重点提示

为减轻当事人和法院不必要的诉累，我国《民事诉讼法》规定了合并审理制度，从而提高诉讼效率，节约诉讼资源，并防止法院在处理有关联的案件问题时出现相互矛盾的裁判，以保障法院裁判的权威性。实践中，对合并审理程序的具体适用，应当从合并审理的法定条件进行分析：第一，合并审理的前提条件是，受诉人民法院对合并审理的案件均享有管辖权，并且必须适用同一个诉讼程序，均属于同一法院适用普通程序、简易程序或者特殊程序进行审理的案件。第二，在同一诉讼中，同一原告向同一被告提出多个诉讼标的，被告亦向原告提出诉讼标的，此时，可以对案件进行合并审理。第三，在同一诉讼中，原告及其近亲属向被告及其近亲属提出具有相关性的诉讼标的，被告及其近亲属向原告及其近亲属提出具有相关性的诉讼标的，可以进行合并审理。第四，当事人均同意对案件进行合并审理，且合并审理程序的适用并未违反合并审理的适用目的。此外，需要注意的是，为了防止当事人利用合并审理进行恶意诉讼或拖延诉讼，避免因此产生新的矛盾，在综合考虑案由、标的额以及诉讼主体等具体情形后，对合并审理制度应当限制性适用。

三、诉讼时效（2 例）

1. 医疗侵权纠纷诉讼时效的起算点

案例来源

倪×诉安顺×医院医疗损害责任纠纷案

发布单位：最高人民法院立案一、二庭《立案工作指导》2012 年第 1 辑（总第 32 辑）

审判法院：最高人民法院

判决日期：2010 年 6 月 23 日

基本案情

1993 年 5 月，倪×因交通事故受伤，前往×医院（安顺×医院）就诊，×医院以左股骨干中段骨折、脑震荡、多发性软组织挫伤确诊。经治疗，1994 年 7 月，×医院向倪×出具载有“左股骨干骨折术后畸形愈合转贵医骨科会诊”的疾病证明书。次年 4 月，倪×出院，出院诊断结果其系左股骨中下段粉碎性骨折、脑震荡、多发性软组织挫伤，医生要求倪×两个月后回到医院做手术取出钢板。同日，交警部门收到×医院出具的诊断治疗证明。1995 年 5 月，交警部门根据证明进行调解，同时确定了交通事故损害赔偿责任承担问题。倪×于 1995 年 6 月到人民医院就诊，并实施钢板摘除术，同年 6 月 17 日，倪×出院。2002 年 5 月，倪×左膝关节功能障碍出现后开始求医，从贵阳骨科医院、贵阳医学院、贵州省人民医院等数家医院骨科医生的诊断中得知膝关节因股骨畸形已受到严重的损坏，必须重新手术医疗。

2002 年 10 月，倪×以×医院在医疗过程中使用不合格钢板未起到固定作用，给其左腿造成损害为由，提起诉讼，请求判令×医院赔偿其各项损失。

审理中，经倪×申请，市医学会（××市医学会）进行医疗事故鉴定，表明不属于医疗事故。倪×不服，申请重新鉴定。省医学会（贵州省医学会）重新鉴定后为：本病例属于三级戊等事故，医方承担次要责任。

判决主文

一审法院认定：医疗事故纠纷案件的诉讼时效应依据医生证明、病历等能够确定损害后果症状的固定时间开始起算，本案诉讼时效应从1995年4月被告×医院出具“左股骨干骨折术后中段骨折畸形愈合”疾病证明给原告倪×时计算，原告倪×于2002年10月方起诉，已超过诉讼时效。

一审法院判决：驳回原告倪×的诉讼请求。

原告倪×不服一审判决，提起上诉。

二审法院判决：驳回上诉，维持原判。

上诉人倪×不服二审判决，向法院申请再审。

再审法院判决：维持原判。

申请再审人倪×不服再审判决，向法院申请再审。

再审法院经审查后裁定：驳回申请再审人倪×的再审申请。

申请再审人倪×不服再审判决，提起申诉称：再审判决对本案作出的事实认定缺乏被申诉人×医院所说的两份疾病证明证据；本人受到医疗损害的严重后果七年后才出现；1995年6月，治疗终结后，本人左腿畸形，医方在出院小结上作出“痊愈”的结论让本人出院，当时本人并不知道股骨畸形在数年后会发生严重的膝关节功能障碍等严重后果，而在2002年5月，因出现膝关节功能障碍后经医院检查才得知膝关节因股骨畸形已受到严重的损坏，因此在2008年4月进行截骨矫形手术，被申诉人×医院15年前的医疗事故导致本人现在必须手术治疗，被申诉人×医院应当对此承担全部赔偿责任，不存在超过诉讼时效期间的问题。

再审法院裁定：指令再审法院对本案进行再审。

裁判要旨

患者因交通事故前往医疗机构就医，其损害部位因诊疗行为出现畸形症状。治疗结束后，医疗机构向患者隐瞒了病症会导致身体功能发生障碍，且严重时会导致瘫痪的后果两项事实。数年后，患者因身体出现功能障碍而导致损害后果发生，且该损害后果系当年的医疗行为导致，二者具有因果关系，故患者要求医疗机构承担赔偿责任诉讼时效，应从患者出现损害后果、得知医疗机构存在侵权行为时起算。

重点提示

在医疗侵权纠纷诉讼中，诉讼时效前的起算时间对权利人请求权的行使具有极其重要的作用，结合司法实践中的做法，诉讼时效期间的起算应当按照以下方式予以确定：（1）根据我国《民法总则》以及最高人民法院相关意见的规定，诉讼时效期间起算点的认定的一般规则为，自权利人知道或者应当知道权利受到损害以及义务人之日起计算，包括知道侵权事实以及侵权行为人的存在；（2）在人身损害赔偿纠纷中，诉讼时效期间，伤害明显的，从受伤害之日起算，伤害当时未曾发现，此后经检查确诊并能证明是由侵害引起的，从伤势确诊之日起算；（3）通常情况下，在医疗侵权纠纷中，患者与医方的首次交涉为诉讼时效期间的起算点，在 1 年内未提出损害赔偿请求的，患者将因诉讼时效的经过而丧失请求权；（4）确定医疗损害纠纷诉讼时效的起算点时，如患者在其遭受侵害时对损害结果并不明知，但在损害结果发生后患者在某一时间得知其身体所遭受损害，且损害与医疗行为有因果关系时，应当以这一时间作为诉讼时效的起算点。综上，患者要求医疗机构承担损害赔偿责任的诉讼时效，从其损害结果出现、得知侵权事实存在、明确侵权人时开始计算，同时，应当考虑医疗损害责任纠纷诉讼时效的中止和中断的合理事由。

2. 关于医疗损害责任诉讼时效中“知道或应当知道”的理解

案例来源

田×旺、田×庆、郑×英、周×梅、周×、田×诉河南××医院医疗损害责任纠纷案

发布单位：最高人民法院中国应用法学研究所《人民法院案例选》2003年第2辑（总第44辑）

审判法院：河南省郑州市中级人民法院

判决日期：2002年8月12日

基本案情

田×庆、郑×英、周×梅、周×、田×与田×旺系亲属关系。田×旺于1991年4月22日前往××医院（河南××医院）就诊，主诉为间歇性腰痛伴左下肢麻木约18年。经检查，田×旺被确诊为腰椎上管狭窄、蛛网膜粘连，医院建议其进行手术治疗。次月3日，医生为田×旺实施手术，并输入B型血300毫升。输入血液为××医院自行采集，且按照当时政策规定，丙肝病毒并未列入检查项目，××医院对血型、梅毒血清、肝功能等进行了检查。由于××医院未建立献血员档案及记录，因此在田×旺输血时，医方仅在病历上记载献血人姓名为孔××。同年5月23日，田×旺出院。1998年12月11日，田×旺被诊断为丙型病毒性肝炎后肝硬化，在中×医院（郑州市中×医院）接受治疗。次年7月，田×旺观看电视台播出的输血感染丙肝的案例报道，认为其仅在××医院处输过一次血，有可能因此感染丙肝。

田×旺以其仅在1991年手术时接受过输血，××医院的输血行为致使其感染丙肝，应承担损害赔偿责任为由，提起诉讼，请求判令××医院赔偿各项损失。

诉讼中，田×旺因丙肝肝硬化大出血经抢救无效死亡。田×庆等（田×庆、郑×英、周×梅、周×、田×）作为田×旺的近亲属承担本案诉讼，并增加诉讼请求，请求赔偿死亡补偿费、丧葬费、被抚养人生活费、精神损失费等。

此外，田×庆等在本案审理中以找到献血人孔××为由，申请法院对孔××进行丙肝病毒抗体检测。但法院通过对有关资料的核实，无法确认孔××就是当时的献血人，故未进行检测。同时，根据××医院的申请，法庭经对田×旺父亲、妻子进行该项检测，均未检出丙肝病毒抗体，排除了田×旺患丙肝系遗传及夫妻间传染的因素。

判决主文

一审法院认定：由于被告××医院是自行采集血液，并无献血员档案和献血记录，且无法确认孔××就是当时的献血人，导致无法对其进行血液检测；被告××医院亦不能举证说明原告田×旺所患丙肝与其输血无关。原告田×旺于 1998 年 12 月 11 日发现感染丙肝，但于 1999 年 7 月通过电视节目才得知输血为丙肝的主要传播途径，致其权利受到被告××医院的侵害，故其起诉时并未超过诉讼时效。

一审法院判决：被告××医院赔偿原告田×庆等各项损失。

被告××医院不服一审法院判决，以被上诉人田×庆等超过诉讼时效起诉，一审认定原审原告田×旺所患丙肝是在其医院输血所致缺乏科学根据为由，提起上诉。

被上诉人田×庆等辩称：请求维持一审判决。

二审法院判决：撤销一审民事判决；驳回被上诉人田×庆等的诉讼请求。

裁判要旨

医疗机构的医务人员在实施手术过程中对患者进行输血。由于医疗机构在自行采血时未进行丙肝病毒的检测，亦未建立完备的献血档案，故患者的病历资料里只有献血者的姓名。而后，患者被检查出患有丙肝。被诊断为肝硬化后第2年，患者通过观看电视节目得知输血是丙肝传染的一种途径，故应认定患者得知其受到人身损害的时间为其通过电视得知丙肝可以通过输血传染这一信息的时间。患者在此后1年内起诉要求医疗机构承担赔偿责任的，未超过诉讼时效。

重点提示

在医疗纠纷中，因医学科学具有较强的专业性，对于医疗机构在医疗过程中是否存在过错这一专业问题，普通公众难以有较为客观的认识，同时医疗机构的诊疗行为具有隐蔽性，患者对手术过程、手术过程中有没有损伤其他健康脏器、医务人员有没有对诊疗过程进行完整记录等详情不能完全掌握清楚，患者难以及时发现诊疗过程中的侵权行为。而关于诉讼时效起算时间的规定，相关法律中明确的是“从知道或者应当知道权利被侵害时起计算”。由此需对“知道或者应当知道”展开分析。首先，在医疗损害责任纠纷案件中需区分两种情形，一种是损害十分明显的，则属于“知道”的范畴，诉讼时效从受害之日起算，一种是损害不明显的，经过一段时间才显现或者通过其他途径知道自己的合法权利被侵害的，则应作为“应当知道”的范畴，诉讼时效从伤势确诊或者患者知道自己权益被侵害之日起算。其次，“知道”的内容包括权利被侵害和被何人侵害，关于权利被何人侵害，因“知道”的范围非常宽泛，故权利人“知道”的内容需证明有损害事实，有可能侵权的人，有可能存在的因果关系即可，即需达到立案条件。最后，“知道或者应当知道”以普通公众的认知作为判断标准，“知道或应当知道”是普通公众的主观意识形态，通过客观证据予以表现，权利人也需提供证据证明自己“不知道”权利在诊疗当时已经被侵害，即证明诉讼时效并未经过，若未提出“不知道”的证据，也未发生诉讼时效中止、中断的情形，已过诉讼时效的，则丧失胜诉权。

四、证据证明（3 例）

1. 关于医疗事故鉴定机构鉴定意见的司法审查

案例来源

陈××诉××××医学院附属医院医疗损害责任纠纷案

发布单位：最高人民法院立案庭《立案工作指导》2007 年第 2 辑（总第 15 辑）

审判法院：最高人民法院

基本案情

1997 年 12 月 27 日，××医院（××××医学院附属医院）接诊了腹部疼痛的陈××，陈××被诊断为可能患有肠痉挛、尿结石、肠炎，并接受静脉滴注治疗。次日上午 9 时，陈××病情加重，××医院以坏死性胰腺炎、绞窄性肠梗阻、急性化脓性梗阻性胆管炎确诊并进行了抗体休克处理。陈××于 12 时 40 分进入手术室进行开腹探查手术。术中发现陈××小肠扭转，横跨系膜至回肠右侧有一粘连索带。医生会诊后认为小肠并未坏死，遂将小肠复位后关腹观察。同月 30 日，××医院再次进行腹探手术时，医生因发现小肠已有坏死即切除了部分坏死小肠。此后，陈××被鉴定为一级伤残，其于 1998 年 4 月 13 日至 8 月 31 日先后两次转入总医院（南京××总医院）继续治疗。总医院确诊陈××系全小肠切除后短肠综合征、中度营养不良。

经陈××申请，右江鉴定委员会（××医院医疗事故技术鉴定委员会）进行鉴定，鉴定意见为：陈××病症系短肠综合征，××医院的医疗行为不属于医疗事故。后广西鉴定委员会（广西壮族自治区××××技术鉴定委员会）作出的鉴定意见为：××医院的医疗行为构成二级甲等技术事故。

陈××以××医院的医疗行为存在过错，导致其出现残疾的严重结果为由，提起诉讼，请求判令××医院赔偿其医疗费、误工费、精神损害赔偿费、残疾生活补助费、继续治疗费等合计 467 万余元。

审理中，××医院对广西鉴定委员会的鉴定意见提出质疑，该鉴定委员会未出庭接受质询，在此情况下，法院委托司法鉴定中心（××部司法鉴定中心）鉴定，陈××全小肠扭转，系自身疾病所致。陈××以送往该所鉴定的护理记录和手术记录被××医院改动过为由提出异议，之后经司法部司法鉴定中心以双方当事人认可的送检材料为依据进行鉴定，鉴定意见为：陈××病情给临床早期诊断带来了较大困难，××医院的方法并无不妥，但××医院对疾病的严重程度及发展规律等认识不够，如陈××情况许可时能尽量早手术，则有可能避免或减轻小肠切除这一不良后果。此外，术后所出现短肠综合征与陈××残余小肠过短存在直接关系，但现经过康复，陈××的营养吸收功能已得到一定程度的改善。此后，该鉴定中心受法院委托对陈××做出伤残等级鉴定，认定伤残等级为五级。

判决主文

一审法院认定：被告××医院与原告陈××之间属于医疗服务关系；经委托司法鉴定中心鉴定，被告××医院实施医疗行为具有过失与原告陈××手术后产生的短肠综合征具有因果关系，被告××医院应对原告陈××遭受的损害承担赔偿责任。同时，考虑到原告陈××所受损害系因其自身原因引起，以及被告××医院虽未违反医疗规程，但具有事后修改病历的行为，据此，应推定被告××医院存在过错，应承担相应的过失责任，除精神损害赔偿金1万元外，其他赔偿费按25%计算。

一审法院判决：被告××医院赔偿原告陈××各项经济损失127 304.04元。

原告陈××不服一审判决，提起上诉。

二审法院判决：变更一审判决为被上诉人××医院赔偿给上诉人陈××经济损失135 802.48元。

上诉人陈××不服二审判决，申请再审。

原二审法院复查后，作出不予再审的通知：不予立案再审。

申请再审人陈××不服二审判决，申请再审称：二审法院采纳司法鉴定中心所作的鉴定为定案依据不符合法律规定，本案应按二级甲等技术事故确定赔偿标准，划分赔偿责任。据此，请求判令被申请再审人××医院承担医疗费、后继治疗费、残疾补助费等共计 290 余万元。

最高人民法院经审查决定：驳回再审申请人陈××的再审申请。

裁判要旨

医疗机构为患者治疗后，患者病情未好转，且出现了更为严重的损害后果。鉴定机构的鉴定意见表明医疗的行为构成医疗事故。医疗机构提出异议并申请鉴定人员出庭接受质询，鉴定机构未派人出庭接受质询亦未提交书面答复书的，法院有权根据双方均认可的相关材料委托其他鉴定机构作出新的鉴定意见，并结合相关证据认定医疗机构的过错。

重点提示

医疗事故鉴定意见与医疗纠纷的审理结果具有密切关系，就医患双方与法院而言，医疗事故鉴定意见常常是案件审理的关键，其作用与证据效力取决于法院的审查结果。最高人民法院《关于民事诉讼证据的若干规定》第 29 条明确规定，审判人员对鉴定人出具的鉴定书，应当审查是否具有以下内容：委托人姓名或者名称、委托鉴定的内容；委托鉴定的材料；鉴定的依据及使用的科学技术手段；对鉴定过程的说明；明确的鉴定意见；对鉴定人鉴定资格的说明；鉴定人员及鉴定机构签名盖章。此外，在医疗事故鉴定中，医患双方各自提交了己方的证明资料，由鉴定专家根据资料作出是否构成医疗事故的鉴定意见，为避免庭审中对委托鉴定材料的审查流于形式，法院在审查双方提交的鉴定材料以及鉴定意见的同时，医患双方对委托鉴定材料可以提起质询，鉴定机构应当派人出庭接受质询或提交书面答复书，未派人到庭作证的，对其所作的鉴定意见，法院应当综合全案确定该鉴定意见的证据效力，或者决定对该鉴定事项进行重新鉴定。原因在于鉴定意见是决定案件判决的重点，鉴定人出庭接受质询是保障鉴定意见的有效性、恰当处理医疗事故纠纷的关键，鉴定人缺席，则影响司法公正。故对鉴定人不出庭接受质询的案件，在进行综合判断后，可考虑通过补充鉴定、重新质证或者补充质证，重新要求鉴定或者不予采纳鉴定意见的方式，保障鉴定的公平公正，发挥鉴定意见的证据效力。

2. 医疗事故技术鉴定意见的法律分析

案件来源

关×仲、关×眉、关×禹等诉广东省××医院医疗损害责任纠纷案

发布部门：最高人民法院民事审判第一庭《民事审判指导与参考》2005年第3辑（总第23集）

审判法院：广东省广州市中级人民法院

判决日期：2005年2月17日

基本案情

2001年11月13日，关×仲等人（关×仲、关×眉、关×禹、关×雅、关×衡）的母亲丘×婵因“左侧腹痛1月余，加重1周”，入住省医院（广东省××医院），入院时丘×婵精神、食欲差，睡眠欠佳，大便秘结。医嘱一级护理，留一人陪护。同月20日，行上腹部MR检查提示：考虑淋巴瘤可能性大。同月28日，行左锁骨上淋巴活检提示：弥漫大B细胞性淋巴瘤，高度恶性。家属欲先调整全身状况后再考虑化疗。次月10日，丘×婵转入中西医结合病区，之后病情逐渐加重，出现消化道出血、肺部感染。20日后，省医院将原用的“悉能”改为“丁胺卡那霉素”，该药物使用后，丘×婵当日出现双下肢浮肿、少尿等肾功能衰竭症状，省医院遂停用“丁胺卡那霉素”。12月31日下午2时3分，值班护士错将“铃兰欣”当作“新福欣”加入丘×婵的补液中，约20分钟后被家属发现而报告护士撤换药物。当日下午3时，丘×婵神志不清，精神疲倦，呼吸减慢，予呼吸兴奋剂治疗。次年1月3日，丘×婵呈深昏迷状态，至1月5日凌晨呼吸突然停止，被宣告临床死亡。

丘×婵死亡当日，关×仲等人对死因有异议，但不同意进行遗体解剖，仅在病例中注明2001年12月31日用错药物事故引发早逝，保留追究权利。随后，关×仲等人要求省医院作出解释和赔偿，省医院作出书面答复称：

对吊错针引起家属不安表示歉意，但本事件不构成医疗事故。并告知关×仲等人，若对答复不满，可向有关部门申请医疗事故鉴定。另查明，丘×婵的住院病案首页过敏药物“法莫替丁”上用红色注明“取消”；错滴“铃兰欣”后病历中未作如实记录，错滴后曾对丘×婵采取抢救措施，但在住院病案首页抢救次数记载为“0”。

关×仲等人对省医院答复不满，以错滴“铃兰欣”、错用“丁胺卡那”霉素与丘×婵死亡存在因果关系为由，提起诉讼，请求判令省医院赔偿误工费、丧葬费、交通费、死亡赔偿金等经济损失，并书面赔礼道歉。

诉讼期间，经关×仲等人申请，法院委托广州市医学会组织医疗事故技术鉴定，鉴定意见为：本病例不属于医疗事故。关×仲等人不服，向广东省医学会提出再次鉴定的申请，鉴定意见为：本病例不属于医疗事故。关×仲等人仍不服，要求鉴定专家组组长出庭接受质询，广东省医学会答复鉴定专家组组长因工作原因无法出庭接受质询，但出具书面答复载明：根据病历记载患者无青霉素过敏史和使用头孢类抗菌药物且无过敏症状史，错用“铃兰欣”20 分钟临床观察未见过敏症状；对使用“丁胺卡那”霉素的说明基本与鉴定书相同。关×仲等人对此答复仍不满意，要求继续作出答复或由法院对省医院的过错作出综合认定评判。

判决主文

一审法院认定：广州市医学会作出的鉴定意见符合法定程序，依据医患双方提交的证据材料分析及合议而形成的一致意见，应认定该鉴定意见程序合法，意见有效，应当作为定案依据。根据该鉴定意见，本病例不属于医疗事故，但被告省医院在医疗行为中错将“铃兰欣”当作“新福欣”加入丘×婵的补液中，而且在病历中未作如实记录，确实存在一定过失。虽然被告省医院的过失行为与丘×婵的死亡结果之间无因果联系，但存在过错，应承担相应的民事责任。

一审法院判决：被告省医院一次性赔偿医疗费6134.51 元给原告关×仲等六人；驳回原告关×仲等六人要求省医院赔偿丧葬费、误工费、交通费、死亡赔偿金、书面赔礼道歉的诉讼请求。

原告关×仲等六人不服一审判决，提起上诉称：上诉人省医院的“病程记录”中记载了丘×婵有“青霉素过敏”的事实，而“铃兰欣”是“青霉素过敏”患者禁用的药物，因此，医护人员错滴“铃兰欣”的过失行为与丘×婵的死亡具有因果关系。同时，上诉人省医院在使用“丁胺卡那霉素”的用量上，未考虑丘×婵高龄及长期病患的情况，加速了丘×婵的死亡。一审法院支持医疗费的索赔请求却驳回了死亡的索赔请求是错误的。综上，请求将本案发回重审或撤销一审判决第二项，判令上诉人省医院赔偿丧葬费4000元、误工费1185.12元、交通费500元、死亡赔偿金160 338.2元，并书面赔礼道歉。

被告省医院不服一审判决，提起上诉称：广州市医学会出具的鉴定意见已经认定本病例不构成医疗事故。本院错滴铃兰欣的过失行为与丘×婵死亡之间不具有因果联系，不应当承担赔偿责任。因此，请求撤销一审判决，驳回上诉人关×仲等六人的诉讼请求。

二审法院判决：撤销一审民事判决；上诉人省医院一次性赔偿上诉人关×仲等人医疗费1650元、陪护费147.6元、丧葬费1200元、精神损害抚慰金17 976元，合计20 973.6元；驳回上诉人关×仲等六人的其他诉讼请求。

裁判要旨

医疗事故技术鉴定意见不是当然的定案证据。法官应当从运用证据证明案件事实的角度去审查医疗事故技术鉴定意见，在充分尊重医学判断规律的基础上运用自己掌握的法学知识、逻辑推理和日常生活经验等，综合全案各种证据，必要时通过询问权威的医学专业人员，对鉴定意见进行事实判断和价值判断，对不能同时具备科学性、客观性、合法性的鉴定意见不予采信。

重点提示

根据我国《民事诉讼法》第63条的规定，证据必须查证属实，才能作为认定事实的根据。这里的“属实”包括形式与内容均属实，即符合案件客观实际。在医疗诉讼纠纷中，医疗事故鉴定结论不仅具有补充法官专业知识与技能的功能，亦能帮助法官科学、全面的认识案件中涉及的医学问题，有利于法官公平公正的审理案件。但医疗事故技术鉴定意见也存在虚假的可能性，法官在审理案件时应对该鉴定意见进行认真分析和审查后方可作为定案依据。司法实践中，审查、适用医疗事故鉴定意见时，应当注意以下几点：（1）对医疗事故鉴定意见进行审查时，应当考虑构成医疗事故的四个要素，即：医疗机构及其医务人员在医疗活动中；存在违法违规的医疗行为；存在人身损害结果；违规行为与人身损害后果之间具有因果关系。同时，是否构成医疗事故需要由具有专业鉴定资质和鉴定人员的医疗事故鉴定委员会鉴定才能认定。（2）是否构成医疗事故并非认定医疗过失损害赔偿责任的必要条件。医疗事故鉴定是对医疗机构及其医务人员违反医疗卫生管理法律法规和诊疗护理规范行为的鉴定，而医疗过失损害赔偿是侵权行为的一种，医疗机构承担侵权赔偿责任需要具备过错、医疗行为违法、损害后果、医疗行为与损害后果之间具有因果关系的侵权构成要件。是否构成医疗事故并不是是否承担医疗过失损害赔偿责任的要件，因此，认定医疗过失损害赔偿责任不以构成医疗事故为必要条件。（3）医疗事故鉴定具有较强的医学专业性，法院审理医疗事故鉴定结论时，应从其掌握的法学知识出发，运用逻辑推理及证据规则，在尊重医学判断规律的基础上结合其他证据进行司法判断，着重审查医疗事故鉴定结论的客观性、科学性、真实性，以此作为认定案件事实的依据。

3. 证据规则在医疗事故纠纷中的适用

案例来源

刘××诉章丘市××医院医疗损害责任纠纷案

发布单位：最高人民法院民事审判第一庭《民事审判指导与参考》2003 年第 1 卷（总第 13 卷）

审判法院：山东省高级人民法院

基本案情

刘××与郭××系夫妻关系，刘×清系二人之子。1999年12月23日，郭××因骨折入住××医院（章丘市××医院）。同月28日，在××医院为郭××实施手术缝合时，郭××心跳及呼吸骤停，之后进入植物人状态并最终死亡。2000年1月19日，章丘鉴定委员会（章丘市医疗事故鉴定委员会）依据××医院出具的载有郭××“既往史”、页码及阻滞麻醉单等内容的病历作出鉴定意见，认定：郭××术中出现心跳骤停系其自身潜在的心血管疾病突发所致，不属于医疗事故。同年2月20日，郭××之子刘×清认为郭××成植物人状态系医疗事故造成的，向章丘市公安局报案，该局于22日会同山东省公安厅、济南市人民检察院、济南市公安局、山东医科大学有关专家及章丘市人民检察院、章丘市公安局法医在章丘市火化场对郭××进行解剖并出具刑事科学技术鉴定书，认定：郭××系长期深度昏迷，多脏器功能衰竭死亡。刘××不服，向济南鉴定委员会（济南市医疗事故技术鉴定委员会）申请重新鉴定，同年5月10日，济南鉴定委员会重新鉴定意见为：本病例难以确认心跳呼吸骤停的原因，属难以防范的医疗意外。刘××仍不服，即向山东鉴定委员会（山东省中医医疗事故技术鉴定委员会）申请重新鉴定，山东鉴定委员会作出鉴定意见为：不属于医疗事故。刘××仍不服，由山东省济南市公安局为委托单位于同年10月30日向公安部申请鉴定郭××的死亡原因以及是否存在心脏疾病。公安部出具物证检验意见书，结论为：郭××符合因长期昏迷，呼吸、循环功能衰竭死亡。郭××无严重的心脏疾病，其呼吸、心跳停止不符合心脏疾患所致。

另查，××医院提交的病例资料中“既往史”、页码及阻滞麻醉单等内容均有改动。

刘××以××医院在诊疗过程中存在过错为由，提起诉讼，请求判令××医院支付其为郭××垫付的各种费用及死亡补偿费、精神损害抚慰金等费用。

××医院以刘××拒绝支付医疗费为由，提出反诉，请求判令刘××

支付医药费，确认此次事故不构成医疗事故，其不承担赔偿责任。

判决主文

一审法院判决：反诉原告××医院支付反诉被告刘××为郭××垫付的各种费用及死亡补偿费、精神损害抚慰金；反诉被告刘××支付反诉原告××医院垫付的医药费；驳回反诉被告刘××的其他诉讼请求；驳回反诉原告××医院的其他反诉请求。

反诉原告××医院不服一审判决，提起上诉称：一审法院认定事实不清，未采信三级医疗事故鉴定委员会的鉴定意见错误；其阅改病例的行为符合规定，采信公安部“物证检验意见书”的行为不合理；计算医疗费用不清。请求二审法院依法改判。

被上诉人刘××未作书面答辩。

二审法院判决：驳回上诉，维持原判。

裁判要旨

因医疗行为引起的侵权诉讼，由医疗机构就医疗行为与损害结果之间不存在因果关系及不存在医疗过错承担举证责任。医疗机构提供的病例资料记载的主要内容有改动，则不能作为合法有效的证据使用，以此病例资料为主要依据的鉴定意见亦不能采信。在医疗机构未能提供其他充分证据证明其对患者实施的医疗行为与患者死亡之间不存在因果关系，以及医疗活动中不存在医疗过错的情况下，应认定构成医疗事故，医疗机构应当对患者死亡承担赔偿责任。

重点提示

因医疗行为引起的侵权诉讼中，法院需确认下列事实：患者遭受人身损害的时间为医疗过程中；医务人员诊疗过程中存在疏忽、懈怠等过失；患者人身损害与医疗过错存在因果关系。对于后两个事实，因医疗服务具有较强的专业性，是否存在误诊、诊疗是否及时、处置是否恰当以及所使用的医疗产品是否合格等事实的举证责任，对患者来说具有一定难度。进一步言之，诊疗行为有无过失，该过失与患者损害后果有无因果关系，需要专业人员运用专业知识才能进行确定，普通患者是无法证明的。故为了体现我国立法保护受害人的宗旨，最高人民法院《关于民事诉讼证据的若干规定》第4条中规定：因医疗行为引起的侵权诉讼，由医疗机构就医疗行为与损害结果之间不存在因果关系及不存在医疗过错承担举证责任。此规定明确了因医疗行为引起的侵权诉讼，实行举证责任倒置，大大减轻了患者的举证责任，解决了患者因无法取得客观资料而不能起诉的问题。具体而言，患者只要证明自己在医院就医期间受到损害，即可向法院提起诉讼，医疗机构需证明自己的医疗行为与患者的损害事实之间没有因果关系，证明成立的免除医疗机构的责任；不能证明的推定因果关系成立。此外，按照民事诉讼证据规则，医疗事故鉴定意见作为医疗机构证明自己的医疗行为与患者的损害后果之间无因果关系，以及医疗机构医疗行为无过错的直接证据，应当由医疗机构提供。当医疗事故鉴定结论所依据的鉴定资料存有瑕疵时，该鉴定意见不能作为证据使用，医疗机构还需提供其他有效证据证明其诊疗行为与患者损害后果无因果关系，否则应承担不利法律后果。

五、举证责任（2例）

1. 举证责任倒置规则在环境污染侵权案件中的适用

案例来源

孙×诉A村造纸厂水污染责任纠纷案

发布单位：最高人民法院民事审判第一庭《民事审判指导与参考》2008年第4集（总第36集）

审判法院：最高人民法院

判决日期：2008年1月6日

基本案情

2004年3月，孙×为养鱼承包了A村的池塘。2年后，该村造纸厂开始运营造纸，因造纸而产生了工业废水，造纸厂即直接将废水排放至老墨河。由于老墨河和沂河相通且其之间有戴沟涵洞，所以老墨河与 A 村池塘相通。涵洞闸门平时并不开启，但闸门两侧水位不等时，在涵洞会有水流渗漏的声音。而后，孙 × 发现其池塘中养殖的鱼部分死亡，但未将死亡的鱼送至相关部门鉴定，亦未将死亡的鱼予以存留。

孙 × 以 A 村造纸厂排放污水导致其饲养的鱼大量死亡为由，提起诉讼，请求 A 村造纸厂赔偿其损失。

判决主文

一审法院判决：驳回原告孙 × 的诉讼请求。

原告孙 × 不服一审判决，以一审法院未适用举证责任倒置原则为由，提起上诉，请求改判。

二审法院判决：驳回上诉，维持原判。

裁判要旨

环境侵权诉讼中，虽应由被控侵权人就污染行为与损害结果之间不存在因果关系承担举证责任。但该举证责任倒置的适用是以受害人能够证明存在污染的事实及确切的被控侵权人为前提条件。受害人对其养殖的渔场遭受污染致鱼死亡的事实予以证明后，并未提供证据证明污染事实系被控侵权人所为，且在鱼死亡后并未送检化验，致使无法查清鱼之死与污染之间存在因果关系。因受害人此时无法证明被控侵权人排放污水与鱼死亡之间具有存在因果关系的可能性，故此种情形下，不能适用举证责任倒置，而应由受害人承担举证不能的败诉风险。

重点提示

在环境污染侵权诉讼中，通常适用举证责任倒置规则。最高人民法院《关于民事诉讼证据的若干规定》提出“因环境污染引起的损害赔偿诉讼，由加害人就法律规定的免责事由及其行为与损害结果之间不存在因果关系承担举证责任”。但举证责任倒置规则要适用于环境污染侵权类案件的审理程序中，需满足一定条件，且该规则的适用应当根据案件审理的具体情况并结合举证责任分配予以确定。因此，实践中，环境污染侵权诉讼中是否适用举证责任倒置规则，应当针对案件具体情况进行认定：（1）是否应承担侵权责任需要通过加害人的侵权行为、对受害人造成的损害后果、侵权行为与损害后果之间的因果关系以及加害人不存在免责事由来进行认定；（2）在满足侵权行为以及损害后果确实存在这两个要件后，应当由受害人承担举证责任，同时受害人亦应当就存在因果关系的可能性承担相应举证责任，若受害人未能首先完成上述部分举证，则加害人无需承担后续的举证责任；（3）在确定侵权行为与损害后果之间具有因果关系后，根据环境污染侵权诉讼中可以适用举证责任倒置规则的原则，即由加害人就法律规定的不承担责任或者减轻责任的情形及其行为与损害之间不存在因果关系承担举证责任。综上，在环境污染引起的侵权纠纷中，应当首先由受害人对加害人实施了污染行为、受害人遭受损失的事实以及污染行为与损害后果具有存在因果关系的可能性进行举证，受害人完成上述举证之后，再由加害人证明损害行为与受害人遭受损害的后果无因果关系，或其存在免责事由。

2. 如何明确产品质量问题的举证责任

案例来源

张××诉徐州××电器有限公司产品销售者责任纠纷案

发布单位：《最高人民法院公报》2006 年第 10 期（总第 120 期）

审判法院：江苏省徐州市中级人民法院

判决日期：2006 年 4 月 21 日

基本案情

张××于 2004 年元旦在××公司（徐州××电器有限公司）购买冰箱一台。在使用过程中，该冰箱始终无法正常工作，××公司为此先后两次派人上门维修，但均未能修复。后经双方协商，××公司于同年 7 月为张××更换冰箱，更换冰箱时，××公司的工作人员系在张××的住宅楼下将冰箱的外包装拆除，当时张××及其家属均未在场。在将更换冰箱送至张××的家中后，××公司的工作人员既未要求张××及其家属验货，也未将原冰箱的三包凭证、说明书等文件回收，更未将更换冰箱的三包凭证、说明书等文件交予张××并办理相关交接手续，即带第一台冰箱离开。张××对更换的冰箱检查后，发现该冰箱上存留有污渍、霉斑等，遂认为××公司更换的是旧冰箱，就此与××公司交涉，但双方未达成一致意见。

张××以××公司用旧冰箱冒充新冰箱予以调换，该行为构成欺诈为由，提起诉讼，请求判令××公司赔偿其双倍购货款以及因发生纠纷而导致的误工费、交通费、电话费等损失。

××公司辩称：本公司并未以旧冰箱冒充新冰箱，且所调换的冰箱并无质量问题，故本公司的行为不构成欺诈，请求法院驳回张××的诉讼请求。

为证明各自主张，张××向法院提交了第一台冰箱的三包凭证、使用说明、维修指南、发票以及其录制的关于第二台冰箱情况的录像带。××公司向法院提供了更换冰箱提货单。

判决主文

一审法院判决：被告××公司返还原告张××购货款1600元；被告××公司赔偿原告张××损失1600元；被告××公司赔偿原告张××误工费、交通费合计63元；驳回原告张××要求赔偿电话费的诉讼请求；原告张××返还被告××公司冰箱一台。

被告××公司不服一审判决，提起上诉称：一审法院认定事实及适用法律均错误，且程序违法。本案中更换后的冰箱为新冰箱，被上诉人张××未对其主张进行充分举证，一审法院即直接根据其怀疑认定冰箱为旧冰箱，缺乏事实和法律依据；被上诉人张××持有原冰箱的三包凭证，由于更换后的冰箱与原冰箱型号相同，故被上诉人张××完全可以凭原冰箱的三包凭证继续享受三包服务。综上，请求二审法院依法改判或发回重审。

上诉人××公司同时向法院主张申请给被上诉人张××送冰箱的送货员申正军出庭作证。

被上诉人张××辩称：第一，上诉人××公司所提交的提货单并不能直接证明其为本人更换的冰箱为新冰箱；第二，原冰箱与更换后的冰箱并不相同，本人不可能凭原冰箱的三包凭证继续享受三包服务；第三，上诉人××公司已经在诉讼中自认更换后的冰箱存有污渍、霉斑，该事实可以证明上诉人××公司提供的系旧冰箱；第四，上诉人××公司在二审中要求举证的请求已超过举证期限，且其提供的证人系其职员，该证言不具有证明力。故一审法院认定事实和适用法律正确。综上，请求二审法院依法驳回上诉，维持一审判决。

证人申正军作证称：其与其他工作人员一起从仓库提出冰箱后直接送到被上诉人张××的住处。被上诉人张××下楼，在楼下拆封后，第二台冰箱被送到楼上，然后把第一台冰箱抬下带走。

针对证人申正军的证言，被上诉人张××辩称：举证期限已过，该证人证言不能作为新的证据；且该证人证言没有对送货的时间、地点等进行明确说明，证人无相关的经验和知识，其陈述的情况和被上诉人张××认可的送货情况不相符合；电器在送货上楼前不应拆封。

二审法院认定：根据“谁主张，谁举证”的举证分配原则的规定，以及最高人民法院《关于民事诉讼证据的若干规定》第4条的规定，本案既不具有上述规定列举的应当适用举证责任倒置的情形，也没有相关法律对本案涉及的侵权诉讼的举证责任分配作出特殊规定，故本案不应适用举证责任倒置，应当由主张更换后的冰箱属于旧冰箱的被上诉人张××承担举证责任。由于被上诉人张××仅提供了关于更换后冰箱情况的录像，而该单独的证据不能作为认定案件事实的依据，故应由被上诉人张××自行承担举证不能的不利后果。但是，上诉人××公司在为被上诉人张××更换冰箱的过程中，确实具有未要求被上诉人张××及其家属验货，未将原冰箱的三包凭证、说明书等文件回收，未将更换冰箱的三包凭证、说明书等文件交予被上诉人张××并办理相关交接手续的行为。由于被上诉人张××持有的原冰箱三包凭证与更换后的冰箱不符，客观上会影响被上诉人张

××享受正常的售后服务，故可以认定上诉人××公司提供的服务具有瑕疵，但该瑕疵并不构成欺诈，上诉人××公司无需赔偿被上诉人张××一倍货款的经济损失。同时，综合本案因上诉人××公司服务瑕疵对被上诉人张××造成的影响，上诉人××公司应当赔偿被上诉人张××因本案纠纷造成的误工费、交通费。

二审法院判决：维持一审民事判决第一、三、四、五项；撤销一审民事判决第二项；驳回被上诉人张××要求上诉人××公司赔偿损失 1600 元的诉讼请求。

被上诉人张××不服二审判决，申请再审称：二审法院认定事实不清、举证责任分配错误且程序违法。被申请再审人××公司在销售过程中，并未向本人提供更换后冰箱的出厂合格证、使用说明书及三包凭证等资料，明显违反法律规定；被申请再审人××公司作为涉案冰箱的销售者，应当对冰箱质量不存在问题承担举证责任；本人在二审中向法院提交的录像带足以证明被申请再审人××公司提供的冰箱为旧冰箱，而二审法院以本人未提供播放设备为由不予质证，且对被申请再审人××公司在二审期间新提出的证人证言予以采信，属于认定事实错误。综上，请求撤销二审判决。

复查期间，再审法院播放了申请再审人张××提供的关于第二台冰箱情况的录像带，表明：压缩机外观粗糙，焊接点无黑漆保护；过滤器生锈；机内金属铜生锈；机内红漆涂抹不均；插头和电线破损；机内三颗螺丝规格不同等。

被申请再审人××公司辩称：若本公司第二次提供的冰箱存在上述缺陷，申请再审人张××应拒收，或要求送货人员签字确认；录像带所显示的冰箱不能证明就是本公司送去的第二台冰箱；第二台冰箱送到申请再审人张××家中的时间是 2004 年 7 月 24 日，录像带制作的时间为 2004 年 8 月 9 日，在此时间内申请再审人张××的行为也可导致冰箱出现上述问题。

再审法院判决：撤销二审民事判决；维持一审民事判决。

裁判要旨

商品经营者为消费者提供商品或服务时，应当遵循诚实信用原则，消费者亦有权知悉其所购买、使用的商品或接受的服务的真实情况。在侵犯消费者权益纠纷案件中，消费者主张商品经营者提供的商品存在品质问题，并提供了相应证据的，商品经营者如主张该商品不存在品质问题，应对其主张承担举证责任。

重点提示

在因产品质量问题引起的纠纷案件审理中，明确各方的举证责任，对消费者遇到类似纠纷时正确维权有重要意义。关于产品质量纠纷的举证责任分配，存在两种不同的意见：一种意见认为，产品质量侵权案件应当适用举证责任倒置原则。即消费者向经营者主张赔偿，经营者就其产品不存在缺陷以及产品缺陷与损害之间不存在因果关系承担举证责任。另一种意见认为，应当先由消费者就侵权行为的构成要件进行举证，在消费者完成举证的前提下，由经营者就其产品不存在品质问题或者存在法定免责事由进行举证。司法实践倾向于第二种意见。同时，依据我国法律对产品质量问题的证据规则可以看出，我国并未将与产品侵权的构成要件相关的举证责任分配给经营者，也没有规定由产品经营者就产品不存在缺陷以及产品缺陷与损害之间不存在因果关系承担举证责任。故消费者对以下事实负有举证责任：证明经营者提供的产品不合格；证明消费者自身遭受到了损害，产生损失；消费者自身的损害系经营者提供的产品所造成的。在消费者完成上述举证后，如果经营者主张其商品不存在质量问题或者有其他法定免责事由，就应当提供证据证明商品符合质量标准，或者提供证据证明其产品符合下列某项情形：未将产品投入流通的；产品投入流通时，引起损害的缺陷尚不存在的；将产品投入流通时的科学技术水平尚不能发现缺陷存在的。如果经营者并未完成规定的举证责任，那么将由其承担不利后果。

第二章　人格权侵权（40 例）

一、生命权、健康权、身体权（9 例）

1. 侵权损害赔偿责任中的因果关系认定

案例来源

蒋××、曾×诉覃××、苏××生命权纠纷案

发布单位：《最高人民法院公报》2016 年第 11 期（总第 241 期）

审判法院：广东省佛山市中级人民法院

判决日期：2015 年 8 月 27 日

基本案情

覃×典系覃××的孙子，曾×婷系曾×合的孙女，蒋××、曾×系曾×婷的父母，覃××与曾×合家均租地种菜并居住在菜地工棚。2015 年 1 月 15 日，蒋××、曾×在上班，由曾×合夫妇负责照看曾×婷。当天上午，苏××到菜地捡菜时将芭蕉分给覃×典食用，经覃××夫妇确认芭蕉是苏××给的以后，未对覃×典食用该芭蕉提出异议，后苏××离开菜地。上午 11 时，曾×婷到菜地找覃×典玩耍时，覃×典将芭蕉分给曾×婷且各食用一根。下午 14 时左右，在菜地装菜的覃××听到覃×典大叫，跑到覃×典身边时发现原本与其在菜地边玩耍的曾×婷倒地不醒、口吐白沫、脸色发青、双手不停抖动，旁边有一根没吃完的芭蕉，遂呼叫仍在菜地干活的曾×合。曾×合夫妇在看见曾×婷后，知道其吃了芭蕉以为中毒，即立即拨打 110、120，随后将其送到卫生站救治。经卫生站接诊医生以及医院医护人员的抢救，在曾×婷喉咙挖出一块直径约 5 公分表面带血的芭蕉。2015 年 1 月 15 日 15 时 20 分，曾×婷被宣布死亡，死因为异物吸入窒息。

2015年1月26日，蒋××、曾×以覃××未尽到监护义务及苏××提供食物导致曾×婷死亡为由，提起诉讼，请求判令：覃××、苏××共同向蒋××、曾×赔偿死亡赔偿金、丧葬费、误工费、交通费、住宿费及精神损害抚慰金，合计737 646.5元。

判决主文

一审法院判决：驳回原告蒋××、曾×的诉讼请求。

原告蒋××、曾×不服一审判决，提起上诉称：其一，根据笔录的记载，被上诉人覃××承认死者食用的芭蕉由其孙子覃×典直接给予，而并非被上诉人覃××后来所说的由死者擅自取食，作为覃×典的监护人，被上诉人覃××未尽到监护职责，未对覃×典将芭蕉给死者食用的行为加以制止，故其应对其疏忽大意造成死者死亡承担责任；其二，原审被告苏××提供芭蕉的行为是导致死者窒息死亡的直接原因，因此应承担连带赔偿责任；其三，一审判决将小孩食用芭蕉等块状物的危险行为认为是邻里之间分享食物，未准确判断该行为对小孩的危险性。综上，请求撤销原审判决，改判被上诉人覃××、原审被告苏××连带向本方赔偿737 646.5元。

二审诉讼期间，上诉人蒋××、曾×自愿撤回对原审被告苏××的上诉请求，法院予以准许，上诉请求变更为仅要求被上诉人覃××赔偿737 646.5元。

被上诉人覃××答辩称：其并未预知意外事件的发生，曾×婷意外身亡是否是因进食芭蕉导致也无从知晓，由此发生的意外事故也应是监护人的责任，与他人无关。故一审法院认定事实以及适用法律正确，上诉人蒋××、曾×提出的上诉理由，与事实不符、于法无据，请二审法院予以驳回。

原审被告苏××辩称：芭蕉符合食用安全要求，且死者的死因系异物吸入窒息，由此可以证实其行为与死者死亡结果的出现不具有因果关系。芭蕉有多人食用，并未出现任何症状，且死者所食用的芭蕉并非其直接给予，由此可知死者的死亡应属于意外事件。综上，其与死者的死亡结果之间不存在过错以及因果关系，请求法院判令其无需承担损害赔偿责任。

二审法院判决：驳回上诉，维持原判。

裁判要旨

民法鼓励民事主体积极开展合法、正当的社会交往。行为人在正常社会交往活动中实施的行为本身不具有危害性，因意外因素造成他人的权益受到损害的，如果行为人无过错，且其行为与损害结果之间无任何因果关系，行为人依法不承担赔偿责任。

重点提示

因行为人过错侵害他人民事权益，应承担相应的民事责任，而因果关系又是侵权民事责任的主要构成要件之一，故对侵权责任中因果关系分析，决定了应否承担民事赔偿责任。通常认为，只要损害事实同加害行为之间具有因果关系，加害人就应当承担赔偿责任。具体包括事实因果关系和法律因果关系。其中，关于事实因果关系，可采取以下几种规则，第一种是必要条件规则，即如果没有行为或事件的出现，就不会有损害事实的发生；第二种是实质条件规则，即某种行为或事件虽不是损害发生的必要条件，但足以引起损害发生，就可认定构成事实上的因果关系；第三种是推定存在因果关系规则，即加害人举证证明应当由其承担责任的行为或事件不是造成受害人损害结果发生的原因，否则，则推定存在事实上的因果关系。另外，关于法律因果关系，通常采取的是相当因果关系说。损害事实同加害行为之间具有同等价值，则具有相当的因果关系，加害人就应当赔偿。我国法律基本采取的是此种观点，虽然有无限扩大归责范围的倾向，但可通过过错责任加以弥补。即侵权民事责任的构成中，考虑的因素仅限于与过错有关，加害人因过错侵害受害人民事权益，应当承担侵权责任。无过错则无责任。综上，通过衡量案件的侵权行为特点、抗辩事由，并综合依据责任适用方式所要求的要件事实，能够判断加害人对受害人的损害并无过错，且侵权责任构成要件之一的因果关系并不成立，则加害人无需承担民事赔偿责任。

2. 旅游辅助服务者（第三人）对旅游者造成侵害时经营者的责任承担

案例来源

许××、周×礼、吴×群、周×希诉徐州市××国际旅行社有限公司健康权纠纷案

发布单位：《最高人民法院公报》2012年第6期（总第188期）

审判法院：江苏省徐州市中级人民法院

判决日期：2011年10月30日

基本案情

周×德原在××储备库（徐州市国家××储备库）工作，周×礼、吴×群、许××、周×希分别为周×德的父亲、母亲、妻子、儿子。2009年7月13日，储备库与××国际旅行社（徐州市××国际旅行社有限公司）签订《江苏省国内旅游合同》，约定：职工参加××国际旅行社组织的国内旅行团，进行为期两天的旅游项目。2009年7月18日，周×德参加了旅行团，到达目的地后，周×德在太公岛浴场游泳时溺水，当月27日，周×德经人民医院（日照市人民医院）抢救无效死亡。之后，许××等与××国际旅行社就赔偿事宜协商未果。

另查明，周×礼1943年1月5日出生，无收入来源，吴×群1949年10月8日出生，有退休工资。周×礼、吴×群育有包括周×德在内三个子女。周×希2010年2月16日出生，系遗腹子。

许××等（周×礼、吴×群、周×希）以××国际旅行社未能提供符合安全要求的景点及有效的安全防范措施为由，提起诉讼，请求判令××国际旅行社赔偿经济损失和精神损害赔偿合计743 717.84元。

××国际旅行社辩称：导游石×霞挂靠在本旅行社，其自行联系及接待导游服务，应当作为第三人参加诉讼或者作为本案被告；石×霞带周×

德等进入的海边浴场有禁止下海游泳的明确标识，并且旅游告知书上也规定旅游地点禁止下海游泳，如旅游者未按要求下海游泳产生的意外，其自负后果，周×德已在该告知书上签字表示认可，本公司并无责任，本公司以及石×霞已经完全按照合同约定完成旅游项目并曾为周×德购买保险。故请求驳回许××等的诉讼请求。

判决主文

诉讼中，被告××国际旅行社提交了周×德已签名的《日照×××旅游社友情提示》（其中载明：海水浴不在服务范围内，属自愿项目，发生意外责任自负），并据此主张日照当地的导游已经向参加此次旅游的游客作出书面提示。

原告许××等针对该证据作出质证称：该提示与本案诉争内容没有关联性，且其内容系×××旅游社（日照×××旅游社）作出的而非被告××国际旅行社。提示中载明的海水浴虽不在行程之内，但并不能据此认定不在被告××国际旅行社的项目之内，该提示上显示的职工签字的原因实际是为了统计下海的人。根据签字时间，是在万平口浴场下海之前旅游车行驶中签的，说明该提示只针对万平口浴场并不针对周×德溺水事件发生的太公岛浴场。

一审法院判决：被告××国际旅行社赔偿原告许××等丧葬费、死亡赔偿金、精神损害抚慰金合计 95 374.7 元；被告××国际旅行社赔偿原告周×礼被扶养人生活费 17 537.3 元；被告××国际旅行社赔偿原告周×希被扶养人生活费 23 675.4 元；驳回原告许××等的其他诉讼请求。

原告许××等不服一审判决，以一审法院事实认定错误为由，提起上诉称：2009 年 6 月 10 日，太公岛浴场告示中明确显现“海水浴场停止营业、严禁游客下海游泳”的标语，但本案发生的旅游的时间为 2009 年 7 月 18 日，此时，该旅游场所应系不对外开放、具有危险性的游泳场所；虽然下海游泳系双方签订的《江苏省国内旅游合同》内容之一，但友情提示系格式文本，不能以此认定被上诉人××国际旅行社的服务范围，且游客签字的目的是被上诉人××国际旅行社为统计下海人数，同时友情提示内容具有不公平性，减免了被上诉人××国际旅行社损害旅游者合法权益时应承担的责任，应当属于无效条款；另外，被上诉人××国际旅行社自行变更浴场且浴场未正常营业，对安全保障措施未履行到位，致使周×德溺亡，应承担全部赔偿责任。综上，请求依法改判或发回重审。

被上诉人××国际旅行社辩称：一审法院认定事实清楚，适用法律正确，请求依法裁决。

二审法院判决：驳回上诉，维持原判。

裁判要旨

在旅行合同关系中，旅行社通过第三人协助履行合同义务的，该第三人对游客的人身和财产安全负有保障义务。除游客直接与该第三人另行订立合同关系外，该第三人如有故意或过失侵害游客合同权益的行为，旅行社应当对此承担相应的法律责任。

重点提示

当前，旅游已经成为人们享受生活的一个重要途径，与之同时出现的是旅游中的侵权责任承担的问题，基于旅游者的人身、财产安全，旅游侵权责任可以分为旅游经营者的侵权责任、旅游辅助者的侵权责任以及第三人对旅游者的侵权责任等。其中，旅游经营者如将旅游合同中约定的事项交由第三人办理，则该第三人即为旅游辅助服务者。当旅游辅助服务者对旅游者的人身、财产造成侵害时，为了获得精神损害赔偿和诉讼便利，旅游者可能会倾向于选择以旅游经营者为被告进行侵权之诉，此时，旅游经营者应否为此承担侵权责任。为此，我国《旅游法》依据旅游辅助者的地位将旅游经营者的责任分为三种类型：第一种是当旅游者能举证证明旅游辅助者与旅游经营者系雇佣关系时，旅游经营者承担无过错的替代责任。第二种是旅游辅助者为独立的非公共交通经营者时，旅游经营者与辅助者承担的是不真正连带责任，即数个责任人基于不同原因而依法应当对同一被侵权人承担全部赔偿责任，某一责任人在承担责任后，有权向最终的责任人追偿。第三种是当旅游辅助者为独立的公共交通经营者时，旅行社仅承担协助索赔的义务。需要注意的是，从我国《旅游法》的相关规定来看，旅游经营者对于因辅助者的原因造成的损失承担的是无过错责任。即旅游者在存有缺陷的旅游景点发生人身伤亡的损害后果与旅游辅助服务者的过错具有一定因果关系的，则旅游者有权向旅游经营者主张损害赔偿责任。但此种无过错责任应当限制性适用，避免对旅游经营者课以过重的责任。实践中，可从赔偿责任范围和数额方面进行限制，即当因旅游辅助者的原因造成旅游者人身损害，如果难以证明旅游经营者的过错时，可责令其在一定限度内承担赔偿责任；而当能够证明旅游经营者有过错时，则责令其承担与过错相当的赔偿责任。

3. 关于间接结合的侵权行为的认定问题

案例来源

张×诉李××、夏×健康权纠纷案

发布单位：最高人民法院审判监督庭《审判监督指导》2012 年第 2 辑（总第 40 辑）

审判法院：广东省珠海市中级人民法院

判决日期：2011 年 9 月 22 日

基本案情

2004 年 10 月，张×取得中国民用航空总局签发的商用驾驶员执照后，在珠海航空有限公司从事飞机驾驶工作。2007 年 11 月，珠海航空有限公司飞行技术委员会在召开的工作总结会议上确定张×等五名副驾驶员参加 2008 年的机长测评，并将根据测评结果分期参加机长培训。次月，在飞行任务执行完毕后，张×等五人一同就餐并饮用啤酒。餐后，李××与夏×发生口角，继而出现肢体冲突，张×的右眼及前额处在李××与夏×的肢体冲突过程中被啤酒杯（瓶）砸伤。次日，张×被送入省医院接受手术治疗。次年 1 月，张×出院。次月 13 日至 21 日，张×在中山大学附属第五医院住院接受治疗，经治疗，张×的症状并无明显改善。随后，张×还曾先后就诊于中山大学中山眼科中心、广东省人民医院、北京同仁医院、第四军医大学西京医院等多家医院。同年7月，张×自行委托鉴定所（广东正光法医临床司法鉴定所）对其进行伤残等级评定，鉴定意见为：张×右眼上睑重度下垂，伤残九级；右眼球内异物存留，伤残十级；右眼视力下降，伤残十级。

另查明，受伤前，张×享受的空勤综合待遇为月平均10 461元。受伤后，因不能到岗工作，其工资结构虽然仍按飞行人员标准发放，但绩效工资按地面人员待遇执行，并停发了空勤综合待遇。张×因停飞病休，未能参加上述机长测评与培训。与张×一起被确定参加机长测评与培训的另一名副驾驶员邹×，其2008年上半年享受的空勤综合待遇为月平均12 006元；另一名副驾驶员阮×烽，其2008年上半年享受的空勤综合待遇为11 782.33元。

张×以李××与夏×发生肢体冲突对其造成误伤，使其受伤且无法再从事飞行驾驶员工作，并承受巨大精神压力为由，提起诉讼，请求判令李××与夏×连带赔偿医疗费、误工费、护理费、交通费、住宿费、住院伙食补助费、营养费、残疾赔偿金、鉴定费、查询费、保全担保费以及精神损害抚慰金等。

李××辩称：张×诉请的医疗费、误工费、护理费、交通费、住宿费、营养费、保全担保费、残疾赔偿金、精神损害赔偿费的赔偿金额计算错误，请求判令驳回张×的诉讼请求。

夏×辩称：李××饮酒失控向其掷酒瓶，存在过错并直接导致损害后果，其躲避系本能，张×诉请的赔偿金额明显过高，请求法院依法、公正、客观判定各当事人责任。

审理中，李××就张×残疾情况申请重新鉴定，法院依法委托鉴定中心（中山大学法医鉴定中心）进行鉴定，该中心出具的鉴定意见书载明：三个部位的伤残分别为九级、十级、十级。

判决主文

一审法院认定：原告张×无故遭受人身损害，侵权人应承担全部赔偿责任。根据法律关系可以认定系被告李××投掷啤酒杯击打被告夏×而误伤原告张×，李××与夏×不构成共同侵权，被告李××作为直接侵权人，应承担全部赔偿责任，夏×不承担民事赔偿责任；但从案件起因分析可以认定，被告夏×虽并非直接侵权人，但因其与被告李××的争斗导致原告张×受伤，应对原告张×的伤害进行适当补偿；原告张×经鉴定残疾级别分别为九级、十级、十级，综合伤残赔偿指数酌定为 30%，其请求计算双倍的残疾赔偿金，不予支持。

一审法院判决：被告李××向原告张×赔偿 333 891.67 元；被告夏×向原告张×补偿 50 000 元；驳回原告张×的其他诉讼请求。

原告张×与被告李××均不服一审判决，以一审判决有误为由，提起上诉。

二审审理阶段，上诉人张×通过接受右眼提上睑肌缩短手术而使右眼睑裂宽度与左眼基本一致，之后，经训练与考试，并经其所在公司飞行部讨论确定其体检鉴定意见。

二审法院判决：维持一审判决第三项；变更一审判决第一项为：上诉人李××向上诉人张×赔偿 356 705.34 元；变更一审判决第二项为：被上诉人夏×向上诉人张×赔偿 92 926.33 元。

二审判决生效后，上诉人张×重新恢复飞行资格，先后在飞机上担任学员、副驾驶。但复飞后，除需参加正常定期体检之外，还必须定期参加双眼的个人针对性特别项目检查，并视检查情况决定能否取得航空人员体检合格证，能否继续从事飞行工作。

上诉人李××不服二审判决，申请再审称：二审判决认为被申请人张×自收入丰厚的飞行员转为地勤人员，收入减少，而支持其双倍残疾赔偿金的诉讼请求。然而，被申请人张×经过治疗，已恢复健康，仍从事飞行员的工作，二审判决的精神抚慰金亦应适当减少。其次，本人与被申请人夏×的行为构成共同危险行为，无法证明具体的侵权主体，应承担连带赔偿责任。同时，被申请人张×违反相关航空管理规定饮酒，对其损害后果亦应承担相应责任。最后，误工费、护理费、营养费、伤残赔偿金计算有误。综上，请求撤销二审判决，依法改判。

被申请人张×辩称：本人因伤不仅需要多次体检，而且还影响事业晋升，应得双倍残疾赔偿金；且二审判决确定的精神损害金金额无误。其次，二审判决认定申请再审人李××投掷啤酒杯击打被申请人夏×而误伤本人眼睛，该结论正确，本人与他人外出饮酒并非系本次事件负责的理由。最后，二审判决的各项赔偿数额与法律规定相符。因此，请求维持二审判决。

被申请人夏×辩称：申请再审人李××系直接侵权人，不认可申请再审人李××对事实部分所提异议；被申请人张×确实重新获得飞行资格，申请再审人李××以此为由，主张二审判决确定的相关赔偿数额错误无依据。

再审法院判决：维持二审民事判决。

裁判要旨

行为人与第三人发生肢体冲突期间，为躲避第三人投掷的啤酒杯，致啤酒杯误伤受害人。因第三人的投掷行为直接误伤了受害人，且其与行为人的肢体冲突系造成受害人损害后果的起因，故双方行为属于间接结合侵权行为。对受害人遭受的损害，双方应按照过失大小各自承担相应的赔偿责任。

重点提示

根据最高人民法院《关于审理人身损害赔偿案件适用法律若干问题的解释》第3条第2款的规定，二人以上无共同故意或者共同过失，但其分别实施的数个行为间接结合发生同一损害后果的，应当根据过失大小或者原因力比例各自承担相应的赔偿责任。据此，对于间接结合的侵权行为的认定，应当从以下几个方面进行分析：首先，认定存在该行为的前提系二人以上实施了侵权行为；其次，数个侵权行为人主观上不存在共同的故意或者过失；再次，侵权行为间接结合在一起；最后，行为人承担按份责任。但在特殊条件下，对上述事实存在与否的认定依旧存在困难，故而，在司法实践中，认定该行为应当着重考虑以下几个方面的内容：（1）应以客观事实作为间接结合侵权行为的要件，而非侵权行为人的主观态度。（2）通过判断单个行为是否能够单独造成损害后果确定该行为是否为结果的原因力。(3) 在确定数个行为均不可单独形成侵权后果，仅可在数个行为相互结合的情况下才会造成损害后果的情形下，则该行为就构成间接结合的侵权行为。(4) 按照各行为人原因力的比例或过失大小确定其应承担的按份责任的大小。其中，对原因力大小的判断应遵循：直接原因的原因力大于间接原因，主要原因的原因力大于次要原因，与损害结果距离近的原因事实的原因力大于距离远的原因。而过失大小应以注意义务的程度高低来确定。

4. 关于体育竞技活动中参与人受到损害的公平责任原则的适用问题

案例来源

阿×诉阿×1 健康权纠纷案

发布单位：最高人民法院民事审判第一庭《民事审判指导与参考》2010 年第 1 集（总第 41 集）

审判法院：山东省济南市中级人民法院

基本案情

2007 年 5 月，阿×1、阿×在某小区的篮球场内打篮球。由于参加人员较多，场上人员遂分成若干小组，轮流上场，实行淘汰赛，阿×1 和阿×各为一组。比赛过程中，当阿×1 准备投篮时，阿×跳起并身体腾空封盖，阿×1 突然由投篮变持球下蹲晃动，二人因此发生身体接触，阿×失去重心，从阿×1 背部坠地受伤，造成骨折。经鉴定，阿×的损伤为九级伤残，二次住院及手术费 5000 元，住院期间及出院后需一人护理，护理期为 60 日；二次手术需一人护理，护理期为 30 日。

为此，阿×以其伤害系阿×1 造成为由，提起诉讼，请求判令阿×1 赔偿其医疗费、住院伙食补助费、护理费、精神损失费、残疾赔偿金等损失。

判决主文

一审法院认定：双方自愿参加无人组织的体育活动，体育活动虽具有强烈对抗、风险性高的特点，但参与人之间应负有相互照应的义务，并遵守运动规则。原告阿×受伤虽具有自身的责任，但其系因与被告阿×1的身体接触受伤，因此对此次事故双方均负有一定的责任，被告阿×1应当对原告阿×进行适当补偿。对于精神损失，原告阿×应当预见而没有预见造成受伤的后果，亦负有一定的责任，因此无权要求提出该损失的赔偿。

一审法院判决：被告阿×1给付原告阿×医药费6955.6元、伙食补助费150元、护理费1350元、交通费100元、残疾赔偿金24 384元、后续治疗费2500元。鉴定费1700元，由原告阿×、被告阿×1各负担850元。

被告阿×1不服一审判决，以篮球运动相互碰撞不属侵权行为，应责任自负为由，提起上诉。

被上诉人阿×辩称：原审程序合法，认定事实清楚，适用法律正确。

二审法院判决：撤销一审判决；驳回被上诉人阿×的诉讼请求。

裁判要旨

对于在体育活动中发生的人身损害，考虑到受害人对参加体育活动所可能发生的风险具有合理的预见、该损害发生在体育运动场合、行为人的手段和行为方式等因素，原则上不应由行为人分担损失。但如果行为人在体育活动中严重违背运动规则且损害后果特别严重的，可以酌情予以适当补偿。

重点提示

基于公众参与的一些具有群体性、对抗性以及人身危险性的体育活动，极易出现人身伤害的现象，因此，体育活动的参与人应当对自己所实施的行为具有明确的认识，依据具体情形承担相应的责任。司法实践中，因参加体育活动而引发的损害赔偿案件，主要涉及以下两个问题：（1）参加体育活动是否构成自甘冒险行为。自甘冒险是指受害人明知某种具体危险状态的存在仍自愿承担风险的情形，即对可能发生的危险，受害人有较为清晰的认识且有自愿承担危险的意思。因此，受害人自甘冒险是处分自己权益的行为，加害人的行为并不构成侵权。因体育运动本身所具有的竞争性就有风险，尤其像篮球比赛这种具有高风险刺激性的体育项目，其中的风险是不言而喻的。因此，在体育活动中发生的人身伤害，是典型的自甘冒险规则适用的情形。（2）公平责任原则的适用。在体育活动中适用公平责任原则确定各方当事人的民事责任时，应当根据不同的情形予以分析：首先，基于风险自负理论，不应直接适用公平责任原则作为裁判案件的依据，无条件的适用公平责任原则，将导致行为人的行为自由受到限制，违背《侵权责任法》中关于权衡行为自由与权益保护的立法目的。其次，在双方均无过错的情况下，应根据具体情况裁量行为人的责任承担，主要参考行为人的经济状况、受害人人身损害的严重程度、造成损害的行为方式、损害发生的具体情节、受害人损失的大小以及对受害人的影响程度等因素。最后，裁量该类案件应当明确公平责任原则的构成要件的意义，同时又不能违反立法者的立法目的，以此为基础综合考虑相关因素，作出认定结果，分担责任。

5. 关于第三人侵权时经营者的法律责任问题

案例来源

李 × 诉陆 × 芹、陆 × 凤、朱 × × 健康权、身体权纠纷案

发布单位：《最高人民法院公报》2002 年第 4 期（总第 78 期）

审判法院：江苏省无锡市中级人民法院

判决日期：2001 年 8 月 21 日

基本案情

2001 年 3 月，李 × 在陆 × 芹等（陆 × 凤、朱 × ×）经营的 × × 饮食店就餐，就餐期间，有数个身份不明的第三人来此店寻衅，并殴打朱 × × 之子朱 ×，陆 × 凤等人在劝阻无效的情况下，立即向公安机关报警。李 × 见状起身欲离店时，被第三人使用啤酒瓶打伤左脸。李×于同日因左侧面部皮肤挫裂伤住入××人民医院（无锡市××人民医院）进行治疗，为此支付了医疗费并产生误工费。

李×以其身体在陆×芹等人的餐馆中无故受到伤害，应得到赔偿为由，提起诉讼，请求判令陆×芹等人对其遭受的人身伤害承担赔偿责任。

判决主文

一审法院判决：驳回原告李×的诉讼请求。

原告李×不服一审判决，提起上诉称：本人至××饮食店就餐，接受的是有偿服务，本人的人身、财产应得到保护。在无任何保护的情况下，本人无故被殴打，此事实本身即说明被上诉人陆×芹等人具有过错，应当承担赔偿责任。据此，一审判决显失公正，请求改判。

被上诉人陆×芹等人辩称：原审判决正确，应当维持。

二审法院判决：驳回上诉，维持原判。

裁判要旨

消费者在餐饮店就餐，其与经营者之间存在消费法律关系以及邀约、承诺的法律关系，故消费者有权在请求权法律规范竞合的情况下选择适用《消费者权益保护法》。依据该法规定，经营者已在其所能控制的范围内采取合理措施，防止消费者的人身安全被第三人侵害或尽力避免损害结果扩大的，不对消费者因第三人侵害造成的损害后果承担责任。

重点提示

司法实践中，对于消费者在餐厅等公共场所因第三人的行为遭受人身损害时，经营者应否承担赔偿责任以及依据何种法律规定承担赔偿责任，应当从经营者是否已经履行了安全保障义务来分析，而不能直接因侵权行为发生在经营者的经营场所内即认定经营者对侵权行为应当承担责任。具体可以参考以下几点：第一，经营者提供服务的行为直接造成消费者的人身及财产损害时，经营者需承担赔偿责任。第二，经营者对消费者在消费过程中被第三人伤害原则上不负法律责任，但经营者并非不承担任何义务，而应当根据以下情形予以判断：（1）根据诚实信用原则和现行法律理念，经营者对正在接受其服务的消费者的人身安全，负有谨慎注意和照顾的义务，即在其所能控制的范围内，采取其能力所及的合理措施，防止消费者的人身安全被第三人侵害，或者在此种侵害发生后，尽力避免损害结果的扩大。经营者在第三人实施侵害行为时不作为，未积极采取合理措施避免或减轻损害后果发生的，具有过错，应当对第三人的侵害行为承担赔偿责任。经营者已对发生在其经营场所的第三人侵权行为采取合理措施的，在其未能防止或者制止损害的范围内承担相应的补充赔偿责任。（2）对餐厅等经营者的归责原则应为过错推定原则，并实行举证责任倒置，即由经营者承担举证证明自己没有过错的责任，如其不能提供充分证据证明自己已经按照上述判断标准全部履行了自己的安全保障义务，则应推定其有过错。而消费者仅需提供证据证明损害事实的发生即可。

6. 在自发组织的登山活动中遇难如何认定责任主体

案例来源

王××、任××诉刘××生命权纠纷案

发布单位：最高人民法院中国应用法学研究所《人民法院案例选》2002 年第 3 辑（总第 41 辑）

审判法院：北京市海淀区人民法院

判决日期：2001 年 5 月 30 日

基本案情

刘××系××登山队领队，该登山队包括张×、王×亮、宾×丹等成员。该登山队未经有关部门批准登记，由上述成员自发组织而成，没有固定的组织机构。××登山队在玉珠峰的登山活动未按《国内登山管理办法》的规定办理相关的事项及有关批准备案手续。2000 年 5 月，几人在格尔木遇到任×昆后，其经申请加入了××登山队，成为该队成员。××登山队的成员根据个人的经济能力和装备交纳登山经费，经费包括带队人员的路费食宿费、队员路费食宿费、公用装备磨损费等。同月10日，××登山队攀登玉珠峰，王×亮在攀登过程中受伤，张×、任×昆负责照管，宾×丹则回营地寻求救援。刘××获悉张×、任×昆的情况后，立即前往救援，但因天气原因，无法成行。之后，刘××前往寻找张×、任×昆、王×亮，两日后，刘××与格尔木市有关部门的人员一同至玉珠峰进行搜寻失踪人员。而后，运动管理中心（青海省××运动管理中心）出具证明书证明，王××、任××之子任×昆因天气原因于玉珠峰遇难，并由搜寻队将其掩埋在玉珠峰南坡东南侧海拔5350米处。

王××、任××以任×昆在加入××登山队时支付了登山费用，刘××组织的登山活动违法且具有商业目的，任×昆遇难后刘××未采取适当的救助措施，最终导致任×昆遇难为由，提起诉讼，请求判令刘××承担任×昆的丧葬费用，赔偿处理任×昆死亡事宜的实际支出3445元及精神损失费10万元。

刘××辩称：本人组织的登山活动符合法律规定，任×昆临时加入，并非××登山队的成员，××登山队亦不具有商业目的。在任×昆遇难后，本人作为领队已经尽到管理职责，任×昆的死亡与本人无直接因果联系。因此，请求驳回王××、任××的诉讼请求。

判决主文

一审法院判决：驳回原告王××、任××的诉讼请求。

宣判后，双方当事人均未提起上诉，判决已发生法律效力。

裁判要旨

登山活动本身具有极高的危险性，登山队员作为完全民事行为能力人应当预见到登山活动所具有的危险性。在登山过程中，登山队领队在法律上并不负有监护责任，在不存在过错导致队员遇难事实的情况下，领队对队员因天气原因遇难不承担侵权责任。

重点提示

对于登山活动，尽管我国法律规定登山队的登山活动应符合《国内登山管理办法》的程序要求，对不经申报、擅自进行登山活动的，登山成绩不予确认，并对组织者处以取消申报资格三年。但该办法并不禁止业余登山爱好者自发组织登山队开展登山活动，自发组织的登山活动并不具有违法性，不应因组织的登山活动不符合规定而直接将登山队员的遇难后果归责于登山组织者。因此，在司法实践中，应当根据案件的具体情形，认定登山队员在登山活动中遇难的责任承担问题：（1）在自发组织的登山活动中，登山活动的参与人应当意识到该活动在现实中存在的危险性，并应当对自己参加登山活动可能出现的危险后果有所预见。组织者对登山队成员的登山活动并不具有法律上的监护责任。（2）对突发的自然灾害等不可抗力造成的登山队员遇难，其他参与人已经完成了合理的救助义务的，应当免除其责任承担。（3）登山成员对遇难者承担民事责任应当具备以下要件：登山成员的行为导致损害后果的发生；登山成员的行为与损害后果的发生具有法律上的因果关系；登山成员对损害后果的发生具有主观过错。（4）登山活动的组织者虽然对登山活动具有一定的组织管理职责，但该管理职责的履行与否与遇难者因不可抗力原因的出现而导致死亡的后果无因果关系，不应承担民事赔偿责任。尽管遇难者的家属可能遭遇沉痛的打击，但法律所体现的公平，是要将不幸的损失确定由造成该损失的人来承担，并不能因其不幸而要求无辜者担责，因此，登山活动的组织者在无过错、其组织登山的行为与遇难者的死亡无因果关系时，无需承担民事赔偿责任。

7. 如何区分雇佣法律关系与加工承揽法律关系

案例来源

周××等诉湖北省××县××局生命权纠纷案

发布单位：《最高人民法院公报》2001年第4期（总第72期）

审判法院：湖北省宜昌县人民法院

判决日期：2000 年 3 月 10 日

基本案情

1999 年 1 月，中共宜昌县县委决定召开“四级”干部会议，要求各单位在会议期间悬挂标语。何×萍的丈夫冯×强得知后找到县委宣传部，要求将制作、悬挂标语的工作交予何×萍及其弟何×1 完成，县委宣传部同意由其自己与各单位联系，费用亦由其自行结算。随后，何×1 以××工艺装饰公司（该公司未履行工商登记，亦无固定人员）总经理的名义，持县委宣传部发布的《通知》，至各单位商谈印制悬挂标语的事宜。经与××局（湖北省××县××局）商谈，××局同意由何×1 按文件要求印制一幅新标语，并负责将包括另一幅旧标语在内的二幅标语悬挂起来。在悬挂标语当日，何×1 等三人到达××局将两幅标语的上端固定在楼顶后，将标语向下扔，左边一幅标语下端的木杆落在三楼平台上被卡住，何×1 和程×新遂下到三楼。三楼平台由采光玻璃铺成，其上积存了过多的灰尘。何×1 在三楼过道观察了平台情况，以为平台系水泥板制作的，即从女厕所窗户向平台跳出。由于踩破平台采光玻璃，何×1 坠到一楼摔成重伤，经送医院抢救无效身亡。何×1 死亡后，何×萍用其个体经营的××商店发票在××局处结账。

周××、孔×英、何×作为何×1 的近亲属，以××局与何×1 之间存在雇佣关系，××局对何×1 的死亡具有过错，依法应承担雇主责任为由，提起诉讼，请求判令××局赔偿死亡补偿费、丧葬费、被抚养人生活费、救护费、专家会诊费、交通费等合计 72 953.50 元。

审理中，法院以何×萍与案件有利害关系，追加其为被告。

××局辩称：本局并未雇佣何×1 悬挂标语，而是何×萍从县委宣传部承揽后雇请何×1 去完成印制悬挂标语的工作。何×1 不慎坠落死亡，应当由雇主何×萍承担责任，本局不应承担任何法律责任。

何×萍辩称：本人既未承揽印制、悬挂标语的工作，亦未雇请何×1 从事该项工作，只是在何×1 死亡后帮助周××、孔×英、何×从××局处结过账，与本案的纠纷无任何法律上的利害关系。

判决主文

一审法院判决：被告××局给付原告周××、何×、孔×英经济损失29 182.80元。

宣判后，双方当事人均未提起上诉，判决已发生法律效力。

裁判要旨

自然人自称经营者与事业单位就印制悬挂标语一事达成口头协议，约定由自然人按照事业单位要求制作标语并悬挂在指定地点的，双方之间形成了加工承揽的法律关系。自然人虽然为事业单位完成预先约定的工作，但并不受雇于事业单位，与事业单位之间并不形成雇佣法律关系。自然人在悬挂标语中坠楼身亡，事业单位对死亡后果无过错时，应给予一定的经济补偿。

重点提示

雇佣法律关系是指雇主与雇员约定在一定期限内，雇员向雇主提供劳务并由雇主给付报酬所形成的权利义务关系。承揽法律关系是承揽人按照定作人的要求完成一定的工作，交付工作成果，定作人接受工作成果并给付报酬而在双方当事人之间形成的法律关系。两者的主要区别在于当事人之间是否存在控制、支配和从属关系，具体体现在：（1）主体地位不同。在雇佣法律关系中，雇员与雇主的主体地位不平等，雇主有权对雇员实行管理、制定工作规则、决定工作场所和工作时间等，雇员的劳动是一种从属性劳动。而在承揽法律关系中，双方当事人的法律地位平等，承揽人具有如何完成工作、在哪完成工作的决定权，不受定作人的指挥和监督，是一种独立劳动。（2）完成工作的目的不同。雇佣关系中是以直接提供劳务为目的，无需过问是否达到了雇主的期望。而承揽关系是以完成工作成果为目的，工作成果完成的质量高低直接决定着承揽人能否依约取得报酬。（3）承担风险的主体不同。在雇佣法律关系中，履行合同中发生的危险、意外事故、人身损害及财产损失等，一般是由雇主承担。而在承揽法律关系中，除非损失是由定作人的过失造成的，否则履行合同过程中发生的风险由承揽人自行承担。司法实践中，在双方当事人对承揽与雇佣法律关系发生争议时，应综合分析以下因素，并结合案件具体情况予以认定：当事人之间是否存在控制、支配和从属关系；是否由一方指定工作场所、提供劳动工具或设备，限定工作时间等；结算劳动报酬的方式是一次性结算还是定期给付；一方当事人提供的是继续性劳务还是一次性提供工作成果；一方当事人提供的劳动是独立性的劳动，还是构成合同相对方的业务或经营活动的组成部分。

8. 关于执行外籍船舶引航任务时受伤的赔偿责任认定问题

案例来源

俞××诉巴拿马××吉尔航运股份有限公司人身损害赔偿纠纷案

发布单位：最高人民法院中国应用法学研究所《人民法院案例选》2002 年第 3 辑（总第 41 辑）

审判法院：浙江省高级人民法院

判决日期：2001 年 11 月 20 日

基本案情

1999 年 3 月 28 日，中国××代理宁波公司受××航运公司（巴拿马××吉尔航运股份有限公司）的委托，向宁波口岸主管机关提出××航运公司所属的国际航行船舶“春天商人”进宁波港装货申请。次日上午，俞××、沈×受港务局指派，乘坐引航艇驶向××航运公司所属巴拿马籍船舶执行引航任务。俞××在引航艇船舷靠近××航运公司所属船舶的驾驶台前部放置引航软梯处后，沈×先行踏上引航软梯，俞××在沈×登上 20 米左右后登上该软梯。随后，引航软梯突然断裂，沈×坠落至俞××身上，致使俞××跌在引航艇的舷墙上而受伤。之后，俞××先后经宁波、上海、北京等地的医院治疗，诊断为T11－12压缩性骨折、脱位、截瘫，双侧胸腔积液，右第七、八肋骨骨折，右肾挫伤。经鉴定，俞××为二级伤残；因医疗条件的限制无法治愈，俞××出院后需长期服用抗炎药物，定期体检防止并发症的发生。2000年7月，俞××的伤残经宁波市劳动鉴定委员会鉴定为二级伤残，生活不能自理，大部分依赖护理。

俞××以××航运公司所属船舶软梯断裂致其身体伤残的事故，完全是由于××航运公司及其所属的船舶违反规定，装备及保养软梯不合格且未遵循引航软梯所特需的相应操作规程等一系列的重大过失所导致，理当承担全部赔偿责任为由，提起诉讼，请求判令××航运公司支付医疗费、残疾用具费、护理费、营养费、差旅费、继续治疗费等经济损失。

判决主文

一审法院判决：被告××航运公司赔偿原告俞××医疗费、差旅费、护理费、营养费、继续治疗费、收入损失、精神损失等经济损失共计人民币3 685 581.53元；驳回原告俞××的其余诉讼请求。

被告××航运公司不服一审判决，提起上诉。

二审法院判决：驳回上诉，维持原判。

裁判要旨

经主管机关指派的引航员在对进出我国港口的外国籍船舶执行引航任务时，遭受人身损害。船舶所有人无证据证明引航员对其损害具有主观过错的，应根据无过错责任原则，由船舶所有人承担人身损害赔偿责任。

重点提示

根据我国《海上交通安全法》及《内河交通安全管理条例》的规定，外国籍船舶进出我国港口或者在港内航行、移泊以及靠离港外系泊点、装卸站等，必须申请引航，由主管机关指派引航员引航。引航员在执行引航任务过程中面临诸多风险，遭受人身损害时，如何认定侵权责任及责任的承担主体，应从以下几个方面进行分析：（1）被引航船舶应按照《1974年国际海上人命安全公约》第五章第 17 条的规定，对引航员登船安全防范措施尽到谨慎处理义务。否则，因此而导致的引航员踏上引航梯或者在攀登过程中遭受人身损害的，被引航船舶所有人应对引航员遭受的损害承担责任。但若被引航船舶能够证明引航员对自身的人身损害具有过错的，则引航员应对其过错承担部分责任。（2）引航事故中，引航员所在的指派单位构成共同侵权的，应当承担连带责任。引航员有权选择任何一方要求其赔偿全部损失，被要求赔偿全部损失的一方赔偿后有权要求其他负有连带义务的人偿付其应当承担的份额。（3）最高人民法院根据相关法律的规定，结合当时的物价水平、工资收入等情况在 1992 年施行的最高人民法院《关于审理涉外海上人身伤亡案件损害赔偿的具体规定》中作出最高赔偿限额为 80 万元的司法解释，对当时的各级法院审理涉外海上人身伤亡案件均有指导意义。但随着经济的发展，物价指数的变化，医疗费用也迅速增加，同时在 1993 年施行的《海商法》中，对海上人身伤亡的最高赔偿限额有专门的规定，若引航员损失已远远超过 80 万元的限额，被引航方应根据实际损失予以赔偿。

9. 关于数名未成年人共同燃放烟花致害的责任认定问题

案例来源

马×诉李×、梁×人身损害赔偿纠纷案

发布单位：《最高人民法院公报》1996 年第 1 期（总第 45 期）

审判法院：广东省深圳市中级人民法院

判决日期：1994 年 7 月 20 日

基本案情

李×、马×、梁×均系××小学（深圳市南山××小学）学生，李×、马×均 9 岁，梁×13 岁。1993 年 1 月 29 日晚，李×等人在住宅附近的草坪上燃放烟花时，梁×见状欲帮助李×点燃。由于需要燃放的烟花没有引线，梁×从共同燃放烟花的叶×处索要了一只小烟花，并将之作为引线插入大烟花中。点燃经过组合的烟花后，梁×要求马×远离。马×未听劝阻，反而向大烟花的筒内窥看，烟花燃放击中其右眼，并在李×手中爆炸。马×的父母马×深、康×杰在其受伤后，先后将其送往深圳市眼科医院、北京同仁医院、沈阳医科大学第一附属医院、沈阳军区后勤部医院及福州卢镜明眼科中医院等机构医治，但马×仍未能痊愈。经查明，为马×治疗眼伤，马×深、康×杰共花费 2081 元治疗费、2698.5 元交通费和住宿费，并因此遭受奖金、工资收入损失共计 898 元。经鉴定：马×的右眼属于外伤性白内障，视力仅能看到眼前手动，构成重伤。

马×以李×、梁×燃放烟花的行为致其伤残为由，提起诉讼，请求判令李×、梁×赔偿其医疗费、交通费、误工费、营养费、今后治疗费以及因治疗引起的其他费用共计 6.73 万元。

李×法定代理人辩称：发生爆炸的烟花系李×捡拾所得，而且并非由李×本人点燃。故该烟花致使马×受损与李×的行为之间无因果关系，李×不具有本案被告资格。

梁×法定代理人辩称：虽然是梁×将烟花点燃的，但该烟花系李×和叶×共同提供的。梁×已经在点燃烟花后要求马×远离，系马×个人过错导致其伤残。上述四人的混合过错导致马×受损，应当依法追加叶×为共同被告，并各自承担相应的民事责任。此外，在未经鉴定的情况下，马×即前往多家医院接受治疗，从而使医疗费用增加，且马×要求赔偿的今后治疗费用 60 000 元，缺乏依据。

判决主文

一审法院判决：原告马×已用去的治疗费 2081 元、交通费 200 元、其父母误工费 898 元和原告马×今后生活补助费 20 000 元、治疗费 10 000 元，共计 33 179 元，由被告李×的监护人李×清、郑×银承担 13 272 元，由被告梁×的监护人梁×1、毛×珍承担 9945 元，其余费用由原告马×的监护人马×深、康×杰承担；李×清、郑×银、梁×1、毛×珍对第一项确定的赔偿额相互承担连带责任；驳回被告梁×的监护人梁×1、毛×珍提出追加叶×为被告的请求。

被告李×不服一审判决，以一审答辩理由，提起上诉。

二审法院另查明，被上诉人马×的监护人因护理被上诉人马×所遭受的误工损失是1287.27元。

二审法院判决：维持一审民事判决第二项、第三项；变更一审民事判决第一项为：被上诉人马×已用去的治疗费2081元、交通费200元、今后生活补助费10 000元、治疗费10 000元，以及其法定代理人误工费1287.25元，合计人民币23 568.25元，由上诉人李×的监护人李×清、郑×银承担10 600元，由原审被告梁×的监护人梁×1、毛×珍承担8068元，其余数额由被上诉人马×的监护人马×深、康×杰承担。

裁判要旨

数名未成年人在共同燃放烟花的过程中，致其中一名未成年人伤残的，其他未成年人构成共同侵权，应当承担连带赔偿责任。由于未成年人系无民事行为能力或限制民事行为能力人，其应当承担的民事责任由其法定代理人承担。但鉴于受伤的未成年人在被警告后仍然观看，其本身亦存在过错，应由其法定代理人承担部分民事责任。

重点提示

根据最高人民法院《关于审理人身损害赔偿案件适用法律若干问题的解释》第3条对共同侵权行为的规定，数名未成年人在无监护人在场的情况下，共同燃放烟花爆竹致部分未成年人受伤的，其行为应认定为共同侵权中的共同危险行为。共同危险行为又称为准共同侵权行为，是指两人或两人以上共同实施有侵害他人权利危险的行为，并且已造成损害结果，但不能判明其中谁是加害人的侵权行为。司法实践中，应当从以下几个方面认定侵权行为是否构成共同危险行为：（1）共同危险行为的主体是两人或两人以上。一人实施的行为即使造成他人损害，也只是一般侵权行为，不构成共同危险行为。（2）数人实施的行为需具有危险性，即具有侵害他人生命权、健康权、身体权的可能性。从主观上看，数人没有致人损害的故意，也无单独的侵害故意，仅存在疏于注意的共同过失。从客观上看，数人实施的行为有致人损害的现实可能性，这种可能性可以从行为本身、周围环境以及数人对致害可能性的控制条件上加以判断。另外，数人实施的行为没有人为的侵害方向，不指向特定的人。（3）数人实施的行为是致人损害的原因。即行为的危险性已经转化为现实的、客观存在的损害后果，具有危险性的共同行为与损害事实之间具有客观的因果关系。（4）损害结果不是共同危险行为人全体所致，但不能判明谁是加害人或无法确定具体的加害人。关于民事赔偿责任的承担问题，根据前述司法解释第 4 条的规定，实施共同危险行为致人损害的，共同危险行为人应当承担连带责任。但受害人有过错的，可适当减轻共同危险行为人的责任。此外，应当注意的是，在受害人放弃对部分共同危险行为人的赔偿请求权时，其他共同危险行为人对放弃部分的份额不承担连带赔偿责任。

二、姓名权（2 例）

1. 关于假冒他人姓名办理信用卡的侵权行为认定问题

案例来源

王××诉张××、江苏省××××高等职业学校、××银行股份有限公司××分行、××银行股份有限公司×××中心姓名权纠纷案

发布单位：《最高人民法院公报》2008 年第 10 期（总第 144 期）

审判法院：江苏省南京市江宁区人民法院

判决日期：2008 年 7 月 30 日

基本案情

2006 年 9 月，张××系职业学校（江苏省××××高等职业学校）的教师，其在捡到该校学生王××的身份证后，未经王××同意，以伪造王××收入证明的方式，通过网友李×向××银行××分行（××银行股份有限公司××分行）职员孙×提交了信用卡申请资料。×××中心（××银行股份有限公司×××中心）在收到孙×邮寄的申请资料后，通过电话方式向张××进行审核，经过审核，×××中心批准并发放了涉案信用卡，户名为王××。嗣后，张××取得涉案信用卡后，恶意透支消费，王××因此被列入银行不良信用记录。王××知悉该情况后，立即向公安机关报案，此后，张××归还了透支款，×××中心亦将王××的银行不良信用记录删除。经查明，王××系南京×××KTV员工，其姓名被列入银行不良信用记录后，对南京×××KTV为其办理养老保险、医疗保险等未产生影响。

王××以张××拾捡其身份证后，擅自使用其身份证办理了信用卡并进行恶意透支消费，导致其被列入银行不良信用记录，因此遭受了经济损失；职业学校对教师管理不严，××银行××分行、×××中心办理信用卡的过程中未履行合理的审查义务，对其损害后果均具有过错为由，提起诉讼，请求判令张××、职业学校、××银行××分行、×××中心赔偿其名誉损失、精神损害抚慰金、失业保险金、交通费等损失，并撤销其在银行的不良信用记录。

张××辩称：本人既非职业学校老师，亦非××银行××分行兼职员工，涉案信用卡虽然是本人代办的，但恶意透支消费并非本人所为，故王××的诉求无事实和法律依据，请求驳回王××对本人的诉讼请求。

职业学校辩称：本校从未收取王××身份证件，且张××并非本校老师，本校与本案并无关联，不应因此担责。据此，请求驳回王××对本校的诉讼请求。

××银行××分行辩称：涉案信用卡是×××中心直接办理的，且张××亦不是本行兼职工作人员，故本行与本案不具有利害关系。据此，请求驳回王××对本行的诉讼请求。

×××中心辩称：本中心在申请人申请办理信用卡时，已根据行业规定对申请人的身份证件作了相应的形式审查，并通过电话方式进行了确认，已尽到合理审查义务，并未违反法律规定，不具有过错行为，王××遭受的损失是张××冒用行为所导致的，应由张××承担责任。另外，本中心在查明真实情况后，已经撤销了王××的不良信用记录。因此，请求驳回王××对本中心的诉讼请求。

判决主文

一审法院判决：原告王××因本案侵权行为遭受的损失包括交通费164元、精神损害抚慰金2000元，合计2164元，由被告张××赔偿80%即1731.2元，由被告×××中心赔偿20%即432.8元；驳回原告王××的其他诉讼请求。

宣判后，双方当事人均未提起上诉，判决已发生法律效力。

裁判要旨

（1）姓名权是指公民自由决定、使用和依照规定改变自己的姓名，并禁止他人干涉、盗用、假冒自己姓名的一项民事权利。未经他人同意，盗用他人身份证、以他人的姓名申办信用卡的行为，即属于盗用、假冒他人姓名，侵犯他人姓名权的民事侵权行为。以上述方式办理信用卡后透支消费，导致他人姓名被银行列入不良信用记录，给他人造成名誉损失的，属于侵犯他人姓名权行为造成的损害后果，不属于侵犯他人名誉权的行为。

（2）当事人因他人盗用、冒用自己姓名申办信用卡并透支消费的侵犯姓名权行为，导致其在银行征信系统存有不良信用纪录，对当事人从事商业活动及其他社会、经济活动具有重大不良影响，给当事人实际造成精神痛苦，妨碍其内心安宁，降低其社会评价，当事人就此提出精神损害赔偿诉讼请求的，人民法院应予支持。

重点提示

公民享有姓名权，有权决定、使用和依照规定改变自己的姓名，禁止他人干涉、盗用、假冒。公民个人所享有的姓名权，是一种专属权、对世权，公民作为姓名权的权利人，有权决定姓名权的使用方式。非公民本人的所有相对人均为义务人，均应当履行不擅自干涉、盗用或假冒公民姓名的义务。司法实践中，认定盗用、假冒他人姓名办理信用卡并恶意透支，给他人名誉造成损害的行为是否构成侵权，是侵犯了他人的姓名权还是名誉权，应当注意以下几个问题：（1）盗用、冒用他人姓名申请办理信用卡的行为，构成侵权，侵害了他人的姓名权，而不构成名誉权侵权。原因在于：虽然侵权人办理信用卡后恶意透支的行为在客观上致使他人的社会评价降低，但这种名誉受损的结果是由于姓名权遭受侵犯的原因所导致，不等同于采取侮辱、诽谤的方式直接去诋毁他人名誉，并不属于侵犯名誉权的行为。此种情况下，应当从基础权利出发，认定为侵犯姓名权。（2）盗用、冒用人在实施侵害他人姓名权的过程中，一般会受到外界关联主体的审查。关联主体在审查过程中没有履行适当的审查注意义务，致使他人合法权益遭受侵害的，应根据其过错程度承担相应的民事责任。（3）盗用、冒用的侵权行为给他人的社会活动造成重大的不良影响时，他人的社会评价必然因此而降低，即使之后该影响被消减，但损害事实已经发生，给他人实际造成了精神上的痛苦，故应当承担精神损害赔偿责任。对于精神损害赔偿的具体数额，应当综合考虑侵权人的过错程度、侵权行为的具体情节、给他人造成精神损害的后果以及当地的平均生活水平等情况，酌情确定。

2. 冒用他人姓名参加升学考试的行为认定

案例来源

郭×闯诉郭××、郭×宗、×县×××乡××村民委员会姓名权纠纷案

发布单位：最高人民法院中国应用法学研究所《人民法院案例选》2004年民事专辑（总第48辑）

审判法院：河南省滑县人民法院

判决日期：2003年4月14日

基本案情

郭×宗系郭××的父亲。1996年，郭×闯与郭××均在本乡孟庄中学上初中。次年，郭×闯在初中二年级提前退学，郭××初三毕业后参加中招考试落榜，复读后再次参加中招考试。但因当时政策规定不允许复读生参加中招考试，郭××便在未经郭×闯同意的情况下，冒用郭×闯的姓名、学号等学籍手续参加中招考试并被滑县师范学校录取。在此期间，××村委会（×县×××乡××村民委员会）为郭××向派出所开具了介绍信，载明：本村村民郭×闯因考入滑县师范学校，请予办理户口迁移手续。之后，郭××将郭×闯户口迁移至滑县师范学校。2001 年，郭××工作后将名字改回原名，但在其户口簿中仍注明郭×闯是其曾用名。2002 年年底，郭×闯报名服兵役，当体检合格后政审时，才发现自己的户口已被迁走，失去参军的机会。经多方查证，郭×闯在知道自己的户口是被同村的郭××迁走后，郭××将郭×闯的户口补上，但仍致郭×闯未能参军。郭××的家人随即向郭×闯及其家人赔礼道歉，经村干部调解，双方未能达成和解协议。

郭×闯遂以郭××侵犯其姓名权和受教育权，导致其精神损害，郭×宗、××村委会亦构成侵权为由，提起诉讼，请求判令郭××停止侵权行为，并判令郭××、郭×宗、××村委会共同赔偿其经济损失和精神损失 10 000 元。

郭××答辩称：本人是在复读生不能参加中招考试的特殊情况下实施了侵权行为。郭×闯未参加中招考试的结果并非其冒领通知书所导致，且本人毕业后及时更正姓名，主动停止侵权行为，主动协商赔偿，亦恢复了郭×闯的户口。但郭×闯主张赔偿数额过高，仅同意赔偿 1000 元。

郭×宗答辩称：本人未参与实施共同侵权行为，不应承担侵权责任。

判决主文

一审法院判决：被告郭××停止对原告郭×闯姓名权的侵害，将曾用名“郭×闯”改正；被告郭××、××村委会分别赔偿原告郭×闯精神抚慰金三千五百元和八百元，被告郭×宗不承担责任；驳回原告郭×闯的其他诉讼请求。

宣判后，双方当事人均未提起上诉，判决已发生法律效力。

裁判要旨

复读生因政策原因不能参加中招考试，即在未经同意的情况下，冒用已经退学的受害人姓名、学籍参加升学考试，录取后又将受害人户口迁出。据此，复读生的上述行为构成对受害人姓名权的侵犯，应当承担停止侵权、赔偿精神损失的民事责任。

重点提示

姓名是自然人特定的人身专用文字符号，是自然人自身人格特征的重要标志，也是区别于其他自然人的社会标志，自然人的姓名禁止他人干涉、盗用、假冒。现实生活中，通常会有人为了顺利办理与身份相关的事项而擅自冒用、盗用他人姓名，致使他人的姓名权遭受侵害，司法实践中，对姓名权侵权的认定以及相应争议的解决，应当从以下几个方面综合分析：（1）构成姓名权侵权的主要要件是：具有侵害特定公民姓名权的故意；存在侵害姓名权的行为；给姓名权人造成了损害后果；侵害姓名权的行为与损害后果之间具有因果关系。（2）侵害姓名权的行为主要表现为：干涉他人决定姓名、使用自己的姓名或者干涉他人改变自己的姓名等干涉行为；未经姓名权人同意，擅自以其名义进行民事活动或者从事不利于姓名权人社会公共利益的盗用姓名行为；冒用他人姓名用于完全以姓名权人的身份进行活动的冒名行为。（3）侵害姓名权的行为直接侵害的是人格利益，产生的后果是精神损害及某些财产利益的损失。姓名权人因姓名被侵害而遭受经济损失的，可以在提供证据证明损害事实存在的情况下，要求侵权人承担侵权损害赔偿责任。（4）教唆、帮助侵权人实施侵害他人姓名权的，对侵权行为具有一定过错，应承担相应责任。

三、肖像权（4 例）

1. 关于肖像权人与再现形式之间关系的判断问题

案例来源

叶 × 诉 × × 医科大学附属北京 × × 医院、× × × × 出版社、北京 × × × × 广告艺术有限公司肖像权纠纷案

发布单位：《最高人民法院公报》2003 年第 6 期（总第 86 期）

审判法院：北京市第二中级人民法院

判决日期：2003 年 4 月 17 日

基本案情

叶 × 曾在激光中心（中国人民解放军空军总院 × × 激光医疗中心）治疗脸上的先天性斑痕，且治疗效果良好。之后，出版社（× × × × 出版社）在《北京 × × × × 图》刊登广告公司（北京 × × × × 广告艺术有限公司）经营的 × × 医院（× × 医科大学附属北京 × × 医院）的广告时使用了叶 × 治疗前后的对比照片作为病案。但所刊登的照片对叶 × 的眼部以上进行了遮挡处理，只能看见其眼睛和嘴巴的部分。

叶 × 以《北京 × × × × 图》刊登其照片后印刷册数较多，出版社、广告公司、× × 医院的行为侵犯其肖像权为由，提起诉讼，请求判令出版社、广告公司、× × 医院立即停止侵害、消除影响、赔礼道歉，并赔偿损失 10 万元。

× × 医院辩称：叶 × 所称的广告中的照片是本院购买仪器设备时由供货方提供的，且在广告中是从病理的角度使用，并未获利。同时，在使用时对眼睛以上部位进行了遮挡，从照片本身并不能与叶 × 做同一判断，不会对叶 × 造成影响，不构成肖像权侵权。因此，请求驳回叶 × 的诉讼请求。

出版社辩称：叶 × 所诉的侵权照片无法辨认肖像人是谁。同时，本社在发布广告时已经尽到了审查义务，不构成肖像权侵权，故请求驳回叶 × 的诉讼请求。

广告公司辩称：广告中使用的照片反映的仅是局部病理情况，无法辨认肖像人，不构成肖像权侵权。

诉讼中，叶×提供了其治疗黑色斑痕前后的照片和病历，以及《北京××××图》广告中附有的治疗前后的特定人眼部以下照片。法院经过对比后得出病案照片中的人就是叶×。对此，××医院、出版社和广告公司虽否认，但在不能出示反驳证据后不再坚持。

判决主文

一审法院判决：驳回原告叶×的诉讼请求。

原告叶×不服一审法院判决，提起上诉。

二审法院判决：驳回上诉，维持原判。

裁判要旨

医疗机构在通过广告公司发布的广告中，使用仅有知名人士鼻子和嘴部的照片，该广告由出版社刊登在其发行的刊物上。因广告中使用的照片并非知名人士完整的特定人物形象，且未引起一般公众产生与该特定人物有关的感情活动，此时知名人士对照片不享有肖像，发布带有该照片广告的行为不构成肖像权侵权。

重点提示

肖像权是自然人对于自己的肖像所享有的制作、复制、专属使用并排斥他人侵害的权利，属于人格权的一种。肖像则是通过摄影、绘画、雕塑等方式对自然人外部形象的再现。根据我国《民法总则》《侵权责任法》及相关司法解释的规定，公民的肖像权、名誉权等受到侵害的，有权要求停止侵害，恢复名誉，消除影响，赔礼道歉，并可以要求赔偿损失。司法实践中，认定某一行为是否构成肖像权侵权，首先应当明确的是，如何判断肖像权人与再现形式之间的关系。人的肖像具有完整、清晰、直观反映一个人特征的性质，能够引起一般人将该肖像与原形人有关的思想判断。若画像、照片等内容不能再现原形人的相貌特征，不能引起一般人产生与原形人有关的思想或感情活动，即一般人不能凭直观清晰辨认该内容就是原形人的形象，则该画像、照片不能称为该原形人的肖像，该原形人不是肖像人，对画像或照片这一内容不享有肖像权。其次，应当明确认定肖像权侵权的法律规范。目前，我国保护肖像权的法律规范主要体现在：《民法总则》第 110 条、《侵权责任法》第 2 条的规定等。

2. 关于人体模特对作品主张肖像权的问题

案例来源

缪 × 诉徐 × ×、辽宁 × × 出版社肖像权纠纷案

发布单位：最高人民法院中国应用法学研究所《人民法院案例选》2004 年民事专辑（总第 48 辑）

审判法院：× × 人民法院

判决日期：2003 年 1 月 28 日

基本案情

1995 年到 1996 年间，缪 × 与浙江 × × 学院（现更名为中国 × × 学院）签订了聘用模特合同，且就此签订了《合同制模特工作协议》，约定：缪 × 负责在课堂中配合教师完成教学任务，并约定了薪酬，且模特由浙江 × × 学院统一管理，包括保护模特的隐私以及为模特取艺名。1996 年，徐 × × 为浙江 × × 学院教师，为完成为学生做示范的教学任务，其以缪 × 等人为人体模特，完成了《双 × × 体》人体画一幅，后徐 × × 将此画收藏。1999 年，辽宁 × × 出版社向徐 × × 征稿，徐 × × 遂以上述画作投稿。次年，辽宁 × × 出版社出版了《 × × 画风》，于第 65 页收录了上述画作，并于 66 页刊登了该画作的局部为缪 × 头像的侧面，且向徐 × × 支付了稿酬。2001 年 6 月，缪 × 发现书中刊登了自己的裸体画像后，情绪非常低落，经医院诊断为心因性抑郁症。同月，缪 × 以浙江人民美术出版社出版的《徐 × × 油画解析》一书中刊登了《双 × × 体》一画侵犯了其肖像权为由，向法院提起诉讼。该案经法院调解结案，双方达成的调解协议内容为：徐 × × 和浙江人民美术出版社补偿缪×人民币20 000元，于调解书送达之日付清；库存在浙江人民美术出版社的《徐××油画解析》180册，由出版社交给缪×；缪×遂以徐××、辽宁××出版社在出版画册中擅自使用其肖像，构成肖像权侵权为由，提起诉讼，请求判令徐××、辽宁××出版社停止侵权并赔偿其由此受到的精神损害。

庭审中，法院委托司法鉴定机构对缪×的精神状态进行鉴定，鉴定结果为，其处于抑郁症患病期，目前为无民事行为能力人。

判决主文

一审法院判决：被告徐××、辽宁××出版社停止对原告缪×肖像权的侵害，并于本判决生效后10日内至本院指定的地点以口头方式向原告缪×赔礼道歉，内容须经本院审查；被告辽宁××出版社通知各销售点停止销售《××画风》画册，并收回尚未售出的《××画风》画册；被告徐××、辽宁××出版社赔偿原告缪×精神损失费人民币20 000元。

被告徐××不服一审法院判决，提起上诉称：《合同制模特工作协议》调整的仅是双方的劳动关系，并没有对肖像权和著作权的相关事宜作出约定。本人对画作的出版行为，与学校和模特之间的协议没有因果关系，如存在违约行为也是校方违约与本人无关。其次，因为被上诉人缪×为职业模特，如其没有特别声明以其为原型的画作不可以公开发表，则应视为其默示同意该画作的发表。同时，本人出版《双××体》的目的并非营利，不构成对被上诉人缪×肖像权的侵犯。综上，请求驳回被上诉人缪×的诉讼请求。

二审法院判决：驳回上诉，维持原判。

裁判要旨

行为人与学校签订《合同制模特工作协议》时约定，行为人作为人体模特供教师创作美术作品仅用于教学目的。此后，教师未经行为人同意，公开出版美术作品的行为超过了行为人明示许可的范围，且行为人并非从业人体模特，未在法定适用默示方式表示的范围之内，因此，教师的行为构成肖像权侵权，学校构成违约。

重点提示

司法实践中，著作权与肖像权之间存在的冲突主要体现在委托作品中的肖像权行使的界限。其中，对于模特的肖像权而言，根据模特的身份不同应当有所区分：（1）人体模特作为人体绘画、摄影等创作的关键人物，收取报酬供艺术家临摹、创作，双方之间应当受行业惯例的约束。目前国际国内的行业惯例中，人体模特在签约时很少明确作品使用范围，模特原则上不可以对以其为原型的绘画作品、雕塑作品、摄影作品主张肖像权。因为从业人体模特在以此为业时，就应对该职业的特殊展示性具有清晰的认识，在其同意成为人体模特时就视为已经让渡了作品中的肖像权。人民法院在处理此类纠纷时，有理由推定职业模特对于该行业惯例服从遵守，并作为案件认定的考量因素。（2）志愿、偶然成为艺术家作品中的原型人不是真正意义上的模拟，其与艺术家之间不存在一种默示的肖像使用合同，不能视为在接受作为人体模特时让渡了作品中的肖像权。或者人体模特与艺术家就作品的使用方式和范围另有约定的，应从其约定。此种情况下，即使模特已收取了报酬，但该报酬的性质是劳务费而非肖像许可使用费，艺术家在使用作品营利时不能以牺牲和无偿利用模特的肖像为代价，应经过模特的许可并支付费用。

3. 学校擅自使用学生个人肖像制作宣传广告行为的认定

案例来源

贝×诉陕西××××专修学院肖像权纠纷案

发布单位：最高人民法院中国应用法学研究所《人民法院案例选》2002 年第 3 辑（总第 41 辑）

审判法院：陕西省西安市中级人民法院

判决日期：2000 年 6 月 13 日

基本案情

1999年5月，专修学院（陕西××××专修学院）以学院宣传为由，在未通知学生家长和告知宣传形式范围的前提下，组织本院20余名学生穿着统一校服集体外出拍照。同年6月及7月间，专修学院在未经17周岁的学生贝×及其监护人同意的情况下私自拍照，并在长安县县城北环西路口和西安至长安县韦曲北塬路段设置多个印有贝×肖像的大型宣传牌和宣传箱。秋季开学期间，专修学院又将贝×肖像用于新生入学通知书。同年9月，贝×及其监护人在见到入学通知书后与专修学院联系，希望专修学院予以解释并停止侵权，但双方并未达成一致合意。此后贝×表示退学，但未办理退学手续。

贝×以学校在未经其及监护人同意的情况下，擅自将其肖像用于学校宣传，侵犯其肖像权为由，提起诉讼，请求判令专修学院停止侵权行为，拆除广告牌，收回并销毁入学通知书，赔礼道歉，退还学杂费，给付肖像使用费和精神损失费。

专修学院辩称：学生贝×虽属于限制民事行为能力人，但其自愿参与学校宣传照拍摄的行为与其年龄、智力相适应，且学校并无营利目的，贝×的起诉是对同意使用肖像的反悔，并不存在侵权行为。

判决主文

一审法院认定：被告专修学院对原告贝×肖像的使用系正面的宣传并属于公益性质，未给原告贝×造成不良的后果及精神损害，故不予支持原告贝×的请求；原告贝×要求退还学杂费之请求，与本案并非同一民事法律关系，应另行解决；被告专修学院辩称的适用原告贝×肖像已经其本人同意，原告虽为限制民事行为能力人但同意学校使用其肖像的承诺与其年龄、智力相适应，学校在使用贝×肖像过程中无营利目的，不侵犯原告肖像权，不予支持。

一审法院判决：被告专修学院拆除或更换带有原告贝×肖像的大型宣传牌和宣传箱，停止使用印有原告贝×肖像的入学通知书；驳回原告贝×

要求登报道歉、赔偿精神损失、支付肖像使用费的诉讼请求。

原告贝×不服一审判决，以被告专修学院因擅自使用其肖像给其造成精神损害构成肖像权侵权，原审法院应支持其道歉及肖像使用费、损害赔偿请求为由，提起上诉请求维护其权益，支持其一审中的诉讼请求。

被告专修学院不服一审判决，提起上诉称：被上诉人贝×同意拍照做宣传的行为系完整的意思表示；被上诉人贝×虽为限制民事行为能力人，但其可以从事与其年龄、智力相适应的行为；学校系社会力量办学，社会力量办学属社会公益事业，宣传活动并无营利目的；原审认定存在侵权行为，违背法律和司法解释。请求二审法院明确判决其使用被上诉人贝×肖像的行为不构成侵权，撤销原审判决第一项，维持第二项。

二审法院判决：维持一审民事判决第一项；变更一审民事判决第二项为：上诉人专修学院向被上诉人贝×赔礼道歉；赔偿被上诉人贝×精神损失。

裁判要旨

学校为做宣传，为未成年学生集体拍照，未成年学生因此参加集体拍照活动，并无不当。但学校未经未成年学生及其监护人同意，擅自将学生在集体照片中的个人肖像单独放大，制作成宣传广告，并在大型宣传牌、宣传箱、新生入学通知书等场合使用，则构成对未成年学生肖像权的侵犯。上述侵权行为给未成年学生带来巨大的精神压力，未成年学生有权请求学校支付精神损害赔偿金以及承担停止侵害、赔礼道歉等民事责任。

重点提示

肖像权是公民以自己的肖像所体现的利益为内容的权利。我国法律规定，未经本人同意，不得以营利为目的使用公民的肖像。其中，未经本人同意，以营利为目的擅自使用公民肖像是较为普遍的侵权行为，但是，即使没有营利目的，未经本人同意使用其肖像的行为也属于侵害肖像权。例如在高等院校未经未成年人同意，使用未成年人学生肖像进行宣传的行为中，未成年人作为在高等院校就读的学生，虽年龄上属于限制民事行为能力人，但其所处的社会环境能够证明其明知学校组织拍摄照片的目的和用途，即学校利用学生集体和个人肖像向社会作公开宣传使用。在此情形下所发生的法律问题，即为学校无偿使用学生的肖像照片做宣传，扩大学校的影响，提高学校竞争力，这不属于公益性质的行为，而属于竞争性商业行为。即使学校不以营利为目的，但对于这样一种使用行为，是否也侵犯了学生的肖像权。进一步言之，学校使用肖像的行为不在于以营利为目的，但是存在不尊重学生肖像专有权的行为，且学校在言明做宣传的同时未说明宣传的具体形式和范围，妨碍了未成年学生在正确行使同意权和收取报酬权两种权利上的判断。故学校的上述行为损害了学生对其肖像专有权的行使，构成侵权，应当承担相应的侵权责任。此外，关于赔偿问题，实践中，对于非以营利为目的的侵害肖像权行为，应当根据情节严重程度作为基本判定标准。情节严重的，肖像权人有权请求赔偿，并按照一般精神损害赔偿标准确定赔偿责任。

4. 未经同意将权利人肖像加工成瓶贴商标行为的认定

案例来源

卓××诉孙××、重庆市××公司肖像权纠纷案

发布单位：《最高人民法院公报》1987 年 1 期（总第 9 期）

审判法院：四川省重庆市市中区人民法院

判决日期：1987 年 1 月 8 日

基本案情

1983 年 4 月，卓××前往孙××供职的重庆××公司广告产品××部拍摄生活照，期间，孙××提出拍摄一张样照的请求，卓××表示同意后，明确表示该照片的用途仅限用于营业柜台展示。1985 年 5 月，××公司（重庆市××公司）因需设计产品瓶贴商标，工作人员杨××与孙××协商购买了卓××的样照，杨××将卓××样像原型加工（添加 1 只手和 1 个玻璃口杯）成瓶贴商标式样，再交孙××翻拍成反转片。××公司将反转片交印刷厂制版印刷了 492 000 张瓶贴商标，并将贴有该商标的商品陆续投放市场。后卓××发现自己的样像被用作商标，向孙××和××公司提出异议，并要求赔偿，但协商未果。

卓××以孙××和××公司未经本人同意，以营利为目的使用其肖像为由，提起诉讼，请求判令孙××和××公司停止侵害，恢复名誉，消除影响，赔礼道歉，并赔偿经济损失。

判决主文

本案在一审审理过程中，被告孙××和被告××公司，向原告卓××当面赔礼道歉。

经法院调解，双方达成如下协议：被告××公司立即停止使用以原告卓××肖像为原型的瓶贴商标，销毁未投放市场的瓶贴商标；被告孙××向原告卓××赔偿经济损失 150 元，被告××公司赔偿原告卓××经济损失 300 元。

裁判要旨

未经肖像权人同意，摄像者将权利人的肖像出售给生产商，后摄像者与生产商将权利人的肖像加工成瓶贴商标，生产商将瓶贴商标印刷在商品上投入市场使用。一方面，摄像者将权利人肖像出售、加工制作成瓶贴商标的行为，事前未经权利人许可，事后未获得权利人同意；同时摄像者出售权利人肖像目的为获取私人经济利益，属以营利为目的，故摄像者的行为侵犯了权利人肖像权；另一方面，生产商将权利人肖像加工成瓶贴商标，又将瓶贴商标印刷在商品上并投放市场，该行为同样事前未经权利人许可，事后未获取权利人同意；同时，生产商将权利人肖像制作的瓶贴商标投放于市场使用，属营利目的，生产商的行为构成侵犯权利人肖像权。综上，摄像者和生产商将权利人的肖像出售、制作、加工、使用的行为，构成侵权。

重点提示

依据规定，认定构成侵害肖像权的要件为：一是有损害事实的发生；二是侵权人主观上有过错；三是损害事实和侵权行为之间有因果关系。实践中，侵害肖像权的行为表现多样，如在摄影活动中，不管摄影人不懂法律还是摄影人故意侵犯权利人肖像权而意图获利，只要具有下列情形之一的，即可视为侵害他人肖像权。其一，没有违法阻却事由的情况下，未经权利人同意使用其肖像的行为。其中，在未经权利人同意，不以营利为目的使用权利人肖像的行为中，只有具有阻却违法事由的行为才是合法行为。其二，擅自制作他人肖像。未经权利人同意，擅自创制、占有他人肖像的行为，对摄影活动来说，即偷拍他人照片的行为。不管制作或者拍摄的照片是为了公开发表，还是私藏，均不影响侵害肖像权行为的构成。其三，恶意侮辱、污损他人肖像。此种行为表现为行为人以不当方式侵害他人的肖像或破坏他人肖像的完整性。此外，需要注意的是，在肖像权侵权行为中，权利人虽然同意行为人使用其肖像作品，但是由于行为人超出了权利人许可的使用范围、使用区域、使用时限，此种情况无需给权利人造成实际损害，即构成侵权。如摄影人未经权利人同意，超出权利人许可使用其肖像的范围，将权利人肖像出售给他人用于瓶贴商标，并从中获利，无论权利人是否由此产生实际损害，摄影人上述行为均侵犯了权利人的肖像权。

四、隐私权（2 例）

1. 网络举报违法事实侵害隐私权的认定

案例来源

施××、张××、桂××诉徐××肖像权、名誉权、隐私权纠纷案

发布单位：《最高人民法院公报》2016 年第 4 期（总第 234 期）

审判法院：江苏省南京市江宁区人民法院

判决日期：2015 年 9 月 29 日

基本案情

张××、桂××系原告施××的生母和生父，李×琴系张××表姐。2013 年，施××由施×斌、李×琴夫妇收养。2015 年 4 月 3 日，徐××在其新浪微博上分两次发布如下内容：“父母南京某区人，男童于 6 岁合法收养，虐待行为自去年被校方发现，最初以为是偶尔情况，没好多说。近日，男童班主任发现男童伤情日渐严重，性格也随之大变，出现畏惧人群等心理行为，班主任及任课老师在多方努力无果后，试图寻求网络帮助。恳请媒体和大伙的协助。”其中，文字内容配有施××受伤的 9 张图片，其中 3 张反映了施××的头面部，但已进行模糊处理。该内容披露了施××被其养母殴打事实。经网络传播后，该事件引起全国性关注。施××生父生母张××、桂××身份被公开，受到社会及亲友指责。经公安机关调查，施××养母承认殴打施××事实，公诉机关以故意伤害罪对施××养母提起公诉。

施××、张××、桂××以徐××未经许可对外发布施××肖像，发布施××的身份信息，无事实依据声称李×琴长期虐待施××等行为给施××、张××、桂××造成不良社会影响，致使肖像权、名誉权、隐私权被侵犯为由，提起诉讼，请求判令徐××停止侵害、赔礼道歉，并在全国范围内为其三人消除影响、恢复名誉；向施××支付精神抚慰金 10 万元，向张××、桂××支付精神抚慰金 10 万元。

徐××辩称：首先，为阻止未成年人施××再次被家庭暴力伤害，虽未经同意将施××受伤照片公开发布，但因其并无营利目的，且已将照片进行处理，所以不侵犯肖像权；其次，因收养关系不属于隐私保护范畴，披露施××养子身份并不侵犯隐私权；最后，微博反映内容中，仅是对事件的陈述，经过公安机关的调查，已经确认全部属实，并且公安机关依法对侵害人进行了处理。同时，也不包含施××爱说谎、不爱学习等可能影响施××社会评价降低内容，也未提及张××、桂××的任何信息资料，故不存在侵犯隐私权、名誉权事实。

判决主文

一审判决：驳回原告施××、张××、桂××的诉讼请求。

一审判决后，原被告双方均未提起上诉，判决已经发生法律效力。

裁判要旨

为保护未成年人利益和揭露可能存在的犯罪行为，发帖人在其微博中发表未成年人受伤害信息，所发微博的内容与客观事实基本一致的，符合社会公共利益原则和儿童利益最大化原则，该网络举报行为不构成侵权。

重点提示

网络时代的到来给个人生活带来便利的同时，也在一定程度上产生负面影响，如未经同意在网络上发布有关他人个人信息的内容，此种行为有可能被认定为侵害隐私权而承担法律责任，但不都是侵害隐私权行为。为此，从侵害隐私权行为的违法性角度出发，对利用网络公开他人信息是否侵犯他人隐私权这一法律问题分析如下：第一，通过网络宣扬、公开或转让他人隐私。即未经授权在网络上宣扬、公开或转让他人或自己和他人之间的隐私，给他人造成负面影响，构成隐私权侵权。第二，未经授权收集、截获、复制、修改他人信息，并通过网络公之于众。即行为人通过非授权登录他人计算机系统，窃取和篡改网络用户的私人信息并予公开，或者进行窥探业务非法获取、利用他人隐私从事非法活动，获取利益，均构成隐私权侵权。第三，为社会公共利益而揭发可能存在的犯罪行为。如通过网络举报虐待儿童、犯罪行为的信息，主观动机并非恶意，而在于揭露可能存在的犯罪行为，伸张正义，符合社会公共利益原则和弱势群体利益最大化原则，且举报他人违法犯罪不仅是公民的权利，也是义务，若采取了必要的技术处理措施，并被公安机关、检察机关认可的，则此种利用网络公开他人信息和事实的行为，不应当认定为侵犯隐私权。

2. 因性骚扰事件引发的隐私权保护问题

案例来源

姜××诉时×、××液化气港口有限公司隐私权纠纷案

发布单位：最高人民法院中国应用法学研究所《人民法院案例选》2003 年第 3 辑（总第 45 辑）

审判法院：江苏省南通市中级人民法院

判决日期：2002 年 12 月 23 日

基本案情

2002 年 2 月 16 日，姜××、时×、谢×俊被××分公司（××液化气港口有限公司××分公司，××液化气港口有限公司的分支机构）安排值守夜班，姜××于晚上 7 时到达办公室，且与谢×俊有过交谈。后姜××向时×和单位安全员李×反映谢×俊当晚对其存在调戏行为，还敲其宿舍门窗。次月 6 日，时×在食堂组织召开员工大会时称，已就姜××向其反映的被调戏的事件进行了调查，但遭到了谢×俊的否认，遂要求姜××当面对质。姜××陈述了当时的情况，在谢×俊向姜××提问时，姜××情绪激动拿菜刀割了自己的左手腕，时×立即将其送往医院抢救。××有限公司（××液化气港口有限公司）垫付了部分医药费，并向姜××提供了借款。

姜××以时×公开披露其隐私信息的行为，使其处于秘密状态的私生活情况被泄露和传播，不再处于秘密状况，侵犯了其隐私权为由，提起诉讼，请求判令时×、××有限公司承担侵权责任并赔偿损失。

判决主文

一审法院判决：被告××有限公司赔偿原告姜××精神损害抚慰金 15 000元；驳回原告姜××对被告时×、谢×俊的诉讼请求；驳回原告姜××的其他诉讼请求。

被告时×、××有限公司不服一审法院判决，共同提起上诉称：首先，被上诉人姜××对其所称的个人隐私的真实性并不能提供证据加以证明，原审法院在无证据的情况下认定侵犯其隐私权是不合理的。其次，上诉人时×在客观上未对被上诉人姜××的隐私加以宣传，主观上对其隐私权的侵犯不存在故意或过失；且被上诉人姜××并未因为此事使其社会评价降低，名誉受损。其割腕自杀与上诉人时×要求其与谢×俊对质无因果关系，本方不应为此承担责任。综上，请求撤销一审判决第一项，驳回被上诉人姜××的全部诉讼请求。

被上诉人姜××辩称：原判认定事实清楚，适用法律正确。请求驳回上诉，维持原判。

二审法院判决：驳回上诉，维持原判。

裁判要旨

隐私权作为一项人身权，只要权利人未言明放弃，任何人均无权泄露和公开与此相关的信息和内容。受到性骚扰的当事人有权要求知情人对性骚扰事件保持沉默。然而，知情人却以召开会议的方式公开谈论并试图“查明”权利人隐私的行为，构成了对他人隐私权的侵犯，应承担赔偿损失的侵权责任。

重点提示

隐私权是指自然人享有的私人生活安宁与私人信息秘密依法受到保护，不被他人非法侵扰、知悉、收集、利用和公开的一种人格权。作为人身权的隐私权，只要权利人未声称放弃自己的权利，任何人均无权泄露和公开与此相关的信息和内容。司法实践中，在处理因“性骚扰”而引发的隐私权纠纷案件时，应当注意以下几点：（1）“性骚扰”事件本身的真伪不妨碍隐私权的成立。我们通常所称的隐私权是个人信息隐私权，一般是指私人生活领域内一切不愿为人所知的事由或事实，因此，若要求权利人提供证据证明其遭到“性骚扰”，无疑将权利人的隐私暴露在外，与常理不合。同时，若隐私权成立的前提要求“性骚扰”事件真实存在，会得出以下结论：

权利人要提起诉讼保护自己的隐私权就必须首先证明自己存在什么样的隐私，具体细节是什么。这种结果将导致法律逼迫权利人公开自己的隐私，权利人的隐私利益将无法得到法律保护。（2）企业或其负责人公开就“性骚扰”事件组织对质的行为构成隐私权侵权。既然“性骚扰”事件本身的真伪不妨碍隐私权的成立，那么公开对质无疑将权利人的隐私暴露于广大公众面前，且对质在一定程度上逼迫了权利人公开讲述其遭受“性骚扰”的过程，涉及了权利人隐私的公开。其次，企业或其负责人的主要职责是对生产经营事项进行管理，无权干涉或处理职工的私生活。其基于对员工所有事项负责的观念公开就员工反映的遭受“性骚扰”事件进行对质，并未经过权利人的同意，具有主观过错。再次，隐私权不同于名誉权，不以“社会评价降低”为成立要件，故即使对质的范围较小，并未对权利人的社会评价造成影响，亦不影响隐私权遭受侵犯的认定。（3）隐私权被侵犯的法定后果是权利人的精神受到损害，因此，对精神损害本身权利人无需举证证明，被控侵权人应承担精神损害赔偿责任。

五、名誉权（19 例）

（一）侮辱、诽谤（4 例）

1. 因未成年人偷盗而产生的名誉权侵权问题

案例来源

陈××诉莫×兰、莫×明、邹×丽名誉权纠纷案

发布单位：《最高人民法院公报》2015 年第 5 期（总第 223 期）

审判法院：广西壮族自治区北海市中级人民法院

判决日期：2013 年 3 月 26 日

基本案情

2011 年 12 月 4 日，陈××（系未成年人）在未付钱的情况下将白沙××超市（莫×兰为经营者）的两个发夹及三枚糖果藏于身后带出超市。但被莫×明、邹×丽（受莫×兰雇佣）发现，认为其行为系偷盗行为，遂将其用绳子绑在超市门口的电线杆上并挂上写有“小偷”的字牌，引起围观。之后，陈××的家属向当地公安局报案，公安局对莫×明、邹×丽作出拘留十天、罚款五百元的行政处罚决定，且责令陈××的监护人对其严加管教。事发当日，陈××的家属将其送往医院治疗，莫×明支付了医药费100元。同月7日，陈××被转至县医院住院11天，被诊断为急性支气管炎，共支付医疗费2000余元。事发后，经鉴定所（南宁市××人民医院司法鉴定所）鉴定，意见为：陈××系创伤后应激障碍，目前处于发病期；造成其应激障碍的直接原因为其所遭受的人身损害。

同年12月，陈××的法定代理人向司法局申请对本案进行调解，调解不成。

陈××遂以莫×兰、莫×明、邹×丽对其进行侮辱、惩罚的行为构成名誉权侵权为由，提起诉讼，请求判令莫×兰、莫×明、邹×丽赔偿医疗费、交通费、精神损害抚慰金等侵权损失。

判决主文

一审法院判决：被告莫×兰应赔偿原告陈××医疗费、护理费、住院伙食补助费、交通费、精神损害抚慰金共23 549.18元；被告莫×明、邹×丽对被告莫×兰上述赔偿承担连带赔偿责任；被告莫×兰、莫×明、邹×丽应以书面形式向原告陈××赔礼道歉，并将道歉声明（内容需经该院审查）张贴于合浦县白沙××超市（合浦县白沙镇××商店）门口和合浦县白沙镇平田小学门口，张贴时间为7天；驳回原告陈××的其他诉讼请求。

被告莫×兰、莫×明、邹×丽不服一审法院判决，提起上诉称：一审法院对被上诉人陈××偷窃的事实未进行认定，属于事实认定不清。其次，被上诉人陈××所患的“急性支气管炎”为呼吸系统的常见疾病，且事发当天其被送往医院治疗时未发现相关病症。同时，鉴定所出具的鉴定意见不能证明其患病是因本方的行为所导致，且事发后被上诉人陈××的精神状态良好，因此，被上诉人陈××的人身损害与本方的行为无因果关系。再次，被上诉人陈××确实存在偷窃事实，本方并未捏造事实，亦未实施侮辱诽谤的行为损害被上诉人陈××名誉。同时，根据公安机关的处罚决定可知，上诉人莫×兰对此次事件不存在过错，而上诉人莫×明、邹×丽的行为已超出职务行为的范畴，故上诉人莫×兰不应对此承担连带责任。综上，请求撤销一审法院判决，驳回被上诉人陈××的诉讼请求。

被上诉人陈××辩称：本人的行为是否构成盗窃与本案中的侵权行为不存在因果关系，一审法院对事实的认定没有错误；上诉人莫×兰、莫×明、邹×丽的行为侵犯了本人的身体健康权，其将本人捆绑示众，导致本人患风寒引发支气管炎入院治疗，并对本人造成了精神创伤后应激障碍。对本人的生理和心理造成了不同程度的损害，严重影响了本人的社会评价，侵犯了本人的名誉权，应承担侵权赔偿责任。而上诉人莫×兰作为超市的经营者，对其雇员明显存在重大过错的职务行为，应当承担连带责任。综上，请求驳回上诉，维持原判。

二审法院判决：驳回上诉，维持原判。

裁判要旨

公民享有名誉权，公民的人格尊严受法律保护，禁止用侮辱、诽谤等方式损害公民的名誉。国家保障未成年人的人身、财产和其他合法权益不受侵犯。行为人以未成年人违法为由对其作出侮辱行为，该行为对未成年人名誉造成一定影响的，属于名誉侵权行为，应依法承担相应责任。

重点提示

名誉权，是指公民或法人享有的就其自身特性所表现出来的社会价值而获得社会公正评价的权利，属于人格权的一种。在侵害名誉权案件中，认定是否构成侵害名誉权的行为，需具备一定的条件，即侵权人以书面、口头等形式宣扬他人的隐私，或者捏造事实公然丑化他人人格，以及用侮辱、诽谤等方式损害他人名誉，造成一定影响的，应当认定为侵害公民名誉权的行为。而对于未成年人实施的某种行为是否违法，应当由相关部门作出认定，个人或其他组织等非行政机关，如发现未成年人有违法行为，应当移交给相关部门依法处理，而不能私自采取侮辱方式进行惩罚，否则将构成名誉权侵权。此外，名誉权侵权的最基本要素要看受害人的社会评价是否降低。同时，认定构成侵害名誉权的责任，应当根据受害人确有名誉被损害的事实、行为人行为违法、违法行为与损害后果之间有因果关系、行为人主观上有过错来认定。据此，当受害人的社会评价的降低系行为人违法行为引起，且行为人主观上对受害人名誉损害具有主观过错时即可认定受害人名誉受到损害，至于侵权人的行为方式以及行为起因，均不影响名誉权侵权的成立。

2. 建立网站发表诋毁文章的侵权行为认定

案例来源

宋×诉汪×名誉权纠纷案

发布单位：最高人民法院民事审判第一庭《民事审判指导与参考》2004年第4辑（总第20集）

审判法院：安徽省高级人民法院

基本案情

2003年7月，W市医学院校园局域网上出现了“皖医学术打假网”。次月，该网站在国际互联网上出现，其中发表的《以科学和皖医人的名义，举报宋×院长的学术腐败》《老孙关于日本“论文博士”的意见和皖医人的答复》《关于日本“论文博士”情况的调查报告》《关于“第三者”谎言的评论（附致院长的话）》《皖医院长获得“论文博士”的论文情况调查》《可恨的假博士、可悲的院长（评论）》《正义的声音是关不了的》等七篇文章中存在大量的对W市医学院院长宋×侮辱诋毁的言论，该网站对外公布的网址为wnmckiller@ yahoo. com. cn。同年10月，该市公安局发现该网站发布的有关侮辱宋×声誉的信息，遂于10月21日下午到W市医学院进行检查，且检查时W市医学院有派人在场。在对汪×使用的计算机进行检查时，发现其电脑中存有大量的对宋×具有侮辱性的文件，部分内容与上述网站中的相同，且发现了其与上述网站管理员往来的电子邮件，邮件地址是 wnmckiller@ yahoo. com. cn，该电脑主机当即被公安局封存。事后，依据宋×的申请，公安局先后分两次从查封主机中打印出相关书证，证据的内容与国际互联网“皖医学术打假网”上内容相同。同年12月，教育部留学中心出具了对宋×学位证书认可的证明。

2004年1月，公证处根据宋×的申请，就“皖医学术打假网”上的文章进行了证据保全，并制作了公证书。该公证书中所保全的证据包括：“皖医学术打假网主页”“皖医第一假——日本‘博士’骗取6000元奖金”“老孙关于日本‘论文博士’的意见和皖医人的答复”“关于日本‘论文博士’情况的调查报告”“关于‘第三者’谎言的评论（附致院长的话）”“皖医院长获得‘论文博士’的论文情况调查结果”“可恨的假博士、可悲的院长（评论）”“正义的声音是关不了的（评论）”“关于W市医学院奖励博士、硕士学位获得者情况的调查报告”等文章。

宋×以汪×侵犯其名誉权为由，提起诉讼，请求确认汪×的行为构成名誉权侵权，并判令汪×立即停止侵害，在个人网站上对侵犯其名誉权的有关言辞进行删除，并在不能删除及传播范围内消除影响、恢复名誉、赔礼道歉，同时赔偿精神损害抚慰金。

案件审理期间，针对从扣押的电脑中打印出来的书证公安局作出说明如下：2013年10月，公安局在对网络进行监控时，发现了“皖医学术打假网”中有大量对W市医学院院长宋×名誉诋毁的信息，在调查汪×的计算机时，发现其行为异常，遂决定对其计算机进行重点检查。进入该计算机后发现，其中部分与“皖医学术打假网”上的内容相同，且发现了汪×与该网站管理员的邮件往来记录。检查人员在检查时从汪×的计算机中调取了17页文件，其中的一封存在汪×用户名中的邮件可以证明：（1）这是一封“虎翼网”发给向该网站提出账户要求的申请人 wnmckiller@ yahoo. com. cn 的复函，内容是：“皖医学术打假网”的用户名：wanyidajia，密码：wnmckiller001，域名：wanyidajianet. 51. net；（2）这封电子邮件只有申请人才能收到，才能用自己设定的邮箱密码打开、阅读邮件内容；（3）根据汪×提供的使用人姓名，被检查的计算机除了汪×一家人外没有其他人使用；（4）电子邮件收件人邮箱与“皖医学术打假网”管理员邮箱相一致。由此，可以推定 wnmckiller@ yahoo. com. cn 邮箱的拥有者曾向“虎翼网”申请过“皖医学术打假网”的域名服务，并承担该网站的管理员责任。

判决主文

一审法院判决：被告汪×在“皖医学术打假网”上以“皖医人”名义发表的《可恨的假博士、可悲的院长（评论）》等7篇文章中存有诋毁、诽谤、侮辱宋×的言辞，构成了对原告宋×的名誉侵权；被告汪×立即停止侵害，并在其个人网站上对侵犯原告宋×名誉权的有关言辞进行删除，并在不能删除及传播范围内消除影响、恢复名誉、赔礼道歉；被告汪×向原告宋×赔偿精神损害抚慰金10 000元。

被告汪×不服一审法院判决，提起上诉称：根据一审庭审时所出示的证据，并不能认定本人是涉案文章的作者或是涉案网站的创建者。公安机关对本人所有的电脑进行扣押时，并未与本人办理清点与交接手续，取证程序违法。同时，存储于被封存电脑中的证据在离开本人的控制后被被上诉人宋×进行了修改，与原件不符。即使可以证明本人为涉案文章的作者或涉案网站的创建者，但被上诉人宋×谎报学历、论文作假并不属于其隐私范畴，故本人涉案文章的内容并未侵犯被上诉人宋×的名誉权。综上，原审法院的判决不当。

被上诉人宋×的代理人辩称：公安机关的取证程序合法，且本方提供的证据足以证明上诉人汪×捏造事实的行为侵犯了被上诉人宋×的名誉权，故请求驳回上诉人汪×的上诉请求。

二审庭审中，上诉人汪×承认其计算机上汪×姓名的汉语拼音用户名是其个人所用，且需密码才能打开，该密码由其掌握，他人不知。

二审法院判决：驳回上诉，维持原判。

裁判要旨

网站对外公布的电子邮件地址与为该网站提供服务的域名服务申请人的电子邮件地址同一，且邮箱设有密码保护，无密码即无法阅读邮件，则可认定邮件所有者、邮箱所有者、网站建立者系同一人。网站建立者在网站上以他人系假博士为由，发表评论文章，并使用诋毁、诽谤、侮辱他人的言辞，该行为已超出学术批评的范围。此种行为构成对他人名誉权的侵害，行为人应承担相应的侵权损害责任。

重点提示

随着网络的出现及广泛应用，越来越多的人借助网络发送邮件、发表言论、发表文章，由此而产生通过网络无意、有意、故意或恶意地降低他人的社会评价的现象。近年来，网络成为名誉权侵权纠纷的多发区。所谓网络名誉权侵权，是指发生于网络空间侵害他人名誉权的行为。主要包括：网络经营者侵害受害人的名誉权；加害人利用网络侵害受害人的名誉权；网络经营者与加害人共同侵权；网络经营者疏于监控、删除有害信息，或拒不切断与有侵害内容的网站之间的链接等而侵权。司法实践中，认定某一行为是否构成网络名誉权侵权，应当注意以下几点：（1）侵权证据的认定与举证责任分配。网络空间是一种虚拟空间，数据及侵权内容是通过磁介、网页等予以保存的，发表在网页、BBS和聊天室的侵权内容可能因数据、系统、网页更新等灭失。同时因网页可以仿制、IP地址可以虚拟或挂靠等，使原告收集证据和证明加害行为的存在具有一定困难。因此，在网络名誉权侵权纠纷中，当事人通过公证对信息内容加以保存，成为网络侵权认定的重要证据形式，保证了公证后信息的关联性和客观性。在原告已经初步举证证明侵害事实的存在，且有经过公证的以某种形式保存下来的网络信息的，在被控侵权人不能提供确切证据予以反驳的情况下，应符合公证的网络信息法律证明的效力，认定网络名誉权侵权事实存在。（2）网络名誉权侵权行为的排除。并非所有具有损害事实的网络行为均构成名誉权侵权，下列情况应予排除在外：散布的内容或发表的言论文章等基本符合客观事实；不利于受害人名誉权的事实未超过受害人同意的内容和范围；依法执行职务的行为及配套、辅助行为中传播对他人具有诽谤性的事项；依据法律法规、政令要求公布对他人具有诽谤性的事项；合理的引用或者重复传播；合理性评价。（3）网络名誉权侵权的责任承担方式。适合网络侵权责任的承担方式主要有：停止侵害、恢复名誉、消除影响、赔礼道歉、赔偿损失。其中，恢复名誉、消除影响的范围应当与网络侵权造成的不良影响的范围相当。（4）精神损害赔偿数额的确定。相对于通常的侵权行为，因网络传播具有速度快、地域广、覆盖面大等特点，应适当提高精神损害赔偿的数额，结合侵害情节轻重，并参照受害人的谅解程度和加害人的认错态度等予以确定。

3. 关于新闻报道事实真实的名誉权侵权认定问题

案例来源

李××诉××晚报社名誉权纠纷案

发布单位：最高人民法院中国应用法学研究所《人民法院案例选》2002年第4辑（总第42辑）

审判法院：广西壮族自治区南宁市中级人民法院

判决日期：2002年8月9日

基本案情

1999年8月30日，记者李××根据其对“民间草医”李×焕及其病人的采访给广西壮族自治区党委书记曹××写了一封帮助信（《癌症克星李×焕渴望党和政府的支持帮助》），信中说李×焕可以治愈癌症，并要求成立专家小组，对李×焕配置的药液进行调查，如确实有效，请卫生部对他予以支持。后经书记批示，卫生部对李×焕的“抗癌”药水进行检验，检验结果为该药水不符合卫生标准且对于癌症治疗没有明显的效果；并指出李××与李×焕所提供的已治愈的癌症患者的病例与事实有较大的出入，李×焕未取得行医资格证，其行为属于非法行医，建议组织相关部门对其进行查处。李××在收到书记的批示后，将帮助信及批示交给了南国早报社记者师×娟，之后，××晚报社记者从师×娟处获得信件及批示的复印件。同年12月，××晚报社在未经过李××同意的情况下，公开发表其写给书记的信，并在其刊登的《新神医广西“出土”司马南桂林“捉鬼”》《十年神医这样露馅》等文章中使用了李××是李×焕的“医托”“笔杆子”等用语，同时直接使用了李××帮助信中的原文“癌症克星李×焕渴望党委和政府的支持帮助”“真实性可以用党籍担保”等。

李××以××晚报社未经其许可，公开发表其写给书记的信，并在发表的文章中使用讽刺、挖苦的语言对其进行侮辱、诽谤，侵害了其通信秘密权和名誉权为由，提起诉讼，请求判令××晚报社立即停止侵害，在报上向其赔礼道歉、消除影响、恢复名誉，并赔偿精神损失费 50 000 元和经济损失 1278.6 元。

××晚报社辩称：本刊刊登涉案文章的目的是履行舆论监督的职责，揭露李×焕弄虚作假的事实。因为是李××的帮助信才推动了有关部门对李×焕的调查，故本刊在披露这一事件时，必然涉及到李××帮助信的内容。其次，本刊在刊登时仅客观的引用了李××书信中的原文，主观上无侵犯其名誉权的故意。且该信件系李××本人主动交给新闻媒体的，信件的内容也不涉及任何个人隐私。综上，本刊未侵犯李××的名誉权以及通信秘密权，故请求驳回其诉讼请求。

判决主文

一审法院判决：被告××晚报社停止对原告李××的侵害，以书面形式登报向原告李××赔礼道歉、消除影响、恢复名誉，内容须事先经本院审查；被告××晚报社赔偿原告李××精神损害抚慰金 10 000 元；驳回原告李××的其他诉讼请求。

被告××晚报社不服一审法院判决，提起上诉称：其所刊登的四篇文章属正常的舆论监督，不构成对被上诉人李××名誉权的侵害。故请求撤销一审判决，驳回被上诉人李××的诉讼请求。

二审法院认定：侵害名誉权的一个重要构成要件是行为人具有过错。过错是指行为人在实施侮辱、诽谤等行为时某种应受非难的主观状态，这种状态是通过行为人实施的不正当的违法行为表现出来的。上诉人××晚报社在《××晚报》及其子报《××周刊》上刊登的四篇文章，虽然文章使用了“冲杀”“笔杆子”等不恰当语言，但这四篇文章所反映的内容基本属实；同时，上诉人××晚报社引述的该信件内容，客观体现了被上诉人李××的言辞，在主观上无侵害被上诉人李××名誉权的过错，无贬损被上诉人李××的行为。

二审法院判决：撤销一审民事判决；驳回被上诉人李××的诉讼请求。

被上诉人李××不服二审法院判决，申请再审称：被申请人××晚报社不仅在未经本人同意的情况下刊登本人的信件内容，还用侮辱的语言对本人形象进行丑化，其行为侵害了本人的名誉权；二审法院认为本人只能选择一个原因进行起诉无法律依据，被申请人××晚报社在其书写的上诉状中已经承认了侮辱本人的事实，而二审法院未加以认定。综上，请求撤销二审判决，维持一审判决。

被申请人××晚报社辩称：申请再审人李××是以国家级记者站站长的身份向有关负责人汇报其对李×焕一事的调查结果，其写信的行为并不是一个群众信访行为，而属于一种职务行为。卫生厅将其调查的结果向媒体通报，并未以任何理由要求媒体对这次事件的起因予以回避。之后，申请再审人李××听说此次事件将被媒体报道，主动将其书写的信件交给南国早报社意图影响舆论的走向。但该社为了能够坚持正确的舆论导向，遵照新闻资源共享的原则将该信件的复印件交于本社。如认为本社公开发布申请再审人李××的信件内容，侵犯了其通信秘密权，则包括曹××在内的单位与个人均侵犯了其通信秘密权。其次，本社并无毁弃、隐匿、非法开拆申请再审人李××的信件的行为；同时，本社所发表的文章中对于申请再审人李××的批评与指责均有事实依据，没有对其人格进行侮辱的内容。综上，请求驳回申请再审人李××的诉讼请求。

再审法院判决：撤销二审民事判决；维持一审民事判决。

裁判要旨

在权利人寄给行为人的信件中，并未注明不许传阅、转载，故行为人在真实事实的新闻报道中，引述了权利人原信件中的言辞，并未构成对权利人通信秘密权的侵犯。但行为人在新闻报道中所使用的词语带有侮辱权利人人格的内容，造成了权利人人格的贬损及社会公众评价降低，构成对权利人名誉权的侵犯，应当承担侵权责任。

重点提示

新闻侵权行为，通常是指新闻传播活动中发生的侵害他人人格权的行为。根据最高人民法院《关于审理名誉权案件若干问题的解答》第 8 条的规定可知，对因撰写、发表批评文章引起的名誉权纠纷应当区分为三种情况：第一，文章反映的问题基本真实，没有侮辱他人人格的内容的，不应认定为侵害他人名誉权。第二，文章反映的问题虽基本属实，但有侮辱他人人格的内容，使他人名誉受到损害的，应认定为侵害他人名誉权。第三，文章的基本内容失实，使他人名誉受到损害的，应认定为侵害他人名誉权。上述内容实际上规定了新闻报道和其他传播内容侵害名誉权的两种方式：（1）诽谤，即因基本内容失实或严重失实而侵害他人名誉。这里重点强调的是散布虚假事实而侵害名誉权，主要包括：①陈述虚假事实。在传播内容中仅仅表达某种意见、情感或者情绪而不涉及任何事实的，即使造成损害，亦不是诽谤，而可能是侮辱。②陈述的虚假事实涉及特定人的社会评价。如虚假的报道特定人有犯罪、违法行为，违背公共道德、伦理和职业道德等，均会损害他人的正常社会评价，构成诽谤。③虚假的程度，即严重失实或基本内容失实。主要是指新闻报道或其他传播内容足以使人对有关问题的性质产生不正确的贬损性的认识。（2）侮辱，即新闻报道或其他传播内容因侮辱他人人格而侵害他人名誉。与诽谤不同的是，侮辱是贬损他人的整体人格和人格尊严，而非某一方面或若干方面的社会评价。其中，言论性侮辱在方式上同诽谤也有很大的不同，诽谤的主要特征是虚假陈述，而言论性侮辱的主要特征是辱骂和丑化。

4. 关于纪实性文学作品侵害名誉权的认定问题

案例来源

王×英诉刘×、《××文学》编辑部、《××文学选刊》编辑部、中国××××文学艺术协会、《××月刊》编辑部名誉权纠纷案

发布单位：《最高人民法院公报》1989 年第 2 期（总第 18 期）

审判法院：河北省高级人民法院

判决日期：1989 年 6 月 5 日

基本案情

1985 年 1 月，河北省《×××日报》发表长篇通讯报道了原抚宁县农机公司统计员王×英与不正之风斗争一事。而后，刘×根据其他人的反应，撰写了一部纪实小说，文中称“要展览一下王×英”，且运用了“小妖精”“大妖怪”“流氓”“疯狗”“政治骗子”“扒手”“造反派”“江西出产的特号产品”“一贯的恶霸”“小辣椒”“专门的营私者”“南方怪味鸡”“打斗演员”等语言，并在多处投稿以扩大影响，对王×英造成了精神上与经济上的损失。《××文学》将该篇文章发表在 1985 年第 12 期上，发行 50 835 册，给付刘×稿酬 220 元。《××文学选刊》全文转载了该作品，发行 478 000 册，给付《××文学》编辑部编辑费 80 元，给付刘×稿酬 159 元。中国××××文学艺术协会所属的《江×文学》编辑部将该文章的原稿做了某些删减后，发表在《江×文学》1986 年第 1 期上，发行 1000 册，给付刘×稿酬 130 元。《××月刊》编辑部将该篇文章中王×英的姓名与地名做了修改，并删去了其中具有侮辱性的情节，发表在该刊 1986 年第 1 期上，发行 12 万余册，给付刘×稿酬 192 元。

王×英以刘×撰写文章用尽侮辱性语言损害其名誉权，而《××文学》编辑部、《××文学选刊》编辑部、中国××××文学艺术协会所属的《江×文学》以及《××月刊》编辑部均发表了此篇文章，亦侵犯了其名誉权为由，提起诉讼，请求判令刘×等停止侵害，向其赔礼道歉、消除影响，并赔偿其损失。

刘×辩称：本人作品内容系采访而来，此作品如实的反映了王×英的情况，并未对其名誉权造成侵害。

《××文学》编辑部辩称：本刊在刊登刘×撰写的作品之前，已经对作品内容进行了核实，尽到了应尽的审查义务，根据文责自负的原则，本刊不应承担责任。

《××月刊》编辑部辩称：本刊在刊登刘×的作品时，已将原标题修改为《×××浮沉记》，且对作品中的人名、地名以及部分带有侮辱性的语言和内容进行了删改，本刊发表的形式是虚构的小说形式，未对王×英的名誉权造成侵害，不应承担责任。

判决主文

一审法院判决：被告刘×、《××文学》《××文学选刊》《××月刊》编辑部及中国××××文学艺术协会应承担侵害原告王×英名誉权的责任，停止侵害，并在原发表侵害原告王×英名誉权作品的刊物上，刊登道歉声明（道歉声明须经法院审核），为原告王×英恢复名誉，消除影响，鉴于《江×文学》已经停刊，可免除被告中国××××文学艺术协会此项责任；被告刘×赔偿原告王×英 1400 元；被告《××文学》编辑部赔偿 1000 元；被告《××文学选刊》编辑部赔偿 500 元；被告中国××××文学艺术协会赔偿 400 元。

被告刘×、《××文学》编辑部不服一审判决，以其未侵害被上诉人王×英的名誉权为由，提起上诉。

二审法院判决：驳回上诉，维持原判。

裁判要旨

公民针对其他文章中涉及的被侵权人与不正之风进行斗争的内容，另行撰写作品。在该作品中，公民使用被侵权人的真实姓名、信息以及大量带有侮辱性质的词汇，并将作品投稿至多家出版单位，致使作品流入社会，为公众知晓的，其行为足以使被侵权人的社会评价降低，构成名誉权侵权。另外，出版单位将公民投稿的作品予以发表的行为属于未尽到合理审查义务，同样构成名誉权侵权，应当与公民共同承担停止侵害、恢复名誉、消除影响、赔礼道歉以及赔偿损失的民事法律责任。

重点提示

纪实文学是在尊重事实的基础上进行的文学包装。近年来，因作者撰写的纪实类文章侵权，尤其是名誉权侵权的事件频繁发生，但究竟如何把握侵权标准我国法律并无明确的规定。根据最高人民法院《关于审理名誉权案件若干问题的解答》第7条的规定，判断一个行为是否构成对他人名誉权的侵害，应当按照一般民事侵权责任构成要件去衡量。即构成名誉侵权，必须具备违法行为、损害事实、因果关系和主观过错四个要件。因此，在认定纪实文学作品构成名誉权侵权时，应当具备以下几个要件：（1）作品塑造的人物具有排他性，即作品中塑造的人物与现实中特定人物的基本特征相同，与现实中人物所处的特定的事实相同，熟悉现实中人物的人读了该文学作品便能指明书中人是指现实中特定的人物。（2）撰写人具有侵权的主观过错。主观过错一般通过客观行为加以判断，如在创作纪实性文学作品中，撰写人具有不得侵犯他人名誉的义务，但作品中很多地方与现实中特定人的生活事实相仿，并在客观上使用了不同程度地侮辱、诽谤和丑化该特定人形象的词语的，应认定具有主观过错。（3）纪实性文学作品中有侮辱、诽谤受害人的违法内容。此外，根据最高人民法院《关于审理名誉权案件若干问题的解答》的精神可知，报刊社等出版单位对要发表的稿件，应负责审查核实。发表后侵害了公民的名誉权，作者和报刊社均有责任，可将报刊社与作者列为共同被告。因此，报社发表该纪实文学的也要承担侵害他人名誉权的责任。

（二）抗辩事由（4例）

1. 关于银行征信系统中的不良信用记录侵犯名誉权的问题

案例来源

周××诉××银行股份有限公司××市分行名誉权纠纷案

发布单位：《最高人民法院公报》2012年第9期（总第191期）

审判法院：上海市第一中级人民法院

判决日期：2011年12月5日

基本案情

2009 年 5 月，××银行××分行（××银行股份有限公司××市分行）收到一份名为周××的信用卡开卡申请。次月，××银行××分行核准了该申请，且记载了“柜面进件”“亲见申请人递交并签名”“亲见申请材料原件并当场复印”。同年 9 月，周××收到该信用卡的催款通知，但其并未办理过相关信用卡，遂向公安机关报案。此后，××银行××分行多次电话催周××缴纳欠款，无果后××银行××分行将此卡冻结。2010 年 7 月，另案法院对周××与××银行××分行的信用卡欠款纠纷进行了诉前调解，同年 11 月，××银行××分行提出要求法院判决周××偿还欠款后，又于次月撤回起诉。2011 年 3 月，周××的信用报告中已经不存在涉案信用卡的不良记录。

周××以××银行××分行在其不知情的情况下，签发以其名字为户名的信用卡，并产生了不良的信用记录，对其工作和生活产生了极大的影响，并以××银行××分行对信用卡的签发存在重大过失，未尽到应尽的审查义务，侵犯其名誉权为由，提起诉讼，请求判令××银行××分行赔偿交通费、律师费、精神损害抚慰金 14 300 元，并书面赔礼道歉。

××银行××分行辩称：本案中的信用卡是否为他人假冒周××的名义办理的，公安机关正在调查之中，现不能对此定论。本行核准信用卡申请时尽到了应尽的审查义务，不存在违法行为，不应就第三人对周××造成的损失承担责任，且周××对其信息的泄露也存在一定的过失。其次，周××信用信息中的不良记录是本行依照相关的法律规定添加的，且其确实存在逾期未偿还欠款的事实，本行并未捏造事实。同时，公民个人的征信信息对外是严格保密的，不会对周××的名誉产生任何影响。再次，本行就信用卡欠款一事虽向法院提起过诉讼，但在本行知晓周××的信用卡可能被他人冒名并已经报案后，遂撤诉，并申请将该不良记录删除。综上，本行的行为未造成周××的任何损失，请求驳回诉讼请求。

判决主文

一审法院判决：驳回原告周××的诉讼请求。

原告周××不服一审法院判决，提起上诉称：被上诉人××银行××分行在审核信用卡申请时存在重大过失，导致本人增加了不良的征信记录，使本人不能申请信用卡，影响了本人的社会评价。因此，请求撤销一审判决，依法改判支持本人的原审诉请。

被上诉人××银行××分行辩称：上诉人周××不能举证证明其申请信用卡被拒绝这一事实，且其在其他银行存在逾期未偿还贷款的情况，其申请信用卡被拒绝就是因此导致的。综上，请求驳回上诉人周××的上诉请求。

二审法院判决：驳回上诉，维持原判。

裁判要旨

名义上的信用卡持卡人与银行之间因不良信用记录发生名誉权纠纷，法院应当依据侵权行为的要件进行审查。银行按照国家的相关法律法规及监管要求报送相关信息，其报送的信息也都是源于名义持卡人名下信用卡的真实欠款记录，并非捏造，不存在虚构事实或侮辱的行为，故不构成侵害名誉权的行为。名誉权受损害的后果应当是导致名义持卡人的社会评价降低。但是，中国人民银行的征信系统相对封闭，只有本人或者相关政府部门、金融机构因法定事由才能对该系统内的记录进行查询，这些记录并未在不特定的人群中进行传播，不会造成名义持卡人的社会评价降低，故不能认定存在损害名誉权的后果。

重点提示

目前，我国法律并未明文规定信用权，对民事主体的信用权确认均选择了名誉权侵权之诉的路径。司法实践中，处理因信用卡冒名欠款导致不实的不良信用记录侵害名誉权纠纷案件，应当从名誉权的侵权构成要件，即行为人是否具有侵权行为及损害结果两个方面加以认定：（1）损害后果即社会评价降低的认定。对于银行征信系统中的不良信用记录是否构成名誉权侵权的争议，主要在于该不良信用记录是否降低了持卡人的社会评价。对名誉权持狭义观点的认为，狭义的名誉权，是指民事主体依法享有的对自己所获得的客观社会评价不被他人以侮辱、诽谤等方式加以丑化的权利，不包括信用利益在内。而对名誉权持广义解释的观点认为，广义的名誉权包括信用在内，信用主要体现在民事主体对其所具有的偿债能力在社会上应当获得相应信赖和评价，并可以利用、保有、维护该信用代表的人身价值与财产价值。对此，我们认为，银行征信系统中的内容对外具有保密性，通常只有信用卡的持卡人、发卡行以及政府相关职能部门方能查询，社会公众是无法查询他人的信用卡征信记录的。因此，银行征信系统中的不良信用记录并未向社会不特定的多数人公开，具有保密性，不当然引起信用卡持卡人的社会评价降低。（2）侵权行为的认定，即银行等金融机构对不良信用记录的报送、记载是否具有过错。根据我国相关法律规定，银行等金融机构有按照国家相关法律法规及监管要求报送相关信息的权利，只要报送的信息均来源于持卡人名下信用卡的真实欠款记录，未捏造事实，即不具有主观过错。

2. 公安机关向媒体提供案件侦查材料而产生的名誉权侵权问题

案例来源

李××、高×、刘×等诉××电视台、××市公安局××改革发展试验区分局、××实验学校名誉权、肖像权纠纷案

发布单位：《最高人民法院公报》2007 年第 2 期（总第 124 期）

审判法院：安徽省合肥市中级人民法院

判决日期：2006 年 3 月 15 日

基本案情

2005 年 4 月 13 日，××公安局（××市公安局××改革发展试验区分局）将一起强奸（未遂）案件的犯罪嫌疑人朱××抓获，为使得法定程序的辨认程序顺利进行，公安机关请求××实验学校提供六名与犯罪嫌疑人年龄相仿初中学生进行协助。当晚，该校初二八（8）班班主任张×国即带领李××、高×、刘×、陈×贵、张×保和孙×六名同学前往公安机关按警方要求参与辨认，警方对辨认过程全程进行了录像和拍照。14 日，××电视台采访××公安局，该局在未做任何交代的情况下将本案指认过程的相关摄像资料等交给××电视台记者。随后，在××公安局、××实验学校、参与辨认学生及家长不知情的情况下，××电视台在新闻节目中出现六名学生参与辨认的画面，时间约 2 秒，且未采取任何技术处理措施。新闻播出后，六名学生被他人以“嫌疑人”“几号强奸犯”等字眼称呼。为此，六名学生家长曾向××实验学校及××公安局提出异议，未果。

李××、高×、刘×等六名学生以××电视台、××实验学校、××公安局侵犯其肖像权、名誉权为由，提起诉讼，请求判令××电视台、××实验学校、××公安分局支付损害赔偿金、精神损失抚慰金，共计600 000元。

判决主文

一审法院判决：被告××电视台、××公安局向原告李××等六人进行公开赔礼道歉消除影响并恢复名誉；被告××电视台、××公安局共同向原告李××等六人各支付精神抚慰金 6000 元；驳回原告李××等六人对被告××实验学校的诉讼请求及其他诉讼请求。

被告××公安局不服一审法院判决，提起上诉称：一审法院认定的法律关系与被上诉人李××等六人的主张不一致，因此判决错误；上诉人××公安局为履行法制宣传义务向新闻机构提供资料，并不存在过错；原审被告××电视台在播放涉案新闻时对参与辨认人员面部已经做过处理，并且播出内容也已表明被上诉人李××等六人并非犯罪嫌疑人，并未违法。

被上诉人李××等六人辩称：上诉人××公安局在向原审被告××电视台提供新闻材料时，未对实际情况作出特别说明，进而导致原审被告××电视台在播放该录像资料时未对被上诉人李××等六人脸部画面进行技术处理，致使被上诉人李××等六人名誉权遭受损害，上诉人××公安局的上诉理由不能成立。故请求维持原判。

原审被告××电视台述称：本台播放上诉人××公安局提供的录像资料无需经过其同意，一审法院判决本台赔偿被上诉人李××等六人精神损害抚慰金的数额不合理。

原审被告××实验学校述称：本校让学生配合指认是应上诉人××公安局的要求，不存在不合理行为。本校在原审被告××电视台播出新闻前并不知晓该事宜，亦无过错，一审判决本校不承担责任是正确的。

二审法院判决：驳回上诉，维持原判。

裁判要旨

公安机关在向新闻媒体提供侦破案件的相关资料，供新闻媒体用于新闻报道时，应尽谨慎注意义务以保护他人合法权益。未尽此义务导致他人名誉权受到侵犯的，应承担相应的民事责任。公安机关侦查行为的合法性、配合新闻媒体进行法制宣传的正当性以及新闻媒体自身在新闻报道中的过失，均不构成免除公安机关上述民事责任的法定事由。

重点提示

因提供新闻材料引起的名誉权纠纷，认定是否构成侵权，最高人民法院《关于审理名誉权案件若干问题的解释》第 7 条为此进行了区分：(1) 主动提供新闻材料，致使他人名誉受到损害的，应当认定为侵害他人名誉权。(2) 因被动采访而提供新闻材料，且未经提供者同意公开，新闻单位擅自发表，致使他人名誉受到损害的，对提供者一般不应当认定为侵害名誉权；虽系被动提供新闻材料，但发表时得到提供者同意或者默许，致使他人名誉受到损害的，应当认定为侵害名誉权。据此，关于公安机关在侦查活动结束后，向新闻媒体提供侦查活动中形成的资料时，应当尽到审慎的注意义务，避免因此导致对他人合法权利的侵犯，若提供新闻资料时，未尽该义务，致使他人名誉权受到损害的，应当承担相应的法律责任。原因在于：其一，公安机关向新闻媒体提供有关案件侦查资料时，不是依法行使侦查权的行为，不能因行使侦查权本身的正当性，免除其向新闻媒体提供资料时未尽审慎注意义务而应承担的法律责任。其二，公安机关作为司法机关，应当知道将有关案件侦查材料提供给新闻媒体有可能被播出而侵害当事人的名誉权，更应当知道保护未成年人的合法权益，故公安机关在主动提供新闻资料后，应当尽特别提醒义务，未尽该义务的，即可认为对新闻媒体播出有关未采取技术处理措施的当事人影像这一行为的默示，公安机关与新闻媒体构成了共同侵权行为，应当承担侵权责任。

3. 关于报社刊登评论文章侵害他人名誉权的问题

案例来源

余××诉《××出版报》社名誉权纠纷案

发布单位：《最高人民法院公报》2003 年第 2 期（总第 82 期）

审判法院：江苏省南京市中级人民法院

判决日期：2002 年 11 月 7 日

基本案情

余××作为南京大学外国文学研究所教授，在几年间先后发表了多篇对前苏联小说《钢铁是怎样炼成的》及《钢铁是怎样炼成的（电视连续剧文学剧本）》的评论文章。其中，《〈钢铁是怎样炼成的〉是一本好书吗?》一文，对《钢铁是怎样炼成的》一书的评析结论是，该书并非一本好书，应当把它送进历史的博物馆，而不是把它介绍给年轻一代。《炼出的“一炉废钢”》和《“大炼〈钢铁〉”炼出的废品》两篇文章针对一本名为《钢铁是怎样炼成的（电视连续剧文学剧本）》中编校错误提出批评。2000 年 6 月，《××出版报》社在该报中刊登了署名钟宜渔的与余××观点相反的《由批评编校差错所引发的论争》一文，钟宜渔文章称：余××对《钢铁是怎样炼成的》及该书电视剧剧本的评论是带着政治和狭隘眼光、偏见的借题发挥肆意攻击，余××的用心就值得怀疑，其评判态度已不是严肃的学术研究，而是在借题发挥肆意攻击。该文章的编者按中称：围绕小说《钢铁是怎样炼成的》及电视剧剧本的论争，不是纯学术的，是关系到是否坚持中国先进文化前进方向的原则之争。

余××认为《××出版报》社刊登上述文章的行为侵犯其名誉权，以《××出版报》社将学术讨论上升为政治问题为由，提起诉讼，请求判令《××出版报》社承担名誉权侵权责任。

判决主文

一审法院判决：驳回原告余××的诉讼请求。

原告余××不服一审法院判决，提起上诉称：一审关于“没有捏造事实并散布不构成诽谤”的认定是不当和错误的；“钟宜渔文章”和“编者按”是煽动读者对本人进行政治大批判。受其影响，一些青年学者在是否报考本人的博士生问题上产生了疑惑甚至放弃了报考，给本人造成了精神痛苦和名誉损害，影响了本人的教学和科研活动。

二审法院判决：驳回上诉，维持原判。

裁判要旨

报纸作为新闻媒介，就他人的文章或观点展开讨论，是办报的一种形式。报社刊登的评论文章，既未捏造事实对他人进行诽谤，亦未侮辱他人人格，即使文中针对某一问题，表达了与他人相反的观点，且无损害他人名誉的言辞，亦不构成名誉权侵权，不承担侵权责任。

重点提示

报纸作为新闻媒介，就他人的文章或观点展开讨论，属于办报的形式之一。新闻媒介中刊登的文章可以分为两类：一类是事实性的，即告诉读者发生了什么新闻；另一类是评论性的，即告诉读者对某件事的看法，或者刊登他人对某件事的看法。判断新闻媒介刊登的文章是否侵犯他人名誉权，根据不同类型有不同的标准。对于前一种报道，判断其是否侵犯他人名誉权的标准为“是否属实”，后一种则为“是否公正”。其中，关于一个评论或者讨论性的文章是否公正，被控侵权人需提供证据证明以下几点：

第一，引起名誉权纠纷的是评论，非事实；第二，此评论所依据的事实真实；第三，评论的内容为表达自己的观点，并非诽谤和侮辱他人人格；第四，评论是合法的。故此，符合以上条件的评论为受法律保护的评论，未侵害他人名誉权。其中，关于评论内容系评论者表达自己真实想法，反映评论者真诚信念，需要看评论是不是一个具有理性的人所作出的合乎逻辑的“正确思考”，若评论属于“理性”或者“正确”的判断，从整体上看属于正常的学术讨论，且并无证据证明评论者出于恶意，那么即使语言尖刻，表达与他人文章相反的观点，亦不应认定为名誉权侵权。

4. 文学作品中侵犯名誉权的认定

案例来源

谭×诉徐××、《××》文学季刊编辑部名誉权纠纷案

发布单位：最高人民法院民事审判第二庭《中华人民共和国最高人民法院判案大系》（民商事卷—2000年卷）

审判法院：云南省高级人民法院

判决日期：2002年2月25日

基本案情

1999年3月，由谭×担任审判长，徐××参与的一件相邻权纠纷案的诉讼。因客观原因，案件未在法律规定的审限内结案。同年7月，徐××创作的小说《××怪招》在编辑部［《××》文学季刊编辑部］出版的《××》文学季刊第四期登载。小说发表后，谭×认为文中写的“谭×长”虽然与之职务不同，但是住址、工作情况等方面的描述相近，其所在单位的领导、同事及认识他的人也认为文中的“谭×长”即指谭×。为此，谭×所在单位专门派人找徐××进行核实，徐××亦在文章发表后找过谭×进行协商，其还曾将谭×准备向法院起诉的事实向编辑部主编李×鹏反映。

谭×以徐××的小说丑化了其人格，名誉权受到侵害；编辑部未尽审查义务导致其名誉权受到侵犯为由，提起诉讼，请求判令徐××及编辑部停止侵权、消除影响、恢复名誉、赔礼道歉并赔偿损失。

徐××辩称：小说创作时间是 1998 年，当时其并不认识谭×。为此，徐××提供了编辑部工作人员的证言加以证明。

判决主文

一审法院认定：《××怪招》影射"谭×长"未能严格执法，从一定程度上降低了对谭×长的社会评价。文中指明了谭×长的姓氏、工作情况、家住四楼等。同时，刊载该文的《××》文学季刊的发行地和读者群范围有一定限制。小说发表后，原告谭×所在单位领导、同志等均认为文中谭×长即指原告谭×，单位为此专门派人去向被告徐××了解情况。因该文已产生足以使人相信文中谭×长即指原告谭×的社会影响，并因此贬低了原告谭×的人格，降低了原告谭×的社会信誉，构成对原告谭×名誉权的侵害。被告编辑部在已被告知小说属于侵权的情况下，未履行应负的法定义务，有放任侵权结果继续发生扩大的过错，同样侵害了原告谭×的名誉权。

一审法院判决：被告徐××、编辑部停止对原告谭×名誉权的侵害；被告徐××、编辑部在《××》文学季刊及玉溪日报上对原告谭×消除影响，恢复名誉、赔礼道歉；被告徐××赔偿原告谭×精神损失费 10 000 元；被告编辑部赔偿原告谭×精神损失费 5000 元。

原、被告徐××不服一审法院判决，以原审判决认定事实不清，适用法律不当为由，提起上诉称：《××怪招》一文中并无对谭×的诽谤内容，故不产生侵权的法律后果；上诉人徐××主观上亦无侵权的故意；虚构故事情节是小说创作的基本方式，不应认定为侵权；原审判决适用《中华人民共和国民法通则》第 101 条系适用法律不当。请求二审法院驳回被上诉人谭×的诉讼请求。

被告编辑部亦不服一审判决，提起上诉称：《××怪招》一文是小说作品，并非描写真人真事的新闻等文学作品，该小说不是以生活中特定的人为描写对象，虽文中谭×长与被上诉人谭×姓氏偶同，但职务不同，虽住四楼吻合，但未说明是何单位、何地的四楼，且上诉人徐××创作该作品也是在上诉人徐××参与相邻权案件的诉讼之前完稿；上诉人编辑部刊登

《××怪招》一文因小说本身不构成侵权，故亦不应承担民事责任，且上诉人编辑部刊载虚构文学作品无审查的义务；上诉人编辑部不存在事后补救不力的事实。

被上诉人谭×答辩称：上诉人徐××在创作《××怪招》前，因相邻权纠纷案在本院审理，该案因客观原因，未在审限内结案，上诉人徐××为此心存不满，故意捏造事实，通过小说丑化本人的人格，在其作品中虽未直接指出具体对象，但从该文的内容和《××》季刊的发行地、读者群看，足以使得本单位的领导、同事以及朋友认定小说描述对象系本人；上诉人编辑部对作品未尽审查义务，客观上也侵害了本人的名誉权，依法应承担侵权责任。

二审法院判决：驳回上诉，维持原判。

上诉人徐××对原审判决不服，提出申诉称：《××怪招》未侵害被上诉人谭×的名誉权，本人不应当承担侵权责任。理由在于，该小说完稿时作者还不认识被上诉人谭×。且小说的故事情节和人物均允许虚构，不能因其中某些情节与现实生活中的某人相似或相同便对号入座。另外，小说本身并未写谭×长收礼，并无讽刺、丑化之意。

申诉人徐××的委托代理人还认为：公民对公职人员职务行为提出批评，是宪法规定的正当权利。原一、二审判决认为因被申诉人谭×作为审判长超审限结案，申诉人徐××对此不满才写小说影射，构成民事侵权，系适用法律不当。

上诉人编辑部对原审判决亦不服，提出申诉称：除持有与申诉人徐××相同答辩意见外，认为申诉人编辑部不可能亦无义务审查作者所写的小说是否与现实生活中的某人有关；原判认定申诉人编辑部负有放任侵权结果继续发生、扩大的过错于法无据，要求驳回被申诉人谭×的诉讼请求。

被申诉人谭×答辩称：申诉人徐××和申诉人编辑部的行为已构成对自己名誉权的侵害，原判认定事实、适用法律正确，应予维持。

再审法院判决：撤销原审民事判决；驳回被申诉人谭×的诉讼请求。

裁判要旨

文学作品在创作完成之前，作者并不认识当事人，而且作品中的人物未特指某人，虽与当事人基本情况在某些方面相似，但姓氏、职务、楼层均具有广泛的指向性，并非特指某一人。此外，作品描述的人物所在地和事件的发生地具有广泛的不排他性和不特定性，故不构成对当事人名誉权的侵害。

重点提示

文学作品侵犯名誉权的案件时有发生，使得人们更加关注名誉权保护与文学创作自由之间的关系，判断文学作品是否构成名誉权侵权，需根据作品类型的不同做相应的分析：（1）纪实的文学作品。此类文学作品一般以真人真事作为描述内容，基本事实不得虚构，故作品中描写的主要人物具有排他性，比较容易确定，应当与现实生活中的人物原形基本保持一致，不得损害现实生活中的人物原形的形象，亦不得丑化描写，侮辱、诽谤现实生活中人物原形的人格，否则将侵害该人物原形的名誉权。（2）虚构的文学作品。此类作品不采用现实人物的真实姓名，描写的地点大多也是虚构的。在认定作品中的人物与现实中某个人物是否相似时，应当遵循以下标准：首先，作品是否以该特定的人为描写对象，作品中的人物是否具有排他性，即是否指向特定的人。其次，作品中描写的人物所处的环境是否与现实中人物所处的特定环境相同。最后，熟悉该现实人物的读者读后一般认为作品中的人物即指该现实人物。符合上述三个标准的，则可以认定作品中的人物与现实中的人物一致，如果作者在作品中捏造事实，或者以侮辱、诽谤、披露隐私的方式进行描述，导致读者阅读后认为作者在丑化现实中的人物，则构成对现实中人物的名誉权的侵犯。但是，如果有证据证明作者无丑化现实中人物的恶意，作品中虚构的人物与现实中人物相似属于巧合，则不应当认定为构成名誉权侵权。

（三）侵权情形及责任（11 例）

1. 关于律师声明中侵犯名誉权的问题

案例来源

李××诉南京××学院、江苏××律师事务所名誉权纠纷案

发布单位：《最高人民法院公报》2008 年第 11 期（总第 145 期）

审判法院：江苏省南京市中级人民法院

判决日期：2007 年 4 月 3 日

基本案情

2003 年 12 月，××学院（南京××学院）下属的产业开发部与李××签订协议，约定：聘用李××为××学院下属培训中心的副主任，主管美术培训。2004 年 5 月，产业开发部与李××续签协议，约定继续聘任李××，李××每年需向学院上交无形资产使用费。2005 年 10 月，××学院单方终止与李××的上述协议，但李××仍在培训中心从事美术培训工作。2006 年 7 月，××学院培训中心书面要求李××办理移交手续，并委托××律师事务所（江苏××律师事务所）在《××晚报》单方面发布声明，声明表示：××学院培训中心从未授权李××个人代表培训中心对外开展活动。李××既非××学院人员也非××学院培训中心人员，对李××以培训中心名义对外开展的任何活动均不予认可。该声明随后被××学院培训中心网站转载。

李××以××学院、××律师事务所发布的律师声明内容与事实不符，使其社会评价降低，名誉权受到侵犯为由，提起诉讼，请求判令××学院、××律师事务所停止侵权，公开刊登道歉声明，赔偿精神损失。

判决主文

一审法院判决：被告××学院、××律师事务所停止侵权，删除学院下属培训中心网站刊登的《律师声明》；被告××学院、××律师事务所在

《××晚报》和学院下属培训中心网站刊登道歉声明；被告××学院与××律师事务所向原告李××支付精神损害抚慰金 3000 元。

被告××学院、××律师事务所均不服一审法院判决，提起上诉称：律师声明发布时，被上诉人李××已非上诉人××学院的工作人员，上诉人××学院从未授权被上诉人李××以上诉人××学院培训中心名义对外开展培训活动；上诉人××学院、××律师事务所共同发布的声明中仅是对外披露一般信息，并无对被上诉人李××道德的评价，也无侮辱、诽谤内容，不构成名誉侵权；被上诉人李××也未提交证据证明其名誉因律师声明而降低。请求撤销一审判决，改判驳回被上诉人李××的诉讼请求。

被上诉人李××辩称：其先后与上诉人××学院签订协议，协议中明确授权其可代表上诉人××学院培训中心对外开展培训业务，涉案律师声明基本内容失实；其亲戚、朋友、业务伙伴看到涉案律师声明后，误以为其利用上诉人××学院培训中心的名义招摇撞骗，违法培训骗取钱财，通过电话对其进行责问，使其精神受到折磨，名誉受到贬损。原审法院认定事实清楚，适用法律正确，请求驳回上诉，维持原判。

二审法院判决：驳回上诉，维持原判。

裁判要旨

名誉权是公民或法人依赖自己的名誉参与社会生活、社会竞争的权利。任何人不得损害公民和法人的名誉，以书面、口头等形式宣扬他人的隐私，或者捏造事实公然丑化他人人格，以及用侮辱、诽谤等方式损害他人名誉，造成一定影响的，应当认定为侵害公民名誉权的行为。律师事务所接受委托人的委托，仅依据委托人单方陈述，发布内容失实、有损他人名誉的律师声明，该声明侵犯了他人的名誉权，发布人应当承担侵权责任。律师事务所未对声明内容进行必要的调查、核实，未尽到审查义务，应对此承担连带侵权责任。

重点提示

律师声明是律师根据委托人的委托，在委托人授权范围内，为维护委托人的合法权益，对涉及或者可能涉及委托人民事权益的问题，在报纸、杂志或者通过电视等传播媒介公开表明立场，主持或者澄清事实，提出警示而发出的书面材料。律师事务所或者律师接受委托人的委托发布律师声明，应当对委托人要求发布的声明内容是否真实、合法进行必要的审查、核实。律师事务所或者律师未尽必要的审查义务，即按照委托人的要求发布署名律师声明，如果该律师声明违背事实，侵犯他人名誉权，律师事务所或者律师应对此承担侵权责任。其中，关于律师或者律师事务所对声明事项的审查，因律师声明的公信度较高，对公众影响较大，且在公众媒体上发布，社会影响大，故律师应当更加谨慎，并认真审查与声明相关的材料以及声明的内容。主要包括对委托声明事项的合法性审查与真实性审查。合法性审查是委托声明的内容是否违反法律、法规强制性规定，是否违背社会公德和社会公共利益，委托声明的文字是否有侮辱或者诽谤性词语。真实性审查是对委托人提供的材料真实性、材料之间的一致性、材料完整性进行审查。此外，关于律师或者律师事务所有无对声明内容尽到审慎的审查义务的举证责任问题，实践中，通常援引最高人民法院《关于民事诉讼证据的若干规定》第 7 条的规定，将有无尽到审查义务的举证责任分配给律师和律师事务所，以更好地保护受害人的合法权益。

2. 用人单位在退工通知书中作不实记载构成名誉权侵权

案例来源

徐×诉上海××冶金建设公司名誉权纠纷案

发布单位：《最高人民法院公报》2006 年第 12 期（总第 122 期）
审判法院：上海市第二中级人民法院
判决日期：2006 年 8 月 14 日

基本案情

徐×于 1983 年 8 月进入××冶金公司（上海××冶金建设公司）工

作，1996 年 12 月徐×与××冶金公司签订了无固定期限劳动合同，约定：自 1997 年 1 月 1 日起，若双方约定的解除或终止条件出现，劳动合同即解除或终止；徐×如严重违反公司劳动纪律及规章制度，××冶金公司可与其解除劳动合同；徐×在单方提出解除劳动合同时，应提前 30 日书面通知××冶金公司，并应履行劳动合同约定的赔偿、违约条款。2001 年 1 月 4 日，徐×向××冶金公司提出辞职申请，1 月 8 日，××冶金公司副经理杨×兴签字同意了徐×的辞职申请，徐×同日向公司移交了工作后一直未上班，也未办理任何请假手续。此后，杨×兴仍向徐×发放了 3 个月的工资。5 月，××冶金公司以徐×提出辞职后未上班，也未办理请假手续为由，解除了与徐×的劳动关系，并开具职工退工通知单，注明因徐×违纪而与其解除劳动关系。而后，××冶金公司将其中一联提交给了劳动服务所（上海市××区××镇劳动服务所），但未向徐×送达。徐×于 2005 年 2 月到自动化公司（上海××自动化技术有限公司）应聘过程中，被自动化公司告知因徐×曾由于违纪被解除劳动关系拒绝录用徐×。后徐×从××冶金公司处领取到“职工退工通知单”。

徐×以××冶金公司将不实的“违纪”事由记载入其职工退工通知单，使其名誉受损，影响其就业为由，提起诉讼，请求判令××冶金公司停止侵害其名誉权；向其书面赔礼道歉，消除影响；并赔偿经济损失及精神损害抚慰金。

××冶金公司辩称：徐×的辞职申请应由公司劳动人事部门受理并决定，徐×向主管领导提出辞职后，公司曾两次发函通知其办理离职手续，但徐×并未前来办理。在解除劳动合同前，公司仍按要求为其支付工资并缴纳养老金。同时，徐×递交了辞职报告后，一直未来公司上班，本公司因徐×连续旷工而与其解除劳动合同，记录其违纪解除劳动合同并无不当，故请求驳回徐×的诉讼请求。

判决主文

一审法院判决：被告××冶金公司将开出的职工退工通知单上的退工原因予以更正并向原告徐×书面赔礼道歉；被告××冶金公司赔偿原告徐

×精神损害抚慰金两千元；被告××冶金公司赔偿原告徐×经济损失五千五百二十元；原告徐×的其余诉讼请求不予支持。

被告××冶金公司不服一审法院判决，提起上诉称：被上诉人徐×本应向本公司劳动人事部门提出辞职申请，但其仅向其上级领导提出，之后经过本公司通知，其亦未办理相关手续，而后又持续旷工，本公司因此与其解除劳动合同，并未侵犯被上诉人徐×的名誉权。故请求改判驳回被上诉人徐×的诉讼请求。

被上诉人徐×辩称：本人已经依规定提交辞职申请并与上诉人××冶金公司解除劳动合同，即不再是上诉人××冶金公司的员工，而上诉人××冶金公司在劳动合同已经解除后再次作出解除劳动合同的决定，又在“职工退工通知单”中标注“违纪”，影响本人再就业，构成对本人名誉权的侵害。故请求驳回上诉，维持原判。

二审法院判决：驳回上诉，维持原判。

裁判要旨

《民法总则》第110条规定：自然人享有名誉权。用工单位有权对劳动者的劳动、工作情况作出客观、公正的评价，这种评价是劳动者总体社会评价的重要组成部分。但如果用工单位基于自身的过错对劳动者作出了不良、不实评价，影响了劳动者就业求职和工作生活的，用工单位的行为与劳动者名誉受损有直接因果关系，则用工单位构成对劳动者名誉权的侵犯。

重点提示

公民享有名誉权，法律禁止用侮辱、诽谤等方式损害公民的名誉。用人单位对劳动者的劳动、工作情况做出的评价也是劳动者总体社会评价的重要组成部分。针对劳动用工过程中可能出现的名誉权侵权，最高人民法院《关于审理名誉权案件若干问题的解释》中规定：“国家机关、社会团体、企事业单位等部门对其管理的人员做出的结论或者处理决定，当事人以其侵害名誉权向人民法院提起诉讼的，人民法院不予受理”。适用该规定的前提是，用人单位对劳动者的评论的前提是履行单位正常管理职责，主观上无侵害劳动者名誉的故意，客观上也未侵害劳动者名誉权，且范围仅局限于单位内部或者参与评价的人员。但是，同为劳动关系引发的名誉权侵权案件，用人单位处理方式不同，将产生不同的法律后果。如果用人单位对劳动者作出不实、不良的评价，足以影响到劳动者今后就业求职和工作生活的，应当承担对劳动者的民事侵权责任。实践中，用人单位无时无刻不存在着对劳动者进行评价的行为，关于用人单位履行管理职责与劳动者名誉权受到侵害之间的关系，理论界存在不同的观点。有的观点认为，只要用人单位对劳动者作出了不实评价，即可认定侵犯了劳动者的名誉权，而无需考虑用人单位管理职责问题。也有的观点认为，需要根据不同情况予以区别对待，用人单位对劳动者进行评价通常使用公文性质的文字，主观上无侮辱、诽谤劳动者的恶意，客观上亦未采用侮辱性言辞，则不构成对劳动者名誉权的侵害。但是，如果用人单位对劳动者作出的评价和处理决定超过正常管理职权的范围，导致劳动者社会评价降低，再就业受阻，则应当认定构成名誉权侵权。

3. 关于新闻媒体侵害企业法人名誉权的问题

案例来源

重庆××房地产投资开发有限公司诉重庆××报业集团等名誉权纠纷案

发布单位：《民事审判指导与参考》2005 年第 2 辑（总第 22 集）

审判法院：最高人民法院

判决日期：2002 年 6 月 19 日

基本案情

2000 年 1 月 11 日，××房地产公司（重庆××房地产投资开发有限公司）携带电警棍的有关人员在制止服务中心（重庆××××服务中心）工作人员安装灯箱广告过程中发生冲突。在公安机关对双方纠纷进行解决的过程中，服务公司员工邓×群未经服务中心授权联系了报业集团（重庆××报业集团）的记者黄×章对冲突事件进行采访。采访次日，报业集团下属《××晨报》在未征求服务中心对该文意见的前提下，刊登了黄×章有关《手持电警棍，威胁要电人》的报道，报道中称服务中心的广告牌为1.6米×5.5米；并称事件发生时现场有数百名围观、服务中心1998年底在××国际商业城购买了两套房，同时文中有××房地产公司“8名保安手持高压电警棍”的表述。后经证实服务中心广告牌长度是16米；冲突现场房屋也不足以容纳数百人；××房地产公司现场参与冲突的保安只有4名且仅有一人持有电击器，且服务中心系以张×成的名义购买了××房地产公司的452号房屋，后张×成将合同权利义务转让给张×梁。

××房地产公司以报业集团刊发的不实报道使其社会评价降低为由，提起诉讼，请求判令服务中心、报业集团停止侵害、公开赔礼道歉、赔偿经济损失及其他一切损失。

案件在审理期间，报业集团下属《××晨报》又相继刊发了两篇名为“事实胜于狡辩——全国最大的名誉权索赔案件庭审记录”和“一份畸形的起诉书——全国最大的名誉权索赔案的幕后新闻”的报道，文中包含“狡辩、抵赖、漫天要价、畸形、唯恐天下不乱”等词语。同时再次刊登了1月12日《××晨报》刊登的“手持电警棍，威胁要电人”一文的原文。同日的《××晨报》还刊登了“事实胜于狡辩——全国最大的名誉侵权索赔案庭审实录”（记者房×林、程×、黄×章）一文，内称××房地产公司保安违规使用高压电警棍，有万×泽手持高压电警棍的照片为证，“这是不容抵赖的”；“目睹这一事件的群众肯定有数百人，说有上千人也不夸张”；被告律师“有力地反驳了万的狡辩”；“以如此细枝末节就狮子大开口索赔3300万元，如今的舆论监督真是太难了”。2001年12月4日，《××晨报》又在A24版刊登了“我国索赔金额最大的名誉侵权官司原审判决：本报胜诉”一文，内称《××晨报》对事件基本事实的报道并未失实，“属维护国家的有关法规”等语。

判决主文

一审法院认定：被告服务中心邓×群联系记者的行为没有服务中心的授权，不是职务行为，且只是为黄×章提供了新闻线索，不是新闻材料，该文发表前未征求服务中心的意见。被告服务中心未侵犯其名誉权。被告报业集团在发表“手持电警棍，威胁要电人”一文后，又相继刊发了四篇文章，用语不够严谨，带有贬义色彩及一定的倾向性，有违新闻媒体客观中立的立场。作为纠纷当事人，言语过激虽属不当，但并不具有明显的诽谤性，相互应当予以适度容忍。这四篇文章的瑕疵不足以构成对名誉权的侵害。

一审法院判决：驳回原告××房地产公司的诉讼请求。

原告××房地产公司不服一审法院判决，提起上诉称：被上诉人服务中心主动向被上诉人报业集团记者提供不实新闻材料，报道发表后，被上诉人服务中心又散播失实报道，并诽谤本公司；《××晨报》发布的不实报道被多家媒体转载，影响遍及全国，并致使本公司因声誉降低，被客户解除合同并赔偿了客户 35 万元。请求撤销原审判决，判令被上诉人报业集团、被上诉人服务中心停止侵害、公开赔礼道歉、赔偿经济损失 3300 万元及其他一切损失。

被上诉人报业集团辩称：《××晨报》的报道是记者听取双方当事人的陈述后写出不存在失实和侵犯名誉权情况；报道中关于灯箱尺寸的错误是排版和校对的失误，且并不损害上诉人××房地产公司名誉，报道中提到的围观人数包括楼下围观群众，并未夸大事实；报道中“狡辩”“抵赖”等词语不是侮辱、诽谤性言辞，不构成名誉权侵权；上诉人××房地产公司与客户解约并赔偿违约金的行为是该公司自愿，与报道无关。请求维持原审判决。

被上诉人服务中心辩称：本中心对《××晨报》发表文章毫不知晓，其工作人员邓×群提供新闻线索是其个人行为；上诉人××房地产公司制止本中心安装灯箱广告，确实持有电警棍和威胁要电人；上诉人××房地产公司请求本中心承担经济损失无依据。请求维持原审判决。

二审法院判决：撤销一审法院判决；被上诉人报业集团在《××晨报》连续 3 日刊登向上诉人××房地产公司的致歉声明并向上诉人××房地产公司支付赔偿款 35 万元；驳回上诉人××房地产公司的其他诉讼请求。

裁判要旨

报社刊登的“手持电警棍，威胁要电人”一文，对企业法人制止他人安装灯箱广告的过程等情况的报道不实，并以不当言辞贬损企业法人正当的诉讼行为及声誉，构成对企业法人名誉权的侵犯。因此，名誉权被侵害的法人有权主张侵权人承担停止侵害、恢复名誉、消除影响、赔礼道歉以及赔偿损失等侵权责任。

重点提示

新闻媒体是保证社会能够良性发展的最佳监督者之一，在行使新闻舆论自由权时，任何新闻报道、书刊杂志在对法人进行报道评论时，必须真实，与事实相符；不得捏造事实，散布与法人真实状况不符的消息，败坏法人名誉。但实践中，法人名誉权往往与言论自由权、舆论监督权等相互冲突，如何实现此种权利之间的平衡，保护法人的名誉权，在媒体侵权认定中，除考察媒体报道的出发点是否为了公共利益的需要，内容是否基本真实，不得对法人名誉故意丑化、侮辱外，还应审查其是否积极履行了真实查证义务。进一步言之，第一，我国《出版管理条例》《音像制品管理条例》《电影管理条例》等行政法规和规章中，均对新闻监督与名誉权保护的冲突与协调进行了规定，即禁止新闻媒体以侮辱和诽谤等方式对名誉权造成侵犯，上述规定在一定程度上缓和了新闻媒体与法人名誉权保护的矛盾。第二，关于新闻的真实查证义务。一方面，新闻媒体的报道内容应与事实相符或基本相符，不能任意编造，保证没有明显故意诋毁的内容。另一方面，新闻报道应本着客观、公正的原则，对其发布的信息尽审查义务，对所报道的事件进行核实，特别是一些可能造成重大影响的事件应深入的调查，而不能主观臆断或歪曲事实，不能丑化、侮辱法人的名誉，并应把握好言辞的准确性。此外，当转述的事实内容来源合法，且转述的媒体有理由相信其为真实时，不构成对法人名誉权的侵害；但是未经查证而直接转述的，或者明知被转述的内容存在名誉侵权内容仍转述的，则构成对法人名誉权侵权。

4. 名誉权纠纷中出版单位对文学作品的审查义务

案例来源

彭××诉《中国××》杂志社名誉权纠纷案

发布单位：《最高人民法院公报》2002 年第 6 期（总第 80 期）

审判法院：四川省高级人民法院

基本案情

周×（已故）将其创作的《××》小说向杂志社（《中国××》杂志社）交稿后，杂志社对小说文稿进行审查，并在审稿情况中明确记载，初审意见是：一起巨额首饰诈骗案的背后隐藏着十分错综复杂的政治斗争，既有国际的，也有国内的。因此故事也就相当曲折、离奇，出人意外。作品真实地反映了国统时期的社会真实，文字简洁，文风朴实。题目可改、可留。复审意见是：同意以上的评价和意见，可以录用，但文字需要润饰，有多处生造词头，此外，题目应另拟，此题目不够大众化、不够通俗。终审意见是：诈骗手法似曾相识，但有可读性，同意以上意见。继而将该小说在 1998 年第 4 期《中国××》刊物上登载。该小说将辛亥革命历史人物彭×珍为推翻清王朝，以身殉国的真实事件，虚构成彭×珍因刺杀良弼被当场抓获，乘乱逃脱后又效劳于英国情报机关，最后被白良玉找到并杀死的故事。小说将彭×珍作为反面人物，描述为“恶魔”“彭×珍又受雇于黑寡妇，助纣为虐，当然该杀了”“黑寡妇豢养的一条癞皮狗……”等。此外，小说还具有虚构彭×珍与他人具有不正当男女关系的内容。

2000 年 10 月 31 日，彭×珍专祠（彭×珍大将军专祠委员会）和彭×祥等 4 位彭×珍烈士亲属就小说侵害彭×珍烈士名誉进行交涉。杂志社得知情况后，对于错误刊登小说一事，多次发表公开声明致歉，因其审稿失误造成周×严重的歪曲史实的描写，使损害彭×珍烈士名誉的文章得以登载，并为此拟定了《郑重致歉》。其后，正在住院的彭×珍烈士之妹彭××得知此事。

2001 年 7 月，彭××以杂志社刊登的文章歪曲历史，出版侵害彭×珍烈士名誉的作品，使彭×珍烈士的名誉权受到侵害，给其造成精神痛苦为由，提起诉讼，请求判令杂志社赔偿其精神损失、住院治疗等其他损失。

另查，因彭××此前一直未参与该侵权事件的交涉，杂志社也不知道彭××的存在，当知道彭×珍烈士之妹彭××尚在后，杂志社即派专人到正在住院的彭××处探望并致歉。

判决主文

一审法院认定：彭×珍烈士作为辛亥革命历史上的知名人物，其经历并非难以核实的，但被告杂志社却未对有关描写的真实性进行审查，致使本来可以在审查中发现的问题未在审查中发现，涉案小说将在辛亥革命中英勇牺牲的彭×珍烈士进行丑化，造成彭×珍本人及其近亲属名誉权受到侵犯，应承担相应的责任。被告杂志社在得知小说造成了对彭×珍名誉的侵害后，及时向彭×珍亲属说明情况，登报致歉，有效停止了侵害彭×珍烈士名誉权的行为，实际上已经履行了赔礼道歉、恢复名誉和消除影响的义务。原告彭××要求赔偿其精神损失的请求具有事实和法律依据，应予考虑，但住院治疗等其他损失因无法证实系杂志社的侵权行为造成的，不予支持。1998年7月1日，第4期《中国××》正式发行，因刊物的影响和发行范围是有限的，故不能以刊物的出版发行时间作为计算诉讼时效的起算点。并且，因被告杂志社无法对原告彭××知道小说内容的时间进行举证，而原告彭××举证是在2000年4月得知此事，鉴于原告彭××当时的年龄以及文化程度等情况，原告彭××在其亲属与被告杂志社协商未果的情况下，于2001年7月向法院提起诉讼，符合法律规定的诉讼时效期限。

一审法院判决：被告杂志社赔偿原告彭××精神损失费50 000元；驳回原告彭××的其余诉讼请求。

被告杂志社不服一审判决，提起上诉称：上诉人彭××的诉讼时效应该自1998年7月1日第四期《中国××》发行至上诉人彭××所在地时起计算，上诉人彭××2年后提起诉讼已经超过法定诉讼时效；《××》属于小说类作品，并非新闻报道和纪实性作品，出版单位无法定的审核事实真相的义务；在本单位得知小说《××》侵权后，及时采取了更正措施，先后在有关媒体上发表了《郑重致歉》启示，并在以后的《中国××》中刊登了缅怀彭×珍烈士的系列专稿，已经履行了赔礼道歉、恢复名誉、消除影响的义务，依法不应承担侵权责任，故请求驳回上诉人彭××的诉讼请求。

上诉人彭××亦不服一审判决，提起上诉称：上诉人杂志社将造成损害彭×珍烈士名誉的原因和责任全部推给已死亡的作者，否认自身的侵权行为，态度不真诚，且上诉人杂志社补救措施不及时，恶劣影响未消除，一审法院判决上诉人杂志社的赔偿数额过低为由，提起上诉，请求法院依法改判。

二审法院审理期间，上诉人彭××死亡，人民法院依法裁定中止诉讼。在上诉人彭××的子女林琦、林玮、林琮、高学冰、林玉章明确表示继续参加案件诉讼后，恢复了案件审理。

二审法院判决：维持一审民事判决第二项；变更一审民事判决第一项为：上诉人杂志社赔偿上诉人彭××精神抚慰金人民币 50 000 元；上诉人杂志社赔偿上诉人彭××因本案诉讼支出的复印费、差旅费；上诉人杂志社将赔偿上诉人彭××的上述款项支付给上诉人林琦、林玮、林琮、高学冰、林玉章。

裁判要旨

文学作品中如涉及历史人物和事件，其作品中的描述应与真实情况基本相同，出版单位对作品的内容应尽审查义务。作品中故意编造或虚构情节、肆意侵害他人的名誉，出版单位未对内容进行真实性审查的，存在明显的主观过错，对侵害他人名誉权的侵权结果应承担相应的责任。

重点提示

公民的名誉权受法律保护，任何诋毁他人名誉的行为都是法律禁止的，文学作品也不应例外。文学作品依托于现实，但又具有一定的虚构性，作者在创作过程中对作品所依托的事实容易受到创作自由性的影响，使得文学作品，尤其是创作基础为真实历史人物的文学作品中，原型人物的名誉权易受到损害。其中，对于真实事件和真实人物的文学作品，除作者本身应该查证事实外，出版单位也应当尽相应的审查义务，即审查有关内容是否真实、是否侵害他人的合法权益。最高人民法院法（民）复（1988）11号《关于侵害名誉权案件有关报刊社应否列为被告和如何适用管辖问题的批复》规定：报刊社对要发表的稿件，应负责审查核实。发表后侵害了公民的名誉权，作者和报刊社都负有责任，可将报刊社和作者列为共同被告。这一批复是对出版单位审查义务及其侵权责任的规定。可以理解为报社应当对所发表的稿件尽审查义务，只要出现损害他人名誉的稿件，就认定报社未尽上述审核义务，应承担民事责任。基于此规定，出版单位对所刊登的作品负有审查责任，目的在于充分保护自然人的名誉权。故当作品所依托历史人物、真实事件遭受他人侮辱、诽谤或贬损、擅自披露隐私的内容或内容严重失实时，出版单位能够根据有关历史资料进行核实，很容易发现作品中存在编造、虚构内容，但未对内容真实性进行审查，且主观上存在明显过错的，应当对侵权结果承担相应名誉权侵权责任。同时，出版单位有审查义务而未履行该义务造成转载作品侵害他人名誉的，可以认定为侵害名誉权行为；出版单位在作品已被认定为侵害他人名誉权或被告知明显属于侵害他人名誉权后，仍然予以转载，属于侵害名誉权行为。此外，在出版单位刊登的作品被认定为侵权后，出版单位负有为受害人澄清事实、清除影响、赔偿损失等法定责任。

5. 知晓网友真实身份后毁损其名誉行为的认定

案例来源

张×诉俞××名誉权纠纷案

发布单位：《最高人民法院公报》2001 年第 5 期（总第 73 期）

审判法院：江苏省南京市鼓楼区人民法院

判决日期：2001 年 7 月 16 日

基本案情

张×和俞××分别以“××静”“××道”为网名在同一网站登记上网。2000年11月，双方通过讨论版块组织的网友聚会相识，互相知道了对方上网使用的网名。同时，俞××还在涉案网站以“××进”为网名注册登记。次年3月，网名“××进”在涉案网站多次发表文章，其文中对“××静”的描述带有侮辱性，包括水性杨花的网络三陪女、网络亚色情场所的代言人等言辞，帖子的点击数均达数十次至上百次。

另查明，2001年3月，张×针对以“××进”网名发表的文章，同样在涉案网站的讨论版块上，以“××静”的网名发表了带有攻击“××进”言词的文章。该文章也在涉案网站的其他讨论版块发表过。

张×以其真实姓名和网名有一定的知名度，俞××在网上以“××进”的网名多次发出侮辱其人格的帖子，侵犯了其名誉权为由，提起诉讼，请求判令俞××停止侵权，赔礼道歉，并支付精神损害赔偿金10 000元。

俞××辩称：涉案网站的注册ID并非其一人使用，上网的人可以凭借密码登录，本人的ID存在被他人盗用的可能；以“××进”为网名在网上发帖子不能说明为俞××本人所为；张×的网名有知名度，不代表在社会上有影响，网络虚拟主体不具有人格权益。故本人没有侵犯张×的名誉权。

判决主文

一审法院判决：被告俞××停止对原告张×的名誉侵害，并在涉案网站上向原告张×赔礼道歉；被告俞××向原告张×支付精神损害抚慰金一千元。

一审判决后，双方未提起诉讼，判决发生法律效力。

裁判要旨

双方当事人均以虚拟的网名登录网站并参与网站的活动，但二者通过现实聚会，已经相互认识并且相互知道对方的网名。然而，知道对方真实身份的网友间，继续以网名在网上进行交流，此时的交流已经不局限于虚拟的网络空间，交流对象亦具有了现实性、针对性。毁损对方网络名誉的，构成对该网名对应的自然人之名誉权的侵犯。

重点提示

网络作为现代社会传播的媒介，是人们信息交流的场所，应当受到道德的规范和法律的制约，不能让其发展成为一些人违法的工具。通过互联网络，在网上登载包括文字、图片、声音、动画等各种利用电脑和网络技术制作并在网络中上载的各种各样的作品，侵犯公民或法人的名誉，并使其社会评价降低或贬损的行为构成侵权。网络环境下认定行为人是否侵害他人名誉权，应从以下四方面来确定：（1）损害事实。该损害事实主要有，对受害人社会评价降低、造成受害人精神痛苦等。具体采取的是利用推定的方法确认损害存在，即受害人提供证据证明针对自己的侵害其名誉权的内容已经为广大第三人所知，在此基础上，法官根据一般经验法则推定产生损害后果。同时，网络系一个虚拟的空间，网友之间均用网名进行交流，若在网络平台具有一定的知名度，其他网友对受害人的网名及其真实身份知悉，则受害人使用的网名不再仅为网络上的虚拟身份，网友之间的交流具有了现实性。故行为人毁损受害人名誉权，将导致受害人名誉的贬损和社会评价的降低，则为具有名誉权受损害的事实。（2）行为违法性。虚拟网络空间的网民应对其发布在网上信息的合法性、真实性、准确性负责，不得存在以语言、文字等方式贬低他人人格、毁损他人名誉的违法行为。（3）因果关系。即违法行为与损害结果之间有因果关系，行为人针对受害人个人的侮辱性、诽谤性的内容，虽然是用的网名，但已为广大第三人所知，使广大第三人对受害人作出否定性的评价，造成受害人名誉严重受损的后果。（4）主观过错。即行为人在主观上具有对受害人名誉权进行毁损的恶意。

6. 发表不当言辞致公民社会评价降低行为的认定

案例来源

成都××集团公司诉成都×××制药有限公司、宋××、李××侵犯注册商标专用权、名誉权纠纷案

发布单位：最高人民法院民事审判第三庭《知识产权审判指导与参考》（第2卷）

审判法院：最高人民法院

判决日期：2000年12月2日

基本案情

1987年2月，××集团公司（成都××集团公司，原名成都××化工公司）生产妇女日用洗涤品“妇女卫生洗涤剂”在国内部分地区销售。1988年3月4日，××集团公司与×医大××教研室（中国人民解放军××军医大学××教研室）签订技术咨询服务的合同，约定了各方的权利与义务。此后，××集团公司按照约定向×医大××教研室提供了“妇女卫生洗涤剂”的处方和供试药物等，并向×医大科技××部支付试验费用。同年7月，×医大××教研室出具了由宋××、李××等4人署名的关于“妇女卫生洗涤剂”的药效、毒理研究的四项试验报告。载明各项检验结果均合格。其后，××集团公司法定代表人薛×新致函宋××、李××称：检测报告无法通过鉴定，如不能通过，则需要重作。并同意将研制者的名字写为此二人。二人回应道，如果报告不符合新药审批中有关研究技术的要求则重作，新药研制者的含义广泛，建议加上薛×新的名字。此后，“妇女卫生洗涤剂”被更名为“洁尔阴洗涤剂”。同年10月至1989年1月25日，在宋××、李××等人出具的7份报告中，载明××集团公司提供供试药物，检测结果符合要求。其中，报告的总论由薛×新、宋××、李××三人署名，载明该洗涤剂由××集团公司薛×新研制，经×医大××教研室宋××、李××对处方加以改进。此后，四川省药检所关于“洁尔阴洗涤剂”起草了说明书及质量标准。医院、大学及研究所进行了临床观察。后四川省卫生厅以川卫药发（89）第077号文，正式批准××集团公司生产“洁尔阴洗液”（即“洁尔阴洗涤剂”），批准文号为川卫药准字（89）L—4983号，并附发了“洁尔阴洗液”的处方及制法、质量标准。该洗液的成分由蛇床子、艾叶、独活、石菖蒲、苍术等14味中药构成。

1988年10月，×医大××教研室对定名为“洁阴露”的中药洗剂进行检测，同年10月15日至1989年1月19日署名为宋××、李××等人作出7份试验报告，其中载明供试药物由重庆××保健厂提供，试验结果符合要求。“洁阴露”的前述试验报告同宋××、李××等做出的“洁尔阴洗涤剂”的各项试验报告在试验内容等各方面基本一致。1989年4月24日，×医大××教研室与××保健厂签订了一份《科学技术咨询服务合同》，约定：××保健厂委托×医大××教研室对“洁阴露”进行监制，严格把关，保证质量；××保健厂提供生产配方、药材来源、质控标准及其他有关资料、抽测样品等，并支付监制经费9万元，委托监制时间为1989年6月至1992年6月。××保健厂前身合成洗涤剂厂（重庆巴县××合成洗涤剂厂）和×医大科技××部分别代表双方在合同上盖章。同年6月3日，卫生防疫站发给××保健厂“洁阴露”准销证。同年9月22日，重庆××厂将“洁阴露”更名为“国光洁霖”，同年10月11日，“××保健厂”更名为“重庆巴县××日用化工厂”，后更名为“重庆××厂×分厂”。原双方签订的研制、监制合同仍继续履行，经费由该厂按合同给付，并由重庆××厂代为盖章。

1990年3月8日，卫生局（重庆市卫生局）批准重庆××厂生产“国光洁霖”，其配方由11味中药组成，其中有5味药与“洁尔阴洗液”不同。1993年1月20日，×医大××开发部与重庆××厂签订了一份“关于重庆××厂执行二分厂与第三军医大学所签研究开发《洁阴露》（国光洁霖）合同的协议”，主要约定：重庆××厂×分厂与×医大××开发部所签协议按隶属关系，由重庆××厂负责履行；×医大××开发部提供了“洁阴露”生产配方、质控标准及有关资料，并约定费用给付事项。

1992年1月21日，经有关部门批准，成都市××××化工厂、×医大

××开发部、香港×××洋行三方签订合同，共同投资兴办×××制药公司（成都×××制药有限公司），生产销售“舒尔阴”等系列药品制剂。后卫生厅批准进行临床验证，并确认了疗效，相关部门核发了×××制药公司营业执照。

1991 年 10 月 20 日，××集团公司的“洁尔阴”商标经过核准注册。1992 年，“洁尔阴”商标获“四川省著名商标”，×××制药公司在未取得自身的注册商标前，借用“三新”商标为其“舒尔阴洗液”的商标。1992 年 11 月 14 日，×××制药公司申请“泉源堂”商标并审定公告。该商标由“泉源堂”三个中文字及其汉语拼音的第一个字母和象征山涧流泉的图案组合而成。“舒尔阴洗液”的包装采用圆柱形白色塑料瓶，商品标签由商品名称和中英文产品说明共同构成，其生产厂家字号和商品名称“泉源堂”二字作为主体突出地标示在标签的中央上部，产品名称“舒尔阴洗液”用较小的字体置于其下。

1993 年 6 月 29 日，卫生厅以川卫药发（1993）第 145 号文批准×××制药公司生产“舒尔阴洗液”，批准文号为川卫药准字（1993）l—8736 号。同年 5 月 15 日和 6 月 5 日，医药管理局、卫生厅分别发给×××制药公司药品生产企业合格证和药品生产企业许可证。“舒尔阴洗液”配方由黄连、苦参、黄柏、蛇床子、白芷等 14 味中药组成，其中有 8 味药与“洁尔阴洗液”的配方不同，其有关实验报告、质量标准及生产工艺、线路等，亦有别于“洁尔阴洗液”。

同年 8 月 19 日卫生部以（1993）z—43 号文颁发了“洁尔阴洗液”新药证书及生产批件，“洁尔阴洗液”正式成为国家级三类新药。期间及此后，“洁尔阴洗液”多次荣获国家有关部门及四川省的各种奖励，在有关获奖证书中，均载明“洁尔阴洗液”的主要完成者为薛×新。同年 12 月，×××制药公司在刊物上登载宣传，称宋××、李××三年前合作研制出了“洁尔阴”“洁霖”，以及将疗效数据将同类洗液作了比较，此外，在同年 8 月及 9 月，两次在报刊上刊登类似的宣传内容。

×××制药公司成立后，先后编制了《“洁尔阴洗液”药理学、临床验证报告》、×××制药公司简介、产品宣传单等若干资料，在该公司产品推销会及随产品向消费者及社会公众散发。这些材料中，均称宋××、李××从1987年初就开始进行“妇女卫生洗涤剂”的研究，先后研制出了恩威牌“洁尔阴”“洁阴露”，此后又重新筛选和组方，研制出了疗效更高的“舒尔阴洗液”，并称将“舒尔阴洗液”与“洁尔阴洗液”直接进行对比，其结论均称“明显高于洁尔阴”。后×××制药公司在《改革时报》登载宣传、介绍该公司及其产品的广告性文章，亦称宋××、李××3年前合作研制出了“洁尔阴”“洁霖”，近年又改进生产工艺和质量标准，研制出了“组方合理、疗效更高”的“舒尔阴”，并将“舒尔阴洗液”的疗效数据与“目前国内畅销的同类洗液”做了比较。此外，在《西南经济日报》《解放军报》等报刊上，也作了与前述内容相近似的宣传。

另查明，“洁阴露”有两份试验报告是“洁尔阴洗涤剂”没有的，两套试验报告记载的PH值及药液浓度等数据不同。“洁阴露”“舒尔阴”两种洗液的制备工艺为醇沉法，“洁尔阴洗液”的制备工艺为水煎煮法。1993年6月，根据××集团公司申请，核准将“洁尔阴”注册商标转让给××集团公司。且又以本公司的名义另行申请“洁尔阴”商标注册，于1994年9月获得核准注册。

再查明，××集团公司自行申请的“洁尔阴”注册商标已被国家工商行政管理局商标评审委员会裁定予以撤销。

后×××制药公司及宋××、李××出具《宋××、李××盗卖“洁尔阴”技术成果事实》及《宋××、李××侵犯和非法转让“洁尔阴”技术成果的事实》两份材料，其中《盗卖事实》无单位落款和署名日期，《转让事实》则加盖了××集团公司印章，落款日期为1994年3月9日。这该两份材料均认为“洁阴露”和“舒尔阴洗液”源自“洁尔阴洗液”，且系宋××、李××盗卖“洁尔阴洗液”技术成果的产物，并称宋××、李××“盗卖”“剽窃”“为赚钱昧着良心”“披着军人外衣”“干着鲜廉寡耻、违法乱纪的罪恶勾当”，并含有其他相关内容的言辞及文字材料。同时，××集团公司将相关诉讼材料刊登在《光明日报》广告版中。

××集团公司以×××制药公司、宋××、李××侵犯“洁尔阴洗液”技术成果权、“洁尔阴”注册商标专用权、名誉权为由，提起诉讼，请求判令×××制药公司、宋××、李××立即停止侵权，赔偿经济损失 1000 万元，消除影响、恢复名誉，并认定“洁尔阴洗液”技术成果的主研人。

×××制药公司、宋××、李××以××集团公司侵犯其名誉权为由，提起反诉，请求判令××集团公司停止侵权、公开赔礼道歉、消除不良影响；赔偿×××制药公司损失 1000 万元，赔偿宋××、李××损失 200 万元。

判决主文

一审法院判决：反诉原告×××制药公司、宋××、李××停止侵害反诉被告××集团公司企业名誉权的行为，并在《法制日报》登载启事，消除影响、恢复反诉被告××集团公司名誉；反诉被告××集团公司停止侵害反诉原告×××制药公司企业名誉权及反诉原告宋××、李××个人名誉权的行为，同样登载启事，消除影响、恢复名誉；驳回反诉被告××集团公司提出的反诉原告宋××、李××侵犯“洁尔阴洗液”技术成果使用权的诉讼请求；驳回反诉被告××集团公司提出的反诉原告×××制药公司侵犯“洁尔阴”注册商标专用权的诉讼请求；反诉被告××集团公司和反诉原告×××制药公司、宋××、李××各自承担因名誉权遭受侵害所造成的经济损失。

反诉被告××集团公司不服一审判决，提起上诉称：首先，“洁阴露”的药理毒理试验报告与“洁尔阴洗液”一致，按照科学试验常识，5 味药不同不能如此一致，不同的几味药为次要药物，且编写的“洁阴露”试验报告载明的提供单位“××保健厂”经查不存在，工艺制法亦相同。其次，侵犯本方注册商标专用权，且原审法院认定的两份材料缺乏合法依据，《转让事实》是作为证据提交的，没有向公众传播，同时授权律师发表的《披露材料》内容真实，没有对被上诉人宋、李二人进行人身攻击以及对被上诉人×××制药公司及其产品进行诋毁、诽谤的言辞，侵害名誉权。请求撤销一审判决第二、三、四、五项，判令被上诉人宋××、李××承担剽窃本方“洁尔阴洗液”技术成果的法律责任；判令被上诉人×××制药公司停止侵害本方的“洁尔阴”注册商标专用权，被上诉人赔偿经济损失

1000 万元。

被上诉人×××制药公司、宋××、李××辩称：首先，原审判决关于被上诉人宋××、李××作为研究人员研制成果的完成系其自己的智力劳动，定性正确；其次，三种洗液在处方组成上有重大差异，技术成果不同，而因为试验报告的客观要求及研究人员的写作风格特点类似，即得出三种药物相同的理论违背科学原理，同时，签订的监制“洁阴露”合同是三医大法人所为；再次，上诉人××集团公司关于侵犯注册商标权不成立，“洁尔阴”商标的转让和注册存在争议，且“舒尔阴”使用在先，其文字图形组合商标不同于“洁尔阴”；最后，上诉人××集团公司向社会公众散发了《盗卖事实》和《转让事实》两份材料，有讲话录音为证。此外，上诉人××集团公司连续刊登《披露材料》，其言论对被上诉人宋××、李××有人身攻击的目的，也有对被上诉人×××制药公司及其产品进行诋毁、诽谤的意图。故一审判决认定其构成对本方名誉权的侵犯是正确的。

二审法院判决：驳回上诉，维持原判。

裁判要旨

行为人向公众散发材料，或在报纸刊物上连续刊登与事实不符的言辞，对公民进行人身攻击、对法人及产品进行诋毁，同时含有损害企业形象的言辞。其行为有损于公民的人格尊严，导致其在社会公众中的评价降低，亦损害公司的企业形象和商品声誉。构成对公民和法人名誉权的侵害，应当停止侵害，并为公民或法人恢复名誉、消除影响。

重点提示

我国法律规定了侵害名誉权行为的基本构成，即是否构成侵害名誉权的责任，应当根据受害人确有名誉被损害的事实、行为人行为违法、违法行为与损害后果之间有因果关系、行为人主观上有过错来认定。其中，关于侵害名誉权造成的损害后果，普遍认为是受害人社会评价降低。一个人之所以需要保持一个好的名誉，其主要原因在于得到社会一个好的评价，这种评价属于受害人与社会其他人之间的一种关系。故当受害人名誉权遭受侵害时，首要损害就是社会评价降低，社会其他成员对其产生不良看法或者出现不良言论等。究竟如何判断或者举证证明受害人社会评价降低，通常侵权案件中，要求受害者对其受到的损害提出证据证明，但对于社会评价降低这一带有主观性的评判，因其作为一种观念、认识而存在于受害人以外第三人的思想之中，难以通过直观证据予以衡量，由此，可采取事实推定方法，即受害人提供证据证明行为人对自己的诽谤和带有侮辱性内容已被第三人所知悉，法官根据这一证据，结合一般经验法则，推定必然产生损害后果，同时，该种推定不被反证推翻。即行为人不能提出证据证明受害人未被诽谤性事实的传播而产生名誉损害的后果。

7. 婚内侵害名誉权行为的认定

案例来源

张××诉杨×名誉权纠纷案

发布单位：最高人民法院中国应用法学研究所《人民法院案例选》2002 年第 3 辑（总第 41 辑）

审判法院：湖北省武汉市汉阳区人民法院

判决日期：2000 年 12 月 18 日

基本案情

张××与杨×系夫妻关系，双方退休后，1996 年开始杨×单独在武汉经营汽车配件。1999 年 11 月，张××携子到武汉与杨×共同生活。期间，怀疑杨×与其雇员有不正当的男女关系，经常与其吵闹，并存在剪断电话线、剪破杨×衣服等行为。因此，杨×认为张××精神反常，并到精神病医院咨询后，将张××带到该医院，张××得知后，殴打了杨×。杨×向精神病医院（××市精神病医院）反映张××情绪存在反常，同时，带领两名医务人员来到张××住处，在未征得其同意的基础上将其带离，周围邻居质问后，医务人员称张××丈夫说其有精神病，要带到医院治疗。后经派出所介入，同意医院将张××带走。精神病医院收院后，张××之弟认为张××精神正常，并与医院协商，办理了出院手续。

张××以杨×的行为使其名誉受到损害，精神受到极大创伤为由，提起诉讼，请求判令杨×赔礼道歉、恢复名誉、消除影响，并赔偿精神抚慰金5万元，其他损失费1400元。

杨×辩称：1999年底以来，张××怀疑其有不正当的男女关系，做出许多过激的行为，情绪反常。其为此到精神病医院咨询。后张××无故打骂，才到医院寻求帮助，医生建议张××留院观察。因此，不存在侵犯名誉权的事实。此外，其在生活中未四处散布张××有精神问题，邻居知道此事，系医院处理方式欠妥。故请求依法驳回张××的诉讼请求。

判决主文

一审法院判决：被告杨×以书面形式在原告张××住所地的居民区内向原告张××赔礼道歉，消除影响；被告杨×赔偿原告张××精神抚慰金。

宣判后，当事人双方均未提起上诉，一审判决已发生法律效力。

裁判要旨

夫妻关系存续期间，配偶一方在无事实依据的情况下，四处散布另一方有精神问题，并在未征得其亲属同意情况下当众强行将其送往精神病院，在居住地居民中造成了不良影响、侵害了另一方人格尊严并对其造成较大精神痛苦的，构成对其名誉权的侵犯。

重点提示

通常，侵权人实施了侵害受害人名誉权的侵权行为，带给受害人社会评价降低等损害后果，侵权人即应依法承担侵害名誉权的民事责任。但如果侵权人与受害人之间存在婚姻关系，侵权人实施侵害受害人人格尊严的行为是否构成名誉权侵权，应否承担侵权责任，在我国理论界与司法实践中都存在争议。但主流意见偏向于侵权事实成立。且实践中也存在关于婚内名誉权侵权并由侵权人承担民事侵权责任的案例。原因在于，民事主体具有相互独立性，侵权人不因与受害人之间存在婚姻关系而打破这种独立性，婚姻关系存续期间夫妻间存在侵犯对方名誉权的行为，侵权人应当承担相应的民事责任。具体而言，其一，夫妻双方具有法定的夫妻身份关系，但夫妻一方又为独立的民事主体，依法独立享有民事权利并独立承担民事义务。在夫妻间内部关系上，一方散布对方有精神疾病，并强行将其送往精神病医院，在居住地造成了不良影响，另一方人格尊严受损，社会评价降低，精神受损，名誉权遭受侵犯。此时，法律不因双方法定的夫妻关系而免除对侵权人的法律制裁，应按照我国关于侵权责任的规定承担相应的民事责任。其二，我国现行法律没有限制名誉权侵权责任主体，亦没有限制侵权人与受害人之间的关系，故婚内名誉权侵权行为应当受到一般名誉权侵权法律的规制。即只要符合名誉权侵权行为的一般构成要件，则不得因侵权人与受害人之间存在特殊关系而排除侵权人承担名誉权侵权民事责任。

8. 如何认定单位依职权对内部人员作出的处理决定侵害其名誉权

案例来源

纪×诉中国××工业总公司××疗养院名誉权纠纷案

发布单位：最高人民法院民事审判第一庭《民事审判指导与参考》2000 年第 3 辑（总第 66 集）

审判法院：云南省昆明市中级人民法院

判决日期：1999 年 10 月 28 日

基本案情

纪×系疗养院（中国××工业总公司××疗养院）职工。1994 年，纪×因承包了疗养院下属的贸易公司（西双版纳××贸易公司），双方签订了承包合同，明确了承包关系。后双方在履行合同过程中产生纠纷，疗养院在《西双版纳周报》上刊登了要求纪×回院报到的声明。1997 年 12 月，疗养院作出“关于对纪×同志停职检查的决定”，纪×不服该决定，并离开疗养院。第二年6月，疗养院作出“关于对纪×同志除名的决定”，同年6月在《云南日报》分两次刊登内容为：“原我院职工纪×同志于1997年12月擅自离院后至今未回，根据《企业职工奖惩条例》规定，予以除名”的“声明”。

纪×以疗养院登报声明行为侵犯名誉权为由，提起诉讼，请求判令消除影响、恢复名誉，并承担相应的法律责任。

判决主文

一审法院判决：驳回原告纪×的诉讼请求。

原告纪×不服一审法院判决，提起上诉称：原审事实认定不清，适用法律有误。上诉人纪×系被上诉人疗养院职工，因双方签订的“承包合同”合法有效，上诉人纪×不存在“不回单位上班、擅自离院、至今未回”的问题；被上诉人疗养院未将除名决定送达到上诉人纪×手中，而是将虚假事实和除名决定刊登于众，诋毁了上诉人纪×的名誉；故请求法院撤销原判，支持上诉人纪×的诉讼请求。

被上诉人疗养院辩称：被上诉人疗养院按照最高法院《关于贯彻执行〈民法通则〉若干问题的意见（试行）》有关规定，登报“声明”的行为不构成对上诉人纪×名誉权的侵犯，原审法院适用法律正确，程序合法，故请求二审法院驳回上诉，维持原判。

二审法院判决：驳回上诉，维持原判。

裁判要旨

侵犯名誉权的行为应同时具备受害人确有名誉被损害的事实、行为人行为违法、违法行为与损害后果之间有因果关系以及行为人主观上有过错等四个要件。然而，相对人作为单位的职工，在相对人不在单位，且不知其去向的情况下，单位采用登报送达方式告知相对人有关处理决定，是劳动部有关规定所允许的，且声明内容亦无侮辱、诽谤的言辞，系单位对下属职工正当行使管理权的职务行为。同时，单位的登报“声明”，客观上并未造成相对人的社会评价降低。故单位上述行为并未对相对人的名誉权构成侵犯。

重点提示

关于名誉权侵权的认定，最高人民法院有关司法解释根据不同情况作了详细的界定。其中，最高人民法院《关于审理名誉权案件若干问题的解释》法释〔1998〕26 号第 4 条中明确规定：国家机关、社会团体、企事业单位等部门依职权对其管理的人员作出的结论或者处理决定，当事人以其侵害名誉权向人民法院提起诉讼的，人民法院不予受理。由此，单位职权对内部人员作出的处理决定是否构成侵权，可做如下分析：（1）单位依据内部管理规定作出决定，并按照劳动部门有关规定所允许的方式，将该决定以“声明”的形式刊登在报纸上，只要决定作出程序符合规定，内容无侮辱、诽谤劳动者的言辞，则可认定单位无侵害其劳动者名誉权的主观故意，不构成名誉权侵权。（2）单位对劳动者作出不实、不良的评价，是否构成对劳动者名誉权的侵犯，需结合名誉权侵权的一般构成要件进行分析，即单位对其行为是否具有主观过错、劳动者名誉有无被损害的事实、单位的行为与劳动者的名誉受损之间有无因果关系、单位的行为是否具有违法性等因素进行认定，若单位将不实、不良的评价公之于众，足以影响到劳动者今后求职和生活的，则构成对劳动者名誉权的侵犯。

9. 关于编辑出版单位出版侵权作品的民事责任问题

案例来源

胡××、周××、石××诉刘××、贵州省《××晚报》社名誉权纠纷案

发布单位：《最高人民法院公报》1992 年第 2 期（总第 30 期）

审判法院：贵州省遵义地区中级人民法院

判决日期：1991 年 3 月 19 日

基本案情

刘××与胡××、周××、石××原为同事关系，曾因工作问题产生过矛盾。1988 年，在四人所在单位评定职称时，有一份匿名的传单指出不应给刘××评定中级职称。刘××怀疑此传单为胡××、周××、石××所写，扬言要用铅印的文章报复。随后，刘××在《××晚报》上连载了一篇题为《×××演义》的小说。1989 年 4 月，刘××向赤水市部分干部称，要他们注意 4 月中旬的《××晚报》。4 月 19 日、20 日，《××晚报》上连载的《×××演义》中，出现了贩毒者胡×昭、妓院老板周×超、地痞石×庭三个人物。这三个人物不但与胡××、周××、石××同姓，而且名字中的两个字或相似或为谐音字。三个人物形象的许多特征描写分别与胡××、周××、石××相同或相近，且人物描写得十分丑恶。在该文章发表后，熟悉三人的读者均能看出这是作者对三人的侮辱。且刘××在单位表示这么写他们三人是有原因的。同年 5 月 15 日，胡××、周××、石××三人写信给《××晚报》总编辑，说明《×××演义》侵犯了三人的名誉权，要求停止连载，但没有得到回应，该小说仍继续连载，致《×××演义》中对胡×昭、周×超、石×庭三个人物的描写多次公开出现。

胡××、周××、石××以刘××创作《×××演义》对其予以丑化，侵害其名誉权，《××晚报》社的公开连载行为亦侵害其名誉权为由，提起诉讼，请求判令刘××、《××晚报》社停止侵害其名誉权，公开向其赔礼道歉、消除影响并赔偿损失。

刘××辩称：其所撰写的《×××演义》中所提到的人物均为虚构，与胡××、周××、石××三人的姓名并不完全相同，社会背景与身份亦不相同，故其作品并没有侵害三人的名誉权。

《××晚报》社辩称：其连载的《×××演义》属于小说，其中的故事情节及人物均为虚构，且报社对其中人物是否为某人的原型没有审查义务，对于该小说的连载并未侵害任何人的名誉权。

判决主文

一审法院判决：被告刘××在《××晚报》上公开向原告胡××、周××、石××赔礼道歉；《×××演义》一书中侵害原告胡××、周××、石××名誉权的内容未删改之前，不得出版发行；被告刘××赔偿原告胡

××、周××、石××人民币900元；被告《××晚报》社赔偿原告胡××、周××、石××人民币300元。

被告刘××和《××晚报》社均不服一审判决，以原答辩理由提起上诉。

二审法院判决：驳回上诉，维持原判。

裁判要旨

侵权人与被侵权人有矛盾，侵权人在文学作品创作中故意以影射手法对被侵权人进行丑化和侮辱，使其名誉受到了损害。报社在得知所发表的文学作品对他人的名誉造成损害的情况下，仍继续连载，放任侵权后果的扩大。即使没有直接的证据证明侵权人系以被侵权人为原型创作的作品，但综合作品中被丑化的人物名字与被侵权人相似、熟悉被侵权人的公民只要阅读了作品即可认定被丑化的人物为被侵权人、侵权人自身曾提醒他人注意连载作品等事实和间接证据，仍可依据补强证据规则认定侵权人具有丑化被侵权人的故意，其行为超越了行使言论自由的界限。综上，侵权人与报社的行为已构成侵害被侵权人的名誉权，应承担侵权民事责任。

重点提示

综合近几年的审判实践，关于侵权文学作品编辑出版单位民事责任的几个问题，探讨如下：（1）文学作品编辑出版单位的审查核实义务。出版单位对文学作品类型的不同而区分不同的义务，如纪实小说，此类小说以真人真事作为描写对象，以小说作为表达方式，其并非严格意义的小说，而是历史或者真实人物事迹的重现，故对于这种文学作品，编辑出版单位应当尽严格的审查核实义务。但对于虚构的小说、诗歌、散文等作品，编辑出版单位无从考证其真实性，也就无需审查核实其真实性，而只需审查作品的政治倾向是否正确，创作艺术是否符合要求即可。（2）文学作品编辑出版单位负有更正义务。当刊登的作品构成侵权且编辑出版单位对此无过错时，编辑出版单位应当及时更正，主要包括澄清事实、消除影响等，同时可以依据受害人的请求，在刊登文学作品的刊物上刊登声明，以防止损害的进一步扩大，否则构成不作为的侵权。（3）侵权作品编辑出版单位构成侵权责任的过错形态。根据文学作品有纪实文学作品与虚构文学作品两种不同类型，分别有审查核实义务与及时更正并道歉义务，不履行审查核实义务的，主观心态为严重过失或者间接故意；及时更正并道歉义务不履行的，主观心态为间接故意。其中，对于后者，即编辑出版单位明知已发表的虚构文学作品侵害他人名誉权，但不予以及时制止，并更正、道歉，而是放任侵权后果的继续扩大，即为编辑出版单位的间接故意。

10. 如何认定文学作品侵犯死者的名誉权

案例来源

陈×琴诉魏×林、天津《××报》社名誉权纠纷案

发布单位：《最高人民法院公报》1990 年第 2 期（总第 22 期）

审判法院：天津市高级人民法院

判决日期：1990 年 4 月 11 日

基本案情

吉×贞从小随父亲学习艺术，15 岁登台演出，具有一定的知名度。1944 年 19 岁的吉×贞因病去世。1985 年，魏×林开始创作以吉×贞为原型的小说，在写作期间曾多次向吉×贞的家人了解吉×贞的相关情况并索要照片，但没有将撰写小说一事告知其家人。魏×林在编写小说时，将吉×贞的母亲陈×琴称为陈氏，且虚构了大量有关吉×贞婚恋的情节，并在结尾影射吉×贞系患性病打错针致死。在完成小说《××女》的编写后，魏×林向《××报》社（天津《××报》社）投稿。1987 年 4 月 18 日至 6 月 12 日，《××报》连载了该篇小说。陈×琴为吉×贞的母亲，在《××报》刊登该小说不久后就以该小说侵犯了吉×贞的名誉权为由，要求《××报》停止刊登，但被《××报》社拒绝。后陈×琴因该小说的发表受到精神刺激引发病症，产生了 404.58 元的医疗费。

陈×琴以魏×林创作的小说《××女》虚构事实，《××报》刊登连载了该小说，魏×林与《××报》社的行为损害了吉×贞及陈×琴的名誉，并因此使陈×琴受到精神刺激为由，提起诉讼，请求判令魏×林与《××报》社登道歉声明，为吉×贞及本人恢复名誉，消除影响，停止付印、出版发行小说《××女》，并各自赔偿其四百元。

魏×林辩称：其所撰写的《××女》为小说题材，作者可以对小说的内容进行虚构，其虚构情节的目的是为了更好的紧扣小说的主题。其作品并没有对吉×贞的形象造成损害，而是为吉×贞形象进行了美化，不构成对吉×贞名誉权的侵犯。且吉×贞已故，陈×琴不是本案的适格当事人，没有起诉权。

《××报》社辩称：报社对于所刊登的文章的内容是否为真实内容没有审查义务，如作品侵权应按照“文责自负”的原则，由作者承担责任。且吉×贞已经死亡，保护死人名誉权没有法律依据。

判决主文

一审法院判决：被告魏×林、《××报》社分别在《××报》上连续三天刊登道歉声明，为吉×贞、原告陈×琴恢复名誉，消除影响，其道歉声明的内容及版面由法院审定；如拒绝执行，法院即在其他报刊上刊登为吉×贞、原告陈×琴恢复名誉，消除影响的公告，其费用由拒绝执行的人员承担；被告魏×林、《××报》社各赔偿原告陈×琴四百元；被告魏×林应停止侵害，其所著小说《××女》不得再以任何形式付印、出版发行。

被告《××报》社、魏×林不服一审判决，以原答辩理由分别提起上诉。

审理中，经过调解，双方达成如下调解协议：为消除上诉人魏×林所著小说《××女》的不良影响，由上诉人《××报》社负责将双方商定的由被上诉人陈×琴所写介绍吉×贞生平真实情况的来信、上诉人魏×林所写表示道歉的复信，在原连载小说版面上刊登，并加有道歉内容；经济赔偿问题由上诉人魏×林、《××报》和被上诉人陈×琴双方自行解决；上诉人魏×林原著小说《××女》，不得以任何形式付印、出版发行；小说修改后，出版发行必须征询吉×贞有关亲属的意见。

裁判要旨

公民享有名誉权，公民死后其名誉利益仍应受法律保护。小说作者使用死者及其近亲属的真实姓名，并在小说中虚构故事情节，侵害了死者及其近亲属的名誉，应承担民事侵权责任；报社未尽审查义务即予登载，致使对死者及其近亲属的不良影响的扩散，亦应承担相应的民事责任。

重点提示

关于文学作品中侵犯死者名誉权的行为应如何认定，实践中，参照名誉权侵权的一般构成要件标准予以衡量，即必须具备违法行为、损害事实、因果关系和主观过错四个要件。进一步分析，第一，文学作品中塑造的人物具有排他性。文学作品中的人物与死者的基本特征、所处的特定事实相同，熟悉死者事迹的读者读了该文学作品便能指明作品中的人物指的是死者本人；第二，文学作品的作者有侵权的主观过失。在纪实性文学作品创作过程中，作者忽视不得侵犯死者名誉权的义务，如若在文中不同程度地侮辱、诽谤和丑化死者的形象，则应当认定作者存在主观上的过失；第三，文学作品中有侮辱、诽谤死者形象的违法内容。文学作品中的人物能够与死者原型相对应，且存在侮辱、诽谤死者形象的违法内容，则作者创作文学作品的行为构成对死者名誉权的侵犯，其侵权事实成立，应承担相应的侵权责任。此外，需要说明的是，我国《民法总则》第 185 条新增了关于侵害英雄烈士人格权后果的规定，加大了对英雄烈士人格尊严的保护力度，这就为保护死者名誉权提供了基本的法律依据。综上，作者在其文学作品中，含有丑化死者形象，贬低死者人格，质疑历史事实内容，且明知自己的行为会造成死者社会评价降低的后果，导致了死者名誉权受到损害，其行为构成名誉权侵权，应当承担侵权责任。

11. 有关新闻报道“内容失实”与名誉权侵权问题

案例来源

西安××医疗保健用品公司诉陕西省××器械公司、西北××报社名誉权纠纷案

发布单位：《最高人民法院公报》1990 年第 2 期（总第 22 期）

审判法院：陕西省西安市中级人民法院

判决日期：1989 年 12 月 17 日

基本案情

赵×方系××报社（西北××报社）的记者，1987 年 11 月，受××报社指派前往省××器械公司（陕西省××器械公司）进行采访。该公司经理许×安向赵×方介绍了职工医院（西北×××职工医院）从××××器械公司（西安××医疗保健用品公司）购买了价值 200 多万元的医疗器械设备，其中大部分的大型设备都有质量问题，且××××器械公司的售价高于国家规定的吊牌价。赵×方将上述内容整理成新闻稿，于 1998 年 3 月 18 日以《应加强对医疗器械产销监督的管理》为题在××报社上刊登。后××××器械公司向××报社反映该报道与事实不符。为此，××报社向省××器械公司核实情况，省××器械公司回函称该报道内容属实，只有个别文字有少许出入，内容不存在实质性问题。上述报道给××××器械公司的业务影响较大，使其遭受了经济损失。

另查明，职工医院从××××器械公司购买的大型医疗器械设备，全部经过了专业技术人员的验收，质量符合相应的标准，也没有发现××××器械公司高价销售的行为。

××××器械公司以依据省××器械公司提供的材料编写，并由××报社刊登的《应加强对医疗器械产销监督的管理》一文与事实不符，该行为损害了其名誉，造成本公司经济损失为由，提起诉讼，请求判令××报社和省××器械公司为其恢复名誉并赔偿损失。

××报社辩称：本刊的报道并没有特意针对某个单位或公司，而是反映整个行业所存在的问题，且涉案报道的内容是省××器械公司提供的，本刊在主观上没有侵权的故意。如确实侵犯到了××××器械公司的权益，同意登报恢复其名誉，但不同意赔偿损失。

判决主文

一审法院认定：原告××××器械公司作为法人单位，合法经营医疗器械设备。被告××报社和省××器械公司未核实记者赵×方反映的材料，在报纸上指名批评原告××××器械公司高出国家牌价销售产品，该行为侵犯了原告××××器械公司的名誉权，对其所遭受的经济损失，被告××报社和省××器械公司应按自身的过错程度承担赔偿责任。

一审法院判决：被告××报社登报为原告××××器械公司恢复名誉，消除影响，赔礼道歉；被告省××器械公司赔偿原告××××器械公司经济损失30 000元。

被告省××器械公司以一审法院判决由一方赔偿经济损失不公为由，提起上诉。

二审法院判决：维持一审法院判决的第一项；撤销一审法院判决的第二项；由上诉人省××器械公司赔偿被上诉人××××器械公司15 000元，原审被告××报社赔偿被上诉人××××器械公司5000元。

裁判要旨

企业负责人未核实线索的真实性即告知新闻记者，同业竞争者以高于国家价格销售存在质量问题的医疗器械，新闻机构亦未核实新闻报道线索是否属实，致使不实新闻报道发表后造成同业经营者销售业绩下降。在不实报道刊登后，企业明知同业竞争者提出异议却函告新闻机构报道内容属实，故其与新闻机构均构成名誉权侵权，应消除影响、恢复名誉并赔偿同业竞争者的经济损失。

重点提示

随着新闻媒体市场竞争日渐火热，个别新闻媒体在未核实新闻线索是否属实的情况下，将不实信息予以报道。这些不实报道往往给被报道者的名誉权带来损害，由此引发新闻报道侵犯被报道者名誉权的纠纷。有关新闻报道侵犯被报道者名誉权情形有以下几种情况：第一，新闻报道内容严重失实，侵犯被报道者名誉权；第二，新闻报道内容虽属实，但评论不当，含有侮辱、诽谤被报道者人格的内容，侵犯被报道者名誉权；第三，新闻报道内容失实，评论不当，侵犯被报道者名誉权。其中，关于内容失实，指的是新闻报道偏离客观事实，对被报道者事实描述不准确，歪曲或者捏造事实，亦或未查实线索真实性，即刊登与事实严重不符的报道，并经过新闻媒体的传播，导致被报道者社会评价降低，名誉遭受损害，构成了名誉权侵权。同时，还需注意两个方面的内容，一是关于由他人提供线索，反映生活中的各种问题，带有批评或者建议性的内容，新闻媒体将其公开报道，对于这类报道，即使存在着与事实不相符的情况，但如果新闻媒体对事实真相进行连续报道，或者为被报道者提供澄清真实情况的机会，则不为内容失实的报道；二是关于容易引起读者猜测的新闻报道，此类报道可能侵害被报道者的名誉权，但又难以成立内容失实，则应当结合被报道者名誉权的损害程度、报道对象等因素进行综合考量。如果被报道者属于公众人物，且名誉损害程度不严重的，则不认定为名誉权侵权。

六、一般人格权（4 例）

1. 有关侵犯未成年人受教育权的问题

案例来源

赵××诉扬州市××中心小学教育机构责任纠纷案

发布单位：最高人民法院中国应用法学研究所《人民法院案例选》2003 年第 3 辑（总第 45 辑）

审判法院：江苏省泰州市中级人民法院

判决日期：2002 年 2 月 11 日

基本案情

1999 年 6 月 29 日，赵××达到法定义务教育入学年龄，其住所地的××小学（扬州市××中心小学）向其送达了“入学通知书”。其祖母蒋×芝系原××小学副校长，向学校申请要求将赵××直接插入三年级就读，一二年级的课程已经在家对其进行辅导。××小学经集体研究并向上级有关部门请示后，对赵××进行了二年级的文化知识测试，其成绩良好，遂同意其直接入学三年级。在其正式入学后，其班主任觉得其情智没有达到三年级的水平，且对其祖母在教室外观望赵××的上课情况提出异议。赵××的祖母及其法定代理人对学校的教育方式感到不满，双方由此产生隔阂。1999 年 9 月 17 日，××小学召开校务会，决定让赵××到一年级就读，并向上级申请为其办理了一年级的学籍卡。此后，赵××的法定代理人坚持送其去三年级就读，被校方拒绝，双方发生激烈争执，导致赵××辍学。赵××在辍学期间情绪压抑遂去医院就诊，诊断结果为：印象学校恐惧症、多动症。

赵××以××小学侵犯其受教育权为由，提起诉讼，请求判令××小学恢复其受教育权，赔礼道歉，并赔偿医药费、住宿费、交通费、后续治疗费等经济损失，并给付精神抚慰金。

××小学辩称：本校并没有侵害赵××的受教育权，本校的行为与赵××所患的疾病亦无因果关系，故本校不应承担民事责任。

判决主文

一审法院认定：造成原告赵××停学两年这一结果，校方存在过错，校方在收取了原告赵××三年级的学杂费后，未经其家长同意，不能随意变更其就读的年级。且原告赵××入学仅 3 天，校方就决定将其降至一年级就读这一做法明显不当。在双方发生争执后，校方拒绝原告赵××在三年级就读此举亦明显不妥。同时，原告赵××的家长不能冷静的处理问题，也存在主观上的过错。

一审法院判决：原告赵××在 2001～2002 学年中，在被告××小学三年级就读，被告××小学不得拒收，并负责办理学籍等相关手续；被告××小学一次性赔偿原告赵××精神损害赔偿金、补习费合计人民币 8810 元。原告赵××已支付给被告××小学的学杂费人民币 255 元作为 2001～2002 学年第一学期的学杂费，被告××小学不得再收取原告赵××的学杂费；驳回原告赵××的其他诉讼请求。

双方当事人均不服一审判决，提起上诉。

原告赵××上诉称：一审法院既然认定上诉人××小学侵犯了未成年人的受教育权，就应判决上诉人××小学赔礼道歉并赔偿全部损失。上诉人赵××的家长在本次事件中并无过错。

上诉人××小学上诉称：对于学生应在哪一年级就读，本校具有决定权，本校不存在过错，不需承担责任。

二审法院判决：维持一审判决第一项；撤销一审判决第二、三项；上诉人××小学一次性补偿上诉人赵××经济损失共计人民币 6000 元，上诉人××小学不再收取上诉人赵××2001～2002 第一学期的学杂费；驳回上诉人赵××其他诉讼请求。

裁判要旨

达到法定义务教育入学年龄的未成年人经其家长申请，至学校三年级就读，但在施教过程中学校发现该未成年人不能适应三年级的学习生活，遂作出降级处理决定，将该未成年人调至一年级就读，学校的该行为符合我国教育法的规定，不构成对该未成年人受教育权的侵犯。因学校未侵害未成年人受教育权，且其行为与损害结果之间无因果联系，故不应承担侵权赔偿责任，但鉴于未成年人已实际遭受损失，学校应给予适当的经济补偿。

重点提示

我国《宪法》赋予公民受教育的权利与义务，与受教育有关的权利是宪法保护公民基本权利的内容，任何以侵权行为限制、妨碍、剥夺他人受教育机会的行为都是对公民受教育权利的侵害，由此造成的损害后果，应当由侵权行为人担责。实践中，对侵犯受教育权行为的认定与处理，应当从以下几个角度进行分析：第一，我国有关法律规定了社会、学校和家庭均有依法保障适龄儿童、少年接受义务教育的权利，适龄儿童及少年均依法享有平等接受义务教育的权利，并履行接受义务教育的义务，教育机构应当保障其接受教育的权利。第二，教育机构与学生之间具有教育与被教育，管理与被管理的隶属关系，教育机构有实施教育教学活动，对受教育者进行学籍管理的权利，教育机构有权根据学生情况为其安排不同层次的教育。第三，根据国家有关教育方面的法律、法规的规定，教育机构有权根据学生的学习情况，对学生做升级、降级等学籍调整的决定，教育机构作出的合理调整，不属于侵犯学生的受教育权。第四，对于是否构成受教育权侵权，应判断教育机构作出的行为主观上是否具有侵害未成年人接受教育权的过错，只有教育机构存在故意、过失等责任形式时才应当承担侵权责任。教育机构作出的行为主观上不具有侵害未成年人接受教育权的过错，未构成侵害未成年人接受教育权，未成年人身体及身心受到的损伤与教育机构的行为亦无因果关系，此种情况下，应当认定教育机构不具有侵权行为，不承担侵权责任。第五，未成年人在教育机构的正常管理行为中，因管理活动的调整等事实原因，造成的难以预料的损失，即使教育机构与受教育方均无过错，在受教育方所受经济损失较大的情况下，教育机构应当作出适当补偿。

2. 性猥亵侵犯人身权利的判定

案例来源

杨×军、赵×正、吴×峰诉刘×光一般人格权纠纷案

发布单位：最高人民法院中国应用法学研究所《人民法院案例选》2003年第3辑（总第45辑）

审判法院：海南省海口市新华区人民法院

判决日期：2001 年 12 月 20 日

基本案情

1999 年年初，刘×光以拜年为由邀请吴×峰到其家中吃饭。饭后又邀其下棋、留宿。当晚两人同睡一床，刘×光对吴×峰进行亲吻和抚摸，但考虑到工作的原因吴×峰并没有声张。

2001 年 2 月 13 日下午，刘×光以下棋为由拨打杨×军的呼机将其约至办公室，在杨×军到达办公室后，刘×光对其进行骚扰，被杨×军挣脱。后其要求杨×军一起下棋，晚上 9 时刘×光要求杨×军陪其过夜，杨×军以要上夜班为由拒绝。

同月 22 日，赵×正准备向刘×光请假回家，遂在其办公室将其叫回。后刘×光便邀赵×正下棋，下至晚上 11 时，刘×光以天黑路远为由让赵×正留宿，二人到办公室隔壁的房间后，刘×光就对赵×正进行骚扰，因考虑到工作原因，赵×正并没有声张。后赵×正将此事告知了同事张×敏，在张×敏询问下，发现杨×军、吴×峰也有相似的经历。后三人正式向公司提出辞职，并委托张×敏与刘×光交涉道歉和赔偿事由。

张×敏与刘×光进行协商并告知如协商不成三人将提起诉讼。刘×光在协商中承认其对三人实施了亲吻和抚摸的行为，但称这只是出于长辈对晚辈的疼爱，并认为三人是想对其进行勒索，不同意协商。

杨×军、赵×正、吴×峰以刘×光的行为侵犯其人身权为由，提起诉讼，请求判令刘×光停止侵犯其人身权利的行为，公开向其赔礼道歉，并赔偿三人精神损失费各 1 元。

判决主文

一审法院判决：被告刘×光向原告赵×正、吴×峰、杨×军公开赔礼道歉；被告刘×光赔偿原告赵×正、吴×峰、杨×军精神损失费各 1 元。

一审法院判决后，原被告双方均未提起上诉，判决已经发生法律效力。

裁判要旨

行为人利用领导身份，违背同性下属的意志，强行实施抚摸、亲吻等行为，从而使同性下属感到身体被玷污、人格尊严受到侮辱，给同性下属造成严重的精神痛苦，据此，应当认定行为人的行为构成对同性下属人身权利的侵害，应承担相应的侵权责任。

重点提示

根据最高人民法院《关于确定民事侵权精神损害赔偿责任若干问题的解释》第1条规定，因性猥亵侵犯公民人身权而请求赔偿精神损害的应予以受理。根据该解释第8条第2款规定，法院可以根据受害人一方的请求判令其赔偿相应的精神损害抚慰金。其中，关于性猥亵侵犯人身权行为的判定，可从以下几个方面进行衡量：第一，存在人身权受到侵害的事实。人身权利主要包括人格权和身份权、人身自由权、生命健康权和人格尊严权，有关性猥亵侵犯受害人人身权利的行为中，首要的是受害人人格尊严遭受侵犯。人格尊严是一种人的主观认识，是公民、法人对自身价值的认识，这种认识基于自己的社会地位和自身价值，它来源于自身的本质属性，并表现为自己的观念认识，但人格尊严权即具有主观因素，又具有客观因素，侵权的认定必须以客观事实的存在为基础，客观事实的存在需要受害人提供相应的证据进行充分的证明，人格尊严是否被侵犯应主要考察社会和他人的客观评价，受害人没有证据证明行为人的行为造成了社会对其评价降低，则不存在认定其人格尊严受到侵犯的事实基础。第二，侵害行为具有违法性。即行为人所作出的行为产生的客观事实没有法律依据，或者违反法律法规等有关规定。第三，侵害行为与损害事实具有因果关系。即行为人的行为与受害人在公众中的公信力被减低，社会和他人因此不尊重被侵权人的损害后果具有因果关联。第四，行为人主观上具有过错。行为人在主观上存在过错的情况下，需要对其造成的损害后果承担侵权责任。综上，行为人通过实施搂抱、接吻、抚摸下身等动作猥亵受害人，使得受害人感到身体受到玷污，人格尊严受到侮辱，受害人的人格权、健康权、精神也受到一定的损害。属于因性猥亵侵犯公民人身权的行为，应当承担精神损害抚慰金等赔偿责任。

3. 医疗机构侵犯生育权的认定与处理

案例来源

周××、洪××诉如皋市×××卫生院身体权纠纷案

发布单位：最高人民法院中国应用法学研究所《人民法院案例选》2002 年第 3 辑（总第 41 辑）

审判法院：江苏省高级人民法院

判决日期：2001 年 8 月 12 日

基本案情

1979 年，已怀有身孕的周××与洪××申请结婚，因周××未达到生育年龄，村干部要求其先流产放环再结婚。后×××卫生院（如皋市×××卫生院）妇产科医生顾×芳为周××实施了人流放环术。1981 年，已到达生育年龄的周××经村干部同意后由村干部联系×××卫生院为其取环。×××卫生院的医生顾×芳并未将周××体内节育环取出，且术后告知周××、洪××夫妇可以正常生育。但在此后的近 20 年中，周××和洪××一直未能生育。经多方诊治无果后，1999 年 8 月 16 日，周××经如皋市卫生院（如皋市××中心卫生院）检查，得知其体内的节育环并未取出。且×××卫生院的检查结果也证实这一事实。后周××到皋市卫生院将节育环取出，为此支付了医药费 37.40 元。

周××、洪××以×××卫生院未将节育环取出，致使其多年未育，为此承担巨大的精神痛苦为由，提起诉讼，请求判令×××卫生院赔偿医疗费、精神损失费及误工费。

此后，周××、洪××变更诉讼请求，将精神抚慰金的赔偿数额变更为一百万元。

×××卫生院答辩称：周××从未到本院取过节育环，本院不存在侵权行为。周××的起诉已经超过诉讼时效，故请求法院驳回周××、洪××的诉讼请求。

判决主文

一审法院判决：被告×××卫生院赔偿原告周××医疗费37.40元；被告×××卫生院赔偿原告周××、洪××误工费400元；被告×××卫生院赔偿原告周××、洪××精神抚慰金60 000元。

被告×××卫生院不服一审判决，提起上诉称：一审认定被上诉人周××1979年结婚到本院放置节育环，于1981年到本院取环，与被上诉人周××本人的主张不相符；一审判决对事实证据认定不清适用法律错误，请求二审法院查清事实，依法改判。

被上诉人周××、洪××辩称：一审法院在对事实的认定上充分地考虑到了当时的社会背景且结合了大量的证据加以印证，故被上诉人周××在上诉人×××卫生院放环、取环的事实是毋庸置疑的；对于被上诉人周××取环的具体时间，一审法院在对大量的证据进行分析后最终确认取环时间为1981年，这一时间准确无误；对于顾×芳的陈述，因没有其他证据相印证而不能采信；且本方的证据已经可以排除所有可疑的情况，在证据上有优势；且本人在发现权利被侵犯后一年内向法院提起诉讼，并未超过诉讼时效。综上，请求二审法院驳回上诉，维持原判。

二审法院判决：驳回上诉，维持原判。

裁判要旨

受害人到医院进行节育取环术，医院告知取出，但实际未取出致其未能生育，医院的行为明显存在过错，给受害人带来较大的身心痛苦，并构成对受害人身体权及生育权的侵害，应承担相应的赔偿责任，并应对其精神损害予以赔偿。

重点提示

生育权作为一种对世权，从积极方面而言，权利人可以在法律规定的限度内享受生儿育女所带来的人身权益；从消极方面而言，权利人可以拒绝生育，并要求任何人不得强制其生育。通常，因医疗机构的医疗行为造成曾接受治疗的患者生育权遭受损害，由此产生纠纷。在对医疗机构与患者的生育权纠纷案件的处理中，应当注意以下内容：第一，认定存在生育权侵权。医疗机构的医疗行为存在主观过错，违反医疗卫生管理法律规定和诊疗护理规范、常规，过失或故意造成患者生育权损害，且医疗机构的医疗行为与患者生育权的损害后果之间存在因果关系，则应认定存在生育权侵权的事实，应承担侵犯患者生育权的相应赔偿责任。第二，对生育权造成侵权的行为，常会导致患者的心理和感情遭受严重的创伤和痛苦等非财产上的损害，此时，患者有权以医疗机构的过错行为侵犯其生育权以及相关人格权利为由，对其遭受的精神损害承担赔偿责任。第三，侵权之诉的诉讼时效应从知道或应当知道权利被侵害时起算，按照医疗机构的侵权行为的存在形式，当侵权行为一直处于持续状态，患者从发现存在侵权事实的时间开始起算诉讼时效，在法律规定的诉讼时效之内的，有权提起诉讼。第四，认定损害赔偿责任的承担时，一般需要综合考虑的因素包括赔偿的范围、赔偿数额的计算、当地生活水平、经济状况，在故意侵权中，还要考虑到惩罚性赔偿，应当据此酌情予以裁量。

4. 对死者骨灰侵权的认定与精神损害赔偿问题

案件来源

何×英、陆×敏、陆×文诉南京××管理处××寺墓园、南京××管理处一般人格权纠纷案

发布单位：最高人民法院中国应用法学研究所《人民法院案例选》2003 年第 3 辑（总第 45 辑）

审判法院：江苏省南京市雨花台区人民法院

判决日期：2001 年 7 月 27 日

基本案情

何×英在其夫亡故后，为亡夫在墓园（南京××管理处××寺墓园）租用墓地一块，此墓园系××管理处（南京××管理处）无独立法人资格的下属经营机构，主要从事墓葬服务工作。按照惯例，骨灰盒由客户自行安放，墓园工作人员的职责是在骨灰安放后用水泥为墓穴封闭墓盖。2001年4月23日，何×英及其亲友在墓园下葬何×英亡夫骨灰时，因墓穴太小，陆×敏之夫戴×生多次安放均未成功，墓园工作人员李×宝见此情形遂接过骨灰盒帮助安放，在下放过程中将骨灰盒跌落，致使盒中盛放骨灰的布袋漏出，待骨灰盒成功安放后，戴×生询问李×宝姓名时，李×宝谎称姓张。

何×英、陆×敏、陆×文三人以下葬工李×宝在为何×英亡夫的骨灰下葬过程中致使骨灰盒跌落、骨灰洒落，与墓园及××管理处就骨灰洒落一事多次交涉未果，造成其精神损害为由，提起诉讼，请求判令墓园及××管理处赔偿精神损失费30 000元，并赔礼道歉。

墓园及南京××管理处辩称：墓园工作人员是因戴×生不能顺利安放骨灰盒才帮助其安放。在放入墓穴一半时李×宝将骨灰盒跌落，盒体与盒盖分离，盒体呈45度落入墓穴，但骨灰并未洒出，且事发后双方并未发生任何争议。何×英等人所称的侵害其权益并无事实及法律依据，请求法院予以驳回。

裁判主文

一审法院判决：驳回原告何×英、陆×敏、陆×文精神损害赔偿的诉讼请求。

宣判后，双方当事人均未提起上诉，判决已发生法律效力。

裁判要旨

死者亲属以墓园工作人员在下葬死者骨灰过程中将骨灰洒落为由，要求墓园及其管理机构承担精神损害赔偿责任，但死者亲属提交的数份证人证言均不相符合。在死者亲属无其他证据证明死者骨灰洒落事实的情况下，墓园及其管理机构不承担侵权赔偿责任。同时，即使存在骨灰洒落事实，但墓园工作人员帮助死者亲属安放死者骨灰盒的主观目的是善意的，该行为亦不构成侵权，也不构成对死者亲属精神利益的损害。

重点提示

我国民事法律规范中，体现了对死者人格利益的延伸保护，最高人民法院《关于确定民事侵权精神损害赔偿责任若干问题的解释》第 3 条第（3）项的规定，不得“非法利用、损害遗体、遗骨，或者以违反社会公共利益、社会公德的其他方式伤害遗体、遗骨”。此规定即属于死者人格利益的延伸保护。自然人死亡后，其人格利益对生存着的近亲属仍产生影响，由此形成了死者近亲属的精神利益。对死者人格利益的侵害，实际上是对死者近亲属人格利益的直接侵害。原因在于，即使侵权行为形式上指向的是死者的精神利益或者人格尊严，但引起的后果是由其仍生存的近亲属承受，因行为人对死者骨灰侵权，导致骨灰毁损或者造成其他严重后果，从而损害了死者近亲属对死者缅怀之情感，造成的精神痛苦仍然由死者近亲属承担。死者近亲属因此提起精神损害赔偿，此类案例的重点在于侵权行为性质是否系“非法利用、损害”死者骨灰的行为。若行为人并无“非法利用、故意损害”骨灰行为的主观故意，其对死者骨灰的处置行为系出于善意的、无偿性的帮助行为，且该行为的直接受益方为死者近亲属时，在该种善意、无偿的帮助行为中发生某种过失，应当以过失的轻重程度作为判定是否构成侵权的标准，如果属于重大过失，可认定为侵权行为，如果属于轻微过失，则不应当认定为侵权行为。其中，若行为人存在重大过失，可按照最高人民法院《关于确定民事侵权精神损害赔偿责任若干问题的解释》第 4 条关于“具有人格象征意义的特定纪念物品，因侵权行为而永久性灭失或者毁损，物品所有人以侵权为由，向人民法院起诉请求赔偿精神损害的，人民法院应当依法予以受理”，判定行为人承担一定的精神损害赔偿责任。

第三章 产品责任（6 例）

1. 生产者产品缺陷应承担的责任与免责事由

案例来源

马×法诉王×、陕西××汽车有限公司、萧县××汽车运输有限公司生命权、健康权、身体权纠纷案

发布单位：《最高人民法院公报》2015 年第 12 期（总第 230 期）

审判法院：江苏省南京市中级人民法院

判决日期：2014 年 4 月 16 日

基本案情

××运输公司（萧县××汽车运输有限公司）于 2010 年 9 月购买了陕西××汽车公司（陕西××汽车有限公司）生产的机动车，该车辆由王×驾驶，车辆购买后未改装，也进行了正常的年检。2013 年 7 月王×因车辆水箱损坏，将车辆送至马×法经营的维修站维修，马×法将驾驶室举升起来后，进入驾驶室下面修理水箱的过程中，车辆的驾驶室举升缸轴座托架总成突然断裂，导致驾驶室落下将其砸伤。经医院诊断：马×法为创伤性截瘫，腰椎体爆裂性骨折，住院治疗 17 天花费医疗费 89 000 余元。

马×法以其按照正常的操作规范修理车辆，因车辆质量问题致其受伤，造成经济损失为由，请求判令陕西××汽车公司、王×及××运输公司赔偿医疗费 86 000 元。

陕西××汽车公司辩称：涉案车辆出厂前通过了质量检测，并符合国家标准，事故发生是由于马×法操作不当导致，未将驾驶室举升至正确位置，车辆已过两年的质保期，故陕西××汽车公司不应对事故承担责任。

案件审理中，王×提出其曾在马×法治疗期间为马×法垫付了医疗费

7000元，马×法对此予以认可，但未申请变更诉讼请求。

判决主文

一审法院判决：被告陕西××汽车公司赔偿原告马×法伤后损失的医疗费86 007.6元；驳回原告马×法的其他诉讼请求。

被告陕西××汽车公司不服一审判决，提起上诉称：一审认定被上诉人马×法受伤事实缺乏证据；本公司要求追加维修站实际业主王×岭为连带被告的请求，一审判决中未说明，被上诉人马×法本人对损害事实的发生存在过错，本公司不应负全责；本案为健康权纠纷，由本公司承担车辆无缺陷的证明，于法无据，车辆经过年检，为合格车辆；其他两被上诉人王×和××运输公司不承担责任的认定和适用法律错误；一审适用简易程序审理错误。综上，请求二审法院撤销原判，改判或发回一审法院重审。

被上诉人马×法辩称：一审法院事实认定清楚且判决准确，请求二审法院驳回上诉，维持原判。

被上诉人王×和××运输公司辩称：一审法院判决正确。

二审法院判决：驳回上诉，维持原判。

裁判要旨

因产品存在缺陷造成他人损害的，生产者应对其法定免责事由承担举证责任，但其自行出具的产品质量检验合格报告不能成为免责之法定事由。生产者不能提供证据证明其产品符合质量标准的，应承担侵权赔偿责任。

重点提示

我国《产品质量法》规定因产品缺陷造成他人损害的，生产者应当承担赔偿责任。具体处理该类问题时，应明确以下几个方面：第一，产品责任侵权行为作为特殊侵权行为，生产者承担的系无过错责任，即依照法律规定不以当事人的主观过错为侵权行为的必备要件，不论当事人在主观上是否具有过错，均应当承担民事责任。第二，因产品质量不合格造成他人财产、人身损害的，生产者应当依法承担民事责任。第三，在生产者责任纠纷中，生产者能提供证据证明其产品符合质量标准或者符合免责事由的，可排除其赔偿责任的承担。其中，对于免责事由，即：未将产品投入流通的；产品投入流通时，引起损害的缺陷尚不存在的；将产品投入流通时的科学技术水平尚不能发现缺陷的存在的。该三项免责事由规定得比较笼统，理解时需要注意：（1）生产者客观上在生产范围之外将产品交付给他人即可认定产品已经投入了流通，生产者在交付产品前应尽合理的注意义务和消除危险的义务，生产者投入流通后才发现产品缺陷的，不得免除其合理补救义务；（2）明晰产品投入流通时科技水平的判断依据与界限，不能将生产者的主观认识能力单独作为认定依据，应参照产品投入流通时社会整体的科技水平，同时还可以参照知识产权中关于专利新颖性的规定；（3）严格限制生产者以发展风险作为免责事由，发展风险的抗辩存在于“产品设计缺陷”中，因警示缺陷产生的人身、财产损害，不得免除生产者责任。此外，实践中，还需要考虑消费者与生产者之间信息不对称与经济实力差距等诸多因素，注意消费者与生产者之间的利益平衡。

2. 有关销售者的进货检查验收义务

案例来源

陈××诉重庆×连锁经营有限公司产品销售者责任纠纷案

发布单位：最高人民法院民事审判第一庭《最高人民法院关于食品药品纠纷司法解释理解与适用》

审判法院：重庆市江北区人民法院

判决日期：2013 年 1 月 22 日

基本案情

2012 年 11 月 4 日，陈××以 103.5 元的价格从重庆×公司（重庆×连锁经营有限公司）购置三瓶生产日期为 2012 年 5 月 9 日的红蜻蜓大豆油。经查明，重庆×公司销售的红蜻蜓大豆油的生产者和商标权人分别为×××厂（××粮油有限责任公司重庆×××厂）、×××公司（重庆×××油脂有限责任公司）。其中，核定使用范围为色拉油的“红蜻蜓”商标曾被重庆工商局（重庆市工商行政管理局）认定为“重庆市著名商标”。此外，重庆工商局曾于2012年5月31日发布《关于认定“万植”等222件商标为重庆市著名商标的通知》。在上述通知中，重庆工商局确认“红蜻蜓”商标的核定使用范围为食用油。

陈××以重庆×公司销售的红蜻蜓大豆油与“红蜻蜓”商标核准的商品范围不符，属于虚假宣传，构成欺诈消费者为由，提起诉讼，请求判令重庆×公司全额退还货款103.5元，支付货款一倍的赔偿款103.5元，并支付误工费、差旅费等损失。

重庆×公司辩称：重庆工商局已经于2012年5月31日确认“红蜻蜓”商标的核定使用范围为食用油，故陈××于同年11月4日购买的红蜻蜓大豆油符合新标准；本公司已经对“红蜻蜓”商标标注的“重庆市著名商标”是否属实进行了审查，不存在虚假宣传行为；陈××对于红蜻蜓大豆油的情况系明知，此时其要求本公司赔偿损失，不符合《中华人民共和国消费者权益保护法》的相关规定，故请求法院依法驳回陈××之诉讼请求。

判决主文

一审法院判决：被告重庆×公司退还原告陈××货款103.5元、赔偿103.5元；驳回原告陈××的其他诉讼请求。

一审判决后，原被告双方均未提起上诉，判决已经发生法律效力。

裁判要旨

消费者购买的产品与该产品商标的核定使用范围不一致，可以认定该产品属于标注内容虚假的产品。虽然工商行政管理部门已经在消费者购买产品前，将该产品的核定使用范围变更至与产品类别一致，但由于该变更时间晚于产品标注的生产日期，因此该变更行为不能改变上述产品标注内容虚假的事实。而销售者依法负有严格执行进货检查验收制度的义务，其在进货检验过程中未能发现上述情形，以致于消费者购买到标注内容虚假的产品，可以认定其未能尽到应有的检验义务，构成欺诈。此种情形下，销售者不仅应当向消费者返还产品价款，还应当向消费者支付与产品价款等额的赔偿金。

重点提示

我国法律以及有关规定明确对销售者的进货检查验收义务作出了规定，销售者应当建立并执行进货检查验收制度，验明产品合格证明和其他标识，该义务除了是国家法律规定的内容，一般也常出现在生产者与其他主体的合同约定中，由销售者就其购入的货物进行检查和验收。因该项义务的不履行或者履行不适当造成的消费者权益的损害，应如何认定侵权责任主体，是实践中的常见问题，具体需从以下几方面进行确定：第一，销售者在执行进货检查验收制度时，应当检查产品及其包装中是否标注有产品质量检验合格证明以及产品的标识是否符合法律规定、是否符合实际情况，从而应认定其是否尽到严格的审查义务。第二，销售者不仅应当检查标识中是否含有中文标明的产品名称、生产厂厂名和厂址，是否标明产品规格、等级、所含主要成分的名称和含量，是否标明生产日期、警示标志等，而且应当检查标识中标注的内容是否虚假。其中，标注内容虚假包含两种情况：（1）标注的内容本身不存在；（2）标注的内容本身存在，但是与产品的实际情况不相符合。第三，销售者应当有验明在其商场销售的商品是否属实的义务，由于其未尽严格的审查义务，销售了虚假的商品，误导消费者作出不真实的意思表示，应认定其行为构成欺诈。第四，销售者提供商品或者服务有欺诈行为的，应当按照消费者的要求增加赔偿消费者受到的损失，增加赔偿的金额为消费者购买商品的价款或者接受服务费用的一倍。

3. 产品质量符合标准与否的判断依据

案例来源

刘×诉×服装公司产品责任纠纷案

发布单位：最高人民法院民事审判第一庭《民事审判指导与参考》2010年第3集（总第43集）

审判法院：××人民法院

基本案情

2009年6月，刘×在×服装公司，以每套1150元的价格购买了标签注明为纯羊毛面料的西装5套，7月，刘×委托质检站（北京市某纺织产品质检站），对其所购西装面料进行纤维鉴别，质检站作出的1577号《检验报告》载明：西装面料中包含羊毛和涤纶。

刘×以×服装公司销售的商品不符合1998《使用说明》（GB5296.4--1998《消费品使用说明纺织品和服装使用说明》）和2007《纺织行业标准》（FZ/T01053--2007《纺织行业标准》）对纺织品纤维含量标识的规定，属于销售掺杂施假、以假充真、以次充好的商品为由，提起诉讼，请求法院判令×服装公司双倍赔偿购衣款及支付交通费。

×服装公司辩称：经上海市纤维检验所检验，刘×所购西装同类产品的羊毛含量为96.1%，涤纶含量为3.9%，依据1998《使用说明》，在有一种或一种以上纤维的含量不足5%时，对产品成分的标注中可不提及；其所售西装纤维成分标注优先应适用1998《使用说明》，不应适用2007《纺织行业标准》，其不存在销售掺杂商品行为，故请求法院驳回刘×的诉讼请求。

针对×服装公司的辩称，刘×称：认同上海纤维检验所出具的《检验报告》，但×服装公司所售西装的纤维含量标识应符合2007《行业标准》第7.2条的规定，即产品或产品的某一部分中含有能够判断为装饰纤维或特性纤维，且这些纤维的总含量小于或等于5%时，可以使用“100%”“纯”或“全”表示纤维含量，并说明“××纤维除外”，×服装公司所售西装产品纤维成分标识中没有标明“涤纶除外”，隐瞒了西装中含有涤纶的情况。

判决主文

一审法院判决：驳回原告刘×的诉讼请求。

一审判决后，原被告双方均未提起上诉，判决已经发生法律效力。

裁判要旨

产品质量应当符合在产品或者其包装上注明采用的产品标准，符合以产品说明、实物样品等方式表明的质量状况。当事人对产品质量要求不明确的，按照国家标准、行业标准履行。在判定产品质量是否合格时，若国家标准与行业标准不统一，应当以国家标准来判定产品质量是否合格。产品质量符合国家标准的，即应视为符合我国《产品质量法》的规定，属合格产品。

重点提示

在产品责任法领域，对于产品缺陷、产品瑕疵以及产品质量不合格的认定是法律责任归属的先决条件，产品缺陷问题是关于产品安全性的确认，而产品瑕疵以及产品质量不合格是对该产品是否符合既定标准的确认。实践中，因产品质量问题引起的产品质量责任纠纷，应当从以下几个方面判断产品质量合格与否：第一，当产品不存在危及人身、财产安全的不合格的危险的情况下，有保障人身、财产安全的国家标准、行业标准的，则该产品应当符合国家标准以及行业标准。第二，产品须“具备应当具备的使用性能”，不具备产品应当具备的使用性能而事先未作说明的，应当认定产品不符合质量标准，应承担产品责任。第三，产品质量应当符合在产品或者包装上注明采用的产品标准，符合以产品说明、实物样品等方式表明的质量状况。第四，在没有国家有关质量标准或者交易各方要求更高的情况下，当事人之间可以约定质量标准，此时，应当按照当事人之间的约定判断产品质量是否符合标准。第五，当事人对产品质量要求不明确的，按照国家标准、行业标准履行，当产品质量不符合行业标准的规定而符合国家标准的，即遵循国家标准优于行业标准的原则，应当认定其产品质量合格。

4. 与产品安全使用期有关的消费者知情权问题

案例来源

刘××诉浙江省杭州市××化妆品有限公司、江苏省南京市××环球购物中心产品生产者责任纠纷案

发布单位：《最高人民法院公报》2005 年第 6 期（总第 104 期）

审判法院：江苏省南京市中级人民法院

判决日期：2005 年 3 月 10 日

基本案情

2004 年 1 月，刘××在××环球购物中心（南京市××环球购物中心）处购买了××化妆品有限公司（杭州市××化妆品有限公司）生产的化妆品“海皙蓝 O2 时光嫩肤液（中复性肌肤适用）”一瓶，该化妆品外包装盒底部标注“限用日期：记载于底部或侧面”，内置玻璃容器底部标注：“限用合格 2007. 11. 21. ”。刘××购买该化妆品后，即开瓶使用。

刘××以该化妆品外包装上没有标注开瓶后的使用期限和正确的使用方法，致使自己难以正确使用该化妆品为由，提起诉讼，请求××化妆品有限公司提交化妆品的说明书，说明正确的使用方法，××化妆品有限公司和××环球购物中心在化妆品外包装上标注开瓶使用期限。

案件审理过程中，××化妆品有限公司向刘××提供了产品使用说明书、产品质量检测报告，说明了该化妆品的正确使用方法。

刘××将诉讼请求变更为：请求××化妆品有限公司和××环球购物中心在化妆品外包装上标注开瓶使用期限。

判决主文

一审法院认定：原告刘××购买的被告××化妆品有限公司生产的化妆品在容器底部明确标注了限用期限是到 2007 年 11 月 21 日，且对该期限无特殊说明，则该期限应视为开瓶前或开瓶后都应达到的安全使用期限；

现行国家法律和行业规范都没有强制规定化妆品要标注开瓶后的使用期限，对原告刘××要求被告××化妆品有限公司、××环球购物中心在化妆品外包装上标注开瓶使用期限，无法律依据，不予支持。

一审法院判决：驳回原告刘××的诉讼请求。

原告刘××不服一审判决，提起上诉称：被上诉人××化妆品有限公司将限用日期标注在容器底部，不属于《产品质量法》规定的“显著位置”；将“限用合格期限”解释为“开瓶前或开瓶后都应达到的安全使用期限”，是误导消费者，侵害消费者的知情权；消费者有权对生产者提出更高的要求，生产企业应按消费者要求对产品开封后的保质期进行确定，生产企业未做此方面工作；被上诉人××化妆品有限公司在产品外包装底部标注“限用日期”的做法虽符合现行国家标准，但现行国家标准不能排斥法律对生产者提出的更高要求，更不能阻止消费者要求实现法律赋予的权利；上诉人刘××根据产品质量法的规定，提出诉讼请求。请求撤销一审判决，改判支持上诉人刘××的诉讼请求。

被上诉人××化妆品有限公司辩称：化妆品国家标准对通用标签上日期的标注有严格规定，本公司对“限用合格期限”的标注符合国家标准和行业标准；与化妆品有关的质量法规、卫生法规或者国家标准，均未规定必须标注开封后的使用期限。上诉人刘××的诉讼请求无法律依据，一审判决正确，二审应当维持。

被上诉人××环球购物中心辩称：本公司所售商品上标注的“限用合格日期”，是指“质量保证的最后期限”符合国家标准，二审应当维持原判。

二审法院判决：撤销一审法院判决；被上诉人××化妆品有限公司、××环球购物中心以书面形式向上诉人刘××告知其购买的化妆品的开瓶使用期限；驳回上诉人刘××关于要求被上诉人××化妆品有限公司、××环球购物中心在与其购买的化妆品同样产品上标注开瓶使用期限的诉讼请求。

裁判要旨

根据我国《消费者权益保护法》第 8 条和《产品质量法》第 27 条的规定，化妆品经营者在限期使用的化妆品包装上虽标注限用合格日期，但没有说明该日期的确切含义，造成消费者无法了解化妆品安全使用期的，侵害了消费者的知情权。

重点提示

当消费者购买的产品属于限期使用产品时，该产品未标注开启后的安全使用期，如果产品出现变质情况，将对消费者的身体产生伤害。为了避免此类侵权损害的出现，消费者与销售者形成的买卖关系中，基于消费者通常处于弱势地位的事实，其对于产品的属性、使用方法等内容的认知远远低于销售者，故消费者有权知晓所购产品在启封后的使用期，即消费者享有知情权。消费者的知情权系我国法律对消费者的特别保护，实践中，消费者无法了解产品安全使用期，此种情形是否构成对消费者知情权的侵害，应当从以下几方面予以分析：第一，产品或者其包装上的标识必须真实，且限期使用的产品，应当在显著位置清晰地标明生产日期和安全使用期，消费者享有知悉其购买、使用的产品或者接受的服务真实情况的权利，否则构成消费者知情权的侵权。第二，产品的生产者，应当将该产品的安全使用期标注在显著位置，清晰地告知消费者，当生产者未履行该义务时，将导致消费者无法了解产品的安全使用期限，对消费造成误导，该行为将构成消费者知情权的侵犯。第三，产品的销售者，负有以明确无误的方式向消费者履行告知产品的安全使用期限的义务，以保证消费者在安全期限内使用产品，从而保护消费者的人身或财产安全，该种义务为法定义务，产品销售者不得以任何理由拒绝履行。第四，消费者其针对产品生产者、销售者未履行上述义务对产品使用期限的标注和提醒义务的行为提起诉讼，该诉讼的标的物不再是特定物，因法律明确要求当事人起诉必须针对特定的人和物，故消费者的该诉请并未完全符合法律的要求，但因消费者作为消费关系中的弱势群体，其自身的利益应受到保护，故对于诉请之内的消费者个人利益，应得到保护。

5. 无过错责任原则在产品缺陷纠纷中的具体适用

案例来源

陈××、林××诉日本××汽车工业株式会社产品责任纠纷案

发布单位：《最高人民法院公报》2001 年第 2 期（总第 70 期）

审判法院：北京市第二中级人民法院

判决日期：2000 年 8 月 10 日

基本案情

1996 年 9 月，林×圻乘坐××汽车（日本××汽车工业株式会社）生产的吉普车从蒲田市前往福州市，途中，汽车挡风玻璃突然爆破，林×圻因爆震伤经医院抢救无效而死亡。经交通管理部门认定，该次事故不属于交通事故。为查明玻璃爆破原因，××汽车将事故车挡风玻璃运回生产厂旭××株式会社（日本旭××株式会社）进行鉴定，旭××株式会社的鉴定意见为：玻璃破碎是由外部因素造成，与玻璃质量无关。陈××（林×圻妻子）、林××（林×圻儿子）对旭××株式会社的意见并不认同。此后车辆所有人莆田车购办（福建省莆田市××局车辆购置附加费××××办公室）委托国家质检中心（中华人民共和国国家建材局安全××质量监督检验中心）对××汽车从日本运回的破碎玻璃进行重新鉴定，得出的鉴定意见是：该玻璃在不受外力作用下，自身不会爆裂。

陈××、林××以××汽车销售吉普车的前挡风玻璃存在产品质量问题导致林×圻死亡为由，提起诉讼，请求判令××汽车对林×圻之死承担责任，向陈××、林××赔偿丧葬费、误工费、差旅费、鉴定费、抚恤金、教育费、生活补助费等共计人民币 50 万元。

××汽车辩称：经鉴定均认定，事故车的挡风玻璃破损事由外力冲击导致，而该公司生产销售的车辆并无质量问题，不存在产品缺陷，陈××、林××的诉讼请求没有事实根据和法律依据，应当驳回。

判决主文

一审法院认定：原告陈××、林××不能证明被告××汽车在林×圻死亡问题上有过错；林×圻的死亡与被告××汽车无必然的因果关系。

一审法院判决：驳回原告陈××、林××要求被告××汽车赔偿损失人民币50万元的诉讼请求。

原告陈××、林××不服一审判决，提起上诉称：首先，对该起事故，林×圻自身并无过错，其死亡与汽车前挡风玻璃突然爆破有关，存在因果关系。其次，被上诉人××汽车私自将事故车挡风玻璃运往日本，委托玻璃生产厂家进行鉴定，将玻璃运回北京，被运回的玻璃是否为事故车上的挡风玻璃，无从考究，同时，该玻璃送至质检中心进行鉴定时，已经碎成一个平面，无法对玻璃强度试验和爆破原因分析，由此得出鉴定意见均不能作为定案依据；再次，即使鉴定意见正确，也只能说明事故车挡风玻璃不受外力作用不会爆破，但并未说明外力的类型，如果受正常合理的外力影响而导致事故车挡风玻璃爆破，即说明玻璃自身存在质量问题，被上诉人××汽车亦应承担赔偿责任。最后，××汽车应对产品质量是否存在问题负举证义务，应承担举证不能的法律后果。

被上诉人××汽车辩称：上诉人陈××、林××选定的国家质检中心所做的鉴定意见，应作为定案依据；被上诉人××汽车本着对用户负责的精神才将玻璃运往日本厂家进行鉴定，并未私自将玻璃运往日本；事故车的玻璃不存在缺陷，原审判决认定事实清楚，适用法律正确，应当维持。

二审法院判决：撤销一审民事判决，被上诉人××汽车赔偿上诉人陈××、林××交通费、住宿费、误工费、鉴定费、丧葬费、死者生前抚养人所必需的生活费、受教育费及死亡赔偿金共计人民币496 901.9元。

裁判要旨

依据我国《产品质量法》第41条规定，因产品存在缺陷造成人身、缺陷产品以外的其他财产损害的，生产者应当承担赔偿责任。生产者能够证明有下列情形之一的，不承担赔偿责任：（1）未将产品投入流通的；（2）产品投入流通时，引起损害的缺陷尚不存在的；（3）将产品投入流通时的科学技术水平尚不能发现缺陷的存在的。”同时，由于生产者在产品生产过程中处于特殊地位，故产品责任实行的是无过错责任原则，其表现在只要发生了与产品缺陷有关的人身或者其他财产损害，生产者就应当承担赔偿责任，生产者只有在能够证明产品具有上述三种法定情形之一时，才能够免除这种赔偿责任。

重点提示

产品缺陷的产生让消费者面临着使用该产品带来的风险，因产品缺陷在产品的生产过程中就已经存在，而生产过程中，产品的生产者始终处于积极主动的地位，是认识和避免产品缺陷产生的唯一主体，而消费者很难了解产品生产中的专业知识，很难发现其面临的风险处境，故在实践中，基于产品生产者所处地位的特殊性，法律将生产者对产品的责任规定为无过错责任。关于无过错责任原则在产品缺陷导致人身损害纠纷中的适用，主要涉及以下几个方面的问题：第一，产品责任的归属。在无过错责任中，只要发生了与产品缺陷有关的人身或者其他财产损害，生产者作为与造成的损害原因有关的主体就应当承担赔偿责任。第二，免责情形。生产者只有在能够证明产品具有未投入流通、投入流通时缺陷不存在、现有科技水平无法发现缺陷存在这三种法定情形时，才能够免除赔偿责任。第三，举证责任。当消费者已经提供证据证明消费者的人身损害与产品质量有因果关系的，产品生产者对其主张的产品不存在缺陷应当承担举证责任。此举证责任中的鉴定应当由我国《民事诉讼法》所指定的鉴定部门进行，且被检验的材料应当符合检验条件，从而得出鉴定意见，否则，该证据将不具有证明力。

6. 生产、销售未经审定的种子致损的责任认定与处理

案例来源

湖北省××市×××镇五百零五户村民诉湖北省××市×××镇××站产品责任纠纷案

发布单位：《最高人民法院公报》1993 年第 1 期（总第 33 期）

审判法院：湖北省石首市人民法院

判决日期：1992年8月25日

基本案情

1992年2月，××站（湖北省××市×××镇××站）从××场（湖南省××研究所××场）购进稻种10 080公斤，将其销售给五百零五户村民（湖北省××市×××镇五百零五户村民）用于播种。用种户在按××场提供的技术资料对种植在1344亩责任田中的早稻实施田间管理，出现了抽穗不齐和早熟现象。经核实最终造成五百零五户村民减产，损失达18万余元。经查，××场提供的稻种为区域小面积试种品系，未经农作物审定委员会（湖南省农作物品种审定委员会）审定便进行销售。

用种的五百零五户村民以其从××站购买稻种生长情况与技术资料介绍的各项数据及性能不符，导致水稻减产，给其造成经济损失为由，提起诉讼，请求判令××站赔偿其经济损失。

××站辩称：××站在得知用种农户种植中出现抽穗不齐和早熟现象时，已积极联系××场进行处理，是××场推脱履行职责才导致农户经济受损，其对农户的经济损失的产生无过错，损失应由××场承担。

××场辩称：××站售卖的是新品种，减产事由气候异常引起，村民减产是由于他们在种植过程中未按相应应对异常气候措施进行栽培的过错导致，××场无过错。

判决主文

一审法院认定：第三人××场将未经审定的试种的稻种投入生产并跨省推销，是造成用种户减产的直接原因，应承担主要责任；被告××站作为种子经营部门未尽审查义务，销售未取得生产许可证种子，应承担次要责任；对被告××站、第三人××场违法经营和推广未经审定的稻种的行为应予民事制裁。

案件审理过程中，被告××站和第三人××场均向原告五百零五户村民承认了各自的过错，被告××站愿向原告五百零五户村民赔偿损失40 000

元，第三人××场愿向原告五百零五户村民赔偿损失 60 000 元，原告五百零五户村民向法院提出撤诉申请。

一审法院裁定：准予原告五百零五户村民撤诉；收缴第三人××场非法所得种子款 10 000 元，罚款 5000 元；对被告××站罚款 3000 元。

一审宣判后，双方当事人均未提起上诉，一审裁定已经发生法律效力。

裁判要旨

商品种子的生产者将尚处于小面积试验阶段、且未经审定的稻种投入生产并跨省推销，从而使消费者种植的水稻减产，对于该损失的产生具有直接责任，应当予以赔偿。商品种子的销售者未经审查生产者的资质以及稻种情况，即从生产者处购入稻种并对外销售，对于该损失的产生具有间接责任，亦应予以赔偿。如果在诉讼中，消费者与生产者、销售者达成庭外和解，并由消费者提出撤诉请求，法院可予准许，且可依法对生产者与销售者处以相应罚款。

重点提示

在农业生产活动中，种子是一种特殊的、无法替代的生产资料，作为农业发展的基础元素而存在，种子经营管理活动，与农户这一主体有着密切的关系，同时也影响着农村社会生活的稳定。实践中，对因种子发生的纠纷通常出现在种子生产者、销售者与农户之间，在处理该类案件的过程中，需要明确以下内容：第一，相关禁止性规定。（1）未经审定或审定未通过的品种不得经营、生产推广、报奖和广告；（2）生产商品种子实行《种子生产许可证》制度；未按规定领取《种子生产许可证》或未按《种子生产许可证》指定的作物种类、品种、地点、规模生产种子的，由当地种子管理机构责令停止生产；（3）未按规定领取《种子经营许可证》和《营业执照》经营种子的，由种子管理机构会同工商行政管理部门责令停止经营；（4）销售不符合质量标准种子，掺杂使假，以次充好的，种子管理机构有权制止其经营活动和扣押种子、没收种子和违法所得，并会同技术监督部门、工商行政管理部门处以违法所得 1 ~ 2 倍的罚款。第二，关于赔偿责任。生产者将未经审定通过的种子投入生产，销售者未审查种子生产者资质而销售应当审定而未经审定通过的种子，使用者因种子质量问题遭受损失的，生产者、销售者应当予以赔偿。赔偿额包括物种价款、有关费用等直接损失和可得利益损失。第三，可得利益损失的计算。种子使用者遭受的可得利益损失一般按照以下方式进行计算：（1）有合同明确约定的，应当采用合同约定的方式计算损失；（2）没有合同约定的，但在种子包装、标签或者使用说明书上对种子的单产等简要性状作出说明的，应当采用明示担保产量计算法；（3）该种子系主要农作物的，可以采用公告产量计算法。第四，处罚措施。生产者生产的种子未经我国有关部门许可及审定，销售者未审查生产者的资质以及种子情况，此种生产和销售行为应属违法，可依法对其处以没收违法所得、罚款的处罚。

第四章　替代责任（16 例）

一、雇主责任（6 例）

1. 关于合伙人执行合伙事务期间受伤的责任承担问题

案例来源

王××诉刘×提供劳务者致害责任纠纷案

发布单位：最高人民法院民事审判第一庭《民事审判指导与参考》2010 年第 2 集（总第 42 集）

审判法院：最高人民法院

判决日期：2010 年 11 月 4 日

基本案情

2009 年 10 月，刘×与张×达成口头协议约定：共同经营水果生意，盈亏分配为刘×90%，张×为 10%。次月，张×乘坐关×驾驶的货车去销售水果，途中，货车失控发生交通事故，造成张×受伤、车辆与水果受损。事故发生后，公安局交警队（×县公安局交通警察中队）作出事故责任认定：货车司机关×酒后驾驶，未执行安全行驶规范，负事故全部责任。张×在事故发生后被当即送往医院抢救，救治期间，产生医疗费用 20 万元，其中，刘×为其支付医疗费 11 万元。关×至今下落不明，名下未查到任何财产。次年 2 月，张×经救治无效死亡。

另查明，肇事货车车辆未购买保险；张×之妻王××现无业，家庭困难。刘×开有一家水果批发公司，经济条件较好。刘×、张×与关×之间曾约定：以每月 6000 元劳务费为标准，请关×帮忙外运水果销售。

王××以刘×与张×系合伙关系，张×是为合伙的共同利益从事合伙事务时遭受损害，刘 × 作为合伙人应适当予以补偿为由，提起诉讼，请求判令刘 × 承担医疗费用的 80% 并支付死亡赔偿金等费用共计 31 万元。

判决主文

一审法院判决：被告刘 × 向原告王 × × 支付张 × 死亡所造成的医疗费、死亡赔偿金共计 31 万元，除已经支付的 11 万元外还需支付 20 万元。

被告刘 × 不服一审法院判决，提起上诉称：首先，被上诉人王 × × 并未提供张 × 住院期间的发票、住院费用明细等合法结算票据，一审法院认定张 × 的医疗费用为 20 万元的依据是医院的住院发票、门诊收费票据，事业单位的收款收据等，对该组证据，本人曾提出过异议，且未经相关部门审核鉴定。同时，张 × 的医疗费用中有 5 万元是其个人债务，因此，一审法院认定张 × 的医疗费用为 20 万元错误。其次，张 × 的死亡系货车司机关 × 所致，过错方为关 ×，一审法院依据《民通意见》第 157 条及《批复》的规定，依据公平原则判决本人承担赔偿责任错误。最后，本人作为合伙人，已承担了张 × 的部分医疗费用，一审法院判决本人承担全部费用已超过了酌情补偿的范畴。综上，请求撤销一审法院判决。

被上诉人王 × × 辩称：首先，一审庭审时本人出示了张 × 的住院发票、收款收据、住院费用结算单等证据，用以证明张 × 住院期间花费的医疗费用是 20 万元。对该组证据上诉人刘 × 并未在庭审时提出异议，亦未申请鉴定，故该组证据应予认定。同时，本人欠付医院的 5 万元是张 × 的抢救费用，并非个人债务。因此，一审法院依据该组证据认定张 × 的医疗费用是 20 万元正确。其次，一审法院适用的《批复》明确规定了“一定”的经济补偿，即根据受害人家属的情况、合伙利益分配和经济状况确定。一审判决认定由上诉人刘 × 承担 80% 的赔偿责任在其可分配 90% 的合伙利益以下，未超出法定补偿范围。而且上诉人刘 × 家境富裕，有能力承担责任，且由于受害人张 × 的死亡，已造成本人家庭困难。综上，请求驳回上诉，维持原判。

二审法院判决：驳回上诉，维持原判。

裁判要旨

具有合伙关系的雇主一方，在为合伙人共同利益而执行合伙事务的过程中，因雇员驾车出现重大事故而死亡。雇员应对此损失承担责任，但该雇员下落不明，作为合伙人的其他雇主应当对在执行合伙事务中死亡的雇主给予相应的经济补偿。在确定补偿份额时，无债务承担约定比例的，应按盈余分配比例承担。

重点提示

合伙人之间是平等的合作关系，不同于合伙人与其雇佣人员之间的管理与被管理的支配、隶属关系。根据最高人民法院《关于审理人身损害赔偿案件适用法律若干问题的解释》的规定，雇员在工作期间受伤时，合伙人作为雇主应承担连带赔偿责任，但对于部分合伙人在执行合伙事务期间，因雇员过错发生交通事故受伤或死亡，而雇员逃匿下落不明的，其他合伙人是否应承担民事赔偿责任，应当如何承担责任，并未作出明确规定。司法实践中，对此问题的认定与处理，应当注意以下几点：（1）公安交警部门对交通事故责任作出的认定是对交通事故当事人过错程度的一种划分及确定，属于行政行为。不能依据该责任认定书划分并认定双方当事人之间的民事赔偿责任。（2）部分合伙人向其他合伙人提起的民事赔偿请求不能认定为合伙债务。关于合伙债务的认定，我国法律并未明确规定，但从其释义来看，应是指合伙期间发生的与合伙事务有关的一切“债”，此处的“债”有缔约过失之债、侵权之债、无因管理之债、不当得利之债、合同之债。而部分合伙人在完成合伙事务期间而受伤，并基于此向其他合伙人提起给付请求，显然无法归入上述“债”中。另外，即使将该民事赔偿请求归入合伙债务，也应是侵权之债，而侵权之债是基于当事人具有过错，无过错则作为特殊情形。但适用无过错归责原则时，则需要有明确的法律规定。因此，在法律无明文规定时，不能将部分合伙人的民事赔偿请求视为合伙债务。（3）个人合伙的特征是共担风险、共负盈亏，合伙人在执行合伙事务时受伤或死亡，其他合伙人作为受益人应依据《民通意见》第157

条规定，适用公平责任原则给予适当的补偿。公平责任原则是在适用无过错、过错责任原则不足以调整当事人之间的法律关系时，适用的补充性法律规则。

2. 由雇员受伤引发的侵权行为因果关系认定问题

案例来源

浙江省德清县××汽车修理厂诉董××生命权纠纷案

发布单位：《最高人民法院公报》2011 年第 6 期（总第 176 期）

审判法院：浙江省湖州市中级人民法院

判决日期：2010 年 3 月 25 日

基本案情

2009 年 3 月 13 日，董××的雇员魏××驾驶欧曼重型半挂牵引车在高速公路上因严重超载致该车轮胎发生故障，为此魏××向交警大队求助。××汽修厂（浙江省德清县××汽车修理厂）接到交警大队的指令后，派雇员梅×武、沈×浩前往事故地抢修，魏××将车辆的相关情况告知后，在拆卸汽车外挡轮胎时，梅×武未对故障轮胎进行放气减压，致使轮胎发生爆炸，造成梅×武死亡的重大事故。事后，××汽修厂与死者梅×武的家属达成了赔偿协议。经鉴定所（浙江出入境检验检疫鉴定所）鉴定，涉案车辆使用维护不当、严重超载、轮胎气压过高以及维修操作不当是造成轮胎爆炸的主要原因。

××汽修厂以董××所有的汽车长时间超载，轮胎不合格，承受不了轮胎内气压而爆炸，应对事故造成的损害承担赔偿责任为由，提起诉讼，请求判令董××赔偿损失 359 567 元。

董××辩称：本案为承揽合同纠纷，××汽修厂雇员的死亡为承揽合同关系下不幸的结果。其次，××汽修厂未提供与梅×武签订的劳动合同及缴纳保险费用的证明，不能证明梅×武是其雇员，因此没有诉讼主体资格。而且梅×武在没有专业培训情况下维修汽车，不具备上岗资格。在本方告知其轮胎卡槽处有裂痕时，未进行放气减压操作，自身存在过错。同时，车辆超载与事故的发生亦没有因果关系。再次，本人不应承担赔偿责任。根据相关法律规定，本人不存在定作、指示、选任方面的过失，梅×武的死亡系其自身操作不当所致。此外，××汽修厂仅有赔偿协议，不能证明已经履行了赔偿义务，而且赔偿计算的依据混乱。综上，请求驳回××汽修厂的诉讼请求。

判决主文

一审法院判决：驳回原告××汽修厂的诉讼请求。

原告××汽修厂不服一审法院判决，提起上诉称：根据鉴定所出具的鉴定意见，涉案事故发生的原因是涉案车辆使用不当，且车辆有多项性能不符合国家标准，一审法院判决将事故发生主要原因归结为本厂错误。退一步讲，即使本厂应当承担主要责任，被上诉人董××亦应承担次要赔偿责任。其次，梅×武作为雇员遭受人身损害，本厂作为雇主可以要求雇佣关系以外造成雇员人身损害的第三人承担赔偿责任。因此，请求撤销一审判决，改判支持本厂的诉讼请求。

被上诉人董××辩称：一审法院判决依据正确，根据鉴定所出具的鉴定报告可以得出，如果维修处置得当可以避免人身伤亡事故，本案事故是由于梅×武没有上岗证，且操作不当造成。其次，事故发生前，本人雇佣的驾驶员已将危险情况告知梅×武，而且换轮胎之前梅×武已用千斤顶将车辆顶离地面，此时气压与车辆超载不具有任何关系，对此，本人不存在过错，不应承担赔偿责任。综上，请求驳回上诉，维持原判。

二审法院判决：驳回上诉，维持原判。

裁判要旨

案由是当事人诉讼请求所指向的法律关系。在案件中存在多个法律关系时，只有与诉讼请求在法律上、事实上直接关联的法律关系才是案由。

侵权法律关系中，承担侵权责任的条件之一是侵权行为与损害后果之间存在因果关系，否则侵权行为不能成立，行为人对损害后果不承担法律责任。

重点提示

根据我国《侵权责任法》的规定，侵权责任的构成要件包括损害后果、因果关系、过错和违法性。其中，因果关系是侵权责任构成的必备要件之一。司法实践中，认定侵权行为与损害后果之间的因果关系，应当注意以下几点：（1）法律因果关系的成立。因果关系包括事实因果关系和法律因果关系，事实因果关系是侵权行为致使受害人损害发生的原因，而法律因果关系则是被控侵权人因该事实因果关系而在法律上承担损害责任的原因，只有法律因果关系存在，侵权行为才能成立。因此，判断法律因果关系是否成立，需要判断事实因果关系是否达到法律要求。关于事实因果关系是否达到法律要求的判断，可运用推定原则，由被控侵权人对其承担责任的行为或者损害事实非其行为所致的事实承担举证责任，举证不能则认定系其行为导致损害后果的发生，二者之间构成事实因果关系且达到法律要求，法律因果关系成立。（2）过错不能替代因果关系成立侵权行为。在侵权责任中，确定侵权是否成立首要考虑的是因果关系是否成立，而非被控侵权人是否具有主观过错。即使被控侵权人无主观过错，只要认定其侵权行为与损害结果之间具有因果关系，其也应承担侵权损害赔偿责任。另外，依据《侵权责任法》规定可知，被控侵权人主观具有过错仅是作为其承担责任范围的依据。因此，过错不能替代因果关系成为判断侵权行为是否成立的依据。

3. 关于临时劳务关系的法律性质认定问题

案例来源

刘×再、李×军诉刘×发、刘×英提供劳务者受害责任纠纷案

发布单位：最高人民法院立案庭《立案工作指导》2010 年第 1 辑（总第 24 辑）

审判法院：湖北省高级人民法院

基本案情

2004年8月16日，刘×发、刘×英运来10吨大麦，为找人替其卸货，与胡×成约定付给卸货人每吨3元，卸货完毕后支付报酬。随后，经胡×成联系，抄×春、李×达、周×毛、李×林开始为刘×发、刘×英卸货。分配好职责后，胡×成与周×毛整理仓库，抄×春在车上转卸货物，李×达、李×林搬运货物。抄×春在转卸第二包货物给李×林，李×林准备将货物搬到刘×英指定的地点时，车上的几袋大麦突然滚落下来，砸在李×林身上致其当场昏迷，送往医院后因抢救无效于同月24日死亡。在此期间，李×林住院共花费医疗费12 890元，对李×林遭受的经济损失，各方未协商一致。

为此，李×林的近亲属刘×再、李×军以李×林临时提供劳务并获取报酬系雇佣关系为由，提起诉讼，请求判令刘×发、刘×英赔偿误工费、护理费、住院伙食补助费、医药费、精神损失费等共计80 121.51元。

判决主文

一审法院认定：李×林等五人与被告刘×英约定，将货物搬至指定地点获得相应报酬，因此形成承揽关系。根据最高人民法院《关于审理人身损害赔偿纠纷案件适用法律若干问题的解释》第10条的规定，在卸货的过程中，被告刘×英没有选任、指示的过错，故被告刘×发、刘×英不应承担赔偿责任。

一审法院判决：驳回原告刘×再、李×军的诉讼请求。

原告刘×再、李×军不服一审法院判决，提起上诉。

二审法院判决：撤销一审判决；被上诉人刘×发、刘×英赔偿上诉人刘×再、李×军经济损失40 060.76元。

被上诉人刘×发、刘×英不服二审法院判决，申请再审。

再审法院判决：维持二审法院判决。

申请再审人刘×发、刘×英不服再审法院的再审判决，向最高人民法院申诉称：二审法院判决申请再审人刘×发与李×林等五人是雇佣关系不符合事实，申请再审人刘×发是国家公务员，当天不在现场，而申请再审人刘×英是个体工商户，因此，申请再审人刘×发与本案无关。其次，二审判决定性错误。在工作性质上，李×林等人系自发组成装卸队，并常年以自身的劳动力开展装卸经营活动，与申请再审人刘×英是平等独立的两个经营主体，双方不存在雇佣关系。按照平时的装卸管理应定性为临时的承揽关系。再次，二审判决适用法律错误，根据劳动法规定，企、事业单位、个体工商户雇佣人员而形成的雇佣关系就是劳动关系，故申请再审人刘×英与李×林等五人是劳动关系，本案应在劳动法范围内审理。最后，二审判决认定事实错误，双方约定卸完货后给付货款，应属于装卸合同。另外，二审判决中要求本方赔偿精神损害无法律依据，申请再审人刘×英无任何违法侵害行为，不应给付精神损害赔偿金。

最高人民法院裁定：不对该案提起再审。

裁判要旨

搬运人为所有人搬运货物过程中，被滚落的货物砸伤致死。因搬运人搬运货物系受所有人指示，提供劳动力将货物搬运至所有人指定地点，其从事劳务行为不具有独立性，故双方之间的法律关系属于雇佣关系而非承揽关系。对于搬运人死亡的损害后果，所有人应当依据法律规定，承担相应的人身损害赔偿责任，并支付相应的精神损害抚慰金。

重点提示

在民事诉讼中，因雇佣关系与承揽关系在形式上具有很多相似之处，在区分二者时容易产生混淆，而认定当事人之间是属于雇佣关系还是承揽关系，则关系当事人的权益保障问题。司法实践中，应从以下几方面对雇佣关系、承揽关系进行区分：（1）目的不同。雇佣关系是以直接提供劳务为目的，而承揽关系则是以提供劳务为手段，以完成工作成果为目的。因此，在工作目的仅是提供劳务的情形下，当事人之间构成雇佣关系。（2）人身依附关系不同。雇佣关系中，作为雇主的当事人可支配管理雇员，雇员则需听从雇主对工作时间、地点、内容等的安排，不存在自主选择权，双方之间的关系具有不平等性。而在承揽关系中，承揽人与定作人之间是平等的合作关系，承揽人自主安排工作内容，定作人无权对此干预。因此，对于工作安排，一方当事人需要听从对方安排、分配的，二者之间成立雇佣关系。(3) 承担的法律责任不同。依据法律规定，在雇佣关系中，对于雇员的人身损害赔偿，适用无过错责任原则，即无论雇员对其损害是否具有过错，雇主均应当承担赔偿责任。但在雇主举证证明损害后果是不可抗力或者雇员故意行为所致时，其可主张免责。在承揽关系中，承揽人造成自身损害的，原则上适用过错责任原则，即由承揽人独自承担责任，但在定作人对定作、指示或者选任有过失时，可要求定作人依其过错程度承担相应的赔偿责任。

4. 雇主对雇员的死亡无过错时应承担何种责任

案例来源

刘×、杜×昱、王×珍、杜×方诉赵×勤提供劳务者受害责任纠纷案

发布单位：最高人民法院审判监督庭《审判监督指导与研究》2003 年第 2 卷（总第 10 卷）

审判法院：四川省雅安市中级人民法院

基本案情

1999 年 12 月 16 日，赵×勤购买车主冉××的小汽车及顶灯和小汽车经营权。次年 1 月 1 日，赵×勤将出租汽车挂靠出租汽车公司（雅安××出租汽车有限公司）经营，并聘用驾驶员杜×金，约定，营业额的 20% 作为杜×金报酬。

同年 7 月 17 日，在经营中，杜×金遭遇韩×、陈×等人抢劫死亡。刑事附带民事判决以抢劫罪判处陈×死刑，缓期 2 年执行，另三名犯罪嫌疑人在逃。

刘×（杜×金之妻）、杜×昱（杜×金之女）、王×珍（杜×金之母）、杜×方（杜×金之父）以杜×金为了保护赵×勤的利益，遭受犯罪分子杀害，赵×勤作为雇主应承担民事赔偿责任为由，提起诉讼，请求法院判决赵×勤支付各项费用共计 115 600 元。

另查明，2000 年 1 月至 7 月间，杜×金驾驶出租汽车经营收入共计 26 910 元，获得报酬 5382 元。赵×勤在杜×金死亡后共花费 920. 90 元。刘×等四人未向韩×、陈×提起刑事附带民事诉讼。犯罪分子韩×已被执行死刑。

后刘×等四人变更诉讼请求，请求法院判令赵×勤支付杜×金丧葬费用 2972 元，供养亲属抚恤金 49 929. 60 元，一次性死亡补偿金 23 776 元，三项合计 76 677. 6 元。

判决主文

一审法院认定：被告赵×勤将出租汽车挂靠经营，并聘用驾驶员杜×金，因没有工商营业执照，因此不是个体经济组织，故双方不是劳动法律关系，系雇佣法律关系。杜×金的死亡，虽然发生在经营期间，但因犯罪分子的加害行为所致，而被告赵×勤无过错。原告刘×等四人要求其支付死亡赔偿金请求无法律依据，但杜×金是为双方共同利益受到损害，被告赵×勤作为受益人应在受益范围内给予适当补偿。

一审法院判决：被告赵×勤给付原告刘×等四人的补偿费 6000 元，除去已支付的 920. 90 元，剩余应支付 5079. 10 元；驳回原告刘×等四人的其他诉讼请求。

原告刘×、杜×昱、王×珍、杜×方不服一审判决，以一审判决有误为由提起上诉。

二审法院认定：被上诉人赵×勤与雇佣驾驶员杜×金成立雇佣法律关系。杜×金在经营期间遇害，被上诉人赵×勤作为雇主，应承担经营活动中雇员的损害赔偿责任。此外，因上诉人杜×方、王×珍没有丧失劳动能力，请求支付生活补助费的理由不能成立。

二审法院判决：撤销原审法院判决；被上诉人赵×勤给付上诉人刘×、杜×方、王×珍丧葬费 1200 元；给付上诉人刘×、杜×方、王×珍、杜×昱一次性死亡补偿金 23 776 元；给付上诉人杜×昱一次性生活补助费 9360

元。共计33 415.10元；驳回上诉人杜×方、王×珍要求给付其生活补助费的诉讼请求。

被上诉人赵×勤不服，申请再审称：杜×金死亡系他人所为，其无过错。此外，杜×金在经营时死亡，即使被上诉人赵×勤作为受益者也应在受益范围内给予补偿。同时，一二审调查中显示被上诉人赵×勤与杜×金系雇佣法律关系，而且杜×金的死亡系犯罪分子所致。根据民法过错原则，被上诉人赵×勤不应承担赔偿责任，仅仅作为受益人给予适当的经济补偿。故请求法院依法判决。

被申请再审人刘×等人辩称：杜×金在经营时遭遇抢劫并死亡，是为保护申请再审人赵×勤的利益被犯罪分子杀害。申请再审人赵×勤作为雇主，应承担相应的民事赔偿责任。请求法院判令申请再审人赵×勤支付丧葬费用2972元，供养亲属抚恤金49 929.60元，一次性死亡补偿金23 776元，三项合计76 677.60元。请求再审维持二审判决。

再审法院判决：撤销一审及二审法院判决；申请再审人赵×勤一次性给付被申请再审人刘×、杜×昱、杜×方、王×珍补偿费30 000元人民币，扣除申请再审人赵×勤已支付的920.90元，剩余应支付29 079.1元；驳回被申请再审人刘×、杜×昱、杜×方、王×珍的其他诉讼请求。

裁判要旨

雇主聘请雇工驾驶其所有出租车进行营运，并口头约定支付报酬的具体方式，双方由此形成雇佣法律关系。雇工在受雇的经营活动中因犯罪分子的犯罪活动致死的，雇主虽无过错，但基于雇工是在为双方的共同利益进行经营活动中受到损害的，根据民法公平原则，雇主作为受益人理应给予雇工近亲属适当补偿。

重点提示

雇员在雇佣活动中，因他人致害死亡，雇主是否应当承担赔偿责任，在实践中，存在以下几种不同观点。第一种观点认为，雇主应当承担一定比例的赔偿责任。原因在于雇员既然是从事雇佣活动死亡，但依照无过错责任原则，雇主应当承担一定比例的赔偿责任。第二种观点认为，应当参照工伤赔偿标准，雇主应当赔偿雇员亲属丧葬补助费、供养亲属抚恤金、一次性死亡补偿金。原因在于雇佣关系从广义上来说系一种劳务关系，是劳动者提供劳务，雇主支付报酬的行为，应当参照工伤赔偿标准，由雇主赔偿雇员亲属相应的损失。第三种意见认为，雇主不承担赔偿责任。原因在于，其不符合侵权责任的构成要件。即雇主并无主观上的过错，雇佣活动与雇员的死亡并无任何因果关系，应当认定为意外事件。第四种意见认为，雇主可适当给予一定的经济补偿。原因在于依据规定，当事人对造成损害均无过错，但一方在为对方利益或者双方的共同利益进行活动的过程中受到损害的，可以责令受益人给予一定的经济补偿。故雇主对雇员的死亡并无过错，但是雇员系从事雇佣活动中遭受他人侵害，雇主系该雇佣活动的受益人，应当给予一定的经济补偿。针对以上四种观点，实务中大多赞同最后一种观点。原因在于，个人雇佣关系中，雇主与雇员系平等的主体，无强弱之分，但无论在经济能力、诉讼能力上，雇主均处于强势地位，其与雇员并非处于平等地位。同时，工伤赔偿的目的在于保护与雇主相比处于弱势地位的雇员的合法权益，其认定范围较宽，故以工伤的认定标准要求雇主，将增加雇主的负担，不符合民事立法的平等精神。而雇员在从事雇佣活动中死亡，即使雇主对雇员的死亡并无任何过错，但雇主作为受益人，从公平原则的角度出发，应当给予一定的经济补偿，以体现法律的公平正义，避免双方的矛盾激化。

5. 关于承包人对实际施工人的雇员的责任承担问题

案例来源

龙××诉云南省××县××建筑工程公司、姜××、云南省××县××局提供劳务者受害责任纠纷案

发布单位：《最高人民法院公报》2001年第1期（总第69期）

审判法院：云南省永胜县人民法院

判决日期：2000年4月11日

基本案情

1988 年 11 月 8 日，××建筑公司（云南省××县××建筑工程公司）向××局（云南省××县××局）承包了过境线工程并签订合同。此后，××建筑公司又与姜××签订施工合同，此过境线工程的施工与管理由姜××负责。同时，姜××开始组织人员施工及向工地运送材料。在施工过程中，姜××雇佣龙××为其制作和安装钢筋，施工截止至 1999 年 1 月 16 日，姜××发现龙××安装的钢筋架不符合规定，要求返工。在返工中，龙××的弟弟龙×生用手锤撬钢筋时发生倾倒，倒向捆扎钢筋的龙××，由于竖立的钢筋架无任何安全保护设施，龙××被倾倒的钢筋架砸伤，造成颈椎压缩性骨折并截瘫。经鉴定，龙××的伤情为二级伤残，完全丧失劳动能力。龙××在医院治疗期间医药费为 16 988.8 元，交通费 1500 元，其中，姜××支付 20 240 元。

龙××以××建筑公司向××局承包过境线工程，姜××是工程具体负责人，姜××雇佣其为钢筋工，并在施工时被砸伤、现已瘫痪失去生活自理能力为由，提起诉讼，请求法院判令××建筑公司、××局、姜××赔偿经济损失及伤残补助，继续治疗费共计 271 306.08 元。

××建筑公司辩称：过境线工程是以姜××之名挂靠本公司，实际施工中的工伤事故应由姜××负责；本公司与龙××不存在雇佣关系；龙××的受伤系操作不当造成，违章作业所致。

姜××辩称：在事故发生前，本人已将钢筋材料拉到工地并使用，在龙××施工时已提醒注意安全，此次事故由于龙××及其弟弟龙×生自身操作不当引发的后果，故龙××应负一定责任。此外，龙××提出的请求费用标准较高，不符合当地的实际生活水平，请求法院依法合理作出判决。

××局辩称：本方在施工中已尽到监督管理之则；本方未与龙××签订劳动合同；龙××受伤系操作的重大过失造成。综上，本方无过错，龙××的损害后果应由××建筑公司、姜××以及龙×生和龙××按各自过错责任分担。

判决主文

一审法院判决：被告××建筑公司赔偿原告龙××医疗费、误工费、住院护理费、伤残生活补助费、继续治疗费、被抚养人生活费、交通费、鉴定费、残疾者今后护理费合计 163 799. 33 元，扣除被告姜××已支付的 20 240 元，剩余应赔偿 143 559. 13 元。

一审宣判后，双方当事人均未提起上诉，判决已发生法律效力。

裁判要旨

承包人在从发包人处取得建设工程承建资格后，与实际施工人签订内部承包协议将该工程交由实际施工人承建，承包人仍负有对实际施工人雇佣之劳动者进行培训并保障工作环境安全的义务。承包人未能尽到上述义务，致使劳动者在工作过程中遭受人身损害的，应当承担赔偿责任。

重点提示

在工程建设中，由于承包人与发包人签订施工合同后无法亲自施工，而将工程交由借用自己名义或资质的他人施工，或者通过转包或违法分包将本该由自己施工的工程交由他人施工。其中，与发包人签订施工合同的合同主体为承包人，而实际从事工程施工的主体为实际施工人。那么，承包人可能对实际施工人的雇员损害承担责任的情形有哪些，需考虑哪些因素，从我国《建筑法》以及最高人民法院《关于审理建设工程施工合同纠纷案件适用法律问题的解释》的有关规定来看，承包人对实际施工人的行为承担连带责任的情形，除了依据合同的相对性进行判断外，还应当考虑是否为因安全生产问题引发的责任承担、是否为非法转包关系等。具体分析如下：其一，雇员受伤，实际施工人挂靠的承包方应承担赔偿责任。实际施工人与承包人形成了内部承包关系，代表承包人对具体施工的雇员负责，因此也代表承包人履行依法提供劳动保护、对雇员进行就业训练的义务，内部承包关系的承包人也应当对雇员的损害承担民事责任，实际施工人在此过程中存在过错的，承包人可另行追究实际施工人的责任。其二，雇员受伤，实际施工人应当承担赔偿责任。实际施工人对外招聘雇员，根据最高人民法院《关于审理人身损害赔偿案件适用法律若干问题的解释》规定，雇员在从事雇佣活动中遭受人身损害，雇主应当承担赔偿责任。而在建筑工程中，雇员是受实际施工人雇佣，故实际施工人应当赔偿其相应的损失。其三，雇员受伤，非法转包的承包人应当赔偿。即雇员在施工活动中受伤，除无施工资质的实际施工人承担赔偿责任外，可向非法转包的承包人要求赔偿。其四，雇员因安全生产事故受伤，承包人知道或者应当知道实际施工人未提供安全生产条件的，应当与实际施工人承担连带赔偿责任。

6. 劳动关系与雇佣关系的判定

案例来源

陈××诉赖××提供劳务者受害责任纠纷案

发布单位：《最高人民法院公报》2001 年第 1 期（总第 69 期）

审判法院：四川省德阳市中级人民法院

判决日期：2000 年 3 月 15 日

基本案情

陈××在赖××处工作，约定赖××支付给陈××每月工资 300 元，包吃住。主要负责跟随赖××经营的运沙车，为汽车更换轮胎，替倒车的车主安装车之间连接处的插销及叮嘱驾驶员安全等。同年 10 月 7 日晚，运沙车需要倒车时，上下插销孔错位，陈××便跳上主、拖车之间的三角架，准备在车辆运行中插插销。在主车倒车过程中，陈××没有站稳，左腿被正在转动的三角架夹断。住院期间，陈××父亲因生活所迫，与赖××达成协议，由赖××负责医院的一切开销，支付 1000 元治疗费用，此后不承担任何责任。后陈××出院，出院的诊断结论为：左胫骨开放性骨折，左小腿及皮肤撕脱伤；患者及家属要求出院；出院后注意加强营养、及时换药，回当地医院继续治疗。赖××支付了陈××此次住院期间的全部医疗费。陈××回家后，因继续治疗，无力承担医疗费，遂出院。出院后，陈××多次请求法律服务所（广汉市××镇法律服务所）协助解决要求赖××赔偿损失一事，但未果。另，1999 年 7 月，陈××伤情被鉴定为五级伤残。

陈××以其为赖××员工，因职务行为夹断左腿鉴定为五级伤残为由，提起诉讼，请求判令赖××赔偿因工致伤的医疗费、住院费、住院生活补助费、护理费、一次性伤残抚恤金、一次性伤残补助金、一次性医疗补助费、残疾人轮椅费以及差旅费等，合计 111 760. 20 元。

赖××辩称：本案系劳动争议仲裁，归属于劳动争议，本次事故的发生乃陈××违规操作所造成。同时，本方与陈××的父亲已经达成了协议，也进行了救助，而且给予了一次性补偿，无需再承担责任。而且出院后，陈××因自己原因加重病情，因此，本方不需要承担责任。

判决主文

一审法院判决：被告赖××一次性赔偿原告陈××医疗费、伤残抚恤金、医疗补助费合计 82 023. 2 元；驳回原告陈××的其他诉讼请求。

被告赖××不服一审判决，提起上诉称：上诉人赖××为个体工商户，与被上诉人之间形成劳动用工关系，应当受劳动法调整；本方上诉人赖××与被上诉人陈××之父达成善后处理协议，并已履行完毕。因此被上诉人陈××无权提起诉讼，请求法院改判。

二审法院判决：驳回上诉，维持原判。

裁判要旨

未经工商部门依法核准登记，未领取营业执照的经济组织不具有个体工商户的法律地位，不属于法律规定的个体经济组织，其雇佣劳动者从事劳动并给付劳动报酬，此种劳动用工关系应当认定为雇佣关系。雇员在受雇佣期间为雇主利益受伤，雇主应当承担民事责任。

重点提示

雇佣关系，是指雇员接受雇主的委托或者指示从事某项劳务活动，雇主按约定支付劳务费的法律关系，其表现形式一般为约定完成某项劳务活动，用工期限较短，并及时结清劳务费用；劳动关系，则指用人单位招用职工，使职工成为该用人单位的成员，接受用人单位的劳动管理，从事用人单位安排的劳动，并定期获取劳动报酬和享受劳动保护的社会关系。劳动关系与雇佣关系的区别为：（1）主体范围不同。劳动关系中的用工主体按照我国《劳动法》的规定，经依法登记，领取营业执照的个体经济组织、境内的企业，同时还包括与劳动者建立劳动合同关系的国家机关、事业组织、社会团体。劳动关系的用工主体及劳动者范围均由劳动法规确定；而雇佣关系中的雇主和雇员均没有法律法规上的限制。（2）主体地位不同。劳动关系中用人单位与劳动者之间存在行政上的隶属关系，劳动者必须在单位领导的指挥下工作；而雇佣关系中，雇主与雇员之间的主体地位是平等的，系劳务与报酬之间的交换，雇员同时还可以选择两个以上的雇主。（3）处理机制不同。劳动关系中产生的纠纷受劳动法调整，按照劳动争议处理；雇佣关系中产生的纠纷受民法调整，按照民事争议处理。此外，我国《劳动法》第2条中的“个体经济组织”，是指一般雇工在7人以下的个体工商户。综上，当雇主未经依法登记，无工商行政管理部门颁发的个体工商户营业执照，则不为依法成立的个体工商户，不能成为劳动关系的主体。当雇主与雇员之间，一方提供劳务，另一方支付报酬，雇主与雇员之间不存在身份上的从属性和依附性，则二者之间形成的用工关系应当认定为雇佣关系。雇员与雇主发生争议的，应当按照雇佣关系处理。

二、帮工责任（3例）

1. 被帮工人对义务帮工人返回途中意外身亡应承担的责任

案件来源

于××、王××诉布××、沈××、康××义务帮工人受害责任纠纷案

发布单位：最高人民法院立案庭《立案工作指导》2010年第4辑（总第27辑）

审判法院：最高人民法院

基本案情

2007年6月24日，布××经沈××委托，邀请于××的丈夫王×印去沈××的羊点洗羊。布××与王×印、宝×到达沈××的羊点时，羊已经洗了一半，王×印与布××、宝×一同帮助洗完羊后，中午在沈××羊点吃饭，席间，王×印喝了3～4瓶啤酒。后王×印独自驾驶一辆摩托车先行离开，布××与宝×驾驶另一辆摩托车在其后离开，行至途中发现王×印躺在地上，布××遂将王×印送至哈达图农牧场医院，送达时王×印已经死亡。在哈达图边防派出所征询于××意见时，于××不同意对尸体进行解剖，故王×印死因不明，对于王×印骑摩托车摔倒后死亡的事实，于××表示认可。事发后，王×印家属于××、王×印母亲张×英与沈××签订人身伤亡一次性补偿协议书，由沈××一次性补偿于××30 000元。

王×印家属于××、王××以王×印在回家路上发生意外而死亡，系帮工活动的延续为由，提起诉讼，请求判令一次性补偿协议无效；沈××、布××、康××给付损失赔偿款、精神抚慰金。

另，王×印家属于××、王××要求哈达图牧场电管所所长康××共同承担赔偿责任，但未提交任何证据证实康××是共同赔偿义务人。

裁判主文

一审法院判决：被告沈××应适当补偿原告王××抚养费5000元。原告于××、王××不服一审判决，提起上诉称：王×印系在帮工后回家的路上发生意外导致其死亡，应属帮工活动的延续。请求二审法院判决一次性补偿协议无效；判令被上诉人沈××、康××、布××给付损失赔偿款、精神损害抚慰金；被上诉人沈××、康××、布××应承担连带赔偿责任。

二审法院判决：驳回上诉，维持原判。

上诉人于××、王××不服二审判决，申请再审称：一次性补偿协议无任何法律效力。请求撤销原判，判令被申请再审人沈××、康××、布××共同给付申请再审人于××、王××人身损害赔偿金。

再审法院裁定：驳回申请再审人于××、王××的再审申请。

申请再审人于××、王××不服再审裁定，向最高人民法院提起申诉称：王×印属于帮工期间死亡，被申诉人沈××、康××、布××明知王×印系骑摩托车来帮工，却让王×印喝酒，而且又未将酒后的王×印安全送回家，存在过错。请求判决被申诉人沈××、康××、布××共同赔偿。

最高人民法院裁定：驳回申诉人于××、王××的申诉。

裁判要旨

义务帮工活动结束后，帮工人酒后驾驶摩托车在返家途中发生意外事故死亡。因帮工人死亡的时间不属于从事帮工活动的期间，亦不属于帮工活动的延续，且意外事故的发生与帮工活动不存在因果关系，而系义务帮工人自身过错造成。因此，义务帮工人在帮工活动结束后返回途中意外死亡不属于帮工事故，被帮工人无需承担赔偿责任。但鉴于被帮工人因帮工活动受益，依据公平原则，被帮工人对帮工人的家属应给予一定补偿。

重点提示

最高人民法院《关于审理人身损害赔偿案件适用法律若干问题的解释》第13条规定：为他人无偿提供劳务的帮工人，在从事帮工活动中致人损害的，被帮工人应当承担赔偿责任。此规定表明，只有义务帮工人因帮工活动受伤时，被帮工人才承担赔偿责任。实践中，对于义务帮工人帮工活动结束返回途中遭受伤害的情形，被帮工人是否应承担赔偿责任，可从以下几点进行分析：（1）帮工事故的认定。义务帮工是一种民间互助方式，是为他人无偿提供劳务的行为。义务帮工需要听从被帮工人指挥，在被帮工人提供的工作环境和条件下，进行帮工行为。在接受被帮工人指挥的工作期间，义务帮工人受到人身损害的，应认定为帮工事故。同时，因帮工活动的认定不应作扩大解释，需以确实必要为标准进行严格认定，帮工活动原则上应以帮工行为停止为结束标志，故在帮工活动结束后，义务帮工人遭受的人身损害，不为帮工事故。（2）义务帮工人的损害与帮工行为之间是否具有因果关系。关于因果关系的认定，需要义务帮工人承担举证责任，即其对受到的人身损害系因帮工活动所致。不能证明的，应认定二者之间不存在因果关系，被帮工人对其损害不承担赔偿责任。（3）被帮工人应承担补偿责任。因义务帮工人非在帮工期间受到人身损害，但是其因在帮工结束后的回家途中受到损害，在该帮工活动中，被帮工人是受益人，即使义务帮工人非在帮工期间受伤，被帮工人也应依据公平原则对义务帮工人承担一定补偿责任。

2. 帮工人在帮工过程中遭受损害的责任承担

案件来源

朱××诉安徽省东至县××液化气有限责任公司义务帮工人受害责任纠纷案

发布单位：《最高人民法院公报》2007 年第 5 期（总第 127 期）

审判法院：东至县人民法院

基本案情

2002 年 6 月 6 日，朱××以××液化气公司（安徽省东至县××液化气有限责任公司）下属富邦换气点从业人员身份参加池州市消防支队在东至县举办的液化气从业人员消防培训班。同年年底，富邦换气点因未参加年检，变更负责人未向主管部门申请批准等原因停业后，朱××以为顾客接送液化气为业，获取报酬。第二年8月5日，××液化气公司客户钱×英因液化气打不着火而来到土地局换气点要求派人维修，朱××在此等候业务，便称，钱×英家的液化气是其检测，换气点负责人称："是你检测的，那就你去"，遂让朱××前往钱×英家进行维修。在维修中不慎发生燃烧事故，朱××及钱×英均被烧伤。经鉴定，朱××伤情为9级伤残，朱××为此花去医药费5952.90元。

朱××以其系××液化气公司雇佣的员工，因受换气点负责人派遣前往客户家维修，从而发生燃烧事故，致其受伤为由，提起诉讼，请求判令××液化气公司赔偿朱××医疗费、误工费、护理费、交通费、住宿费、住院伙食补助费、营养费共计9717.90元，并赔偿伤残补助费17 250.84元。

××液化气公司辩称：朱××并非××液化气公司的职工，也非××液化气公司的雇员。同时，朱××的医疗费未经审核，误工、赔偿标准计算不准确。

裁判主文

一审法院判决：被告××液化气公司赔偿原告朱××7850.45元，驳回原告朱××其他诉讼请求。

宣判后，双方当事人均未提起上诉，判决已发生法律效力。

裁判要旨

根据最高人民法院《关于审理人身损害赔偿案件适用法律若干问题的解释》第14条的规定，帮工关系是指帮工人无偿为被帮工人处理事务而在双方之间形成的法律关系。帮工人因帮工活动遭受人身损害的，被帮工人应当承担赔偿责任。

重点提示

帮工，是为他人无偿提供劳务的行为。最高人民法院《关于审理人身损害赔偿案件适用法律若干问题的解释》第14条规定：帮工人因帮工活动遭受人身损害的，被帮工人应当承担赔偿责任。被帮工人明确拒绝帮工的，不承担赔偿责任；但可以在受益范围内予以适当补偿。这是关于帮工人帮工过程中遭受损害的赔偿责任的规定。实践中，判令被帮工人对帮工人的损害承担责任时，需明确以下几个方面的内容：（1）帮工关系的认定。帮工关系是指帮工人无偿地为他人处理事务从而与他人形成的法律关系。（2）帮工关系与雇佣关系的区别。其一，是否有偿。雇佣关系是有偿性的，受雇人是基于合同或者口头约定为雇佣人在一定或者不特定的时期内，提供劳务，雇佣人则按照约定给付报酬；而帮工关系是无偿性的，帮工人是无偿、自愿或者接受被帮工人邀请，为其处理事务、提供劳务，同时按照被帮工人的意思，在一定时间内完成某项工作。其二，从属性问题。在帮工关系中，帮工人虽然接受被帮工人的指挥，但帮工人对其完成的工作有一定的主动性，而在雇佣关系中，受雇人是严格按照雇佣人的要求完成劳务，在工作过程中并没有自主选择权。（3）准确界定“从事帮工活动中”。《解释》对帮工人致人损伤和被致伤均明确规定必须是“在从事帮工活动中”，即帮工人的人身损害是在为被帮工人劳务过程中发生的，但需注意，如果帮工人为被帮工人处理事务、提供劳务后，返回被帮工人处的途中受伤，因该返回过程与提供劳务过程是紧密联系在一起无法割裂的，应认定为该返回过程是从事帮工活动的自然延续，应当理解为“从事帮工活动中”。（4）帮工人遭受损害的责任承担。如果帮工人不是因为他人原因，而仅是基于帮工过程中发生事故，导致帮工人遭受人身损害的，被帮工人应当对此承担赔偿责任。但是，如果帮工人提供帮助时，被帮工人明确拒绝帮工，被帮工人可不承担赔偿责任，如果被帮工人因帮工行为获益的，按照公平原则，可以在受益范围内对受损害的帮工人予以适当补偿。

3. 在被帮工人款待过程中，帮工人与他人赌酒致死的责任承担

案件来源

沈××诉雷××、唐××生命权纠纷案

发布单位：最高人民法院中国应用法学研究所《人民法院案例选》2004年民事专辑（总第48辑）

审判法院：四川金堂县人民法院

基本案情

2002年4月21日，唐××请沈×全、雷××等人为自己拆草房、盖瓦房，沈×全、雷××等人系无偿帮工。瓦房盖好后，唐××按当地习惯，请帮工人吃饭，宴席伙食由唐××提供，地点为其弟唐×寿家。席间，雷××与他人赌酒未成后，沈×全主动提议按照雷××喝10杯，沈×全喝15杯的条件进行赌酒，雷××同意，二人赌酒后均醉倒，当夜在唐××家同床睡觉。次日清晨沈×全死亡。经鉴定，沈×全死因系急性酒精中毒。沈×全死后其妻子外出至今下落不明，其女沈××尚未成年，经当地村委会同意，沈××的伯父沈×春担任沈××的监护人。唐××已支付沈×全尸体冷冻、火化、骨灰盒、安葬费、其他交通费、生活费用共计6000元。

沈××以雷××与他人赌酒不成便与其父沈×全赌酒；唐××请其父沈×全帮工，在款待帮工时对其父与雷××赌酒行为不加劝阻、制止，造成其父死亡为由，提起诉讼，请求判令：唐××和雷××承担沈×全死亡的抚恤金、丧葬费、沈××生活费、教育费、精神补偿费、保险费共计126 162元。

雷××辩称：沈××起诉的事实不能成立。雷××并未提出与沈×全赌酒，席间敬酒属正常行为，赌酒行为系沈×全主动提出，应自行承担后果，雷××并无过错。且沈××提出的保险费、抚慰金、丧葬费及沈××

的生活费、精神补偿费等不符合法律规定，缺乏依据。请求驳回沈××的诉讼请求。

唐××辩称：法医鉴定沈×全死因系急性酒精中毒，赌酒为沈×全主动提出，表明沈×全是自愿参加的，应自行承担责任。同时，沈×全虽是唐××为修建房屋而请来的无偿帮工，但在帮工过程中，沈×全并未受到伤害，谈不上受益人承担责任的问题。故请求法院对沈××的诉讼请求不予支持。

判决主文

一审法院判决：被告雷××赔偿原告沈××被抚养人生活费及沈×全死亡补偿费、丧葬费计 11 387 元；被告唐××赔偿原告沈××被抚养人生活费及沈×全的死亡补偿费、丧葬费计 11 387 元；驳回原告沈××的其他诉讼请求。

宣判后，双方当事人均未提出上诉，本判决已发生法律效力。

裁判要旨

被帮工人与帮工人之间已形成了无偿帮工关系。帮工当晚，被帮工人对帮工人进行款待，此时被帮工人有避免因此造成帮工人人身损害的义务。其中，一帮工人提出与另一名帮工人赌酒，然而，提起赌酒的帮工人在款待席间因赌酒而酒精中毒死亡的，参与赌酒的帮工人与被帮工人均有过错，应当按照各自的过错承担侵权责任。

重点提示

义务帮工是指没有劳务义务的帮工人基于友情或风俗，不以追求报酬为目的，为被帮工人无偿提供劳务的行为。为他人无偿提供劳务的帮工人，在从事帮工活动中致人损害的，被帮工人应当承担赔偿责任。被帮工人明确拒绝帮工的，不承担赔偿责任。帮工人存在故意或者重大过失，赔偿权利人请求帮工人和被帮工人承担连带责任的，人民法院应予支持。实践中，在我国农村地区，义务帮工非常普遍，如农事互助。按照农村习俗，被帮工人均有款待帮工人的做法，款待过程中，帮工人饮酒过量发生人身伤害事故，此时，被帮工人应承担何种责任。分析如下：其一，从直接原因上来看，帮工人作为完全民事行为能力人，明知或应知饮酒过量有生命危险，却执意与他人赌酒，导致饮酒过量酒精中毒死亡，属于自冒风险，其应对该损害后果自行承担责任。其二，从相当因果关系上来看，无事实，无结果；有事实，则可能发生某种结果；如果发生结果，那么事实即为该结果的原因或者原因之一，引起该事实发生的行为人应当对结果承担责任。由此，在被帮工人设置宴席款待帮工人的过程中，被帮工人对帮工人的人身损害负有基本的注意义务，应当明知帮工人与第三人赌酒可能造成醉酒甚至死亡的后果，却未制止该赌酒行为，放任该行为带来的后果，造成帮工人饮酒过量而酒精中毒死亡的后果，应对此承担相应的责任。同时，第三人作为完全民事行为能力人，明知或应知赌酒可能造成自然人的身体损害的后果，轻信不会发生这种损害后果，积极同帮工人赌酒，对帮工人饮酒过量死亡具有积极推动作用，且与该后果具有一定的因果关系，也应当对此后果承担相应的责任。经过上文分析，帮工人、被帮工人、第三人均对帮工人死亡的后果存在过错，应按照各自过错大小承担相应的责任。

三、用人单位责任（4 例）

1. 学生在实习单位实习过程中受伤的责任承担

案件来源

李×帅诉上海××富士冷机有限公司、上海××信息学校提供劳务者受害责任纠纷案

发布单位：《最高人民法院公报》2015 年第 12 期（总第 230 期）

审判法院：上海市第二中级人民法院

基本案情

李×帅系××学校（上海××信息学校）2011 级模具专业学生，于

2013 年 7 月 8 日与 × ×学校、富士公司（上海 × ×富士冷机有限公司）三方签订《学生实习协议书》1 份，约定李 × 帅与富士公司双向选择，自愿到富士公司进行期限为 2013 年 7 月 8 日至 2014 年 6 月 15 日的实习，实习期间富士公司按国家规定的每周不超过 40 小时计算支付李 × 帅实习津贴每月人民币 1800 ~ 2000 元，超过规定时间的加班及因工作需要安排的中班、晚班和特殊岗位与富士公司职工同等待遇；富士公司应安排实习生在上岗前进行企业文化、岗位要求、专业技能、操作规范、安全生产、劳动纪律等方面的培训教育，安排到相应的部门和岗位从事与国家劳动保护法相符合的对人身无危害、对青少年身心健康无影响的工作，并指派带教师傅对实习生进行指导评价；对易发生意外工伤的实习岗位，还应在实习生上岗前除了加强安全生产教育工作外，提供应有的劳动保护措施，学校为实习生购买“学生责任保险。”协议另行规定了其他内容。

2013 年 11 月 2 日上午 11 时许，李 × 帅在富士公司加班，操作数控折边机，在更换模具时没有带教老师陪同，不慎碰到开关，致使其截断右手第 2 ~ 5 指。李 × 帅随即被送往上海市第六人民医院急诊治疗，后于次日住院进行植指术，于同月 14 日转入上海市松江区九亭医院，进行清创及环小指残修术，于 2014 年 1 月 10 日出院。后李 × 帅多次进行门诊治疗。截至 2014 年 3 月 5 日，李 × 帅共花费医疗费 88 001. 76 元。经鉴定，李 × 帅右手部等处因故受伤，造成右手功能障碍等，相当于道路交通事故 × × × 伤残，伤后休息 150 ~ 180 日、护理 90 日、营养 60 日。为此李 × 帅花费鉴定费 1800 元。律师费 5000 元。

事故发生后，富士公司为李 × 帅垫付医疗费、护理费、日用品费、李 × 帅家属住宿费共计 74 738. 51 元，另向李 × 帅家属付过现金 4000 元。

李 × 帅以富士公司、× ×学校并未对其尽到安全保障义务，操作过程中并无师傅在场指导，导致其操作不慎而受到伤害为由，提起诉讼，请求判令富士公司、× ×学校赔偿李 × 帅护理费、误工费、营养费、住院伙食补助费、残疾赔偿金、精神损害抚慰金、鉴定费、律师费、交通费共计 226 144元。

裁判主文

一审法院认定：因无法证明被告××学校对事故具有过错责任，因此不支持原告李×帅要求××学校赔偿责任的主张。责任分担比例由被告富士公司承担80%的责任，原告李×帅承担20%的责任。

一审法院判决：被告富士公司赔偿原告李×帅因本次受伤造成的经济损失70 529.90元；驳回原告李×帅其余诉讼请求。

原告李×帅不服一审法院判决，提起上诉称：其作为实习生受到被上诉人富士公司和被上诉人××学校的双重管理，被上诉人富士公司在明知其前一天晚班的情况下安排其于事发当日即周六继续加班且没有老师陪同，被上诉人××学校与被上诉人富士公司均应对本次事故负责；上诉人李×帅系被上诉人××学校在校学生，上诉人李×帅虽为农村户口，但其残疾赔偿金应适用本市城镇居民标准；误工费应按其实习期所得3000元/月计算，且误工日期应从其住院之日起算。故请求二审法院撤销原判，改判支持上诉人李×帅在原审中的全部诉讼请求。

被上诉人富士公司答辩称：上诉人李×帅为实习生，上班时间并不固定，且上诉人李×帅系自愿加班，事发当天为周六，带教老师不上班，当时有班长在，上诉人李×帅完全可以向班长请教，上诉人李×帅对事故发生具有过错；被上诉人富士公司已经对其进行过岗前培训，并发放劳动手套，事故发生时积极救治，已尽到应尽义务；被上诉人××学校对上诉人李×帅负有安全保障义务，应承担相应责任；上诉人李×帅的残疾赔偿金应当按照其户籍地计算，误工费也应当按照实习补贴1800元/月计算；请求二审法院维持原判。

被上诉人××学校答辩称：根据相关法律规定职校学生在顶岗实习期间，实习单位不得安排加班，被上诉人××学校也与实习企业强调过不要安排实习生加班，请求二审法院依法裁判。

二审法院判决：撤销一审法院民事判决；被上诉人富士公司赔偿上诉人李×帅因本次受伤造成的经济损失人民币148 387.50元；被上诉人××学校赔偿上诉人李×帅因本次事故造成的经济损失人民币56 781.50元。

裁判要旨

（1）实习生在实习单位工作中因其自身一般性过错致受伤的，不能减轻实习单位的赔偿责任，实习生不因其一般性过错而自担部分责任。

（2）学校就实习生在实习中的安全防范和权益保障，对实习单位未尽到应有的督促义务的，应根据其过错程度对实习生的受伤承担相应责任。

（3）在上海市的中小学校就读的外地农村户籍学生，在学校的教育教学活动（含派出实习）中受伤致残的，其残疾赔偿金按照上海市城镇居民标准计算。

重点提示

多数高校毕业生均会在毕业前向实习单位申请实习或者参加学校安排的实习，在实习期间频发各种各样的法律问题，特别是学生在实习期间受到人身伤害，由此产生实习生与学校、实习单位三者之间的赔偿争议。对此类争议的解决，需明确以下几个问题：（1）实习生在实习单位实习过程受到人身损害的规则依据。如果劳动者与用人单位之间具有劳动关系，劳动者在劳动过程中受伤，则劳动者可向用人单位申请工伤保险赔偿。而学生在实习单位实习期间，并未与实习单位建立劳动关系，实习期间发生伤害，不能要求实习单位承担工伤赔偿责任。但实习单位仍对实习生实习阶段负有组织管理、保障其安全的责任，实习单位也系实习生劳务的受益者，可参照雇佣关系中的无过错责任原则，要求实习单位承担赔偿责任。但需注意，应当与工伤保险赔偿中的无过错责任原则进行区分。同时，实习生对人身伤害具有重大过错的，可适当减轻实习单位的赔偿责任；学校对派驻实习生实习过程中受到伤害具有一定过错的，也可分担实习单位的赔偿责任。（2）学校对实习生实习过程中受到人身损害的赔偿责任。学校对实习生实习过程具有管理义务、和督促义务，对具有一定危险性的实习工作，学校应当做好安全教育和技术指导工作，并对学生的实习过程积极与实习单位沟通。及时督促实习单位做好劳动安全保护工作，不得违规安排实习生加班等。如果学校没有尽到上述义务，使得实习生在实习过程中受到伤害的，学校应当承担相应责任。（3）学生实习场所属于学校教育教学活动范围。学校教学活动范围不仅包括校园范围，还包括实验实习基地、学校统一安排学生实习的实习单位等与供学生参加实践教学活动相关的场所，故学校安排学生在实习单位实习，属于学校教学活动的一部分，在此过程中造成的学生伤害事故，学校应承担损害赔偿责任。

2. 生产经营者对其工作场所内的安全保障义务

案件来源

罗×诉浙江×××××工贸有限公司用人单位责任纠纷案

发布单位：《最高人民法院公报》2007 年第 7 期（总第 129 期）

审判法院：浙江省台州市黄岩区人民法院

基本案情

罗×之母吴×荷系×××工贸公司（浙江×××××工贸有限公司）职工，从事产品包装工作，因×××工贸公司实行产品包装按件计酬制度，罗×及其妹妹罗×素二人便经常利用寒、暑假及休息日和吴×荷一起从事产品包装工作，罗×和罗×素的工作量均记录在吴×荷的工资账单上。2004 年 12 日下午 4 时许，14 号（云娜）台风登陆台州市，罗×、罗×素及吴×荷等人正在×××工贸公司工棚内从事产品包装工作，该工棚因受台风袭击，突然倒塌，造成罗×素死亡、罗×及吴×荷受伤。罗×受伤后到一医院（台州市第一人民医院）住院治疗。被诊断为脑挫裂伤、右内外踝骨骨折、右小指末节坏死、全身多处挫伤等。共发生医疗费、输血费等费用。经鉴定，罗×的伤情为 8 级伤残。2005 年 5 月 22 日、23 日，一医院先后出具二份医疗诊断证明书，载明罗×在住院期间需 1 人陪护护理。8 月 25 日，社保局（台州市黄岩区人事劳动社会保障局）致函罗×，称其与×××工贸公司之间的劳动关系不清，认定工伤依据不足，建议罗×就赔偿事宜向法院起诉。

罗×以×××工贸公司一直雇佣临时人员从事产品包装工作，其自

2001 年起便利用寒、暑假时间在×××工贸公司从事该工作，×××工贸公司无视台风过境的危险，仍组织公司职工上班，应对罗×素死亡、罗×及其母亲吴×荷受伤承担赔偿责任为由，提起诉讼，请求判令，×××工贸公司赔偿其医疗费、误工费、护理费、交通费、住院期间伙食补助费、营养费、残疾赔偿金、后续治疗费、精神损害抚慰金共计 152 884.43 元。

×××工贸公司辩称：罗×与×××工贸公司不存在劳动关系，且造成罗×等人受伤的是台风，属不可抗力，×××工贸公司不应承担责任。请求法院驳回罗×的诉讼请求。

另查，罗×因拆除右踝骨钢板再次在一医院住院治疗共 8 天，用去医疗费 4011.61 元，故罗×申请增加诉讼请求：增加医疗费、误工费、残疾赔偿金，并要求×××工贸公司赔偿其假肢安装费。总赔偿金额增加至 226 401.06元。

裁判主文

一审法院判决：被告×××工贸公司赔偿原告罗×因事故造成的经济损失 82 996.01 元、精神损害抚慰金 15 000 元，以上共计 97 996.01 元；驳回原告罗×其他诉讼请求。

宣判后，双方当事人均未提起上诉，判决已发生法律效力。

裁判要旨

（1）从事一定社会活动的民事主体，如果其从事的活动具有损害他人的危险，则该民事主体负有合理限度内的安全保障义务。不履行前述安全保障义务的，违反了《民法总则》第 176 条的规定，应当承担相应的民事责任。

（2）在生产经营者的工作场所内，经生产经营者默许临时从事劳动的自然人，即使没有与生产经营者形成正式的劳动法律关系，生产经营者对该自然人仍负有合理限度内的安全保障义务。

重点提示

最高人民法院《关于审理人身损害赔偿案件适用法律若干问题的解释》第6条规定：从事住宿、餐饮、娱乐等经营活动或者其他社会活动的自然人、法人、其他组织，未尽合理限度范围内的安全保障义务致使他人遭受人身损害，赔偿权利人请求其承担相应赔偿责任的，人民法院应予支持。由此，从事一定社会活动的生产经营者，如果其从事的活动具有损害他人的危险性，那么该生产经营者就负有在合理限度内防止他人遭受损害的安全保障义务，生产经营者不履行此义务，应当承担相应的民事责任。实践中，关于生产经营者对其经营场所内的安全保障义务，可从以下几个方面进行分析：（1）生产经营者的行为标准应当符合法律、操作规程的规定。因生产经营者对其从事社会活动所使用的场所具有他人不可比拟的控制能力，因此其理应承担相应的安全保障义务。在其未对该场所可能引发的危险未尽到警示义务致使他人受伤，此时认定其未尽到合理限度内的安全保障义务。（2）生产经营者对其场所内的所有人员均负有合理限度的安全保障义务。从事生产经营性活动的法人，有义务在合理限度内为在其生产经营场所内的人员提供安全保障，不仅包括与之签订劳动合同的员工，也包括其默许从事临时劳动的人员。（3）生产经营者的免责事由。生产经营者作为生产经营场所的安全保障义务人，减轻或者免除责任的事由包括受害人过错、受害人同意以及不可抗力等。其中，不可抗力是指不能预见、不能避免并不能克服的客观情况，主要是基于生产经营者的主观不能预见、不能避免时，才认定构成不可抗力，如地震等严重自然灾害。但是，在台风这类自然灾害可通过科学技术予以预见，并可提前采取应对措施将其影响减小到最低程度，且通过广播等途径成为众所周知的事件，此时，生产经营者不能以该类自然灾害属于不可抗力而主张免责。

3. 关于用人单位对已满 16 周岁未成年人的监管责任

案例来源

梁××、戴××诉福建省长泰县××（××）漂流旅游有限公司、福建省××××装饰有限公司等生命权纠纷案

发布单位：最高人民法院中国应用法学研究所《人民法院案例选》2002 年第 4 辑（总第 42 辑）

审判法院：福建省漳州市中级人民法院

判决日期：2002 年 3 月 25 日

基本案情

梁××、戴××为梁×福的父母。梁×福是戴×平手下的工人，装饰公司（福建省××××装饰有限公司）将劳务部分分包给戴×平，梁×福在此工作。已满 16 岁不满 18 岁的梁×福在工作休息期间，到漂流公司［福建省长泰县××（××）漂流旅游有限公司］的漂流河道游泳，不幸溺水身亡。经调查，该漂流公司在未经水利主管部门批准的情况下，在经营期间对漂流终点处的河道进行深挖改造，并在旧桥处建坝拦水。该漂流公司虽然在其经营的大厅内设有游客安全须知，但并未在河流改造处设置安全警示标志。

梁××、戴××以漂流公司的违法行为致梁×福死亡为由，提起诉讼，请求判令装饰公司、漂流公司赔偿因梁×福死亡所支付的费用、交通费、精神损害赔偿等。

判决主文

一审法院判决：被告装饰公司赔偿原告梁××、戴××人民币 16 444.35元；被告漂流公司赔偿原告梁××、戴××人民币 5481.45 元；驳回原告梁××、戴××的其他诉讼请求。

原告梁××、戴××不服一审判决，提起上诉称：被上诉人漂流公司擅自将河道挖深，使河道水位增高，水质浑浊，对人身安全具有很大的危险性。且该公司没有设置任何的警示标志和防范措施，这是本次事故发生的根本原因，故其应对本次事件负责；梁×福作为被上诉人装饰公司的员工，被上诉人装饰公司没能给他提供安全的工作、休息环境，亦未对其进行安全教育和应有的保护措施，没有履行相应的告知和管理义务，故被上诉人装饰公司应对此次事件承担共同赔偿责任；一审法院认为梁×福在陌生的河道中游泳，其应当认识到可能具有的危险性，但因其过于自信导致溺亡，其本人应承担主要责任，这一认定缺乏事实和法律依据。综上，请求撤销原判，依法改判。

被上诉人漂流公司辩称：首先，本公司在漂流终点处建坝拦水，这一行为是按照相关规定进行的，没有违法，上诉人梁××、戴××主张河流改道后危险性增加，没有足够的证据加以证明；其次，梁×福并非参加本公司的漂流活动溺亡，而是自己到河道中游泳，参加本公司的漂流活动，本公司都会做好一系列的防护措施，但本公司不可能在整个河道都设置警示标志，本公司对于河道的整改只能算是本次事件的一个条件而不是直接原因。最后，梁×福的行为是自冒风险的行为，应由其本人承担责任。

被上诉人装饰公司辩称：本公司的工作环境本就属于室内作业，本公司也提供了相应的休息与淋浴场所。梁×福在中午休息的时间没有请假而私自去游泳，发生事故应由其自己负责。综上，原审判决正确，应与维持。

二审法院判决：驳回上诉，维持原判。

裁判要旨

受害人已年满16周岁，且以自己的劳动收入作为主要生活来源，应视为完全民事行为能力人，其应当预见在河道内游泳具有危险性，但因过于自信在午休时间下水游泳致溺水身亡，应自行承担主要责任。经营漂流项目的公司改造河道致水位增高而产生危险性，却未设置警示标志，应对受害人的死亡承担相应责任。用人单位虽把工程交给第三人，但该第三人长期受聘并带领一部分人完成用人单位的工作任务，是用人单位的一个劳动小组，受害人是其中的一员，其与用人单位已形成事实上的劳动关系。用人单位使用未成年人，未尽管理、监督职责，亦应承担相应责任。

重点提示

民事行为能力是指公民通过自己的行为参与民事活动，取得民事权利和设定民事义务的能力或资格。有完全民事行为能力人、限制民事行为能力人和无民事行为能力人三种类型的划分。其中，关于未满 18 周岁、已满 16 周岁的未成年的民事行为能力问题，如果未成年人以自己的劳动收入为主要生活来源的，视为完全民事行为能力人，其对自身的活动具有一定的认识，因过于自信产生的伤亡事故，应当承担主要责任。但其又属于未成年人，是受法律特殊保护的群体。即属于我国《未成年人保护法》中给予特殊保护的未成年工。用人单位应当给予特殊保护。但这种特殊保护的前提是，只有在被认定是劳动法律关系或雇佣关系的情况下，才产生用人单位对伤亡未成年工的赔偿义务，否则用人单位无责任可言。而在确认劳动关系或者雇佣关系时，未成年工只能主张劳动者权利或者雇工权利，不能主张一般的侵权损害赔偿责任。同时，用人单位与其具有劳动法律关系或者雇佣关系的未成年工所承担的责任，也是一种独立的非侵权责任。由此，当用人单位将工程承包给第三人，但第三人长期受聘于用人单位，并带领包括未成年工在内的工人完成工作任务，属于为用人单位工作的一个劳动小组，虽然不直接与用人单位签订劳动合同，但是在用人单位承包的工程中工作一定时间，与用人单位形成事实上的劳动关系。故用人单位在使用未成年工时应考虑其生理特点，给予必要的安全保护和安全教育，未做到的，属于保护不力，存在管理和监督上的疏忽，此种疏忽与未成年工的伤害具有一定的因果关系，用人单位应当为此承担相应的法律责任。

4. 用人单位对实习生伤亡事故应承担的赔偿责任

案例来源

许×彬诉广东××集团××陶瓷机械有限公司健康权纠纷案

发布单位：最高人民法院中国应用法学研究所《人民法院案例选》2004年民事专辑（总第48辑）

审判法院：广东省佛山市石湾区人民法院

基本案情

许×彬原为佛山市××技工学校学生，按计划于1997年7月毕业。1995年6月，许×彬在校学习期间被派往陶瓷机械公司（广东××集团××陶瓷机械有限公司）实习。1997年6月28日，许×彬在工作时被机器压伤，后被送往医院抢救，经诊断为“下身压缩骨折，并完全性截瘫，第一至第三左横骨骨折，左小腿挫裂伤。”手术后留院治疗。1998年9月2日，转至康复医院（广东省××××康复医院）治疗。2000年12月25日经鉴定为二级伤残。2001年3月28日，许×彬出院，其在此期间的治疗费用均由陶瓷机械公司支付。2001年3月28日至4月28日，许×彬继续在康复医院接受治疗，且自行支付医药费2421.30元。后许×彬返回老家休养，因病情复发花费医疗费1300元。

许×彬与陶瓷机械公司就补偿问题进行协商，但未能达成一致，许×彬向仲裁委员会（佛山市劳动争议仲裁委员会）申请仲裁，仲裁委员会作出《仲裁裁决书》。

许×彬不服上述仲裁决定，以陶瓷机械公司对其伤害应当承担相应赔偿责任为由，提起诉讼，请求判令陶瓷机械公司支付医疗费、交通费、伤残补助金、残疾退休金、护理费、安家费、工伤津贴、后续医疗费、康复器具费用、被抚养人生活费、精神损失费合计1 567 016.8元。

陶瓷机械公司辩称：许×彬是佛山市××技工学校的学生，系在本公司实习时受到的伤害，陶瓷机械公司与其没有形成正式的劳务关系。故陶瓷机械公司无义务为其办理工伤保险，其所受到的损害应按仲裁裁决书的的内容进行补偿。

判决主文

一审法院判决：被告陶瓷机械公司向原告许×彬支付一次性伤残补助金、工伤护理费、残疾抚恤金、工伤津贴补差、交通费、医疗费，共计228 593.80元；驳回原告许×彬的其他诉讼请求。

宣判后，双方当事人均未提起上诉，判决已发生法律效力。

裁判要旨

技工学校的学生在参加用人单位实习期间，发生伤亡事故。虽然该实习生在用人单位处工作属于学生实习性质，而非用人单位的正式员工，该实习学生与单位之间未形成事实劳动关系。但依据相关规定，该实习学生有权要求用人单位承担部分责任，可要求用人单位参照单位正式员工的工伤待遇和标准支付适当经济补偿。

重点提示

有关实习学生在实习期间发生伤害的责任承担问题，一方面，在校学生在实习过程中受伤，其身份是学生，相关法规并没有明文确定与实习单位存在劳动关系；另一方面，实习学生的伤害发生在实习单位的实习过程中，如果不属于劳动关系，实习生很难按照《劳动法》或者《工伤保险条例》来进行工伤认定。关于实习学生的工伤认定问题，原劳动部1996年《企业职工工伤保险试行办法》第61条规定：到参加工伤保险的企业实习的大中专院校、技工学校、职业高中学生发生伤亡事故的，可以按照本办法的有关待遇标准，由当地工伤保险经办机构发给一次性待遇。工伤保险经办机构不向有关学校和企业收取保险费用。城镇个体经济组织中的劳动者的工伤保险，由省、自治区、直辖市参照本办法的有关规定制定办法。这一规定对在校生在实习过程中受伤的情况作出了明确的规定，但国务院2003年颁布的《工伤保险条例》将此项规定删除。由此，学生实习期间受伤，虽不能按照劳动案件予以处理，但并不意味着学生在实习期间受到的伤害应当由其自己负责，用人单位也应当在一定范围内承担责任。具体分析，其一，在校学生的实习系通过学校安排、推荐。此种情形下，用人单位系为实习学生提供劳动条件的人，学生的工作由其安排和指挥，并获得实习学生的劳动成果，故应当为实习学生提供符合国家规定的安全条件与卫生条件，学生在劳动过程中所受到的伤害，除学校应当承担责任外，用人单位也应当承担相应的责任。其二，实习学生自行联系实习单位。此种情形下，实习单位依然负有为实习学生提供符合国家规定的安全卫生的劳动条件的责任，应当由实习单位对实习学生的受伤承担主要责任。其三，参与实习活动的学生系未成年人。此种情形下，用人单位应对未成年的实习生负有更加严格的保护义务，对未成年的学生应当给予更多的关注和更严格的管理，未成年学生实习期间受伤，因其行为能力有限，用人单位承担更重的责任。

四、监护责任（3 例）

1. 有关限制民事行为能力成年人的监护责任问题

案例来源

刘×诉白×、廖×监护权纠纷案

发布单位：最高人民法院民事审判第一庭《民事审判指导与参考》2011 年第 1 辑（总第 45 辑）

审判法院：××人民法院

判决日期：2009 年 8 月 18 日

基本案情

白×秀，女，34 岁，其家族母系一方有精神病遗传病史，其长辈多为青春期间歇发病。白×秀婚后曾因婚姻问题导致疾病发作，在离婚诉讼中经鉴定为限制民事行为能力人，离婚后随父母生活。2004 年，白×秀与刘

×同居，2005 年，二人同居经得白×秀父母的同意，但要求二人正式结婚。后白×秀病发，在大街上追逐其他异性，被刘×朗（刘×与其前妻所生之女）得知后感到羞愧，经常在家骂白×秀花痴，导致二人关系紧张。因刘×朗在学校寄宿，故刘×并未注意。2007 年春节前，刘×与白×秀带着花钱伪造的结婚证回家，并告知白×秀的父母二人已正式结婚并宴请亲友。同年 1 月，刘×朗放假回家因琐事与白×秀发生冲突，在扭打中白×秀用水果刀刺伤了刘×朗的颈部，经抢救无效死亡。经鉴定，白×秀为间歇性精神病人，作案时为发病期，无刑事责任能力，现仍住精神病院治疗。

刘×以白×、廖×作为白×秀的监护人，应对白×秀致其女儿刘×朗死亡的后果承担责任为由，提起诉讼，请求判令白×、廖×赔偿其遭受的一切经济损失，并赔偿其精神损失费。

白×、廖×辩称：白×秀与刘×于 2006 年春节前已经登记结婚，刘×应为白×秀的第一顺位法定监护人。刘×在婚前即知晓白×秀的病情，此次事件发生于二人共同生活期间，故白×、廖×不应承担监护责任。

判决主文

一审法院认定：白×秀为限制民事行为能力人，且其与原告刘×不存在真正的婚姻关系，则在此情况下，其父母仍为其法定监护人。但原告刘×以欺骗的手段使白×秀的父母认为二人已经结婚，白×秀的监护权已经转移给了原告刘×。且在事发时，白×秀与原告刘×共同生活，其就已经脱离了其父母的控制，故不能要求被告白×、廖×承担责任。刘×朗早前遇害时不满 18 周岁，属于未成年人，原告刘×对其有监护责任，且其在明知刘×朗与白×秀有矛盾的情况下，放任二人独处，其应对刘×朗的死亡承担相应的责任。

一审法院判决：驳回原告刘×的诉讼请求。

原告刘×不服一审判决，提起上诉。

二审法院判决：被上诉人白×和廖×赔偿上诉人刘×适当的物质损失；驳回上诉人刘×的其他诉讼请求。

裁判要旨

父母作为限制行为能力人的监护人，放任其与行为人同居生活，且对其再婚不加以干预，属于未尽到监护责任，对限制行为能力人致他人人身损害或死亡的后果应承担民事赔偿责任。但鉴于行为人以伪造结婚证的办法，诱使限制民事行为能力人脱离监护，故其亦应对限制民事行为能力人承担监护责任，对限制民事行为能力人给他人造成的损失，承担相应的民事责任。

重点提示

根据我国《民法总则》第 22 条和第 23 条规定，不能完全辨认自己行为的成年人为限制民事行为能力人，实施民事法律行为由其法定代理人代理或者经其法定代理人同意、追认。限制民事行为能力人的监护人是其法定代理人。其中，限制民事行为能力人造成他人损害的，其监护人应当承担侵权责任。实践中，关于限制民事行为能力成年人的监护责任问题，应注意以下基本方面的内容：第一，当限制民事行为能力的成年人造成他人损害时，如果受害人仅起诉监护人或者限制民事行为能力成年人，则追加限制民事行为能力成年人或者监护人为共同被告，以便查清侵权事实以及确定侵权责任。第二，不能明确限制行为能力成年人的监护人时，应由顺序在前的有监护能力的人承担监护责任。第三，限制民事行为能力成年人处于他人照管时，如果限制民事行为能力成年人造成他人损害，其监护人仍应承担相应民事责任，并根据委托照管行为的性质，确定受托人的责任。第四，限制民事行为能力成年人婚前，其监护人为其父母，应当承担监护职责。在明知成年人为限制民事行为能力人的情况下，放任限制民事行为能力成年人的生活，属于未尽监护职责，应当对此产生的后果承担责任；限制民事行为能力成年人婚后，其配偶是第一顺位的监护人，对其负有监护职责；限制民事行为能力成年人的“配偶”以欺骗手段取得限制民事行为能力成年人监护人的信任，虚构结婚事实，使得限制民事行为能力成年人脱离监护人的监护，由此产生的损害，该限制民事行为能力成年人的“配偶”应承担相应的民事责任。

2. 监护人对未成年人致人损害的赔偿责任

案例来源

杨 × 诉北京 × × 无线电仪器厂、王 ×、徐 × 略健康权纠纷案

发布单位：最高人民法院中国应用法学研究所《人民法院案例选》2003 年第 2 辑（总第 44 辑）

审判法院：北京市海淀区人民法院

基本案情

杨 ×、王 ×、徐 × 略三人为邻居，且均为未成年人。2000 年 10 月 2 日下午，三人约好各自从家中带出火柴、爆竹、手电等东西一起玩耍。三人来到了 × × 无线电厂（北京 × × 无线电仪器厂）的墙外，从缺口处翻墙进入厂区内，找到一个装有液体的白色塑料桶，在标有“禁止烟火”字样的地方将桶内的液体倒出一些后，王 × 用火柴将液体点燃后，又将桶内的液体全部倒在了火焰上，导致火势突然增大，并发出巨响，火焰立即扑向在一旁的杨 × 身上。徐 × 略用灭火器灭火，但没有成功。× × 无线电厂内的职工听到声响后赶到，将杨 × 救出。在其被送医院后，× × 无线电厂保卫处的干部将此事告知了杨 × 的家长，该液体为三氯乙烷。根据《中华人民共和国国家标准危险货物品名表》的记载，三氯乙烷属于易燃易爆的危险货物。

经鉴定杨 × 的损伤为：热烧伤 45%，肝功异常。遗留面部明显疤痕 10% 以上，全身皮肤致瘢痕形成达体表面积的 40% 以上，伤残程度属六级。仍需后续治疗。

杨 × 以 × × 无线电厂对具有高度危险的化学物品存放不当，保管不善，导致其严重烧伤，王 ×、徐 × 略在其被烧伤过程中存有过错为由，提起诉讼，请求判令 × × 无线电厂、徐 × 略、王 × 赔偿其住院费、门诊治疗费、住院伙食费、交通费、药品费、精神损失费、伤残补助费、二期整形手术费、继续治疗费、营养费、护理费共计 360 668. 47 元。

××无线电厂辩称：××无线电厂不应对杨×的烧伤承担责任。首先，事故是因为王×、徐×略、杨×以非法的方式进入××无线电厂，并在明显的禁火标志前点燃明火后将桶内的液体倒入火中，才引起的此次事故；其次，三人撬门进入××无线电厂的行为属于盗窃行为，××无线电厂对此已向公安局报案，因此行为所产生的损害后果应由其自己承担；最后，三氯乙烷是一种用途很广的工业清洗剂，不在国家规定的易燃易爆物品的范围之内，××无线电厂对其的储存不存在过错。综上，此次事故应由三名未成年人的监护人承担全部的责任，××无线电厂无需承担责任，不同意杨×的诉讼请求。

王×辩称：三名未成年人能轻松的进入厂内玩耍，可以证明××无线电厂的治安工作没有做到位；三氯乙烷属于易燃易爆物品，该厂将装有三氯乙烷上的桶随意搁置于屋檐下且无人看管，是造成本次事故的主要原因；该厂的灭火器年久失修，导致王×和徐×略用灭火器灭火没有效果，故该厂的安全防火工作做的不到位，且在事故发生后没有第一时间报警，该厂对于此次事故具有不可推卸责任。综上，不同意杨×的诉讼请求，责任应由××无线电厂承担。

徐×略辩称：××无线电厂的围墙经常被人翻越，也无人管理，才使三名未成年人得以进入场内；该厂称三氯乙烷系三个孩子撬开配件库取走的，但事发地点距配件库20米，中间亦有障碍物阻隔，这显然不是三名未成年人可以做到的；事故发生时有巨响，且树叶被烧掉，可见燃烧的液体应为易燃易爆物品，而不是三氯乙烷；该厂西侧的禁止烟火的标志非常陈旧，灭火器无法使用，且在事故发生后该厂没有及时报案，也没有及时将杨×送往医院，延误了治疗，该厂对本次事故存在重大过错应承担全部责任；徐×略没有倾倒桶内的液体也没有点火，徐×略对此次事故没有过错不应承担责任。综上，不同意杨×的诉讼请求。

判决主文

一审法院判决：被告王×、徐×略的法定代理人，被告××无线电厂赔偿原告杨×医疗费、住院伙食补助费、营养费、交通费、护理费、住院期间家长误工费、二次手术费、伤残补助金、精神抚慰金共计 321 335.6 元。其中被告王×法定代理人负担 80 333.9 元，被告徐×略法定代理人负担 80 333.9 元，被告王×法定代理人与被告徐×略法定代理人互负连带赔偿责任；被告××无线电厂负担 160 667.8 元；驳回原告杨×其他的诉讼请求。

宣判后，双方当事人均未提起上诉，一审法院判决已经发生法律效力。

裁判要旨

三个未成年人在厂区内，利用厂区的液体共同玩火，致其中一名未成年人即受害人受伤，伤情达六级伤残，另外两名未成年人构成共同侵权，其监护人应承担连带责任。因受害人自身存在过错，其监护人应承担相应的民事责任；另外两名未成年人应在扣除受害人自身过错的范围内，承担相应的赔偿责任；厂区因疏于安全管理亦应给予受害人适当的赔偿。

重点提示

监护人对未成年人致人损害的责任系特殊的侵权责任，我国《民法总则》规定，未成年人造成他人损害的，不论是无民事行为能力人还是限制民事行为能力人，均由其监护人承担相应的民事责任，此种责任是监护人对未成年人未履行监护职责而产生的监护责任。关于未成年人致人损害的情形下，监护人对此损害承担的责任问题，分析如下：（1）监护人承担过错推定责任。若致人损害的未成年人不具有侵权责任能力，其行为本身并无过错，不应承担赔偿责任，但因未成年人无危险的识别能力，其监护人负有约束该未成年人行为的监护义务，违反该监护义务致使未成年人实施损害他人的行为，监护人应当承担相应的民事责任。（2）监护人承担公平责任。若致人损害的未成年人为无责任能力人，且监护人存在民事事由，但让受害人自己承担责任，加害的未成年人的监护人不承担责任有违公平，则监护人需承担适当的公平责任。（3）监护人与未成年人承担连带责任。有的学者认为，若致人损害的未成年人具有侵权责任能力，监护人对加害行为有故意或者过失时，则监护人与未成年人构成对受害人的共同侵权，对外应当承担连带责任，如监护人教唆、帮助未成年人实施侵权行为。

（4）监护人减轻责任的情形。多名未成年人玩耍，其中之一未成年人受到伤害，因其行为系共同实施，后果系共同造成，则该多名未成年人对损害后果均有过错，各方的监护人应当按照其过错程度对其中之一未成年人的伤害承担相应赔偿责任，受伤的未成年人对伤害的发生亦有过错，其监护人应自行承担相应责任。

3. 经监护人同意携带未成年人外出玩耍时发生伤害的责任承担

案件来源

张××、叶×英诉董×英、董×观地面施工损害责任纠纷案

发布部门：最高人民法院中国应用法学研究所《人民法院案例选》2002年第3辑（总第41辑）

审判法院：浙江省嘉兴市中级人民法院

判决日期：2001年8月3日

基本案情

2001年3月2日中午，董×英之子钱×与张××、叶×英之子张×杰（1997年生）在张××家玩耍。下午1时，董×英带钱×回家时，经叶×英同意后，将张×杰带去其家。董×英带钱×、张×杰到其家中后，让两个小孩在楼上看电视。下午4时许，董×英带钱×、张×杰到邻居家串门，到后，张×杰、钱×与其他小朋友一起玩捉迷藏游戏。回家时，董×英发现张×杰不在，便与叶×英及其他人一起寻找，后在董×观家新开挖的水井中发现张×杰尸体。该水井为董×观在其家呈半封闭状态的院落里新开挖的，未砌防护围栏，未加固封盖，仅以杂物遮掩井口。

张××、叶×英以董×英未尽注意义务导致其子死亡，董×观亦应承担责任为由，提起诉讼，请求判令董×英、董×观赔偿因其子死亡造成的损失及精神抚慰金。

判决主文

一审法院认定：被告董×英对张×杰未尽看管、保护人身安全义务，致张×杰死亡，应承担一定赔偿责任。被告董×观未对水井砌垒防护栏，亦未设置明显标志及采取有效安全措施，致张×杰坠落其中死亡，应承担主要责任。原告叶×英在同意被告董×英携带其子时，未明确告知监护职责的转移，事后未严格履行起法定监护人的责任，致其子长时间脱离其监护之下，对事件的发生也应承担一定的责任。

一审法院判决：被告董×英赔偿原告叶×英、张××之子死亡补偿费、丧葬费，共计6680元（承担20%的责任）；被告董×观赔偿死亡补偿费、丧葬费，共计20 040元（承担60%的责任）；其余由原告张××、叶×英自负。驳回原告张××、叶×英的其他诉讼请求。

被告董×观不服一审法院判决，提起上诉称：一审法院认定事实不清，适用法律错误。本案事发地点并非公共场所或道路等通行之处，故其对张×杰死亡结果不承担责任。一审法院以《中华人民共和国民法通则》第125条判令其承担赔偿责任不妥，且责任分担有误。请求撤销一审法院判决，依法改判。

二审法院判决：维持一审民事判决的第二项；变更一审民事判决的第一项为：被上诉人张××、叶×英儿子张×杰的死亡补偿费、丧葬费，合计33 400元，由被上诉人董×英赔偿30%，即10 020元；上诉人董×观赔偿50%，即16 700元；由被上诉人张××、叶×英自负20%，即6680元。

裁判要旨

行为人在自家半封闭院落内开挖水井，未设置有效的防护措施，应当注意到他人有可能进入，由于行为人疏忽大意，未尽注意义务，导致未成年人跌落水井死亡的，应承担相应的民事赔偿责任；非监护人经未成年人监护人同意，携带未成年人至行为人处玩耍，理应对未成年人的人身安全尽看管和保护的义务，未尽该义务，导致未成年人死亡的，该非监护人应当承担主要民事赔偿责任；未成年人监护人未尽监护职责，未明确告知监护职责转移，对未成年人的死亡亦负有过错，应承担相应责任。

重点提示

根据我国《婚姻法》规定，未成年人的父母是其监护人，对未成年子女负有法定的监护义务。监护人对被监护人负有保护被监护人的人身权益、保护和管理被监护人的财产、教育和照顾被监护人等职责。但这种监护义务可以通过约定在一定时段内发生转移，即监护人可以将监护职责部分或者全部委托给他人。对于非监护人经监护人同意将未成年人带出去玩耍发生伤害后果的责任承担问题，可结合监护职责转移的相关理论进行分析。(1) 监护职责转移的关系认定。非监护人经过未成年人监护人同意，将未成年人带出玩耍，事实上发生了监护职责的暂时转移，即监护人暂时将本应由自己行使的部分监护职责委托给非监护人行使。未成年人由非监护人带出玩耍，该非监护人应当对未成年人的人身安全、财产安全承担监护职责。(2) 非监护人过错的认定。依据规定，监护人不履行监护职责或者侵害被监护人的合法权益的，应当承担责任；给被监护人造成财产损失的，应当赔偿损失。而非监护人对未成年人负有临时监护的职责，同样应当承担起保护被监护人的人身安全的义务，不论有无书面的委托协议，非监护人对于自己因疏忽大意，看护不力，未能妥善履行好监护职责而给其带出玩耍的未成年人造成的伤害，应当承担赔偿责任。(3) 不可完全免除监护人的责任。因监护人对未成年人享有监护权利和义务，其只是临时将监护职责中部分管理、保护的职责委托给非监护人行使，但基于侵权而产生的监护责任，不可完全委托给他人。如果未成年人监护人未尽监护职责，同意将未成年人临时交由非监护人带出玩耍，且未明确告知监护职责的转移，致未成年人长时间脱离其监护，由此对未成年人产生的伤害，亦应当承担一定的责任。

第五章 校园事故责任（5 例）

1. 学校组织未成年学生参加校外活动的管理和保护义务

案例来源

黄××诉广州市白云区××小学、广东省××××国际旅行社等健康权纠纷案

发布单位：《最高人民法院公报》2008 年第 9 期（总第 143 期）

审判法院：广东省广州市中级人民法院

判决日期：2007 年 12 月 14 日

基本案情

2006 年 4 月 3 日，××小学（广州市白云区××小学）与国际旅行社（广东省××××国际旅行社）签订了《广东省国内旅行组团合同》，约定××小学的 1890 名学生，参加国际旅行社的“宝桑园春季桑果节一天游”的活动，每人 55 元，国际旅行社派 16 名导游跟随。次日，××小学向全校学生家长发出通知：本学校拟定于同年 4 月 11 日组织全校同学去花都区宝桑园春游，本次活动由国际旅行社组织，每名学生的费用为 55 元，报名参加春游活动的学生于 4 月 6 日将上述费用带到学校，由旅行社的人收取。同年 4 月 10 日，××小学通过广播对学生进行安全教育，各班班主任对本班学生强调了应注意的事项。次日，××小学的 1800 多人参与了此次活动，国际旅行社派出了 16 名导游负责此次活动的导游和管理活动，××小学派出 100 名老师带队。因所去的景区同样提供导游服务，国际旅行社的导游并未跟到每一个班级，而是在整个园区内进行监督和协调。学生在进入景区后由景区的导游负责，旅行社安排××小学的老师自由活动，××小学的大部分老师参加了旅行社安排的自由活动，未全程跟随班级进行管理。活动期间，大部分学生在园内的山坡上放风筝。

活动结束学生排队上车时，有学生仍在放风筝，黄××（××小学学生）在老师的安排下，在山坡的下方排队，被飞来的风筝支架插中左眼，被立即送往医院治疗。诊断结果为：（1）前房出血；（2）外伤性白内障；（3）外伤性无虹膜；（4）可疑视网膜脱离。在住院期间黄××做了眼角膜清创缝合术。后多次住院治疗。经司法鉴定，黄××构成八级伤残。

另查明，宝桑园是由×××发展中心（广东×××健康食品研究发展中心）开发经营的旅游项目，×××发展中心与××旅行社有限公司（广州××旅行社有限公司）签订合作协议，由×××发展中心负责提供参观景点，委托××旅行社有限公司作为项目的总代理，负责宣传及推广工作。×××发展中心负责园区内的管理和安保。另，并未查明刺伤黄××的风筝是谁放的。

黄××以××小学作为活动的组织者，在活动过程中未尽到合理的管理义务，导致其遭受损害为由，请求判令其承担侵权责任；国际旅行社接受××小学的委托组织本次春游，应当对活动参与者负有安全保障义务，但国际旅行社未尽到该义务，亦应承担相应赔偿责任，对保险公司支付不足的部分承担责任；×××发展中心作为宝桑园的开发者，××旅行社有限公司作为宝桑园的实际经营者，也负有相应的保障义务，对其受伤的后果亦应承担相应侵权责任为由，提起诉讼，请求判令××小学、国际旅行社、×××发展中心、××旅行社有限公司共同赔偿其医疗等相关费用。

××小学辩称：本校并非春游活动的组织者，实际的组织者和实施者为国际旅行社，本校仅负有协助义务。在活动开始前，本校已对全体学生进行了安全教育，且在活动过程中，亦尽到了相应的安保义务。同时，黄××与国际旅行社之间已形成旅游合同关系，故本案的性质应为旅游合同纠纷。国际旅行社未能履行合同义务造成黄××受伤，应承担全部赔偿责任。另外，×××发展中心与××旅行社有限公司已签订了旅游项目合作协议书，故二者对园内游客均负有保障义务，应对黄××受伤的后果承担相应责任。本校即使有责任，亦仅需承担相应的补充责任。综上，请求驳回黄××对本校的诉讼请求。

国际旅行社辩称：本社只是本次活动的协调者，且在活动中已履行了巡视、监督和协调的义务。黄××所遭受的损害是由于不可抗力造成的，本社并不具有过错。即使本社应承担责任，但因本社已在保险公司处投保，故黄××所受伤害应由保险公司赔偿。另外，×××发展中心与××旅行社有限公司在活动过程中亦存在过错，应向黄××承担赔偿责任。综上，请求驳回黄××对本社的诉讼请求。

×××发展中心辩称：本中心与××旅行社有限公司签订合作协议书时已明确约定本中心仅负责提供园内的场地、设施，且对活动中的放风筝活动无进行管理的义务，另外，本中心亦在事故地点设置了警示标志。综上，本中心并无过错，不应向黄××承担赔偿责任。故请求驳回黄××对本中心的诉讼请求。

××旅行社有限公司辩称：本社虽与×××发展中心签订有合作协议书，但双方并未实际履行该协议。本社并非涉案旅游合同的当事人，亦非本次春游活动的组织者、参与者，对黄××没有监护、管理的义务，故对黄××遭受的意外伤害不具有任何责任。国际旅行社已在保险公司处投保了旅游责任意外保险，黄××所受伤害应由保险公司在责任限额内承担赔偿责任。

判决主文

一审法院判决：被告××小学赔偿原告黄××医疗费、护理费、住院伙食补助费、营养费、交通费、法医鉴定费、残疾赔偿金、精神抚慰金共130 810.41元；驳回原告黄××的其他诉讼请求。

被告××小学不服一审判决，提起上诉称：发生本次事件的春游活动的形式是学生自愿参加的旅行社组团出游，本次活动的真正组织者是被上诉人国际旅行社。此情况本校已明确的告知学生家长，费用也由被上诉人国际旅行社直接向学生收取。家长在知情的情况下同意孩子参加活动，表明自愿与被上诉人国际旅行社签订合同。根据我校与被上诉人国际旅行社签订合同，我校对本次活动只有对被上诉人国际旅行社的协助义务，其他责任应完全由被上诉人国际旅行社承担。因无法查明本案的直接侵权责任人，被上诉人国际旅行社应对此次事故承担赔偿责任。被上诉人×××发展中心、××旅行社有限公司作为本次旅游的接待方，其在管理与保护上存在疏忽，应承担连带责任。

被上诉人黄××答辩称：首先，本案属于侵权纠纷，上诉人××小学在组织学生春游的过程中，未尽到管理保护学生的义务，应对本人所受的伤害承担责任；其次，上诉人××小学为本次活动的组织者，被上诉人国际旅行社仅为实施者，上诉人××小学的老师在到达景区后就将学生交给导游后独自活动，没有尽到保护学生的义务，对本人所受伤害存在过错。再次，根据《未成年人保护法》第22条、《学生伤害处理办法》第5条的规定，上诉人××小学虽将本次活动交给被上诉人国际旅行社进行，但其作为教育机构，不能将自己负有的在校外活动中教育、管理和保护学生的法定义务转嫁给他人；最后，上诉人××小学的侵权行为对本人的身心造成了巨大的伤害，但其却找借口推卸责任。综上，请求驳上诉人回××小学的上诉请求，维持原判。

被上诉人国际旅行社答辩称：本社已经为班次活动购买了旅游意外险，且保险公司已作出了相应的赔付。造成被上诉人黄××损害的风筝系被上诉人×××发展中心发给学生的，与本社无关，本社不应对此承担责任。综上，请求驳回上诉人××小学对我社的上诉请求。

被上诉人×××发展中心、××旅行社有限公司辩称：同意一审判决。

二审法院判决：驳回上诉，维持原判。

裁判要旨

《未成年人保护法》第22条规定：学校、幼儿园安排未成年人参加集会、文化娱乐、社会实践等集体活动，应当有利于未成年人的健康成长，防止发生人身安全事故。最高人民法院《关于审理人身损害赔偿案件适用法律若干问题的解释》第7条规定：对未成年人依法负有教育、管理、保护义务的学校、幼儿园或者其他教育机构，未尽职责范围内的相关义务致使未成年人遭受人身损害，或者未成年人致他人人身损害的，应当承担与其过错相应的赔偿责任。根据教育部制定的《学生伤害处理办法》第9条的规定，因学校组织学生参加教育教学活动或校外活动，未对学生进行相应的安全教育，并未在可预见的范围内采取必要的安全措施，造成学生伤害事故的，学校应当依法承担相应的责任。据此，学校等教育机构组织学生参加校外活动，对学生仍然负有管理和保护的义务。教育机构与他人签订合同，将校外活动交由他人具体承办，并约定在活动期间由他人负责对学生的管理、保护的，并不导致校外活动性质的变化，亦不因此减轻或免除教育机构管理、保护学生的法定义务。教育机构在校外活动中未尽法定义务，造成学生伤害事故后，又以与他人订立合同为由推卸应负责任的，人民法院不予支持。

重点提示

学生在校学习过程中，学校常组织学生参加校外活动，关于学校对校外活动中学生伤害事故的赔偿责任问题，主要涉及以下两个方面的问题：（1）学校组织未成年学生参加校外活动的义务与责任。《未成年人保护法》第22条、最高人民法院《关于审理人身损害赔偿案件适用法律若干问题的解释》第7条、教育部《学生伤害处理办法》第9条均明确学校对其未成年学生负有教育、管理以及保护的义务，此种义务为一种法定义务，学校在组织未成年学生参加校外活动时，应当对学生进行安全教育，并采取相应的安全保护措施，并为此尽到高度注意义务，且不能将此种义务转嫁给他人，违反此种高度注意义务的，学校即存在过失，并应当对由此造成的损害后果承担赔偿责任。（2）学校委托第三方组织实施校外活动是否导致活动性质的变化。学校与第三方机构共同组织学生进行校外活动，如果学生校外活动的具体情况是由学校组织的，第三方机构的参与并不能减轻学校对学生的管理与安全保护义务。学校与第三方机构签订的合同，只在双方当事人之间产生效力，不能约束合同当事人以外的学生，学校对学生的管理保护义务不因此转移；如果活动的性质明确为学生在校学习之外自发的旅游活动，且活动的组织者为第三方机构，学校并不承担活动组织工作，学生经过家长同意自愿参加活动，则学校不需要承担法定的管理和保护义务。此外，关于参与校外活动组织服务的第三方机构的责任。因校外活动的性质不改变活动过程中第三方机构与学生之间的经营服务法律关系，第三方服务机构应当对学生尽安全保护义务，否则应当对学生的人身损害承担赔偿责任。

2. 关于学校对学生自杀事件的责任承担问题

案例来源

李×青、宋×宁诉青海××中学教育机构责任纠纷案

发布单位:《最高人民法院公报》2009 年第 4 期（总第 150 期）

审判法院：青海省西宁市中级人民法院

判决日期：2006 年 12 月 20 日

基本案情

李×青、宋×宁之子李×系××中学（青海××中学）高二（6）班学生。2005 年 11 月 8 日下午，李×在参加学校组织的政治考试时，夹带纸条被老师发现按作弊处理，后该老师将纸条上交政教处。次日，××中学政教处依照《青海××中学关于考试纪律的规定》给予李×记过处分，并张榜公布。当日下午，李×未按时参加考试，于当晚 7 时在家中自杀身亡。经鉴定，李×的死亡时间为 11 月 9 日中午 12 时 30 分至下午 15 时 30 分之间。

另查明，根据学校的规定，对违纪学生的处分决定，需经校政教处调查落实后，报请校务会批准。但本次对于李×的处分决定，没有进行调查核实，亦没有报校务会批准。

李×青、宋×宁以××中学未经核实即对李×作出处分，系李×死亡的直接原因，××中学应承担相应责任为由，提起诉讼，请求判令××中学赔偿死亡赔偿金、丧葬费等各项费用。

判决主文

一审法院认定：被告××中学对于李×的处分行为并无不当。该决定虽然存在瑕疵，但与李×的死亡并没有因果关系，故被告××中学不应对此承担责任。

一审法院判决：驳回原告李×青、宋×宁的诉讼请求。

原告李×青、宋×宁不服一审判决，提起上诉称：李×在政治考试中所夹带的纸条与考试内容没有关系，不存在作弊行为，被上诉人××中学对其处罚并不合理；被上诉人××中学将对李×的处罚决定张贴在公告栏这一行为违法，且被上诉人××中学在作出处分决定后剥夺了李×的申辩权，这一行为违法，同时，被上诉人××中学对李×的处理决定没有按照正规的程序进行；李×下午没有按时参加考试，被上诉人××中学没有及时通知家长，没有尽到应尽的义务。综上，一审判决认定事实不清，判决结果错误，请求依法改判被上诉人××中学赔偿死亡赔偿金、丧葬费、交通费共计 165 008 元。

二审法院判决：撤销一审法院民事判决；被上诉人××中学赔偿上诉人李×青、宋×宁死亡赔偿金、丧葬费、交通费的 20%，合计 31 101.60 元。

裁判要旨

（1）根据教育部制定的《学生伤害事故处理办法》第 9 条的规定，因学校教师或者其他工作人员体罚或者变相体罚学生，或者在履行职责过程中违反工作要求、操作规程、职业道德或者其他有关规定，造成学生伤害事故的，学校应当依法承担相应的责任。

（2）根据《中小学德育工作规程》第 27 条的规定，中小学校应当严肃校纪，对严重违犯学校纪律的学生应当根据其所犯错误的程度给予批评教育或者纪律处分，并将处分情况通知学生家长。

中小学生系未成年人，其心理发育并未成熟，对于外界刺激的承受能力有限，学生之间的个体差异也比较大。学校作为教育机构，在处分学生时应当充分考虑学生的心理承受能力，在处分的同时做好教育、疏导工作。

从根本上讲，对学生的处分也是教育手段，而不是简单的惩罚。只有在充分考虑受处分学生的心理素质，针对其实际情况进行教育、疏导的基础上，处分手段才能真正发挥教育作用，才能避免可能发生的自杀悲剧。如果学校在处分过程中，仅仅为了追求惩戒的时效性，没有充分考虑学生的心理承受能力，且没有按照规定及时与家长进行沟通，使得家长没有机会对学生进行有针对性的引导和教育，学校则对造成学生发生伤害事故具有过错，应当认定学校的违规行为与学生的自杀事件具有一定的因果关系，学校应当依法承担与其过错相应的赔偿责任。

重点提示

判断学校对学生自杀事件是否负有责任，需结合导致学生自杀的原因、学校对学生自杀是否有过错、学校过错与学生自杀是否存在因果关系。实践中，对于学生自杀身亡学校应否承担赔偿责任，存在以下两种不同意见：第一种意见认为，学校与学生之间是监护职责的转移关系，在校期间，家长将监护职责转移给校方，学校作为学生的监护人，有义务保护学生的安全，故学校应当对学生的自杀行为承担民事责任。第二种意见认为，学生与学校之间的关系为法定教育管理关系，学校并不承担学生监护人的职责。学校不违反教育管理法律规定，并未对学生实施体罚、侮辱、限制或剥夺人身自由等促使其自杀的行为，学生的自杀行为系自身原因造成，学校则对学生自杀事件不承担赔偿责任。针对以上两种意见，通常赞同第二种，但在第二种意见的基础上，还需根据不同情形予以不同处理：第一，从导致学生自杀的原因来看，判断学校是否承担责任的关键在于学校存在违反教学管理法律法规的行为。如果学校对学生采取体罚、侮辱、限制或者剥夺学生人身自由的行为，则学校在施教过程中存在违反规定的行为，应当对学生自杀身亡承担赔偿责任；如果学校违规对学生进行纪律处分，或者未遵照学校规定的处分制度和处分程序对学生予以处分，学生不满而自杀身亡，学校应当承担相应的民事赔偿责任。第二，从学生自杀身亡的场所来看，不管学生在校、或者在家、或者在校外自杀身亡，判断学校是否为此担责，需分析学校是否尽到合理注意义务，以及学校对此是否存在过错，对于正常离校的学生，学校无法预见危险的发生，不存在合理注意义务。如果学校对于正常离校后自杀身亡的学生，在工作方法和操作规程上存在一定过程，则应当根据其过错大小承担相应的赔偿责任。如果学生自杀系其自身原因造成的，学校没有过错，则学校不承担赔偿责任。第三，对于学生自身原因自杀身亡的，不属于我国民法规定的无过错责任和公平责任的担责情形。

3. 关于学校对未成年学生承担何种责任的认定问题

案例来源

吴×诉朱×、江苏省淮安××双语学校身体权纠纷案

发布单位：《最高人民法院公报》2006 年第 12 期（总第 122 期）

审判法院：江苏省淮安市楚州区人民法院

判决日期：2005 年 12 月 16 日

基本案情

2004 年 12 月，就读于民办寄宿制小学××双语学校（江苏省淮安××双语学校）一年级的吴×与朱×在宿舍休息时，朱×在扔橘子时将吴×的右眼打伤。之后，老师将吴×送至医务室治疗。同月底，吴×的父母知晓此事后带着吴×先后前往眼科医院（建湖县建阳眼科医院）、第一医院（淮安市第一人民医院）、第二医院（淮安市第二人民医院）、眼耳鼻喉医院（复旦大学附属眼耳鼻喉科医院）进行医治，共花费医疗费 39 000 余元、交通费 2000 余元、住宿费 1000 元。吴×治疗期间，朱×的监护人垫付费用 561.60 元，××双语学校垫付 1 万元。经法医鉴定，吴×的眼伤致其右眼低视力 1 级，伤残程度为 10 级；伤后 1 个月需营养补助，需护理 3～4 个月，伤后使用的药物无明显不妥。

吴×以朱×在校学习期间将其打伤致其身体权遭受侵害，××双语学校对其负有监护职责，亦应承担赔偿责任为由，提起诉讼，请求判令××双语学校与朱×赔偿医疗费、护理费、住院伙食费、交通费、伤残补助费、精神抚慰金、鉴定费、误学费等经济损失共计72 997.93元。

朱×辩称：本人是无民事行为能力人，在校期间监护职责应由××双语学校承担，吴×受伤后××双语学校救治不力，延误了治疗，导致损失扩大，损害赔偿责任应由××双语学校承担。

××双语学校辩称：朱×父母是其法定监护人，在校期间监护职责也并未移转给本校。同时，吴×受伤后本校及时救助，已尽到保护、照顾和管理职责，不存在过错，不应承担赔偿责任。此外，法律中并无误学费赔偿的依据。综上，请求驳回吴×的诉讼请求。

判决主文

一审法院判决：原告吴×的医疗费39 592.58元、护理费6767.67元、住院伙食补助费180元、营养费249.37元、残疾赔偿金9508元、交通费2040元、住宿费1000元、精神损害抚慰金4000元、鉴定费300元，合计63 637.62元，由被告朱×的法定代理人朱善勇赔偿30%即19 091.29元，扣除其已支付的561.60元，应赔偿18 529.69元；由被告××双语学校赔偿70%即44 546.33元，扣除其已支付的10 000元，应赔偿34 546.33元；驳回原告吴×的其他诉讼请求。

宣判后，双方当事人均未提起上诉，判决已经发生法律效力。

裁判要旨

（1）根据《民法总则》第27条及相关法律的规定，委托监护关系中，委托人应对被监护人的侵权行为承担民事责任，受托人有过错的，承担连带赔偿责任。监护人将未成年学生送至学校学习，其监护职责并未转移到学校；学校也不因接受未成年学生到校学习，自然而然地承担起对该学生的监护职责。监护人如果想将监护职责部分或者全部委托给学校，必须与学校达成明确的委托约定。没有明确的委托约定，不能推定学校接受监护人的委托，对到校学习的未成年学生承担起部分或全部监护职责。

（2）根据最高人民法院《关于审理人身损害赔偿案件适用法律若干问

题的解释》第7条规定，对在校学习的未成年学生，学校虽然没有监护职责，但有教育、管理和保护的义务。学校履行教育、管理、保护义务不当，以至未成年学生在校园内加害其他未成年学生的，除加害人的监护人应当承担责任外，学校也应当承担与其过错相应的赔偿责任。

重点提示

监护权是监护人对未成年人和精神病人等无民事行为能力人和限制行为能力人的人身权益、财产权益所享有的监督、保护的身份权。监护权的取得方式有两种，一是基于身份关系取得，二是基于委托而继受取得。司法实践中，认定对未成年人负有监护责任的主体时，应当注意以下几点：（1）未成年学生的父母或其他监护人应履行监护职责。未成年学生致他人损害的，由未成年学生的监护人承担民事责任，监护人尽了监护责任的，可以适当减轻其应承担的民事责任。（2）教育机构不负有法定的监护职责。教育部2002年颁布的《学生伤害事故处理办法》第7条明确规定：未成年学生的父母或其他监护人负有监护职责，配合学校对未成年学生进行管理、教育。学校对未成年学生不承担监护职责，但法律有规定的或者学校依法接受委托承担相应监护职责的情形除外。因此，未成年人被其父母送至教育机构学习时，监护权不必然转移给教育机构，若父母与教育机构无特殊的监护权转移委托约定，则教育机构不承担监护职责。（3）教育机构负有教育、管理和保护未成年学生的义务。根据最高人民法院《关于审理人身损害赔偿案件适用法律若干问题的解释》第7条的规定，教育机构对未成年人依法负有教育、管理、保护义务，未尽职责范围内的相关义务致使未成年人遭受人身损害，或者未成年人致他人人身损害的，应当承担与其过错相应的赔偿责任。

4. 未成年学生在课间休息时参与体育活动受伤的责任认定

案例来源

张××诉潘×、北京××大学教育机构责任纠纷案

发布单位：最高人民法院中国应用法学研究所《人民法院案例选》2002年第4辑（总第42辑）

审判法院：北京市海淀区人民法院

判决日期：2001年7月13日

基本案情

2000年11月，课间休息期间，×大附小（北京××大学附属小学）六年级学生张××及其他同学参与到×大附小教师的踢足球活动中。期间，×大附小体育教师潘×的踢球行为导致张××小腿受伤，之后，潘×等教师随即将张××送往医院救治，北京市积水潭医院诊断为胫腓骨骨折（右）、胫骨远端骺损伤（右），治疗当天潘×垫付医疗费651.6元。经研究所（北京市法庭科学技术鉴定研究所）鉴定：张××目前伤残等级属十级。

经查，张××父亲张×年和母亲周×页所在单位出具的证明，可以证明二人因张××受伤需要照顾，分别造成了14 000元和4786元的误工损失，并支付了医疗费492.4元，交通费415元，张××的教师补课费4470元。

张××的法定代理人以张××在校学习期间×大附小作为监护人，未尽监护责任与义务，致其遭受人身伤害为由，提起诉讼，请求判令北京××大学和潘×赔偿医疗费、交通费、法定代理人误工费、伙食补助费、伤残补助金、精神抚慰金、补课费及鉴定费共计57 061.4元。

北京××大学辩称：事故虽发生在校园课间休息期间，但同学和教师一起踢足球并无不当，张××受伤本校并无过错，不同意张××的诉讼请求。但鉴于张××的伤情，本校同意对其医疗费和交通费予以补偿。

潘×辩称：张××是主动参加到教师间的踢球活动，受伤属于意外。张××受伤后本人及其他教师主动将其送到医院治疗，并垫付医疗费，故本人只同意赔偿合理的费用，不同意承担其他费用。

判决主文

一审法院判决：被告北京××大学补偿原告张××医药费、交通费900元；被告潘×补偿原告张××法定代理人误工费，张××补课费、伤残补助金共计6000元；驳回原告张××的其他诉讼请求。

宣判后，双方当事人均未提起上诉，判决已经发生法律效力。

裁判要旨

未成年人在学校就读期间，学校负有保护未成年学生人身安全的义务和职责，包括对在校未成年学生的保护、教育、管理等职责，但该职责应限于未成年学生在学校的管理和控制之下的特定时间和空间范围内。因未成年学生在休息时间自愿参加体育活动，属于自愿承担危险的行为，教师及学校对未成年学生受伤均不存在过错，无需承担侵权责任，但依据公平原则，应给予适当补偿。

重点提示

学校体育伤害是指学生在校就读期间，因参加学校体育教学、课外活动、体育竞赛等活动而发生的身体伤害、肢体残疾等影响人身健康的损害。司法实践中，未成年学生因参加体育活动受伤，认定学校应否承担责任时，应当从以下几个方面进行考量：（1）学校对未成年学生负担何种义务。根据最高人民法院《关于审理人身损害赔偿案件适用法律若干问题的解释》第7条的规定，学校对学生负有教育、管理和保护的义务，未尽职责范围内的义务致未成年学生遭受人身损害的，应承担过错赔偿责任。至于学校是否承担监护职责，从民事法律关系的角度出发，家长作为未成年学生的法定监护人，基于对学校的信任把学生托付给学校教育、管理，学校作为家长的代理人，与未成年学生之间是一种事实上的委托管理关系，而非监护关系，在家长与学校无特别约定的情形下，学校不负有监护职责。（2）追究学校民事责任则应按一般侵权损害适用过错责任原则处理。其中，对于学校的过错认定，应当依据《学生伤害事故处理办法》的规定考虑下列事项：学校提供的教学和生活设施是否符合国家标准；学校组织学生参加体育活动是否符合规定；学校是否安排学生参加了不适宜参加的体育活动或危险性较大的活动；学校是否知道或应当知道学生有特异体质或疾病而安排其参加体育活动，并未采取必要的注意和防范措施；学校是否对学生进行了安全教育，并在可预见的范围内采取必要的安全措施；学生发生损害后，学校是否履行了积极救助的义务等等。（3）教师作出的履行职务行为造成学生损害的，属于学校管理不当，学校应对事故的发生承担责任。

5. 在校小学生离校出走的学校责任认定

案例来源

陈××诉北京市海淀区×××小学教育机构责任纠纷案

发布单位：最高人民法院中国应用法学研究所《人民法院案例选》2004年民事专辑（总第48辑）

审判法院：北京市第一中级人民法院

判决日期：2001年12月20日

基本案情

1998年9月16日，×××小学（北京市海淀区×××小学）学生陈××因迟到被班主任张×云叫到办公室谈话至第一节课结束。之后，在上午第三节课前时间内陈××离开学校。当日中午，教师张×云前往陈××家，将陈××离开学校一事告诉其母亲张×民。次日，×××小学向公安机关报案，并在同月及次月分两次在《北京日报》《法制日报》刊登寻人启事。2000年12月，陈××在太原经人帮助与家人取得联系后被家人接回。期间，陈××先后在北京市、河南省多个城市流浪。

陈××以因×××小学教师张×云的不当管理教育行为，致其离开学校流浪2年之久，给其家人造成精神痛苦、经济损失为由，提起诉讼，请求判令×××小学补偿其经济损失。

判决主文

一审法院判决：被告×××小学补偿原告陈××经济损失人民币3000元；驳回原告陈××的其他诉讼请求。

原告陈××的法定代理人张×民、陈×庆不服一审法院判决，提出上诉。

二审法院判决：驳回上诉，维持原判。

裁判要旨

学校对未成年学生负有教育、管理及保护义务。学校教师因未成年学生迟到对其进行谈话教育后，未成年学生离校出走，虽然谈话教育行为属于教育范畴，学校及学校对此均不存在过错，但学校在出入校门管理上存在疏忽，导致未成年学生出走，应承担管理上的过错责任。

重点提示

根据最高人民法院《关于审理人身损害赔偿案件适用法律若干问题的解释》的规定，未成年学生在校就读期间，学校应当承担教育、管理及保护义务，因学校过错导致未成年学生损害的，学校应当承担民事责任。司法实践中，认定学校对在校未成年学生离校出走的责任承担问题，应当从以下几个方面进行判断：（1）首先判断学校是否违反了其对未成年学生应尽的义务。在未成年学生离校方面，学校应尽的义务主要有两项：保证学生在校上学期间不能未经批准随便出入校门；在发现学生离校后，应当积极采取措施进行寻找。因此，若学校对学生进出校门管理不严，致学生能够轻易离开学校的，应认定学校对在校就读的未成年学生未尽到完全的管理、注意义务，存在主观过失。（2）判定未成年学生离校的事实及造成的损害后果与学校的过失行为之间是否有必然的因果关系。首先，对于离校事实与学校过失行为的因果关系，应从教师、学校实施的教育活动、教育方法等是否适当，是否存在打骂、体罚、恐吓等违法方式方面进行判定。在学校实施的批评教育行为属于正当的教育范畴，不存在打骂等情形下，应认定两者之间无必然的因果关系。其次，对于离校后的损害后果与学校过失行为的因果关系，应从学校是否能够控制学生离校后的去向、是否告知家长并积极采取措施进行寻找等方面加以认定。（3）学校对学生未尽到严格的管理注意义务，对学生离校出走具有过错，基于规范学校的管理行为并兼顾考虑到学校在事后采取的补救措施以及未成年人离校出走造成的其家人的精神损害和必要的经济损失，应酌情确定由学校对未成年学生给予适当的经济补偿。

第六章　医疗事故责任（14 例）

一、医疗产品责任（2 例）

1. 不合格医疗器械致患者损害的责任认定

案例来源

柴××、汪××、汪×锦、汪×钧诉宁波市××医院医疗损害责任纠纷案

发布单位：最高人民法院审判监督庭《全国法院优秀再审裁判文书精选》

审判法院：浙江省宁波市海曙区人民法院

判决日期：2008 年 8 月 6 日

基本案情

2002 年 4 月，汪×铭接受胃癌切除手术后，出现食道胃吻合口狭窄症状，于同年 9 月入住宁波市××医院消化内科治疗。宁波市××医院为汪×铭实施第一次手术前，其家属提出置放永久性进口防反流支架的要求，后又改为放置可取性活动支架。宁波市××医院遂按汪×铭家属的要求为其进行了手术。汪×铭出院后，多次出现进食困难症状，于同年 11 月，再次入住宁波市××医院进行了第二次手术，该院又为汪×铭置入了食道支架。出院后，汪×铭因进食困难第三次入住宁波市××医院。宁波市××医院根据汪×铭的病症，为其实施了胸腹联合手术，并取出置入的食道支架。同年，汪×铭出院。2004 年，汪×铭被鄞州人民医院诊断为术后重度营养不良、心肺功能不全，最终于 2004 年 5 月死亡。经宁波市医学会及浙江省医学会鉴定，宁波市××医院不构成医疗事故。

汪×铭的妻子柴××、子女汪××、汪×锦、汪×钧以宁波市××医院违反约定，用国产医疗器械假冒进口医疗器械的行为已构成欺诈，最终导致汪×铭死亡，应双倍赔偿全部医疗损失费为由，提起诉讼，请求判令宁波市××医院返还医疗费106 126.03元，赔偿医疗服务费、丧葬费、死亡赔偿金、护理费、医疗事故鉴定费、精神损害抚慰金等损害共计456 371.06元。

宁波市××医院辩称：经宁波市医学会及浙江省医学会认定，本院对汪×铭的诊断明确，对其放置支架手术无过错；汪×铭第二次放置支架后出现再梗阻，经多次病理活检及最终手术证实均为良性病变，本病例不属于医疗事故。此外，汪×铭在最后一次手术后1年4个月去世，是普通的自然现象，其死亡与本院的诊疗行为无因果关系，本院不应承担赔偿责任。因此，请求驳回柴××、汪××、汪×锦、汪×钧的诉讼请求。

判决主文

经两级法院审理，本案被发回一审法院重审。

一审法院重审期间，经释明，原告柴××等人对本案的法律关系选择为医疗损害责任纠纷，但对诉讼请求未作变更，并要求适用《中华人民共和国消费者权益保护法》。

一审法院重审判决：原审被告宁波市××医院赔偿原审原告柴××、汪××、汪×锦、汪×钧医疗费56 963.08元；原审被告宁波市××医院赔偿原审原告柴××、汪××、汪×锦、汪×钧丧葬费5689.75元、死亡补偿费39 705元、住院期间护理费2930.61元、交通费319元、鉴定费3000元，合计51 644.36元；原审被告宁波市××医院赔偿原审原告柴××、汪××、汪×锦、汪×钧精神损害抚慰金5000元；驳回原审原告柴××、汪××、汪×锦、汪×钧的其他诉讼请求。

宣判后，双方当事人均未提起上诉，判决已发生法律效力。

裁判要旨

医疗侵权纠纷中，医院如果在诊疗活动中使用了不合格的产品给患者造成损害，受害方可依据《消费者权益保护法》来保护自己的合法权益。侵权行为和损害结果之间只要具有相当因果关系，医院方就应承担责任。

重点提示

医疗活动与患者的生命健康具有很强的联系，医疗机构对患者进行诊疗时应当将患者的病情、医疗措施、医疗风险等如实告知患者或其家属，及时解答患者或其家属的咨询，并应当避免对患者产生不利后果，医疗机构未履行如实告知义务，或履行如实告知义务存在瑕疵，造成患者损害的，应承担过错责任。司法实践中，因医疗机构在诊疗活动中未履行告知义务而产生的侵权纠纷，可从以下几个方面认定医疗机构的责任：（1）在医疗活动中，医疗机构及其医务人员对患者应尽到最善良的谨慎和关心，避免使患者遭受不应有的危险或损害，患者因医疗机构及其医务人员的过错遭受损害的，医疗机构应承担医疗损害赔偿责任。(2）医疗机构为进行治疗而对患者使用医疗器械时，负有说明医疗器械的合法来源并保证其质量合格的义务。医疗机构使用医疗器械存在以次充好或者以国产产品冒充进口产品，而未向患者如实说明的情况的，不仅侵害了患者的知情权，亦构成欺诈行为，依法应对患者因使用该器械而遭受的损失承担赔偿责任。患方有权根据医疗服务合同主张医疗机构承担违约责任，亦有权根据《消费者权益保护法》的规定主张医疗机构承担医疗过错的侵权赔偿责任。(3）医疗过错行为与患者遭受的损害之间具有因果关系是认定医疗机构承担责任的前提。而对于因果关系的认定，考虑到医疗机构是采取医疗诊疗活动的主动方，并具有专业的医学知识，相对于患者而言具有较大的优势，因此，对因果关系的证明责任应适用举证责任倒置，医疗机构未能举证证明不存在因果关系的，应当承担相应的过错赔偿责任。

2. 关于医疗产品缺陷致损的民事责任认定问题

案例来源

高×爱诉南海市××镇医院、深圳市××医疗器械有限公司产品销售者责任纠纷案

发布单位：最高人民法院中国应用法学研究所《人民法院案例选》2004 年民事专辑（总第 48 辑）

审判法院：广东省佛山市南海区（市）人民法院

基本案情

2000年4月，高×爱到××医院（南海市××镇医院）接受OK镜片（角膜塑形镜片）近视治疗。佩戴后出现眼部不适状况，经××医院多次治疗，炎症仍未能控制，导致眼睛不能睁，出现角膜溃疡，有脓性分泌物附着症状后，转往广州市中山医科大学眼科中心眼科医院门诊诊治。住院八日后出院，该院诊断证明书诊断为，高×爱为戴OK镜后诱发绿脓杆菌性右角膜溃疡，右眼裸眼视力为0.1（矫正不良），左眼裸眼视力为0.1+（戴近视镜可矫正至1.0），建议继续门诊治疗，如视力恢复不良（经半年以上观察），不能矫正，可行角膜移植治疗。

另查明，××医院给高×爱佩戴的OK镜片是由××医疗器械公司（深圳市××医疗器械有限公司）销售的，××医院和××医疗器械公司提供给高×爱使用的OK镜片和OK镜专用护理液均无中文标识，未办理进口医疗器械注册，经销商××医疗器械公司也未提供产品的生产者，且××医疗器械公司无进口医疗器械资格。

高×爱以××医院提供的OK镜片及护理液存在质量问题致其人身遭受损害为由，提起诉讼，请求判令××医院及××医疗器械公司赔偿精神抚慰金、营养费、再次手术费、误工费、律师费、通讯费等经济损失。

案件审理中，法院委托中山医科大学法医鉴定中心对高×爱的损伤进行鉴定，意见为：高×爱的右眼患细菌性角膜溃疡，已治疗半年，戴镜亦不能矫正；依据病历，高×爱感染右眼细菌性角膜溃疡与佩戴OK镜片有直接关系；高×爱的右眼损伤为八级残废，右眼可行角膜移植治疗。

判决主文

一审法院判决：被告××医院退还原告高×爱购买OK镜片及护理液的支出费用2800元；被告××医疗器械公司赔偿原告高×爱产品责任损害赔偿款85 691.48元；被告××医院对上列第二项承担连带赔偿责任；驳回原告高×爱的其他诉讼请求。

宣判后，双方当事人均未提起上诉，判决已经发生法律效力。

裁判要旨

医疗机构为患者佩戴的治疗近视的镜片，未经国家药监管理部门注册，且外观包装无中文标识的，应认定该镜片属于法律规定的缺陷产品。患者在佩戴过程中出现不良反应，最终导致伤残的，医疗机构作为销售者对产品质量未尽合理注意义务，应当承担损害赔偿责任。

重点提示

司法实践中，患者在医疗机构接受治疗期间购买由供货商提供的医疗产品后，出现人身损害的，患者遭受的人身损害应当如何救济，供货商与作为销售者的医疗机构应如何承担损害赔偿责任。对此问题的认定与处理，应当从以下几个方面进行判断：（1）法律关系的认定。因患者向医疗机构购买的医疗产品是医疗机构从供货商处购进，因此，医疗机构与供货商均可视为销售者，遭受损害的患者与医疗机构以及供货商之间形成消费者和销售者的法律关系。（2）缺陷产品的认定。产品责任是指产品生产者或者销售者因产品的缺陷而给他人造成人身伤害或者财产损害所应承担的民事责任，在产品责任中需要明确两方面的内容：第一，缺陷，是指产品存在危及人身、他人财产安全的不合理危险，产品有保障人体健康和人身、财产安全的国家标准、行业标准的，是指不符合该标准。其中，对于不合理危险的界定，根据我国《产品质量法》第 26 条及第 27 的规定，产品包装没有明显警示、没有任何中文说明标识的，已构成危及人身、财产安全的不合理危险。第二，缺陷既包括产品内在质量缺陷，又包括产品包装和标识警告欠缺等缺陷。（3）医疗机构向患者销售有缺陷的医疗产品的行为，属于未履行对产品质量合理注意的法定义务，存在过错。导致伤残，患者的损害后果与医疗机构的违法销售行为之间存在因果关系，在医疗机构与供货商不能证明其对损害后果无过错，同时也无法证明引起损害是患者故意或重大过失的行为导致的，应视为医疗机构与供货商均有过错，应当承担连带赔偿责任。

二、医疗损害赔偿（12 例）

（一）赔偿责任（8 例）

1. 因医疗机构产前检查疏失致缺陷婴儿出生的责任认定

案例来源

张×、王×、王××诉××市人民医院医疗损害责任纠纷案

发布单位：最高人民法院民事审判第一庭《民事审判指导与参考》2008 年第 3 集（总第 35 集）

审判法院：××人民法院

基本案情

2006 年 7 月，张×在怀孕第 32 周时前往××市人民医院进行产检，该院产检结果为："脊柱连续好、胎儿发育未见异常"。同年 9 月，张×、王×的儿子王××出生后，因患脊柱裂并脊膜脊髓膨出，致下肢瘫痪、二便失禁。经×大学附属医院诊断，王××的脊柱裂并脊膜脊髓膨出为先天发育异常，随生长发育神经损害症状会日益严重，手术治疗最佳时限已过；依据规定，王××构成 2 级残疾。

另查明，国家计生委推荐的培训用书《计划生育超声诊断学》及天津科技翻译出版公司出版的《实用妇产科超声诊断学》均记载，孕 12 周后可见到胎儿脊柱，孕 20 周后则可清晰分辨。

张×、王×、王××遂以××市人民医院严重不负责任，漏诊了极易查出的胎儿残疾，并出具了错误的报告单，使其错过了采取诊疗措施和堕胎的机会，构成医疗侵权为由，提起诉讼，请求判令××市人民医院赔偿产前检查费、住院分娩治疗费、护理费、残疾赔偿金、被抚养人生活费、精神抚慰金等各项损失共计人民币 325 000 元。

判决主文

一审法院判决：被告××市人民医院一次性赔偿原告张×、王×、王××检查费、法医鉴定费、交通费、护理费、残疾赔偿金、精神损害抚慰金，共计32 600元；驳回原告张×、王×、王××的其他诉讼请求。

被告××市人民医院不服一审法院判决，提起上诉称：被上诉人王××因脊柱裂导致瘫痪是由先天发育异常导致，与本院所做的产前医学检查无因果关系，其主张的医疗损害赔偿无事实及法律依据，故请求驳回被上诉人张×、王×、王××的全部诉讼请求。

经法院主持调解，双方当事人自愿达成如下调解协议：上诉人××市人民医院给付被上诉人张×、王×32 600元违约损害赔偿金。

裁判要旨

医疗机构对孕妇进行产检时，未能对胎儿的情况作出准确诊断，致使患有先天残疾的胎儿出生，应当认定医疗机构的此种行为属于误诊。由于孕妇与其配偶享有母婴保健的知情选择权，而医疗机构的误诊行为剥夺了孕妇与其配偶了解胎儿情况并决定是否生育的权利，据此应承担违约损害赔偿责任。

重点提示

司法实践中，医疗机构在对产妇进行产前医学检查时因未尽勤勉和忠诚义务致检查结果失实，使信赖该检查结果的产妇生育缺陷婴儿的，如何认定医疗机构的民事责任，可以从以下几个方面进行判断：（1）医疗机构的医疗过失行为是构成民事侵权还是构成合同违约。首先，缺陷胎儿的出生是因医疗机构的不适当履行所造成的，而损害发生的原因是基于医疗服务合同中产妇对医疗机构专业水平的信赖，双方有事实上的医疗服务合同关系，当事人明确具体且特定，不存在不特定的第三人实施不法侵害行为。其次，医疗机构对产妇进行产前检查未能发现胎儿畸形并非违反法定义务，而是以产妇挂号就诊建立医疗服务合同为前提，医疗机构对产前检查中发现的胎儿异常系履行合同义务。再次，产妇因缺陷胎儿的出生遭受的损害属于纯粹财产上的损害。医疗机构产前检查中的瑕疵并未对产妇的人身权造成损害，胎儿的残疾系先天所致，与医疗机构的产前检查亦不存在因果关系，产妇支付的检查费、分娩费以及对缺陷胎儿的抚养抚育费，属于与产妇人格利益侵害无关的纯粹财产上的损害。而我国侵权责任法并没有就纯粹财产上的损害赔偿提供相应的请求权基础规范。综上，产妇就缺陷婴儿的出生向医疗机构主张民事赔偿责任，仅能主张违约损害赔偿，而不能获得侵权损害赔偿救济。（2）医疗机构承担赔偿责任的范围。医疗机构对产前检查的不适当履行行为造成以保障母婴健康为目的的医疗服务合同的目的落空，构成根本违约，应对产妇依据合同支付的检查费进行赔偿。另外，医疗机构的违约行为还导致了缺陷婴儿的出生，使产妇额外增加了对缺陷婴儿的护理费、治疗费等纯粹财产上的损害，构成加害给付，且医疗机构对此具有预见性，因此，应在合理范围内予以补偿，但应根据其确定性、可预见性和合理性予以限制，并应当考虑过失相抵、损益同销等因素。

2. 医院对精神病人的监护职责与责任承担

案例来源

田××等诉江苏省如东县××××医院医疗损害责任纠纷案

发布单位：最高人民法院民事审判第一庭《民事审判指导与参考》2007 年第 2 集（总第 30 集）

审判法院：江苏省南通市中级人民法院

判决日期：2006 年 8 月 1 日

基本案情

2005 年 6 月 28 日，田××等人（田××、薛×兰、顾×平、顾×1）的亲人田×华因精神分裂症复发服用“奋乃静”“硝西泮”后砍伤家人，被送如东县××医院（江苏省如东县××医院），次日转院送到×医院（江苏省如东县××××医院）治疗。诊断为：抗精神病药物过量、偏执型精神分裂症。入院时，田 × 华之子顾 × 与 × 医院签订议定书，约定：医院履行基于医疗机构的设置而产生的工作职责。护理措施为一级护理、密切看护、严防自弃。同年 7 月 2 日，医生将一级护理改为二级护理。同月 8 日，公安局鉴定意见为田 × 华罹患精神分裂症。同月 9 日，田 × 华家人到医院探视，而田 × 华情绪激动，经医护人员的心理疏导，有所平稳。同月 10 日 4 时 15 分，护士发现田 × 华自杀，经抢救无效死亡。后经检验确认系缢死。

医学会（南通市医学会）医疗事故技术鉴定书分析意见为：田 × 华系偏执型精神分裂症。入院时，医患双方签订了住院议定书，履行了告知义务。入院后，× 医院治疗措施符合医疗原则，而田 × 华有多次自杀倾向，系精神疾病症状之一。具有冲动性、突发性、隐蔽性等特点，难以防范，自缢死亡是精神病理症状所致的严重后果。在治疗过程中，× 医院存在病房设置欠合理、人员配备不足、条件简陋的缺陷。田 × 华系精神分裂症患者，无民事行为能力。

田 × × 等以田 × 华因精神分裂症入住 × 医院，× 医院将一级护理改为二级护理等失职行为导致田 × 华自缢，没有尽到监护管理职责为由，提起诉讼，请求判令医院赔偿死亡赔偿金、丧葬费、被扶养人生活费及精神损害抚慰金等各项损失。

判决主文

一审法院认定：精神病人住院期间，医院的封闭式管理家人无法陪护，法定监护人无法履行职责，而被告 × 医院基于签订的合同负有临时监护义务，同时负有法律上的安全保障义务。被告 × 医院将田 × 华入院后改为二级护理，违反护理规范，且未对田 × 华情绪的变化引起重视，加之病房设置，人员配备等因素与田 × 华自缢死亡存在间接因果关系，因此，被告 × 医院应承担相应的赔偿责任。但鉴于收治精神病患者给被告 × 医院带来经济利益的同时还具有公益性，根据被告 × 医院承受的高度风险可酌情减轻其承担的民事责任。

一审法院判决：原告田 × × 等因田 × 华死亡而造成的损失：死亡赔偿金 185 240 元、丧葬费 7856 元、被扶养人生活费 13 520 元、精神损害抚慰金 30 000 元，合计 236 616 元，由被告×医院赔偿 165 631. 2 元。

被告×医院不服，提起上诉称：上诉人×医院不因精神病人住院而承担监护责任；上诉人×医院已履行相应的职责，病房设置欠合理、人员配备不足、条件简陋等与患者的死亡没有必然因果关系，不存在过错；适用法律错误，应适用最高人民法院《关于贯彻执行〈中华人民共和国民法通则〉若干问题的意见（试行）》第 160 条的规定，而且，即便上诉人×医院存在过错，只是适当给予赔偿。故请求法院依法改判。

被上诉人田××等辩称：原审判决认定事实清楚，适用法律正确，请求法院驳回上诉，维持原判。

二审法院判决：撤销原判；被上诉人田××等因田×华死亡而造成的损失：死亡赔偿金 185 240 元、丧葬费 7856 元，合计 193 096 元，由上诉人×医院赔偿 96 548 元；驳回被上诉人田××等的其他诉讼请求。

裁判要旨

监护的性质属于一种职责，不存在监护权的转移问题，但可发生监护职责的约定转移，监护人可以将监护职责部分或者全部委托给他人，并可依合同约定或者受托人的过错向委托人追究相应责任。精神病人被送至精神病医院住院治疗，视为将部分监护职责委托给医院。医院虽然不是病人的监护人，但应当承担因委托而产生的保护被监护人的身体健康、照顾被监护人生活等监护职责。对于精神病人在精神病医院自杀行为，医院负有谨慎的注意义务。如医院不能证实对病人的自杀行为，自己无过错，即可依照最高人民法院《关于民事诉讼证据的若干规定》第 4 条规定的过错推定原则，认定医院有过错。因此，精神病人在精神病医院自杀，医院不能以其不是监护人为由，拒绝承担赔偿责任。

重点提示

因患者患有精神疾病，患者的家属与医院签订医疗服务合同，建立医疗服务合同关系，在患者确诊为精神疾病的前提下，医疗机构应当对患者履行特殊的监护职责。实践中，因医院的监护职责而产生的医疗纠纷，可以从以下几个方面分析：第一，我国法律规定监护人可以将监护职责部分或者全部委托给他人，这一规定中的“他人”应包括精神病医院。医院作为受托人，与委托人之间建立的是合同关系，依据合同履行监护职责、处理监护内的事务。从医院的功能上看，医院对精神病人可承担和应承担的委托监护职责仅限于治疗、看护患者等部分职责，精神病人的家属仍为其监护人，仍承担主要监护责任。第二，医院承担过错责任。医院在对其收治的精神病人的人身损害存在过错时，才承担相应责任。原因在于，精神病医院具有高度的专业性和风险性，医生诊断的主观性较强，精神病人的症状难以预测，其疾病具有突发性，行为具有难以防范性。精神病人在冲动下的伤害行为，需在特定条件下才可实施，医院难以预测和防范。故依据公平原则，此种高风险责任不应完全由仅具有监护职责的医院承担。第三，适用过错推定原则。医院不能证明自己对精神病人的人身伤害无过错，则可依法推定其具有过错。第四，依据医院管理职责、治疗措施、经验法则等判断医院是否具有过错。主要包括，医院对精神病人的诊断是否准确、治疗是否积极恰当、是否采取精神科分级护理措施、对精神病人是否尽到谨慎注意义务、是否积极采取措施防止损害的扩大等。综上，考虑以上因素后，医院对精神病人受到伤害或者造成他人伤害有过错的，应责令医院在其过错范围内承担赔偿责任。

3. 关于医疗机构擅自变更医疗方案的责任承担问题

案件来源

郑 × 峰、陈 × 青诉江苏省 × × 医院医疗服务合同纠纷案

发布部门：《最高人民法院公报》2004 年第 8 期（总第 94 期）

审判法院：江苏省南京市中级人民法院

判决日期：2003 年 11 月 18 日

基本案情

2002 年 9 月，郑 × 峰与陈 × 青（系夫妻关系）因生育障碍至 × × 医院

（江苏省××医院）进行治疗，与××医院签订《协议和须知》（《试管婴儿辅助生育治疗协议和须知》），但并未约定××医院是采取 IVF 还是 ICSI 对郑×峰和陈×青进行治疗。同月 9 日的“IVF 促排卵治疗记录单”中记载“拟行治疗”为“IC－SI”。同月 25 日，郑×峰向××医院交纳检查费用 5400 元，××医院对郑×峰进行了采卵手术并采集了陈×青的精子。医务人员在观察陈×青精子后，认为宜按照 IVF 技术进行治疗，遂按照 IVF 技术操作，最终未获得成功。经查，郑×峰交纳的检查费用与××医院举证的 ICSI 技术收费标准的前三项相加数额相符，但郑×峰交费时 ICSI 的最后一项与之相应的医疗措施尚未进行。

另查明，郑×峰与陈×青向××医院支付检查费、医药费等共计人民币 6072 元（包括上述 5400 元）。为促进排卵，郑×峰与陈×青在院外购买药品支出人民币 5362.05 元，两项合计 11 434.05 元。

郑×峰、陈×青以××医院未按约定对其进行 ICSI 技术治疗，违反双方约定为由，提起诉讼，请求判令××医院双倍赔偿医药费 25 000 元、误工费 1392.50 元、精神抚慰金 10 000 元并公开赔礼道歉。

××医院辩称：IVF 技术和 ICSI 技术都是人工辅助生育的技术手段，二者有不同的适应症。本院与郑×峰、陈×青并未明确约定采取何种技术。本院依据当时情况采取 IVF 技术符合医疗常规，本院在治疗过程中不存在过错。此外，本院与郑×峰、陈×青并不是普通的消费者与经营者之间的关系，不适用消费者权益保护法的规定，郑×峰、陈×青以违约为由要求本院承担精神损失没有法律依据。

庭审中，××医院的代理人对其按照 ICSI 技术收费的行为予以认可。

判决主文

一审法院判决：被告××医院一次性向原告郑×峰、陈×青赔偿医疗费人民币 11 434.05 元；驳回原告郑×峰、陈×青的其他诉讼请求。

被告××医院不服一审判决，提起上诉称：一审判决认定事实错误，本院实施的是双方约定的人类辅助生育技术，双方所签订的协议中并无 IVF 和 ICSI 技术的约定，且被上诉人郑×峰、陈×青的缴费方式并不能佐证无约定事项的成立。其次，交费与治疗过程表明被上诉人郑×峰、陈×青支持并同意根据医疗原则确定的 IVF 方案的实施。因此，请求撤销一审判决，依法改判。

被上诉人郑×峰、陈×青服从一审判决，未对上诉人××医院的上诉理由予以书面答辩。

二审法院判决：驳回上诉，维持原判。

裁判要旨

公共医疗卫生服务机构履行医疗服务合同时，在非紧急情况下，未经同意擅自改变合同双方约定的医疗方案，属于《合同法》第 107 条规定的履行合同义务不符合约定的行为。

重点提示

医疗服务合同系医疗机构与患者之间明确相互权利义务关系的合同，在医疗服务合同的履行过程中，医疗机构负有向患者说明医疗方案的义务，而患者对医疗方案享有选择权，若因医疗机构的擅自变更行为剥夺了患者依据合同享有的权利，患者有权据此向医疗机构行使违约损害赔偿请求权。司法实践中，在对医疗机构违约责任的认定与处理中，应当注意以下几点：（1）以医疗机构违约提出的违约之诉，应根据患方的诊治请求和医疗机构的承诺判断医疗合同的成立，患方基于医疗服务合同的成立支付医疗费，接受治疗的，应认定医疗服务合同已经成立并生效。（2）医疗机构与患方在医疗服务合同关系中是平等的民事主体，且医疗行为的实施结果会对患方的身体造成直接影响，即使医疗机构在履行医疗服务合同中具有较高的裁量权，亦应考虑患者的选择权。患方与医疗机构签订医疗服务合同后，双方均应按约定全面履行自己的义务，一方不履行合同义务或者履行合同义务不符合约定的，应当承担继续履行、采取补救措施或者赔偿损失等违约责任。（3）在医疗服务合同中，医疗机构与患者是平等的主体关系，在非紧急情况下，医疗机构在未经过患者同意的情况下，擅自改变双方约定的医疗方案的，属于履行合同义务不符合约定的行为，由此造成患者人身或财产损失的，应当依法承担违约赔偿责任。

4. 医院错抱婴儿的民事责任认定和处理

案件来源

赵×强、宫×诉通化市××医院医疗损害责任纠纷案

发布单位：最高人民法院中国应用法学研究所《人民法院案例选》2004年民事专辑（总第48辑）

审判法院：吉林省通化市中级人民法院

判决日期：2003年5月18日

基本案情

宫×、赵×强系夫妻关系，1981年10月29日，宫×于通化市××医院顺产男婴一名，按通化市××医院的规定，产后3天新生儿由院方陪护人员于婴儿室看护。3日后，宫×与院方交予的男婴一同出院，该婴儿取名赵×，由宫×、赵×强抚养至今。2001年4月，赵×在大学参加义务献血时，宫×、赵×强方知赵×并非二人亲生儿子。后经多方寻找，并经省公安厅进行DNA亲子鉴定，鉴定意见为赵×与宫×、赵×强并无血亲关系，当年与宫×同在通化市××医院生产的李×野之子孙×为宫×、赵×强亲子。经多方调查得知，造成这一后果的直接原因是通化市××医院疏于管理，导致串子。宫×、赵×强在寻子并为赵×寻亲期间各种花费共计4.5万元。

赵×强、宫×遂以通化市××医院疏于管理，存在过错为由，提起诉讼，请求判令通化市××医院承担抚养、教育赵×的费用，寻子、寻亲费用及精神损害抚慰金。

判决主文

一审法院判决：被告通化市××医院赔偿原告赵×强、宫×寻子、寻亲费用4.5万元；被告通化市××医院赔偿原告赵×强、宫×精神损害抚慰金各 5 万元；驳回原告赵 × 强、宫 × 的其他诉讼请求。

原告赵 × 强、宫 × 不服一审判决，提起上诉。请求撤销一审判决第二、三项，维持第一项；判令被上诉人通化市 × × 医院承担其抚养教育赵 ×21 年的经济损失 18.5 万元，并赔偿上诉人赵 × 强、宫 × 精神损害抚慰金 20 万元、30 万元。

被告通化市 × × 医院不服一审判决，提起上诉称：上诉人赵 × 强、宫 × 提起本案诉讼已经超过最长法定诉讼时效，不应受法律保护；上诉人赵 × 强、宫 × 与赵 × 之间属于事实收养关系，对赵 × 的抚养教育是其法定义务，故不应当由本院承担抚养费。据此，请求撤销一审判决，驳回上诉人赵 × 强、宫 × 的诉讼请求。

二审法院判决：驳回上诉，维持原判。

裁判要旨

孕妇在医疗机构分娩新生儿后，医疗机构疏于履行看管和监护新生儿的注意义务，致使孕妇及其配偶抱错新生儿，导致串子结果发生的，应认定医疗机构未尽到对新生儿出入管理及监护的义务，对串子事实的发生存在过错，应承担赔偿责任，并赔偿孕妇及其配偶因串子产生的精神损害及相关费用。

重点提示

根据《医疗机构新生儿安全管理制度》的规定，医疗机构在孕妇分娩过程中及婴儿出生后，应加强安全管理。分娩现场应当配备掌握新生儿复苏技术的医护人员及相关设备和药品；产科实行母婴同室，加强母婴同室陪护和探视管理；完善新生儿出入管理制度及交接流程，做到身份有识别，交接有登记。然而在实践中，因医疗机构的监护、看管不利造成新生儿出入管理和交接工作未能有效衔接，导致婴儿串抱的侵权事件时有发生。对此，医疗机构存在疏于履行管理、监护义务的过错，应当承担赔偿责任，具体可从以下几方面进行分析：（1）医疗机构对产妇生产的婴儿在管理上出现过错，造成产妇及家属交叉抱错孩子的，医疗机构的医疗行为直接阻碍了产妇及家属与其子女之间权利的行使，导致产妇及家属精神遭受严重损害以及其他财产等损失，应当予以赔偿。其中，精神损害赔偿应根据以下因素确定：医疗机构的过错程度；侵害的手段、场合、行为方式等具体情节；侵权行为所造成的后果；医疗机构获利的情况；医疗机构承担责任的经济能力；受诉法院所在地的平均生活水平。（2）产妇及家属发现婴儿抱错而寻找亲生子女的，会产生相应的费用，对因此产生的交通费、住宿费、鉴定费和误工费等必要损失，应当由医疗机构承担赔偿责任。同时，产妇及家属有权要求医疗机构退还住院产生的费用。而对于因抱错婴儿而产生的后续问题的处理，法院可以通过调解对孩子的监护权、抚养权进行变更。（3）对拟制父母在抚养期间支付的抚养教育费用，医疗机构应否支付的问题，应区分不同情况分别认定。第一，对于已经找到亲生父母的子女而言，该子女与亲生父母之间的自然血亲关系已恢复，与拟制父母之间事实上的抚养关系自然解除，对拟制父母，医疗机构应当支付抚养关系存续期间拟制父母支付的抚育费用。第二，在未找到亲生父母的情况下，子女与拟制父母之间的抚养关系并未终止，应当受到法律的保护。而依据我国《婚姻法》第21条的规定，父母子女之间相互有抚养教育和赡养扶助的义务，因此，拟制父母抚养教育子女是其应尽的法定义务，医疗机构不应向拟制父母支付抚养教育的费用。

5. 关于医疗风险责任承担主体的认定问题

案件来源

方××诉福建省厦门市××区医院医疗损害责任纠纷案

发布单位：《最高人民法院公报》2004年第2期（总第88期）

审判法院：福建省厦门市中级人民法院

判决日期：2002年12月10日

基本案情

1998年7月，方××因左小腿被搅拌机搅伤入住××医院（福建省厦门市××区医院)。经诊断，方××的左胫腓骨开放性骨折，左小腿软组织严重挫裂伤。同日，经方××家属签字同意，××医院为方××施行“清创术十左胫骨钢板内固定术”及“左小腿石膏后托外固定术”。次月 1 日，方××要求出院，医院劝阻无效，其家属立下“自动出院，后果自负”的字据后，××医院为其办理出院手续。同日，方××入住同安××医院（中国人民解放军海军同安××医院）外科进行治疗。13 日后，同安××医院为方××进行植皮术，同年 10 月 5 日进行扩创、病灶清除、去除钢板、石膏托外固定术，术中发现方××的伤口内留有煤砂泥。同月 13 日，方××从同安××医院出院后，再次入住××医院外科进行治疗。经诊断，方××的左小腿重度开放性复合伤并感染、左胫腓骨骨折并骨髓炎。8 日后，××医院为方××施行“扩创、骨折复位加外固定术、植骨术”中，见一约 5×3×0.3cm 的死骨。术后，××医院为方××施行抗炎、引流等综合治疗，使伤口愈合，方××于 12 月 24 日出院。

1999 年 2 月，方××因左小腿疼痛，第三次入住××医院治疗，检查后发现其左小腿的外固定架松动，骨骼向内成角畸形，左右小腿长短不一，2001 年 11 月 6 日方××经治疗好转后自行离院。同年 4 月，经方××申请，鉴定委员会（厦门市××区医疗事故鉴定委员会）作出“不属于医疗事故”的鉴定意见。方××不服，经再次申请鉴定，鉴定意见仍为“不属于医疗事故”。经××医院申请，鉴定处（厦门市中级人民法院××××鉴定处）对方××的医疗过程进行鉴定，鉴定意见为：××医院对方××伤后采取的治疗措施、治疗原则、治疗方式，符合医疗规范。

方××以××医院在手术中不按常规操作，未能将伤口内的泥沙清洗干净和消毒引起感染造成骨髓炎和股骨头坏死，后在进行骨头移植手术时造成左腿比右腿短 4cm，致使其终身残疾为由，提起诉讼，请求判令××医院赔偿误工费、医疗费、残疾生活补助费、精神抚慰金共计 107 762.38 元。

××医院辩称：方××入院时，根据其左小腿伤情，如要彻底避免手术后感染，最佳治疗方案为截肢，但此种治疗方式定会造成方××终身残疾。为减少方××的损失，本院经其亲属签字同意，对其进行手术治疗，因其伤情决定本院无法通过一次手术便将创口清理干净。第一次手术后，方××不顾本院劝阻，强行出院。2个月后又因左小腿重度开放性复合伤并感染、左胫腓骨骨折并骨髓炎二次入院。本院对其进行手术后使其伤口愈合出院。1个月后，方××三次入院。经查体发现其左小腿的外固定架松动，左小腿向内成角畸形，说明其出院后有过度运动以至再次骨折。这一次经本院治疗使其伤口好转，但由于并发骨髓炎、骨头坏死，使骨折处的骨头重叠了3cm左右，手术植入的新骨只能加固，无法撑开重叠部分，使其左腿不可避免地短于右腿。本院对其一系列治疗均符合常规，没有违反规则的操作。方××的残疾是搅拌机造成的，并非诊疗行为导致。经区、市两级医疗事故鉴定委员会鉴定，方××的残疾不属于医疗事故。其诉讼请求缺乏依据，应当驳回。

庭审中，经××医院申请，法院准许骨科专家杨×民出庭作证。杨×民专家的意见是：方××的伤情属于较重的骨折，客观上不可能彻底清创，发生骨髓炎并发症难以避免；导致方××伤残的原因，是骨髓炎引发骨头坏死。另外，经厦门市中级人民法院××××鉴定处鉴定，原告方××左下肢短缩3.3cm，伤残等级为9级附加10级。

判决主文

一审法院判决：驳回原告方××的诉讼请求。

原告方××不服一审判决，提起上诉称：本人患骨髓炎与被上诉人××医院清理创口不洁净之间具有直接因果关系，手术后本人出现腿部缩短的现象系其医疗过错行为导致，被上诉人××医院应当承担赔偿责任。其次，被上诉人××医院就其医疗行为与本人损害结果之间无因果关系未提出证据证明，故其应承担败诉的后果，一审法院认定被上诉人××医院不存在医疗过错属于法律适用错误。综上，请求撤销一审判决。

被上诉人××医院辩称：一审判决事实依据充分，适用法律正确，请求驳回上诉人方××的上诉请求。

二审法院判决：驳回上诉，维持原判。

裁判要旨

有风险的医疗行为如果是在征得患者及其亲属同意后实施的，风险责任应由患者及其亲属承担。因此，医疗机构在对患者实施手术前，向患者及其家属告知了手术风险以及术后可能出现的情况，患者及其家属签字同意的，即表示其接受手术风险，医疗机构无需对患者的损害承担赔偿责任。

重点提示

医疗风险对患者而言是指存在于整个医疗服务过程中，可能会导致损害或伤残事件的不确定性，以及可能发生的一切不安全事情。对医院而言是指在医疗服务过程中发生医疗失误或过失导致的不安全事件的风险。在医疗服务关系中，根据我国《侵权责任法》的规定，医务人员在诊疗活动中应当向患者说明病情和医疗措施。需要实行手术、特殊检查、特殊治疗的，医务人员应当及时向患者说明医疗风险，替代医疗方案等情况，并取得其书面同意；不宜向患者说明的，应当向患者的近亲属说明，并取得其书面同意。因此，在为患者实施医疗行为过程中，医疗机构已经就医疗风险及可能造成的损害后果向患者及其家属进行告知，且取得患者书面同意的，应认定患者同意自行承担医疗风险及相应的损害后果。此外，因医疗工作是一个有着一定风险的工作，故对医疗机构承担医疗损害后果责任的要求是医疗机构存在医疗过错行为，否则医疗机构无需对患者出现的损害后果承担损害赔偿责任。综上，医疗机构在征得患者及其家属同意后为患者利益考虑实施的风险医疗行为，在医疗机构不存在医疗过错的情况下，应由患者及其家属承担医疗风险责任。

6. 因医疗机构管理瑕疵致婴儿被偷的责任认定

案例来源

阿衣××·××班、艾××·××库提诉阿克苏市××医院医疗损害责任纠纷案

发布单位：最高人民法院中国应用法学研究所《人民法院案例选》2004年民事专辑（总第48辑）

审判法院：新疆维吾尔自治区阿克苏地地区中级人民法院

判决日期：2002年5月27日

基本案情

2001年3月27日，阿衣××·××班因临产住进市医院（阿克苏市××医院）并于当日下午6时顺利产下一男婴，阿衣××·××班与其婴儿独居一室且有其丈夫艾××·××库提在旁陪护。次日，市医院按产后24小时内给婴儿洗澡的规定通知二人并将婴儿抱走。后日上午，市医院无人通知阿衣××·××班及艾××·××库提给婴儿洗澡，也未派护士去抱婴儿洗澡。至11时许，阿衣××·××班提问市医院，其婴儿被抱去洗澡尚未送回。市医院当即向公安机关报案请求查找婴儿下落。公安人员于当日下午组织集中当班的医护人员，并让阿衣××·××班及艾××·××库提辨认是否有抱走婴儿的人。阿衣××·××班及艾××·××库提经过辨认，未发现医院当中有抱走婴儿的人。之后，公安机关立案侦查，至阿衣××·××班及艾××·××库提起诉时仍无婴儿下落。

阿衣××·××班及艾××·××库提以市医院管理不当至其婴儿丢失为由，提起上诉。请求判令市医院承担民事责任，赔偿医疗费、精神损害赔偿金等损失。

判决主文

一审法院判决：被告市医院赔偿原告阿衣××·××班住院期间的医

疗费 518.30 元；被告市医院赔偿原告阿衣××·××班、艾××·××库提精神损害赔偿金 15 000 元；驳回原告阿衣××·××班、艾××·××库提出的其他诉讼请求。

原告阿衣××·××班、艾××·××库提不服一审法院判决，提出上诉称：被上诉人市医院在男婴出生后，未尽到监管职责，是婴儿下落不明的主要原因，因此被上诉人市医院应当承担主要责任。据此，请求增加赔偿数额，判令被上诉人市医院赔偿精神损害赔偿金 50 000 元。

被告市医院不服一审判决，提起上诉称：婴儿出生后，一般不得与母亲分离，因此，婴儿的丢失是上诉人阿衣××·××班、艾××·××库提自己的过失行为造成的，本院不应承担责任。据此，请求撤销一审法院判决，驳回上诉人阿衣××·××班、艾××·××库提的诉讼请求。

二审法院判决：驳回上诉，维持原判。

裁判要旨

医疗机构在从事接生婴儿的医疗服务活动中，除了必须履行保护母婴健康、生命安全的义务外，还必须履行保护婴儿不被丢失的义务。医疗机构未尽管理职责，导致婴儿被偷，对婴儿被偷窃损害的发生具有过错，应承担相应的损害赔偿责任。

重点提示

医疗机构作为具备专业知识和专业技能的机构，其按合法手续接纳患者入院治疗后，应对患者提供符合医疗水准的医疗服务。因患者在医患关系中明显处于弱势地位，在治疗期间对医疗机构具有极强的依赖性，故从社会整体利益考虑，医疗机构还应当负有保护患者人身安全不受第三人侵犯的义务。司法实践中，患者在医疗机构就医过程中，因医疗机构管理过失致损的，应从以下几个方面认定医疗机构的责任承担问题：（1）医疗机构对患者具有护理、保护的义务，由于医疗机构没有尽到保护安全的义务，致使患者遭受损失或者损害，医疗机构应当承担赔偿责任。但基于公平原则，医疗机构以帮助患者摆脱病痛为最主要目的，其并不具备完善的保护措施和保护能力，故该种保护义务应控制在恰当的范围之内，即医疗机构在其能力范围内，因未尽相应的保护义务导致患者遭受损害的，应当承担相应的赔偿责任。（2）医疗机构仅对患者的合理损失予以赔偿，患者自身未积极履行责任，致使损害后果发生的，应当自行承担责任。双方之间承担责任的比例，应当根据患者所处医疗环境、患者对责任的履行程度、医疗机构的管理义务履行程度以及双方对损害后果的过错程度综合判断。（3）医疗机构因过错行为，不仅致患者遭受人身、财产损害的，亦给患者造成较大精神痛苦的，应同时承担精神损害赔偿责任。

7. 关于医疗机构擅自处分遗体后的责任承担问题

案件来源

徐××、周×诉郑州大学××附属医院医疗损害责任纠纷案

发布部门：最高人民法院中国应用法学研究所《人民法院案例选》2002年第4辑（总第42辑）

审判法院：河南省郑州市中级人民法院

判决日期：2002年5月28日

基本案情

2001年9月3日，周×（与徐××系夫妻）在第×附属医院（郑州大学第×附属医院）早产生下一对双胞胎男婴，取名周×大宝、周×小宝。由于婴儿身体较弱，当日上午被转入××附属医院（郑州大学××附属医院）接受治疗。同月17日，周×小宝死亡，××附属医院电话通知周×及徐××到医院后，下发了死亡通知书。同日，周×及徐××要求查看周×小宝尸体的请求被××附属医院拒绝。次日，在未告知周×及徐××的情况下，××附属医院将周×小宝尸体火化。次月3日，周×大宝出院。同日，徐××向××附属医院出具的欠医疗费用条上载明："因2001年9月3日在河南一附属医院出生，因是早产转到河南三附属医院护理，不料2001年9月17日早5点死亡"。

为此，周×、徐××以××附属医院未经家属同意擅自火化周×小宝尸体为由，提起诉讼，请求判令××附属医院归还周×小宝。

××附属医院以周×及徐××未支付尚欠的医疗费为由，提起反诉，请求判令：周×及徐××支付医疗费用 28 847. 24 元。

判决主文

一审法院判决：驳回原告徐××、周×要求被告××附属医院返还周×小宝的诉讼请求；驳回被告××附属医院的反诉请求。

原告徐××、周×不服一审判决，以原审法院认定周×小宝已经死亡是错误的，且原审法院适用法律错误，判决不公为由，提起上诉，请求发回重审。

被上诉人××附属医院辩称：周×小宝是在第×附属医院转入本院继续治疗而非护理，周×小宝已经死亡，故上诉人徐××、周×要求返还周×小宝的请求不能成立。据此，请求驳回上诉，支持本院的反诉请求。

二审法院判决：驳回上诉，维持原判。

裁判要旨

婴儿在医疗机构治疗过程中死亡的，医疗机构在告知婴儿父母后，未经其同意即将婴儿遗体火化的，其行为侵害了婴儿父母的同意权以及对婴儿遗体的管理权和处分权，应当承担相应的民事责任。

重点提示

遗体是人格利益的载体，遗体的人格利益因素在属于遗体本人的同时，还对其近亲属利益及社会利益产生影响。因此，当身体向遗体转化的过程中，就出现了所有权、告别权等权利，基于亲属与死者之间的特殊关系及情感，遗体的所有权由死者的亲属享有。司法实践中，医患双方对患者遗体的处理产生纠纷，认定责任时，应当注意以下几点：（1）我国《医疗事故处理条例》规定：患者死亡，医患双方当事人不能确定死因或者对死因有异议的，应当在患者死亡后 48 小时内进行尸检；具备遗体冻存条件的，可以延长至7日。尸检应当经死者近亲属同意并签字。患者在医疗机构内死亡的，遗体应当立即移放太平间。死者遗体存放时间一般不得超过两周。逾期不处理的遗体，经医疗机构所在地卫生行政部门批准，并报经同级公安部门备案后，由医疗机构按照规定进行处理。（2）遗体解剖后或者未解剖的遗体应进行火化，在火化前应通知死者家属并经双方协商同意后方可火化，医疗机构擅自实施的火化行为，侵犯了死者家属对遗体的所有权及处置权，应承担相应的民事责任。若该擅自处理行为给死者家属造成了较大的精神痛苦，亦应承担精神损害赔偿责任。但死者家属未提出经济或精神损害赔偿的，应依据不告不理原则尊重当事人的意思自治，法院对此不做裁判。（3）死者的遗体是物，死者家属享有的是所有权，当然享有物权请求权，当遗体受到侵害或有侵害时，权利人可以依据该请求权，请求损害之除去和障碍之排除以及原状之恢复。（4）在举证责任分配方面，首先应当由死者家属举证证明死者是在该医疗机构进行就诊、治疗或者护理，其次应当由医疗机构对其医疗行为不存在过错以及其医疗行为与患者的死亡后果之间不存在因果关系承担证明责任。但若死者家属主张的内容与医疗机构的医疗行为与损害结果之间无足够的关联，并非基于医疗损害赔偿而产生的请求，而是医疗机构侵犯死者的其他人身权利，举证责任应当结合双方的举证能力进行确定，举证不能的一方应当承担相应的不利后果。

8. 患者知情同意权侵权认定

案例来源

谷××诉白城××医院侵害患者知情同意权责任纠纷案

发布单位：最高人民法院民事审判第一庭《民事审判指导与参考》2002年第4卷（总第12卷）

审判法院：吉林省高级人民法院

判决日期：2002年4月19日

基本案情

1998 年 1 月 15 日，谷××在××医院（白城××医院）妇科诊断是“左卵巢囊肿，子宫肌瘤”。后谷××在××医院进行手术欲摘除左侧卵巢，术前曾做了 8 次彩超、B 超检查，均是左侧卵巢病变，且术前检查也是“左附件区增厚感，压痛阳性，右附件区阴性”。即左侧卵巢囊肿（是单侧病变）。1999 年 5 月，××医院在术中将谷××的右侧卵巢切除及子宫次全切，且未提前向谷××履行告知义务。出院诊断为“子宫肌瘤，子宫次全切术”。谷××出院后症状不见好转到医院复检才得知左侧卵巢未予摘除。经两次医疗事故技术鉴定委员会鉴定确认，××医院的行为过错已构成二级乙等医疗事故。司法鉴定中心确定谷××为八级伤残。

谷××以××医院的错误医疗行为为医疗事故，并致其人身损害为由，提起诉讼，请求判令××医院给付伤残补偿费、伤残鉴定费、门诊费、药费、交通费等损失。

判决主文

一审法院判决：被告××医院给付原告谷××伤残补偿费、伤残鉴定费、门诊费、药费、交通费、精神损害补偿金等共计 150 494. 9 元；如原告谷××左侧卵巢囊肿继续增长，需手术切除，手术费用及伤残等级可另行告诉，但术前必须告知被告××医院。

被告××医院不服，提起上诉称：首先，鉴定意见缺乏客观真实性；其次，上诉人××医院的行为系正常医疗行为，虽仪器检查卵巢囊肿在左侧，会出现误差，术中医生见被上诉人谷××右侧较为严重，因此做了右侧卵巢切除；最后，被上诉人谷××系在职教师，实际收入足以支付医疗费用。综上，请求法院改判上诉人××医院不予支付伤残补助费及精神损害抚慰金。

被上诉人谷××辩称：原判正确，应予维持。

二审法院判决：驳回上诉，维持原判。

裁判要旨

医疗机构诊断患者患病部位为左侧卵巢，并为患者实施手术治疗。在手术过程中，手术医生在未经患者或其家属同意的情况下，将患者的右侧卵巢切除，侵犯了患者及其家属的知情同意权，同时，无证据证明原告右侧卵巢病变，即使有病变，医生也未向其说明，显然违反告知义务。并且，未说明的行为与患者的损害后果有因果关系，医疗机构的行为对因此给患者造成的损失承担赔偿责任。

重点提示

患者知情同意权，是指患者在接受治疗的过程中，有了解与其治疗相关的一切信息的权利，并有权据此作出其认为对自己最有利的选择和判断。为保证患者在了解自己将面临的风险、付出的代价和可能取得的收益基础上自由作出选择，医疗机构在医疗活动中，应当依法履行告知义务，医疗机构的告知义务可以在患者的主动询问下进行，也可依其职责主动履行。实践中，认定医疗机构的医疗行为侵犯患者知情同意权，需明确以下几个方面的内容：第一，医疗机构特殊医疗活动的告知义务履行方式。医疗机构施行手术、特殊检查或者特殊治疗时，必须征得患者同意，并应当取得其家属或者关系人同意并签字，无法取得患者意见时，应当取得家属或者关系人同意并签字，无法取得患者意见又无家属或者关系人在场，或者遇到其他特殊情况时，经治医师应当提出医疗处置方案，在取得医疗机构负责人或者被授权负责人员的批准后实施。第二，医疗机构在医疗活动中，未能按照法律规定履行合理告知义务，致使患者知情同意权受侵害的同时又遭受人身损害的，医疗机构应当承担违反告知义务的法律后果。第三，患者知情同意权侵权的构成要件。医疗机构在医疗活动中违反告知义务，并不意味着应当承担侵权责任，还需符合以下条件：（1）医疗机构的医务人员违反对患者应尽的注意义务，未能履行告知义务存在故意或者过失；（2）医疗机构的医务人员在医疗活动中，违反了国家法律、行政法规、卫生部规章以及诊疗操作的技术常规和规范，未履行告知义务；（3）医务人员的医疗行为致使患者的人身权、财产权受到侵害，并造成财产利益和非财产利益的减少或灭失的客观事实；（4）患者确定医务人员未告知与损害后果之间具有“决定性因果关系”。

（二）赔偿范围（4 例）

1. 医疗事故的赔偿范围与标准

案例来源

滕××诉杨××医疗损害责任纠纷案

发布单位：最高人民法院审判监督庭《审判监督指导与研究》2003 年第 4 卷（总第 12 卷）

审判法院：广西壮族自治区高级人民法院

判决日期：2003 年 6 月 26 日

基本案情

2000 年 5 月 27 日，滕××在舞狮时不慎跌伤左膝后被送至杨××开办的骨科诊室（南宁市郊区××骨科诊室）就诊，诊断为“左髌骨骨折”。经滕××及家人同意，杨××采用手法复位的方法将患肢包扎后观察治疗。后因杨××未及时采取有效措施进行处理及转诊治疗，致使滕××因病情加重，于 6 月 6 日被送往二医院（南宁市第二人民医院）治疗。二医院建议截肢手术，但没有得到滕××的同意，当日滕××被送往医大一医院（广西医科大学第一附属医院）治疗，诊断为：“左小腿坏疽”。滕××于当日接受截肢手术，直到 2000 年 6 月 19 日出院。

区鉴定委员会（南宁市郊区医疗事故技术鉴定委员会）对本病例是否属于医疗事故进行鉴定，鉴定意见为：病例为二级乙等医疗技术事故。滕××与杨××均不服鉴定，申请市鉴定委员会（南宁市医疗事故技术鉴定委员会）重新鉴定，鉴定意见为：病例系二级乙等医疗责任事故。杨××仍不服，向广西鉴定委员会（广西区医疗事故技术鉴定委员会）申请重新鉴定，鉴定意见表明：滕××住院诊疗期间，杨××对其腿部安放夹板固定后，未尽积极观察血液循环的义务，滕××患肢因夹板力度过大而出现水泡、青紫症状后，杨××仍未调节松紧度，导致滕××小腿因长期包扎过紧造成血液循环不畅，缺血性坏死。杨××不负责任的医疗态度致使滕××高位截肢的严重后果发生。病例构成二级乙等医疗责任事故。经查明，应滕××要求，杨××共借现金5000元给滕××。广西假肢××中心作出的证明证实，滕××65 000元的假肢费用所指假肢，系高档型假肢，不是普及型假肢。

另查明，滕××在骨科诊室支出医疗费1057元，在二医院支出医疗费602.2元，在医大一医院支出医疗费5543.49元。此外，滕××预付医疗事故鉴定费用为1155元，杨××预付了鉴定费2000元。

滕××以杨××作为医生严重不负责任，没有按照规范操作导致其截肢为由，提起诉讼，请求判令杨××赔偿医疗费等各项损失279 745.91元。后滕××变更赔偿额为638 634.89元。

一审期间，高级法院（广西壮族自治区高级人民法院法医室）对滕××的伤残情况进行法医鉴定，鉴定意见为：滕××系五级伤残。

判决主文

一审法院认定：原告滕××残疾的损害后果系被告杨××医疗过错行为导致，被告杨××应当承担全部损害赔偿责任；因病例属于医疗事故，故被告杨××应对原告滕××因医疗事故造成的经济损失及相应的医疗费用给予补偿；由于本地区内确定的经济补偿数额过低，不足以补偿原告滕××的实际损失，故应参照《道路交通事故处理办法》计算原告滕××的损失费用。原告滕××为进一步确认自己病症而转入医大一医院治疗，转院治疗费用属于合理医疗费用；原告滕××构成残疾，故被告杨××应赔偿残疾用具费；因被告杨××实施的医疗行为构成医疗事故，给原告滕××造成了极大的精神损害，故原告滕××有权要求被告杨××赔偿精神损失。

一审法院判决：被告杨××赔偿原告滕××医疗费、误工费、住院伙食补助费、残疾者生活补助费、残疾用具费、交通费、精神损害赔偿金、鉴定费，合计441 631.69元，扣除已付款5000元，还应赔偿436 631.69元。

被告杨××不服一审判决，提起上诉。

二审法院判决：驳回上诉，维持原判。

上诉人杨××不服二审判决，提出申诉。

二审法院再审判决：驳回申诉人杨××的再审请求，维持二审判决。

申诉人杨××不服二审法院再审判决，申请再审称：因被申请再审人滕××本身对事故的发生有一定的责任，故本人应承担部分责任；本案经济补偿费确定依据的法律有误；本案依法应当按普及型器具的费用计算残疾用具费而不应按高档型器具计算费用；一审判决判令一次性支付所有残疾用具费不当，应按每次更换用具实际支出的费用支付。

被申请再审人滕××辩称：本案鉴定意见均认为本人截肢后果是由申请再审人杨××的严重医疗过错造成，全部赔偿责任都应由申请再审人杨××承担；本人的残肢极短，仅适合安装昂贵的假肢；一审判决并无错误，应予维持。

再审法院判决：撤销一审民事判决、二审民事判决及二审法院再审民事判决；申请再审人杨××赔偿被申请再审人滕××医疗费、误工费、住院伙食补助费、残疾者生活补助费、残疾用具费、交通费、鉴定费、精神损害赔偿金，合计308 131.69元；扣除已付款5000元，还应赔偿303 131.69元。

裁判要旨

私人诊所的负责人未尽检查义务且严重不负责任，造成患者截肢的损害后果。经鉴定，负责人的医疗行为构成医疗事故。此时，若依据《医疗事故处理办法》及医疗机构所在地颁布的医疗事故处理实施细则确定的赔偿费用的数额，不足以赔偿患者因医疗事故造成的实际损失，故应适用我国《民法总则》并参照《道路交通事故处理办法》的有关规定最终确定患者的经济赔偿费及残疾用具费，使患者的实际损失得到相应赔偿。

重点提示

具有诊疗资格医疗机构因不当诊疗行为造成医疗事故，导致患者人身损害的，应当承担损害赔偿责任，主要包括医疗费、误工费、住院伙食补助费、残疾者生活补助费、残疾用具费、交通费、精神损害赔偿金、鉴定费等。实践中，具体赔偿范围如何认定，参照何种赔偿标准，可以从以下几方面进行分析：第一，医疗机构不当诊疗行为造成患者严重人身损害，已经构成医疗事故，且患者积极采取自救措施仍无法改变损害后果发生的，医疗机构应当为其过错责任行为造成患者的损害承担全部的赔偿责任。第二，医疗机构因不当诊疗行为构成医疗事故给患者造成损害的，患者的医疗费、各项赔偿金数额的计算应当依据《医疗事故处理办法》中关于医疗事故赔偿的规定进行计算。医疗费的赔偿，一般应以医院的诊断证明和医药费、治疗费、住院费的单据或病历、处方认定。必要时，可以委托法医予以鉴定。如果依据上述标准计算的赔偿金额明显过低，不足以弥补患者因医疗机构的过错行为致损产生的实际经济损失的，则应当依据《我国民法总则》并参照《道路交通事故处理办法》的有关规定确定患者的经济赔偿费。第三，医疗机构不当诊疗行为造成患者伤残，需残疾用具，医疗机构或者医务人员未提供有效担保的，应当向患者一次性支付残疾用具费。第四，患者因医疗机构的不当诊疗行为造成患者残疾，需要配制具有补偿功能的器具的，凭医院证明按照普及型器具的费用计算残疾用具费，而非按照高档型器具的费用计算。同时，应当根据患者的残疾情况，对辅助器具的要求判断普及型器具的标准，参照辅助器具更换的一般规律确定患者需要更换器具的期限、次数，进而确定具体数额。

2. 医疗机构违约精神损害赔偿的认定

案例来源

金××诉高××医疗损害责任纠纷案

发布单位：最高人民法院民事审判第一庭《民事审判指导与参考》2003年第1卷（总第13卷）

审判法院：××人民法院

判决日期：2001年12月27日

基本案情

2000 年 1 月 11 日，医学整形美容门诊部（延吉市高××医学整形美容门诊部）业主高××给韩国人金××注射“英捷尔法勒”实施双侧鼻唇沟除皱术，收取手术费人民币 1000 元。金××回韩国后，脸部出现浮肿、瘙痒、疼痛，皮疹等现象，随后在韩国治疗。同年 5 月 10 日，金××在高××处接受检查及治疗。2000 年 5 月 11 日至 7 月 21 日在延大附属医院（延边大学医学院附属医院）接受检查。此后，又在中国延吉市、长春市、上海市等地进行咨询和鉴定。金××在中国与韩国治疗期间，存在误工及支付医药费、交通费、住宿费等情况。

另查：医学整形美容门诊部每年向延大附属医院缴纳管理费。

金××以高××的过失使其身心受到痛苦折磨且不能参加劳动为由，提起诉讼，请求判令高××赔偿治疗费、交通费飞机票、火车票、船票、住宿费、鉴定费、认证费、翻译公证费、材料翻译费、精神损害费，并支付误工工资、继续治疗费、残疾生活补助费等。

高××辩称：给金××实施除皱手术中其使用正规、合法药品且用量在正常范围内，同时严格按照操作进行，没有过失行为，同时，其系合法医生，不应承担民事责任；金××自愿接受整形术，术前金××阅读《手术同意书》并签字，术后出现的反应是个体差异引起的排斥反应，该反应是当事医生和现代医术不可预测的。

法院根据金××的申请就其伤残等级等事项委托司法技术鉴定中心鉴定，司法技术鉴定中心鉴定书载明：金××的伤情为十级伤残，医疗时间为八个月，今后不需要特殊治疗，必要时可对症治疗。

判决主文

一审法院认定：2001 年 1 月 11 日，原告金××在被告高××处实施除皱术已形成医学整形美容的服务合同。据此，被告高××应当按照医学整形美容的操作规程，严格在限定的范围内使用药物、进行手术。被告高××仅依据临床经验与部分学术观点，扩大“英捷尔法勒”使用范围，造成原告金××10级伤残的后果，原告金××的伤残后果与被告高××进行的除皱术之间有民法上的直接因果关系，被告高××理应对原告金××的伤残后果负全部民事责任；被告高××应返还手术费；原告金××为接受被告高××的治疗，从韩国到中国的交通费用理应得到保护；原告金××去韩国看病时支出的火车费，因被告高××同意支付，予以认定；原告金××应医疗事故技术鉴定委员会的要求来中国的飞机票费应得到保护；原告金××为收集证据、办理公证、认证手续而支出的火车票费、飞机票费、机场建设费、火车票费应得到保护；司法鉴定中心去长春咨询时，原告金××支付的住宿费予以支持。对原告金××赔偿误工损失的诉讼请求不予支持；医疗事故技术鉴定委员会收取的鉴定费应予保护；原告金××在韩国为收集的证据办理公证、认证手续而支出的费用予以支持；原告金××的伤情为十级伤残且受损伤的部位为脸部，对其精神损害确实存在，认定原告金××的精神损失为4000元。

一审法院判决：被告高××赔偿原告金××医疗费、交通费、住宿费、鉴定费、公证及认证费、伤残人员生活补助费、精神损失费共计人民币51 194.40元；驳回原告金××的其他诉讼请求。

原告金××不服一审法院判决，提起上诉称：应予重新认定赔偿的范围和数额，请求法院判令被上诉人高××赔偿误工费，以上诉人金××误工8个月，在韩国月收入韩币130万或中国无固定工资收入的标准赔偿；赔偿医药费用537 000元韩币；交通费、住宿费及翻译费200元应予保护；原审判决伤残补助费、精神损失费支持的数额少，其中，伤残补助费应按延吉市2000年职工年均工资标准的3倍赔偿。

被上诉人高××辩称：上诉人金××术后的并发症不影响参加工作，因此不存在误工情形；关于医药费，上诉人金××不能出具诊断书及病历，不能证明所购药物为该手术的并发症所服用，而且上诉人金××患有甲状腺。因此，不能依据购药收据给予赔偿；关于伤残生活补助费，上诉人金××户口在中国延吉市，应按照延吉的职工平均工资来赔偿；十级伤残经济补偿标准按20%过高，请求法院依法改判。

庭审期间，被上诉人高××变更答辩理由为：原审法院未将延大附属医院作为被告，系诉讼主体错误；被上诉人高××不应对上诉人金××承担民事赔偿责任；驳回上诉人金××的诉讼请求，请求法院重新鉴定。

二审法院判决：维持原审法院判决第一项、第二项内容；此外，被上诉人高××赔偿上诉人金××因误工造成的损失补贴、医药费、交通费、住宿费、翻译费等合计人民币12 220.77元。

裁判要旨

患者到医疗机构进行美容手术，双方形成一种医学整形美容的服务合同关系，患者负有支付手术费的义务，医疗机构则负有给患者按照医学整形美容的操作规程、标准进行手术，医疗机构擅自扩大药物使用范围，致使患者出现脸部浮肿、瘙痒、疼痛，出现皮疹等症状，医疗机构应当承担违约损害赔偿责任。同时，因患者受损伤的部位为脸部，对其造成的精神损害确实存在，应当结合患者的伤残等级，医疗机构支付患者因违约所致的精神损害赔偿。

重点提示

通常所称的违约损害赔偿为财产性的赔偿，对于违约是否产生精神损害赔偿问题，我国理论界存在争议。普遍持否定性的观点，即合同之诉不应当适用精神损害赔偿，当事人只能选择侵权之诉主张精神损害赔偿，违约责任中不应当适用精神损害赔偿。持肯定的观点认为，从一定从程度上来看，我国的立法并未明确否定违约精神损害赔偿，允许依据合同之诉请求进行损害赔偿，已逐渐被立法、判例认可，即基于特殊情形下支持守约方的精神损害赔偿请求。如“马立涛诉鞍山市铁东区服务公司梦真美容院美容损害赔偿纠纷案”“肖青、刘华伟诉国营旭光彩色扩印服务部丢失交付冲印的结婚活动胶卷赔偿纠纷案”“宋英辉诉徐州市第三人民医院因工作失误致其亲子被他人抱走要求召回亲子案”以及本案。从上述案例中可以看出，以美容整形、婚礼录像等为目的的合同，一方从中获得精神享受，蕴含着特定的精神情绪，当一方违约致合同目的无法实现时，应当赔偿守约方精神损害。但是，对违约精神损害赔偿需予以严格限制，不能脱离普通人的认识标准。具体而言：其一，仅限于追求精神享受为目的的合同。如美容整形、婚礼、葬礼等具有特殊目的的合同。其二，精神损害程度应当为违约方在缔约时所预见，且不得超过社会普通人所能预见的损害程度。其三，精神损害赔偿金额不得超过合同履行利益，并适用减损规则、过失相抵规则，且需综合考虑合同标的价值以及守约方所在地的平均工资水平相适应。其四，提起精神损害赔偿的主体仅为自然人，排除法人和其他社会组织。综上，在美容整形合同关系中，美容整形医疗机构与患者之间建立了相应的合同关系，患者对其外貌的改变持有期待，医疗机构未按照约定实施整容手术，导致患者脸部损伤，给其造成了难以弥补的精神遗憾和痛苦，可结合伤残程度判令医疗机构给予患者适当的精神损害赔偿。

3. 医疗机构遗失病历的赔偿责任

案例来源

王××诉衡水市××人民医院医疗服务合同纠纷案

发布单位：最高人民法院中国应用法学研究所《人民法院案例选》2003年第2辑（总第44辑）

审判法院：河北省衡水市中级人民法院

判决日期：2001年10月5日

基本案情

2000年3月10日，王××骑摩托车与杨×彬驾驶的小客车相撞，导致头部受伤，被送往××人民医院（衡水市××人民医院）治疗。同年4月11日王××出院，支付××人民医院医疗费用等19 420元。同年5月29日，相关鉴定部门进行伤残评定，结论为王××颅脑五级伤残、眼睛八级伤残。杨×彬申请重新评定。后鉴定部门要求王××提供医院证明、原始病历等证明。王××向××人民医院索要原始病历时，被告知其病历已丢失。王××遂前往外地重新进行伤残评定并至××人民医院处开病历证明，并为此支付交通费。

王××以××人民医院未妥善保管其病历，存在过错为由，提起诉讼，请求判令××人民医院赔偿其在交通肇事中应得的利益损失。

判决主文

一审法院判决：被告××人民医院赔偿原告王××交通费损失483.2元。

原告王××不服一审法院判决，提起上诉称：被上诉人××人民医院丢失病历，使其无法进行伤残评定，索赔权利无法实现，被上诉人××人民医院应承担责任。

被上诉人××人民医院辩称：本方确实丢失上诉人王××的病历，但对其伤残评定无任何影响，请求法院维持原判。

二审法院判决：驳回上诉，维持原判。

裁判要旨

医疗机构遗失患者住院病历，致使患者在进行伤残评定过程中产生多余的交通费等费用损失，应当认定医疗机构未履行其应尽的妥善保管患者病历的义务，应向患者赔偿交通费损失。但，鉴于医疗机构丢失病历与患者在交通事故中应得的利益损失之间无因果关系，故医疗机构无需赔偿患者该项应得利益损失。

重点提示

患者在医疗机构就医，交纳医疗费用，则双方成立医疗服务合同关系，医疗机构及其医务人员应当按照规定填写并妥善保管住院志、医嘱单、检验报告、手术及麻醉记录、病理资料、护理记录、医疗费用等病历资料。病历资料在医疗纠纷案件中具有重要的证据作用，是认定医疗机构诊疗行为是否存在过错、过错行为与患者的损害后果是否具有因果关系、过错程度等事实的直接依据。关于医疗机构遗失病历应否承担责任，可从以下几个方面进行考虑：（1）病历通常由医院保管，是医疗机构证明自己在诊疗活动中有无过错的重要依据，若把病历丢失，医疗机构将面临不能证明自己无过错，诊疗行为与损害后果之间的因果关系不明或无法认定的情况，医疗机构需承担举证不能的不利后果。（2）医疗机构将患者在其处住院诊疗的病历丢失，除非医疗机构可提供其他证据证实患者的损害后果与其诊疗行为无因果关系，否则可推定医疗机构对患者的损害后果存在过错，应当承担相应的赔偿责任。（3）患者对医疗机构的诊疗行为享有知情权，医疗机构应当尊重患者对自己病情、诊断、治疗的知情权，这一权利的体现之一是查阅其在医院就诊时的病历，医疗机构将患者病历遗失，对不能履行其应尽的告知义务造成患者的合理损失，应当承担赔偿责任。但关于患者对因医疗机构遗失病历造成其他可得利益损失问题，应当提供充分的证据予以证明，证明医疗机构遗失病历的行为与其可得利益损失之间存在因果关系，据此请求医疗机构承担赔偿责任。

4. 有关植物人精神损害赔偿请求权的问题

案例来源

王××诉中国人民解放军×××医院医疗损害责任纠纷案

发布单位：最高人民法院中国应用法学研究所《人民法院案例选》2003 年第 2 辑（总第 44 辑）

审判法院：新疆维吾尔自治区高级人民法院

判决日期：2001 年 6 月 8 日

基本案情

1994 年 3 月，王××因患肺包虫病到××医院（中国人民解放军×××医院）治疗。同年 4 月 6 日，××医院的医生给王××进行手术，从气管内插管并实行全麻醉。术前××医院检查王××的“血生化”为正常。术中发现王××的右肺下有包虫囊肿并抽出囊液 50ml，后心音消失，医务人员随即从其气管内吸出淡红色分泌物，并对王××实施抢救，后王××心跳恢复，能够自由呼吸。××医院继续为王××实施脱水利尿、激素等救治。当晚王××即出现阵发性肌肉抽搐及酸中毒症状。同月 18 日，王×

×仍昏迷，呈现“植物人”的状态，其左髋关节脱位，四肢呈屈曲状态，肌张力增高，对外界刺激无明显反应，王××于同年6月8日出院。出院诊断为右肺囊虫病；复苏后脑细胞功能损害；左髋关节脱位。此后，××医院又为王××手术了两次，但王××仍处于“植物人”状态。

鉴定委员会（中国人民解放军新疆军区医疗事故技术鉴定委员会）于1999年3月11日作出鉴定，表明医疗行为构成三级甲等医疗技术事故。人民法院法医（乌鲁木齐市中级人民法院法医）于同月23日出具的检验结论为：王××大脑功能目前已完全丧失，即植物人状态；四肢功能严重障碍；左股骨头坏死软化，生活完全不能自理，属一级伤残。

王××以××医院的医疗行为存在过错，构成医疗事故，致其处于植物人状态为由，提起诉讼，请求判令××医院支付其残疾者生活补助费、终身护理费，已发生的医疗费、交通费、住宿费、电话费、精神损害费。

判决主文

一审法院认定：被告××医院的医务人员因技术过失造成医疗事故，对原告王××遭受的人身损害存在过错，应赔偿原告王××经济损失。原告王××要求被告××医院支付的大部分费用属于后期治疗的费用和交通费，因该部分尚未发生，故其无权主张。原告王××的护理费和残疾者生活补助费应依据地区经济状况确认。被告××医院对原告王××造成了伤害，应给予一定的精神损害补偿费。

一审法院判决：被告××医院给付原告王××医疗费、就餐费43 387.60元，今后护理费72 000元、残疾者生活补助费76 980元、鉴定费121.90元和交通费、住宿费2000元，支付20 000元精神损害赔偿金。

原告王××不服一审判决，提起上诉称：一审判决认定错误，判决上诉人××医院赔偿本人的费用数额过低，请求二审法院查清事实并改判。

被告××医院不服一审判决，提起上诉称：一审法院判决本院支付的护理费、补助费及精神损害赔偿金不符合法律规定，请求二审法院依法改判，确定合理的赔偿数额。

二审法院认定：上诉人××医院医务人员技术过失造成本案医疗事故，

应当对上诉人王××承担赔偿责任。上诉人王××的监护人在护理期间所造成的误工损失，应由上诉人××医院予以赔偿。

二审法院判决：撤销一审民事判决；上诉人××医院给上诉人王××支付医疗费、就餐费43 387.60元、护理人误工工资26 344元、残疾者生活补助费76 980元、鉴定费121.90元、交通费和住宿费2000元。

上诉人王××不服二审判决，申请再审，请求判令被申请再审人××医院支付残疾者生活补助费320 709.18元、终身护理费427 230元、已经发生的医疗费3484.75元、交通费3287.85元、住宿费365元、电话费163.18元、鉴定费121.90元，并要求赔偿精神损害费。

再审法院认定：被申请再审人××医院的医疗行为构成医疗事故，致使申请再审人王××遭受人身损害，故应承担赔偿责任；申请再审人王××的母亲于×芳的护理费应按实际天数计算，且残疾者生活补助费亦应由被申请再审人××医院一次性支付。

再审法院判决：撤销二审民事判决；由被申请再审人××医院向申请再审人王××支付残疾者生活补助费、护理费、护理人误工工资、鉴定费和交通、住宿费合计155 617.96元。

申请再审人王××不服再审法院判决，向高级人民法院申请再审，请求判令被申请再审人××医院支付其残疾者生活补助费320 709.18元、终身护理费427 320元，已发生的医疗费3484.75元、交通费3287.85元、住宿费365元、电话费163.18元，以及精神损害费。

高级人民法院裁定再审。

再审法院认定：根据目前申请再审人王××的病情及我国的医疗技术水平，医疗单位已无法对申请再审人王××继续进行治疗。

再审法院判决：撤销一审民事判决、二审民事判决及再审民事判决；由被申请再审人××医院给申请再审人王××支付医疗费和住院期间的就餐费39 879.20元、残疾者生活补助费97 184.60元、护理费124 040元、护理人误工损失费10 446.06元、鉴定费121.90元、交通费和住宿费2000元，共计273 671.76元；由被申请再审人××医院给申请再审人王××支付残疾者赔偿金50 000元。

裁判要旨

医疗机构在给患者治疗过程中发生医疗事故，致使患者成为没有意识的植物人，健康权遭到了非法侵害，给患者本人和其亲属均造成了精神痛苦，患者要求医疗机构承担精神损害赔偿金的，应当依法给予支持。

重点提示

患者在医疗机构接受治疗的过程中，由于医务人员的诊疗过失致使患者遭受人身损害，患者可根据民事法律的规定要求医疗机构给予适当的精神损害赔偿。实践中，各地法院在处理医疗事故人身损害赔偿的侵权案件时，对身体严重遭受损害的患者提出的精神损害赔偿请求，给予了支持，本案就是一个例子。在处理过程中，也出现了相反的观点，其认为精神损害赔偿的目的在于抚慰受害者精神上所遭受的痛苦，必须具有精神感知能力的受害者才可以提起精神损害赔偿。而患者已经因医疗事故成为了生活不能自理的植物人，不再具有精神感受能力，也无精神痛苦可言，故不能支持其主张的精神损害赔偿。但审判实践对植物人是否具有精神损害赔偿请求权这一问题持肯定的观点，原因在于：（1）植物人仍然具有民事主体资格。植物人虽丧失民事行为能力，但仍享有精神损害赔偿请求权，该请求权的实现需其监护人代为行使，请求权利主体应当是植物人自身。（2）精神痛苦不仅包括生理上和精神上的痛苦，还包括精神利益损失。一个自然人因受到医疗损害而使得精神感受能力丧失，虽不能积极地感受精神痛苦，但他的痛苦是实际存在的，且是一种比精神痛苦更严重的精神损害后果，给其精神造成了本质的损害。（3）依照人身侵权损害赔偿的规定，侵权人不仅要承担因侵权造成残疾的受害人的生活补助费，还需支付受害人的残疾赔偿金，该残疾赔偿金属于精神损害赔偿的一种表现形式。综上，患者在受到医疗事故损害后成为丧失精神感受能力的植物人，同样存在消极的精神损害，且难以通过治疗得到弥补，应当获得司法救济，即同其他因侵权造成残疾的受害人一样，有权要求医疗机构支付具有精神损害赔偿性质的残疾赔偿金。

第七章　交通事故责任（24 例）

一、事故责任认定（2 例）

1. 交通事故认定书对民事侵权责任划分的影响

案例来源

葛××诉中国××××保险股份有限公司××市分公司、沈丘县××运输有限公司、中国××××保险股份有限公司××支公司机动车交通事故责任纠纷案

审判法院：《最高人民法院公报》2010 年第 11 期（总第 169 期）

判决日期：2010 年 4 月 21 日

基本案情

2009 年 6 月 17 日 17 时 30 分，沈丘运输公司（沈丘县××运输有限公司）的驾驶员鲍×许驾驶豫 P28950/P6255 挂号重型半挂货车，在高速公路上行驶时，因左前轮爆胎失控向左撞断中心隔离岛两侧护栏冲入逆向车道，与由西向东正常行驶至此的由葛××之父葛×国驾驶的苏 DR5853 号轿车相撞后，货车又撞断逆向车道边缘（南侧）防护栏方停住车。此次事故导致葛××之母史永娟当场死亡，葛×国、葛××、鲍×许三人受伤，车辆、路产受损。公安机关交通管理部门认定该起事故属于交通意外事故。葛××受伤后经医院诊断为：（1）脑震荡；（2）头皮挫裂伤；（3）右锁骨粉碎骨折；（4）右侧肋骨多发骨折；（5）血胸；（6）肺挫伤；（7）右上臂烧伤；（8）失血性贫血；（9）低蛋白血症，住院治疗 55 天。后经司法鉴定为：（1）葛××四根肋骨骨折构成十级伤残；（2）葛××右上肢功能部分丧失构成十级伤残。

另，鲍×许当日在驶入高速公路前，对其所驾驶的车辆右边第二桥外面的轮胎进行了修补处理。在事故发生时，该车码表已经损坏，显示为空载。豫 P28950 号牵引车、豫 P6255 号半挂车分别在××保险××市分公司（中国××××保险股份有限公司××市分公司）、××保险××支公司（中国××××保险股份有限公司××支公司）投保了交强险。

葛××以其在交通事故中所遭受损害应获赔偿为由，提起诉讼，请求判令沈丘运输公司、××保险××市分公司、××保险××支公司对其因交通事故造成的损失作出赔偿。

而后，双方就交强险赔偿达成一致意见：交强险赔偿限额优先赔偿伤者葛××，交强险限额剩余部分赔偿死者史永娟。

判决主文

一审法院判决：原告葛××因交通事故造成的损失 121 831.85 元，由被告××保险××市分公司在交强险限额内赔偿 36 938 元（含精神损害抚慰金 7000 元），被告××保险××支公司在交强险限额内赔偿 36 938 元；原告葛××因交通事故造成的损失超出交强险限额部分的 47 955.85 元，由被告沈丘运输公司予以赔偿；驳回原告葛××的其他诉讼请求。

被告××保险××市分公司不服一审法院判决，提起上诉称：交警部门已经认定此次事故为交通意外，事故的双方均没有责任，故本公司应在交强险责任范围内按无责赔付，无需在第三者责任险的范围内承担责任；一审法院对于精神损害抚慰金的认定过高；本案的鉴定费不应由本公司承担。综上，请求撤销原判，依法改判。

被上诉人葛××口头辩称：同意一审法院判决。

原审被告××保险××支公司、沈丘运输公司述称：同意上诉人××保险××市分公司的上诉意见。

二审法院判决：驳回上诉，维持原判。

裁判要旨

交通事故认定书是公安机关处理交通事故、作出行政决定所依据的主要证据，虽然可以在民事诉讼中作为证据使用，但由于交通事故认定结论的依据是相应行政法规，运用的归责原则具有特殊性，与民事诉讼中关于侵权行为认定的法律依据、归责原则有所区别。交通事故责任不完全等同于民事法律赔偿责任，因此，交通事故认定书不能作为民事侵权损害赔偿案件责任分配的唯一依据。行为人在侵权行为中的过错程度，应当结合案件实际情况，根据民事诉讼的归责原则进行综合认定。

重点提示

在交通事故发生后，交通管理部门应对交通事故现场勘验调查后作出交通事故认定书，作为处理交通事故的证据。但交通事故认定书的作用仅是证明部分案件事实，并不能直接作为唯一的定案依据。具体而言：第一，交通事故认定书的性质。交通事故认定书的性质是证据，是一种具有专门知识的人员出具的公文书证，不是具体行政行为，也不能直接设立、变更和消灭当事人的权利义务，是公安机关处理交通事故，作出行政决定所依据的主要证据。第二，交通事故认定书的证明力。交通事故认定书并非当然作为民事诉讼中认定案件事实的依据，而是作为交通事故损害赔偿案件中的证据，其应当经过质证后，由法院审查确定其证据能力和证明力。第三，交通事故责任认定与侵权损害赔偿责任划分关系的处理。通常，二者在责任认定及赔偿责任划分上较为一致，交通事故责任认定往往作为确定相关当事方承担赔偿责任最重要的依据，但并非唯一依据。因交通事故所作责任认定与侵权损害赔偿责任在责任主体、法律基础及法律适用上存在差别，既要充分重视交通事故认定书作为证据的重要证明力，又要明确交通事故责任不同于侵权损害赔偿责任。即交通事故中侵权损害赔偿责任的分配不能仅以交通事故认定书中的交通事故责任划分来确定，还应当从损害行为、损害后果、损害行为与损害后果之间的因果关系、侵权人的主观过错等方面，综合划分责任。

2. 机动车驾驶人在交通事故认定书上签字的法律后果

案例来源

李××诉孙××、北京××出租汽车有限责任公司、付×水机动车交通事故责任纠纷案

发布单位：最高人民法院审判监督庭《全国法院再审典型案例评注》（上卷）

审判法院：北京市第二中级人民法院

判决日期：2009 年 1 月 1 日

基本案情

2004 年 11 月 26 日，付×水将自己驾驶的属于××出租公司（北京××出租汽车有限责任公司）的京 B92291 号出租车送到经营部（北京×××汽配经营部）进行修理时，将经过经营部的李××撞伤。经交管局（北京市公安局公安交通管理局）认定，机动车一方负事故全部责任。付×水作为驾驶员在依据简易程序处理的交通事故认定书上签字确认。

在事故发生时，该车辆的实际驾驶人为经营部修理工马×。在事故发生后，马×和其雇主孙××以马×无照驾驶将会被拘留为由让付×水在交通事故认定书上签字，并承诺负担李××的医药费。且马×和孙××向付×水出具了证明：2004 年 11 月 26 日，我厂修理工马×给京 B92291 修车，因车没电不着火，马×上车把着方向大家推车，不慎将路边等车的李××女士撞伤，与京 B92291 司机付×水无关，后果由厂方负责。

李××经医院诊断为双膝内侧副韧带损伤、双膝创伤性滑膜炎。在李××治疗期间，马×为其支付了一部分医疗费。截至 2007 年 12 月 19 日，李××自行支付了医疗费 72 931.8 元，其表示在事发时没有看清该车辆的驾驶人是谁，只知道是付×水在事故责任书上签的字，故要求付×水及其公司承担赔偿责任。此外，孙××认可该证明与证明上签字的真实性。

李××以马×在修理汽车过程中驾车将其撞伤，但事故交通认定书系付×水签字为由，提起诉讼，请求判令××出租公司、孙××、付×水支付医药费及赔偿金。

判决主文

一审法院认定：马×驾车造成原告李××受伤的事实，根据被告孙××与马×亲笔书写的证明和其接受询问的记录，可证实该事实存在。马×和被告付×水作为事故当事人，被告孙××作为马×的雇主是事故的最终责任人，三人所立证明及在法庭陈述的证明，在效力上并不弱于交警根据付×水陈述所制作的事故处理认定书。因此，马×致使原告李××发生损害的后果应由被告孙××承担。

一审法院判决：被告孙××赔偿原告李××医疗费72 931.8元、误工费9600元、家人护理误工损失费9000元、交通费2000元；驳回原告李××的其他诉讼请求。

原告李××不服一审法院判决，提起上诉称：其系被上诉人付×水驾车撞伤，一审法院认定事实不清，审判程序不当，并且一审法院对其误工费、护理费及营养费的认定不当。请求判令被上诉人××出租公司和被上诉人付×水连带赔偿其医疗费、误工费、护理费、交通费、营养费、通讯费。

被告孙××不服一审法院判决，提起上诉称：被上诉人付×水是交通事故的责任人，其系受被上诉人付×水的要求为其帮忙，名义上为其承担责任，一审法院审判程序违法。请求判令被上诉人××出租公司与被上诉人付×水承担赔偿责任。

被上诉人××出租公司与被上诉人付×水同意一审判决。

二审法院判决：驳回上诉，维持原判。

高级人民法院裁定：指令二审法院对本案进行再审。

再审法院判决：撤销一审、二审民事判决；被上诉人××出租公司赔偿上诉人李××医疗费、误工费、家人护理误工损失、交通费；驳回上诉人李××的其他诉讼请求。

裁判要旨

出租车驾驶人将其车辆送至修理部修理，修理人员在修车过程中，意外肇事导致第三人受伤。事故发生后，出租车驾驶人在交通部门出具的事故责任认定书上签字。在机动车交通事故责任纠纷中，认定交通事故责任主体时以责任认定书的记载为准。在此情形下，出租车驾驶人作为完全民事行为能力人应当知道签字的后果，故其应对受害人遭受的经济损失承担相应的民事赔偿责任。

重点提示

在机动车交通事故责任纠纷中，认定交通事故责任主体时，以责任认定书的记载为准，若机动车驾驶人驾驶车辆发生交通事故，并在交通部门出具的事故责任认定书上签字，其作为完全民事行为能力人，应当知道并承担签字的法律后果。实践中，关于道路交通事故责任主体及其应当承担的民事责任的认定，需注意以下几个方面的内容：（1）交通事故认定书作为一种具有法律效力的技术文书，其目的是分清事故责任，为依照交通法规和其它规定对肇事者作出正确恰当的处分，同时也为事故损害赔偿提供依据，在机动车交通事故责任的认定中，其作为主要证据使用，并结合其他证据确定民事侵权损害赔偿责任。（2）公安机关交通管理部门作出的责任认定书，完全民事行为能力人签字后即对该行为人发生法律效力，表明其已成为交通事故一方当事人，是交通事故责任主体，其应承担该交通事故所引起的法律责任，因此，行为人在责任认定书上签字后即推定其具有承担事故责任的意思，在确定赔偿主体时，亦应以责任认定书的记载为依据。（3）机动车交通事故责任主体并非在所有情形下都是道路交通事故损害赔偿责任主体，特殊情形下道路交通事故损害赔偿责任主体的认定应当遵循特殊规则。如：受雇人员驾驶的情形。此时，驾驶人是事故责任主体，但赔偿责任主体不一定是驾驶人，其作为雇员在交通事故中没有故意或者重大过失的情况下，雇主即为赔偿责任主体。

二、事故损害赔偿（16 例）

（一）赔偿主体（11 例）

1. 优者危险负担原则在机动车交通事故责任中的运用

案例来源

李×、张×诉王×机动车交通事故责任纠纷案

发布单位：最高人民法院民事审判第一庭《民事审判指导与参考》2012 年第 3 辑（总第 51 辑）

审判法院：××人民法院

基本案情

王×拥有一辆普通证的三轮摩托车，没有投保交强险。2009 年 10 月 27 日，王×驾驶该车行驶，在超越同向行驶的李×驾驶并搭载张×的电动自行车的过程中，发现对面驶来一辆轿车，遂超越李×的电动自行车以五档的速度，向右并线躲避迎面驶来的轿车。在其超过李×的时候，导致李×的电动自行车翻车，该电动自行车在倒地后向前滑行了 7 米，李×和张×受伤。事故发生后，李×在医院治疗花费四万元，张×经鉴定为十级伤残，后续治疗费为 8000 元。当地交警在事发后对王×、李×、张×以及证人赵×进行了询问，并制作了询问笔录，证人赵×陈述：三轮摩托车的车头超过电动自行车后，车尾还没有完全过去时，电动车就左右摇晃了两下，车和人都摔倒在地上。李×陈述：王×的三轮摩托车撞到在其车上的张×的膝盖。张×陈述：王×的三轮摩托车的车厢右侧刮伤其膝盖，并将其从车上带下来。同年 12 月 9 日，交警出具事故证明：因王×驾车在超车过程中，对李×驾驶的无号牌电动自行车及电动自行车上乘员是否造成碰撞、刮擦均无证据进行证明，事故责任无法认定。对李×的电动自行车进行车辆技术检验，均符合安全技术标准。交警队的现场照片亦表明现场道路平直、视线良好。据查，事发道路双向 6 米宽，电动自行车倒地划痕处距道路右侧边缘1.2米，路中心有分隔线。

李×、张×以王×的不当驾驶行为致其遭受伤害，应承担赔偿责任为由，提起诉讼，请求判令王×赔偿其损失320 000元。

判决主文

一审法院认定：原告李×和张×所提供的交通部门出具的事故认定书中，未认定被告王×应对本次的事故承担责任，在现场也没有发现双方车辆有剐蹭的痕迹。原告李×和张×起诉要求被告王×承担赔偿责任，应提供相应的证据证明被告王×实施了侵权行为，但二人对此并不能加以证明。故，并无证据证明李×和张×受到的损害与王×的行为具有因果关系。

一审法院判决：驳回原告李×和张×的诉讼请求。

原告李×和张×不服一审法院判决，提起上诉。

二审法院判决：被上诉人王×承担上诉人李×和张×各项损失的60%。

裁判要旨

交通事故损害赔偿责任中，在没有交通事故责任认定书的情形下，可运用“优者危险负担”原则。即根据事故发生时，事故双方的车辆性能、造成危险局面的成因、危害回避能力的大小、造成损害后果的原因等具体情况，判定各方的责任大小。其中，若事故是由造成险情方的过错行为与避让险情方的过错行为共同导致，但造成险情方的违法行为是事故发生的主要原因、直接原因，且亦因造成险情方的危险程度导致避让险情方不能迅速采取避险措施，客观上给避让险情方造成了危险局面，致使受害人受伤，则应认定由造成险情方承担主要责任。

重点提示

发生道路交通事故后，一般会由交通管理部门对事故进行责任认定，但在交通管理部门因客观原因未能进行责任认定的情形下，当事人之间的交通事故责任纠纷被诉至法院的，将会为赔偿责任认定产生一定的阻碍。实践中，为了保护受害人的合法权益，体现公平责任原则，合理分配责任，通常会运用优者危险负担原则来划分受害人与加害人之间的责任承担，优者危险负担原则在认定交通事故损害赔偿责任中的运用，可以从以下几方面进行理解：(1) 适用前提条件。只有在综合案件具体事实后，坚持交通事故损害案件实行无过错责任原则的前提下，才能适用优者危险负担原则。(2) 有关依据。根据国务院发布的《道路交通事故处理办法》规定，机动车与非机动车、行人发生交通事故，造成对方人员死亡或者重伤，机动车一方无过错的，应当分担对方 10% 的经济损失，其中体现了优者危险负担原则的法学理论。(3) 对“优者”的理解。主要有：机动车比行人优；机动车之间或者机动车与非机动车之间以增减速、控制力以及最小半径回转能力等性能上较好者为优；就速度、硬度、重量、大小等对他人汽车危险性较多者为优。综上，在对交通事故损害赔偿案件进行裁判的过程中，应以无过错原则为归责原则，同时应以优者危险负担原则作为补充来确定损害赔偿的民事责任。即在交通事故双方对损害后果均有过失的情况下，考虑到双方对道路交通法规注意义务的轻重，按机动车危险性的大小以及危险回避能力的优劣，分配交通事故的民事责任。

2. 套牌机动车肇事的责任承担主体

案例来源

赵×1 等诉卫×1 等机动车交通事故责任纠纷案

发布单位：最高人民法院 2013 年 11 月 8 日（指导案例 19 号）

审判法院：上海市第二中级人民法院

判决日期：2010 年 8 月 5 日

基本案情

2008 年 11 月 25 日 5 时 30 分，林××驾驶鲁 F417××套牌货车沿同三高速公路下行线行驶至 127KM + 700M 处时，遇周××驾驶苏 EL06××客车在货车前方慢速车道内同向行驶，套牌货车前脸与苏 EL06××客车左后角接触后，苏 EL06××客车发生滚翻，两车一起冲下路基，苏 EL06××客车内乘客冯丙当场死亡。交警对本次事故进行认定，林××负主要责任，周××负次要责任，冯丙没有责任。事故发生后，××汽车运输公司（烟台市××区汽车运输公司）派职工于×前往交警部门对此事故进行处理，且就赔偿问题申请调解。

其中，××汽车运输公司系鲁 F417××货车的登记所有人，鲁 F417××货车在××财保××支公司（××财产保险股份有限公司××中心支公司）投保了机动车交通事故责任强制保险；周××系××建设工程有限公司（上海××建设工程有限公司）的员工，苏 EL06××客车的登记所有人为朱×，但实际所有人为周××，该客车在人保××分公司（中国人民财产保险股份有限公司××市分公司）投保了机动车交通事故责任强制保险。

另查明，鲁 F417××套牌货车的实际所有人为卫×1，林××系其雇佣的驾驶员。鲁 F417××套牌车辆的拓印号与鲁 F417××货车在车辆管理部门预留的原始拓印不符。鲁 F417××货车登记在××汽车运输公司名下，卫×是该车的实际所有人，于 2008 年 10 月从赵丙处购买所得。原登记证书编号为 370023372××的鲁 F417××货车自 2004 年 4 月 26 日起至 2008 年 7 月 2 日止，先后 15 次以损坏和灭失为由申请补领号牌和行驶证。其中 2004 年 4 月 26 日至 2006 年 9 月 18 日，先后 4 次补领号牌、3 次补领行驶证；从 2007 年 4 月 23 日至 2008 年 7 月 2 日，先后 8 次补领行驶证及检验合格证，其中最短间隔时间为 5 天。其中，2007 年 8 月 23 日卫×1 申请补领行驶证的申请表和 2007 年 12 月 14 日赵丙申请补领行驶证的申请表上均有××汽车运输公司的签章。

又查明，冯丙与赵×1 系夫妻；赵×2 系冯丙、赵×1 之子；冯×、侯××系冯丙之父母。

赵×1、赵×2、冯×、侯××以卫×、卫×1、林××、周××、××汽车运输公司、××建设工程有限公司、朱×均应对冯丙的死亡后果承担赔偿责任为由，提起诉讼，请求判令卫×、卫×1、林××、周××、××汽车运输公司、××建设工程有限公司、朱×共同赔偿丧葬费人民币 17 353.50元、死亡赔偿金 472 460 元、被扶养人生活费 141 520 元、交通费 19 393.50 元、住宿费 6108 元、误工费 11 569 元、尸体停放费 2810 元、精神损害抚慰金50 000元、律师代理费6000元；××财保××支公司、人保××分公司在机动车交通事故责任强制保险的责任限额内承担赔偿责任。

审理中：卫×1表示，卫×对套牌事宜知情且收取了套牌费；在事故发生后，其又向卫×借用鲁F417××车辆的保单去处理事故、现保单仍在己处。卫×对此认为，保单系给卫×1借看的，其对套牌事宜毫不知情。

判决主文

一审法院判决：被告卫×1、林××赔偿原告赵×1、冯×、侯××、赵×2丧葬费、精神损害抚慰金、死亡赔偿金、交通费、误工费、住宿费、被扶养人生活费和律师费共计396 863元；被告周××赔偿原告赵×1、冯×、侯××、赵×2丧葬费、精神损害抚慰金、死亡赔偿金、交通费、误工费、住宿费、被扶养人生活费和律师费共计170 084元；被告××汽车运输公司、卫×对上述判决主文第一项的赔款义务承担连带责任；被告卫×1、林××、周××对上述判决主文第一、二项的赔款义务互负连带责任；对原告赵×1、冯×、侯××、赵×2的其余诉讼请求不予支持。

被告卫×不服一审法院判决，提起上诉称：本方购买该肇事车辆的一年前，该车就已经套用了F417××的车牌，本方对此没有过错。原审被告卫×1所称的本方同意套牌且收取了3000元的费用一事，因其为该车辆的实际所有人，与本案有直接的利害关系，故不应采信。一审法院仅根据该车的保险单在原审被告卫×1处即认定本人对套牌一事知情，明显不当。故请求撤销原判第三项，改判驳回被上诉人赵×1、冯×、侯××、赵×2对其的诉讼请求。

被上诉人赵×1、冯×、侯××、赵×2辩称：在事故发生之后，上诉人卫×将该车辆的保险单交由原审被告卫×1来处理此事，足以证明其对套牌一事知情，故其具有重大过错。请求维持原判。

二审法院判决：驳回上诉，维持原判。

裁判要旨

机动车所有人或者管理人将机动车号牌出借他人套牌使用，或者明知他人套牌使用其机动车号牌不予制止，套牌机动车发生交通事故造成他人损害的，机动车所有人或者管理人应当与套牌机动车所有人或者管理人承担连带责任。

重点提示

我国机动车实行的是登记管理制度，发放机动车号牌是对机动车管理的手段之一。只有符合我国国家安全技术标准的机动车才可核发号牌。根据《道路交通安全法》第 16 条规定，任何单位和个人不得使用其他机动车的登记证书、号牌、行驶证、检验合格标志、保险标志。该规定明确禁止套用他人机动车号牌的行为。关于套牌车辆发生交通事故的责任承担问题，可从以下几方面进行分析：（1）套牌机动车发生交通事故造成损害，属于该机动车一方责任时，由套牌机动车的所有人或者管理人承担赔偿责任。（2）套牌车肇事，且车辆逃逸，车主不明确时，确定交通事故损害赔偿责任主体有两个标准：其一是明晰运行支配权，即对车辆的运行具有支配和控制的权利主体；其二是运行利益的归属，即从车辆运行中获得利益的主体。（3）关于登记车主对使用同一号牌的车辆肇事后的责任承担，可从登记车主对车辆使用同一号牌是否知情或者应当知情，并结合控制支配权等具体方面进行确定。若登记车主对车辆使用同一号牌的行为知情，且对使用同一号牌的车辆实际可以控制、支配，则车辆肇事与登记车主放任他人使用同一号牌行为具有一定的因果关系，不论登记车主对使用同一号牌车辆的运行是否获得利益，仍应与肇事套牌车一方对损害承担连带赔偿责任。（4）关于登记车主出借车辆号牌产生交通事故责任承担，机动车登记号牌的车主将号牌借给其他机动车，由此产生的他人套牌机动车肇事赔偿责任，出借号牌的行为与套牌车肇事致人伤害的后果具有因果关系，该登记车主应当与肇事套牌车一方对损害承担连带赔偿责任。

3. 机动车交通事故责任中被挂靠单位的责任承担

案例来源

张×新诉阿勒泰市北屯××公共交通有限责任公司、李×超、王×章机动车交通事故责任纠纷案

发布单位：最高人民法院审判监督庭《全国法院优秀再审裁判文书精选》

审判法院：新疆维吾尔自治区高级人民法院生产建设兵团分院

判决日期：2009 年 5 月 31 日

基本案情

2004 年 1 月 12 日，王×章驾驶新 H－09367 号牡丹牌中型普通客车行驶，在准备靠边停车时，车辆发生侧滑，将站在路南侧挡车的张×新撞伤。肇事后，王×章驾驶肇事车辆离开现场。同年 1 月 19 日，交警大队（阿勒泰市北屯公安交通警察大队）作出事故责任认定书，认定王×章负全责。后交警大队因王×章经通知未来处理事故赔偿，作出道路交通事故损害赔偿调解终结书。

事故发生后，张×新被送入北屯医院住院治疗，经诊断为：（1）骨盆多发性骨折伴神经损伤。（2）脾破裂。为此支付医疗费 19 764.73 元。在 2004 年 2 月至 2005 年 10 月间，张×新在（新疆医大一医院）新疆医科大学第一附属医院、北屯医院、石河子医大一医院（石河子大学医学院第一附属医院）、189 团医门诊（农十师 189 团医院门诊）、北屯医院门诊部等治疗，共支付医药费 11 万余元。期间，在乌鲁木齐市和北屯多次购药共计 26 万余元（部分与上 11 万余元医药费重叠）。此外，购得一辆轮椅 1780 元。

2004 年 5 月 28 日，阿勒泰市公安局法医对张×新作出伤残鉴定，鉴定结果为："张×新骨盆、左下肢部损伤致骨盆严重畸形，左下肢功能障碍，尿失禁，阴茎勃起功能丧失，参照《道路交通事故受伤人员伤残评定》之规定其伤残程度分别为九级、八级、五级和四级伤残”。张×新支付鉴定费 100 元。此外，张×新亲属陪伴其外出住院治疗，支付住宿费共计 298 元。原张×新住院伙食补助费 1365 元。

另，该肇事车辆系挂靠北屯××公交公司（阿勒泰市北屯××公共交通有限责任公司），2003 年 12 月 16 日，车辆实际所有人郭×玲将该车出售给李×超，李×超每月向北屯××公交公司交纳管理费 900 元，其雇用王×章驾驶该车在北屯从事公共交通运输。在事故发生后，李×超为张×新支付医疗费 6561.40 元，王×章为张×新支付医疗费 3000 元，北屯××公交公司为张×新支付医疗费 700 元，共计 16 561.40 元。因张×新在人寿××分公司（中国人寿保险股份有限公司××分公司）参加绿色通道 B 卡保险，该公司支付张×新意外伤害医疗费 5000 元。张×新在受伤致残后，办理了退休手续。

张×新以王×章驾车肇事致其损伤，应予赔偿，李×超作为车主、北屯××公交公司作为挂靠单位亦应赔偿为由，提起诉讼，请求判令李×超、王×章、北屯××公交公司共同赔偿各项经济损失 197 140.82 元和精神损害抚慰金 50 000 元。

李×超辩称：驾驶员王×章驾车将张×新撞伤，造成本次交通事故，交警部门对此次事故的责任作出王×章承担全部责任的认定，因此应由王×章承担责任。此外，张×新的起诉已经超过诉讼时效。请求驳回张×新对本人的诉讼请求。

王×章辩称：将张×新撞伤的交通事故系天气原因造成。事故发生时，下雪路面滑，导致本人驾驶的汽车刹车不好，造成事故发生。本人在事故发生后，已赔偿医药费，无需再承担赔偿责任。

北屯××公交公司辩称：新 H－09367 号普通客车的车主为李×超，其每月向本公司支付九百元的管理费将该车辆挂靠在本公司。王×章为事故发生时的驾驶员，并非本公司的工作人员，故本公司只需在实际收取的管理费范围内承担连带责任。

判决主文

审理中，原告张×新主张的伤残赔偿金是按 7221.61 元 70%（四级伤残）×20 年计算即 101 102.6 元；主张其女张×惠的被抚养人生活费用 9027.02 元，一审法院根据张×惠出生日期为 1988 年 12 月 8 日，确定被抚养人生活费按 2004 年新疆生产建设兵团城镇居民人均消费支出 6069.43 元×2 年 11 个月 62 人×70%（四级）计算即 6195 元；主张营养费 5000 元；原告张×新主张在北屯医院的一个人 24 天的护理费 879.36 元，因其不能证明护理人员收入状况，一审法院确定按 2004 年新疆生产建设兵团职工年平均工资计算 11 332 元。12 月 30 天×24 天计算即 755.74 元。综上，原告张×新各项损失为 193 402.95 元。

一审法院判决：被告李×超赔偿原告张×新各项损失 176 902.95 元，承担精神损害抚慰金 10 000 元，共计人民币 186 902.95 元；被告王×章承担 186 902.95 元的连带赔偿责任；被告北屯××公交公司在被告李×超、王×章确实不能赔偿范围内承担补充赔偿责任。

被告北屯××公交公司不服一审法院判决，以与一审答辩内容相同的理由提起上诉。

二审法院认定：上诉人北屯××公交公司为肇事车辆的挂靠单位，且每月收取该车 900 元的管理费用，这就意味着上诉人北屯××公交公司对于肇事车辆具有管理义务，但其应在其所收取的管理费用的范围内承担连带赔偿责任。但原审法院并未确定被上诉人李×超、王×章是否明显缺乏赔偿能力而直接判决上诉人北屯××公交公司承担补充赔偿责任，加重了上诉人北屯××公交公司的民事责任。此外，上诉人北屯××公交公司，未在法定时间内提出管辖权异议，视为接受一审法院管辖。

二审法院判决：维持一审判决被上诉人李×超赔偿被上诉人张×新 186 902.95元，被上诉人王×章承担 186 902.95 元的连带赔偿责任；改判上诉人北屯××公交公司在收取管理费的范围内承担连带赔偿责任。

被上诉人张×新不服二审法院判决，申请再审称：伤残赔偿金应按一审法院辩论终结前的上一年度即 2005 年自治区统计局发布的城镇居民平均可支配收入计算；其因事故深受重创，精神状态极度低下，遭受巨大的精神痛苦，两审法院所判决的 10 000 元精神抚慰金，难以补偿其精神创伤；肇事车挂靠在被申请再审人北屯××公交公司名下，该车在公司规定的线路上行驶时将其撞成重伤，事故的发生系因被申请再审人北屯××公交公司疏于监督管理，其遭受的损害后果与被申请再审人北屯××公交公司管理不当有直接因果关系，被申请再审人北屯××公交公司应承担责任。此外，被申请再审人北屯××公交公司是挂靠车辆运营利润的受益者，按照法律规定应承担连带责任。

被申请再审人北屯××公交公司辩称：本案一审判决的日期是 2006 年 4 月，国家统计局的相关数据在新疆一般在 5 月中旬以后发布，因此对伤残赔偿金应适用 2004 年的标准；受诉法院在新疆地区，生活水平较低，故两审法院判决的精神损害抚慰金数量合理；本公司作为挂靠单位，提供的是服务，所收取的管理费主要用于税收和报酬，本公司并没有因此获利。故请求驳回申请再审人张×新的请求。

被申请再审人王×章辩称：其接收被申请再审人李×超的客车时就已经发现刹车不好，而向被申请再审人李×超告知了该情况，但并未引起被申请再审人李×超的足够重视。且其在事故发生后对申请再审人张×新积极履行了抢救义务，并一直在医院照顾，前后为申请再审人张×新交纳住院费 6000 元。目前，的确无力再承担任何费用。

再审法院判决：撤销二审民事判决；维持一审民事判决。

裁判要旨

（1）机动车车主与被挂靠单位的运营合同及被挂靠单位的规章制度中规定，被挂靠单位收取了管理费，对机动车享有控制权，且参与机动车运营收入分配的，被挂靠单位负有对机动车及时检查以及禁止存在安全隐患的机动车上路，以避免交通事故发生的义务。被挂靠单位未履行上述义务，致使制动系统不符合安全要求的机动车上路行驶，将行人撞伤，被挂靠单位应承担连带赔偿责任。

（2）机动车发生交通事故致受害人受伤，受害人因此遭受精神痛苦的，有权向肇事者请求赔偿精神损害抚慰金。但鉴于法律已明确规定，发生交通事故遭受人身损害的受害人有权获得医疗费、误工费、护理费、残疾赔偿金等，故对精神损害抚慰金的赔偿数额不宜确定过高，以避免加重肇事者的赔偿义务，违背公平原则。此时，应结合立法原意及受诉法院所在地平均生活水平等因素确定精神损害抚慰金的具体数额。

重点提示

车辆挂靠，是指个人或者多人合伙出资购买车辆后，为了交通运营的便利，与被挂靠单位签订挂靠协议，将车辆登记在某个具有运输经营权资质的被挂靠单位名下，以被挂靠单位的名义进行运营活动。当挂靠的机动车发生交通事故，极易引起赔偿主体上的争议。在此类纠纷案件中，确定赔偿主体时，可从以下几个方面进行分析：（1）挂靠法律关系的认定。挂靠关系中，挂靠的车辆无论是线路经营权还是特定区域经营权，均归属于被挂靠单位而非个体车主，挂靠的车辆接受被挂靠单位的经营管理、收取挂靠费、统一办理运用线路的审批手续，车主与被挂靠单位之间形成管理与被管理的挂靠关系。（2）运行支配与运行利益。被挂靠单位对挂靠车辆的运行支配不仅包括直接支配，还包括事实上能够支配、管理运行线路，处于指示、控制地位；被挂靠单位对挂靠车辆的运行利益，不仅包括直接利益，还包括间接利益。（3）被挂靠单位的赔偿责任。最高人民法院《关于审理道路交通事故损害赔偿案件适用法律若干问题的解释》第3条规定，以挂靠形式从事道路运输经营活动的机动车发生交通事故造成损害，属于该机动车一方责任，当事人请求由挂靠人和被挂靠人承担连带责任的，人民法院应予支持。由此，挂靠车主与被挂靠单位对受害人承担连带责任。具体而言，被挂靠单位收取了管理费，对挂靠车辆的运用具有一定的支配权，应当严格履行自己的管理职责，避免或者减少挂靠车辆营运过程中的风险。如果其怠于行使此种义务，未对肇事车辆办理保险、未有效监督挂靠车辆的运用状况、对车辆是否适合安全运用及时进行检查，当挂靠车辆发生交通事故后，被挂靠单位应当与肇事车辆所有人和驾驶员共同对受害人承担民事赔偿责任。

4. 禁设设施的侵权损害赔偿责任认定

案例来源

范×生等诉淮安××分公司淮阴区××局、淮安市淮阴区××管理站机动车交通事故责任纠纷案

发布单位：《最高人民法院公报》2011 年第 11 期（总第 181 期）

审判法院：江苏省淮安市中级人民法院

判决日期：2008 年 8 月 9 日

基本案情

2004 年 3 月，淮阴区委（中共淮安市淮阴区委）下发淮委（2004）103 号文件，要求对道路进行扩宽，县道路路面跨度不少于 9 米，路基宽度不少于 12 米，由交通局组织实施。路基拓宽范围内的供电、邮电、广电杆线迁移分别由供电、电信、广电部门负责。为此，区政府（淮安市淮阴区政府）召开了区长办公室会议并形成纪要，××局（淮安××分公司淮阴区××局）及管理站（淮安市淮阴区××管理站）的相关人员参与了本次会议，林蒋路路面的拓宽，导致电杆位于路面仅 35 厘米的路基上，且路面与路基基本一平。2007 年 12 月 16 日 20 时 20 分许，范×金酒后驾驶摩托车行于事发路面上，后又驶入道路北侧撞上路边的电线杆，经抢救无效死亡。经交警确认，其确为撞上电线杆受伤后不治身亡。

另，上述电线杆的管理单位为××局，该路段归管理站管理，属于县级道路，路面宽度应为 9 米。对于范×金的赔偿数额应按照城镇居民的收入标准来计算。2007 年度江苏省城镇居民人均可支配收入为 16 378 元，农村居民人均生活消费支出为 4792 元。范×生、纪×华、何×改、范×齐分别为死者范×金的父母、妻子、儿子。

范×生等人（纪×华、何×改、范×齐）以范×金死亡的主要责任在××局和管理站为由，提起诉讼，请求判令××局和管理站赔偿其生活费、死亡赔偿金、精神抚慰金等各项损失。

××局辩称：范×金的死亡原因为醉酒驾车，而非因撞在电线杆上死亡。所谓被撞的电线杆埋藏于15年前。因2004年道路扩建，电杆相对位移于路基之内。本局并未收到要求电杆迁移的通知，故未进行整改。范×金应对此次事故承担全部责任，本局无责任，请求驳回范×生等人的诉讼请求。

管理站辩称：××局系涉案电杆的所有人，本站并非适格的被告。区政府在2004年扩建道路时将7米宽的路面，扩建成9米宽；电杆埋藏于十多年前，并非本站管理范围，本站在管理公路上无瑕疵。且涉案电杆的管理不应适用施行于1998年1月1日的《公路法》；本次事故的起因为范×金酒后驾车，应由其承担全部责任。请求驳回范×生等人的诉讼请求。

判决主文

一审法院判决：原告范×生等的损失380 954.6元，由被告××局赔偿40%，计152 881.84元，并由××局赔偿其精神损害抚慰金10 000元，两项合计162 881.84元，于判决生效后10日内给付；驳回四原告的其他诉讼请求。

原告范×生等不服一审法院判决，以一审查明事实清楚，但判令上诉人××局承担的赔偿比例及精神抚慰金数额偏低为由，提起上诉，请求二审改判上诉人××局承担50%的赔偿责任和4万元的精神抚慰金。被上诉人管理站怠于履行义务，亦应承担赔偿责任。

被告××局亦不服一审法院判决，提起上诉称：一审判决本局承担责任的证据不足，认定事实错误、适用法律错误，本案系为交通事故纠纷，交警部门作出的责任认定为受害人酒后驾车造成死亡，与电杆位置之间无因果关系；区委、区政府所发文件有悖于电信法律法规，故不得作为定案依据。受害人系农民，无职业单位和从业资格证书，对其赔偿费用不应按城镇居民标准计算。请求二审撤销原判，改判本局不承担赔偿责任。

被上诉人管理站答辩称：一审判决正确，请求维持。

二审法院判决：驳回上诉，维持原判。

裁判要旨

所有人或者管理人应及时、主动地关注自身所有或管理之物的变化状况及其对他人权利的影响，并对因违反管理和注意义务致人损害的后果承担民事侵权责任，除非其能够证明自己对损害的发生没有过错。

重点提示

根据规定，在公路、公路用地范围内禁止设置电杆及其他有碍通行的公共设施。公共设施的所有者或者管理者对其所有或管理之物负有维护以及保障义务，应保障公共设施状况不得影响他人的安全，有过错的公共设施所有者或管理者应当对因其违反管理、注意义务所造成的他人损害承担相应的民事责任。据此，因公路上禁止设置的设施造成侵权损害的，可以从以下几方面确认侵权损害赔偿责任：第一，交通主管部门、公路管理机构负有管理和保护公路的责任，其已经履行相应的义务，但管理者怠于履行义务或者拒不履行义务的，由此造成的损害赔偿责任，交通主管部门、公路管理机构即使未再履行告知义务也可不再担责。第二，享有管理职责的管理者未对具有安全隐患的禁设设施进行管理，并及时移除，未对应当关注、察知自身所有或管理之物的相对变化状况以及对他人权利的影响，应当认定禁设设施管理者未尽到管理和注意义务，并对因维护管理瑕疵致人损害的后果承担赔偿责任。第三，被侵权人本身存在过错，是造成侵权事实发生的直接和主要原因，且被侵权人应当对损害后果承担主要责任的，应结合过错程度及原因力大小，按过错责任原则由禁设设施的管理者适当作出赔偿。

5. 关于公车私用发生交通事故的赔偿责任主体认定问题

案例来源

黄×波诉广西壮族自治区××××局××××分局机动车交通事故责任纠纷案

发布单位：最高人民法院审判监督庭《审判监督指导》2007 年第 1 辑

（总第21辑）

审判法院：广西壮族自治区高级人民法院

判决日期：2007年4月3日

基本案情

2004年2月，丘×驾驶工作单位区××分局（广西壮族自治区×××××局××××分局）的小轿车从百色市返回南宁市途中与黄×波驾驶的摩托车相撞，致黄×波受伤，两车不同程度受损。经交警部门认定，丘×超速驾驶对事故负主要责任，黄×波在未确保安全情况下无证驾驶对事故负次要责任。事故发生后，黄×波被送往平果县人民医院治疗，经查系颅脑损伤，左腿骨折，处于昏迷状态。3日后，经医院同意，黄×波被转至广西医科大学一附院治疗。治疗期间，经医院同意，黄×波转院。同年5月，黄×波转至广东中山二院进行治疗。之后，黄×波又先后转院治疗，转院原因均是黄×波出院时，广东中山二院与珠江医院在其出院通知中建议"回当地医院继续治疗"。至此，黄×波共花费医药费用315 551.98元，其中黄×波支付188 330.64元，丘×支付127 221.34元。除此之外，黄×波的家属自行买安宫牛黄丸、脑力健口服液等药品共计6497元；在广州友好医院进行门诊治疗，共支付药费1224.88元；到平果县医院进行康复理疗，共花费1840元；在南宁治疗期间，共支付医院住宿费347元，租房155天，共支付房租1716元；在广州治疗期间租房117天，共支付房租4870元；在广西区内治疗期间，共支付交通费1243元；在广州治疗期间，共支付交通费2988.30元。

另查明，区××分局的征税范围只限南宁市区内，发生事故车辆是丘×因请假回家探望生病的母亲而从区××分局借用的。事故造成黄×波的二轮摩托车车损费共4298元，区××分局的小轿车车损费等费用共计21166元，

黄×波以区××分局所有的车辆在工作人员丘×驾驶期间致其人身伤害，受到经济损失为由，提起诉讼，请求判令区××分局赔偿经济损失，并支付精神损害赔偿金。

判决主文

一审法院认定：第三人丘×请假借出被告区××分局所有的车辆并使用，不属于履行职务行为。被告区××分局将车借给持有合格驾驶执照的第三人丘×没有过错，与事故的发生也无因果关系，对事故不承担民事责任。依交警部门交通事故责任认定，第三人丘×应负60%的责任，原告黄×波负40%的责任；因原告黄×波曾自行转院到广州医院治疗，故对广州治疗期间的合理支出不予支持。

一审法院判决：第三人丘×赔偿原告黄×波经济损失229 985元；第三人丘×支付给原告黄×波精神损害赔偿金20 000元；原告黄×波支付给第三人丘×车损费8466.40元；以上各项相抵，第三人丘×尚应支付给原告黄×波241 518.60元；驳回原告黄×波的其他诉讼请求。

原告黄×波不服一审法院判决，提起上诉。

二审法院判决：维持一审判决第三、五项；撤销一审判决第一、二、四项；原审第三人丘×赔偿上诉人黄×波经济损失507 783.69元；原审第三人丘×支付上诉人黄×波精神损害赔偿金60 000元；被上诉人区××分局对原审第三人丘×的本案债务承担补充赔偿责任并有权向原审第三人丘×追偿。

原审第三人丘×不服二审法院判决，申请再审称：被申请人黄×波无证驾驶借用的摩托车肇事，应追加摩托车所有人陆惠莲为被告，原一、二审法院未追加即作出判决错误。同时，原一、二审法院判令本人承担申请再审人区××分局的责任，限制了本人行使诉讼权利。另外，被申请人黄×波未戴头盔无证驾驶摩托车，应承担40%的责任，二审法院追加的护理费及精神损害赔偿无法律依据。综上，请求依法改判。

被上诉人区××分局不服二审法院判决，申请再审称：本局在民事案件中是普通民事主体，借车给申请再审人丘×不存在过错，二审法院依据纪委、监察厅文件判决本局承担补充责任，属于适用法律错误。其次，二审判决未将摩托车所有人陆惠莲列为被告，责任分担显失公平，判决确定的护理费、精神损害赔偿的数额过高。因此，请求依法改判维持一审判决。

再审法院判决：维持二审判决。

裁判要旨

政府机关工作人员借用公车回家探亲途中发生交通事故致损的，即使出借公车的行为与他人人身损害无直接因果关系，但因当地政府规章明确规定政府机关应加强公务用车管理，且政府机关原本就对其所有车辆的安全行驶负有安全保障义务。因此，应认定政府机关出借公车的行为，既违反了法律规定，又未尽到必要的管理义务，存在过错，应对受害人的损害承担补充赔偿责任。

重点提示

在非工作期间，单位工作人员借用公车私用发生交通事故致受害人遭受人身损害的，应当如何认定承担事故责任的主体呢？司法实践中，认定该问题时应当注意以下几点：（1）首先要看工作人员驾驶公车是履行职务行为还是非职务行为。根据最高人民法院《关于审理人身损害赔偿案件适用法律若干问题的解释》第 8 条的规定，工作人员若是在执行职务过程中致人损害的，其所在单位应当承担民事责任。若工作人员驾驶车辆与职务无关，则应当由其自行承担事故损害赔偿责任。（2）从合同法的角度考量，单位与工作人员之间是借用法律关系，机动车属于借用合同的标的物，单位作为借用人具有在合同终止时要求作为借用人的工作人员返还车辆的权利，并无法律义务。而工作人员则负有借用人的谨慎合理使用的义务，因自身使用不当造成损害的，与作为出借人的单位无关，应自行承担赔偿责任。（3）单位是否具有管理义务。虽然我国基本法未明确禁止政府机关出借单位用车，但很多地方以政府规章的形式规定政府机关应当加强公务用车的管理。政府机关作为车辆的所有人和管理人，对公车负有管理义务，因管理而出借车辆致交通事故发生的，具有过错，应对侵权后果即事故损害承担补充赔偿责任。这里的补充赔偿责任，是指在存在多个民事责任人时，在第一责任人即借用人的财产不能全部承担其应负担的民事责任时，对不能偿付的部分所承担的补充责任。

6. 挂靠车辆肇事致损的责任主体及责任承担

案例来源

陈××诉福建省霞浦县××汽车出租有限公司、李××机动车交通事故责任纠纷案

发布单位：最高人民法院审判监督庭《全国法院再审典型案例评注》（上卷）

审判法院：福建省宁德市中级人民法院

基本案情

2005 年 2 月，李××醉酒驾驶挂靠于××汽车公司（福建省霞浦县××汽车出租有限公司）的出租车将自行车骑行人陈××及车后座成员陈×彬撞伤。经交警部门事故责任认定，李××对事故负全责，陈××不负事故责任。事故发生后，陈××被送往当地县医院抢救治疗，次日转入闵东医院住院治疗后于次月又转回县医院住院治疗至 4 月 12 日出院，住院期间，陈××共花费医疗费 18 393.04 元。同年 7 月，经法医鉴定，陈××所受脑外伤综合征属九级伤残。另查明，××汽车公司与李××签订有《汽车客运经营责任协议书》，约定李××每月向××汽车公司支付管理费 300 元。

陈××以李××驾驶机动车发生交通事故，致其遭受人身损害及经济损失为由，提起诉讼，请求判令李××、××汽车公司赔偿医疗费、护理费、伙食补助费、残疾赔偿金共计 36 814.96 元。

判决主文

一审法院判决：被告李××应一次性赔偿原告陈××医疗费人民币 18 393.04元、护理费人民币 1284.4 元、伙食补助费人民币 780 元、残疾赔偿金人民币 16 357.52 元，合计人民币 36 814.96 元；被告××汽车公司对上述判决款项负连带赔偿责任；驳回原告陈××的其他诉讼请求。

被告××汽车公司不服一审法院判决，提起上诉。

二审法院认定：被上诉人李××醉酒驾驶，与被上诉人陈××同向骑行的自行车相撞，致使被上诉人陈××受伤，被上诉人陈××因人身损害所造成的经济损失应由被上诉人李××负全部赔偿责任。因本案肇事车辆系挂靠于上诉人××汽车公司，按上诉人××汽车公司与被上诉人李××签订的《汽车客运经营责任协议书》的约定，上诉人××汽车公司每月收取被上诉人李××管理费，上诉人××汽车公司应在其所收取的管理费范围内对事故承担连带赔偿责任。

二审法院判决：维持一审判决第二项；变更一审判决第一项为：被上诉人李××一次性赔偿被上诉人陈××经济损失36 814.96元，上诉人××汽车公司对其中的5178元承担连带赔偿责任。

被上诉人陈××不服二审法院判决，向检察机关提出抗诉申请，坚持一审诉求。

检察机关审查认定：二审判决认定事实和适用法律错误。

一、交通事故损害赔偿主体的认定应当以运行支配权及运行利益为标准，故在挂靠车辆发生交通事故时，对于被挂靠人是否属于赔偿主体的认定亦应当依据上述标准认定。被申诉人××汽车公司与被申诉人李××签订了《汽车客运经营责任协议书》，肇事车辆以被申诉人××汽车公司名义投入市场运营，被申诉人××汽车公司对肇事车辆具有运行支配权。被申诉人××汽车公司每月向被申诉人李××收取管理费用，目的是为了获取经济利益，而被申诉人李××每月付出的管理费亦是在运营中产生的利润。因此，能够认定被申诉人××汽车公司既有对挂靠车辆运营的支配权，又是收取车辆管理费获得利益的受益人，当挂靠车辆发生交通事故时，被申诉人××汽车公司应当承担赔偿责任。

二、被申诉人李××与被申诉人××汽车公司形成了一种管理与被管理的关系，根据利益与风险、风险与责任相对应的原则，被申诉人××汽车公司对被申诉人李××的运营活动具有管理、监督义务。被申诉人李××酒后驾驶发生交通事故致申诉人陈××伤残，被申诉人××汽车公司因其未尽合理管理、监督义务对该后果具有一定责任。同时，被申诉人李××对外从事的营运行为是代表被申诉人××汽车公司，被申诉人××汽车

公司对被申诉人李 × × 的过错行为不能只在收取的挂靠费用范围内承担连带责任，而应当承担申诉人陈 × × 经济损失全额赔偿的连带责任。

检察机关依法向省高级人民法院提起抗诉。

省高级人民法院受理抗诉后，指令二审法院对本案进行再审。

再审法院判决：撤销二审民事判决；维持一审民事判决。

裁判要旨

挂靠人与被挂靠单位签订挂靠协议，每月向被挂靠单位缴纳车辆管理费，被挂靠单位依约监督、管理挂靠车辆的，应认定被挂靠单位对挂靠车辆获取了运行利益并享有运行支配权，对挂靠车辆发生交通事故致损的，应与挂靠人共同承担连带赔偿责任。同时，鉴于被挂靠单位疏于管理的行为与事故发生之间存在关联性，故其应承担全额赔偿的连带责任，而非仅在收取的挂靠费用范围内承担连带责任。

重点提示

车辆挂靠，是指车辆所有人将车辆登记在具有运营经营权资质的单位名下，以单位名义进行运营车辆的经济活动。司法实践中，对于挂靠车辆发生交通事故致人身损害的，应从以下几个方面认定责任主体及责任承担范围：（1）最高人民法院《关于审理道路交通事故损害赔偿案件适用法律若干问题的解释》第3 条规定，以挂靠形式从事道路运输经营活动的机动车发生交通事故造成损害，属于该机动车一方责任，当事人请求由挂靠人和被挂靠人承担连带责任的，人民法院应予支持。据此可知，车辆被挂靠单位与挂靠人对交通事故损害应承担连带赔偿责任。（2）被挂靠单位与挂靠人承担连带责任的主要理由在于：第一，从受害人的角度看，挂靠人是以被挂靠单位名义从事运营，挂靠只是挂靠人与被挂靠单位之间的内部关系，受害人无从知晓，因此，被挂靠单位是法定的责任主体。第二，从运行利益与运行支配权的角度看，在挂靠情形下，被挂靠单位通常会收取管理费而让渡名称使用权，这种收取管理费的行为应该视为一种机动车运行利益的归属。而从车辆运行来看，被挂靠单位对挂靠车辆负有监督、管理责任，对挂靠车辆享有运行支配权。因此，被挂靠单位作为挂靠车辆运行利益与运行支配权的享有者，应当承担事故赔偿责任。（3）在义务挂靠中被挂靠单位不承担赔偿责任。所谓义务挂靠，是指被挂靠单位未收取管理费或未取得其他经济利益，仅仅是地方政府基于管理的需要要求挂靠。此种情况下，被挂靠单位既不是挂靠车辆的所有人，又不是挂靠车辆运行利益的享有者，同时也无法对挂靠车辆行使管理、监督和支配权，其仅是挂靠车辆的名义主体，不应对事故损害承担赔偿责任。

7. “好意同乘”发生交通事故的责任认定

案例来源

乙诉甲机动车交通事故责任纠纷案

发布单位：最高人民法院民事审判第一庭《民事审判指导与参考》2008 年第 4 集（总第 36 集）

审判法院：× × 人民法院

基本案情

甲驾驶货车从上海返回浙江时，同乡乙请求搭乘甲驾驶的货车，甲同意乙搭乘。途中，甲的货车与丙驾驶的车辆相撞，造成乙膝关节创伤性关节炎、急性骨膜炎、多处软组织挫伤、右肩骨折。事故发生后，经交警部门认定，甲对此次事故负全部责任。

乙以甲未尽到法定义务，未能及时抢救并护送其就医，在治疗期间也只承担了极少的医疗费用为由，提起诉讼，请求判令甲赔偿医疗费、营养费、误工费 130 000 元，精神抚慰金 10 000 元。

甲辩称：本人同意乙搭乘是好心帮忙，未收取任何费用却要承担责任，不合情理，不同意承担赔偿责任。

判决主文

一审法院判决：被告甲赔偿原告乙 91 000 元。

宣判后，双方当事人均未提起上诉，判决已发生法律效力。

裁判要旨

机动车驾驶者在运输货物过程中，出于好意允许他人同乘后发生交通事故致搭乘人受伤。此种情形下，即使驾驶者未收取搭乘人任何报酬，系助人为乐的无偿行为，但因驾驶者的行为与搭乘人受到的损害之间具有因果关系，根据公平原则，驾驶者应对搭乘人的损害承担赔偿责任。

重点提示

好意同乘，是指经机动车驾驶人同意，无偿搭乘机动车的行为。司法实践中，对于在好意同乘中发生交通事故造成损害的，应如何认定机动车驾驶人与同乘人之间是否构成好意同乘关系，机动车驾驶人应否承担事故损害赔偿责任等等，可以从以下几个方面进行判断：（1）对于好意同乘的认定，构成好意同乘关系应当符合以下构成要件：其一，好意同乘是机动车驾驶人的一种施惠行为，同乘行为须为无偿，有偿乘坐他人车辆则构成客运合同关系；其二，机动车驾驶人必须基于实现自己的目的或两者为同一目的而行驶，不能基于专为运送的目的；其三，同乘人应当经过机动车驾驶人的同意。满足上述条件时，同乘人与机动车驾驶人即成立好意同乘关系，同乘人认为不构成好意同乘关系的，应当承担举证责任。（2）关于机动车驾驶人的责任认定问题。同乘人无偿搭乘的行为并不能直接认定其自愿承担一切风险，驾驶人对于同乘人的损害应承担无过错责任，并不因双方的同乘行为是基于有偿还是无偿而产生对驾驶人的注意义务进行区分。但同乘人具有过错的，应当减轻驾驶人的民事责任；同乘人无过错的，可以适当酌情减轻驾驶人的民事责任。（3）对于事故损害赔偿的范围，机动车驾驶人应当向同乘人赔偿医疗费、因误工减少的收入、残废者生活补助费等费用；造成死亡的，应当支付丧葬费、死者生前扶养的人必要的生活费等费用，但搭乘人无权要求驾驶人对其承担精神损害赔偿责任。

8. 在交通事故中出具刑事担保书的民事担保责任承担问题

案例来源

李××诉阿克苏地区××运输服务有限责任公司等机动车交通事故责任纠纷案

发布单位：最高人民法院审判监督庭《全国法院再审典型案例评注》（上卷）

审判法院：新疆维吾尔自治区阿克苏地区中级人民法院

基本案情

2002年11月，××运输公司（阿克苏地区××运输服务有限责任公司）与张××签订车辆挂靠合同，约定：张××将其所有的大货车挂靠在××运输公司名下；挂靠车辆按时交纳公司中介服务费，每年一千元，在遇到特殊困难或特殊原因时，可延长至年底或免除服务费。张××在挂靠经营期间因其原因造成的一切债权债务及车辆所造成的损失，××运输公司概不负责。次年11月，李××之子王×在乘坐阿克库木须水库（阿克苏市阿克库××水库灌区管理站）皮卡车过程中与张××雇佣张×才驾驶的大货车相撞，致王×当场死亡。事故发生后，阿克苏市公安局交警大队作出道路交通事故责任认定书认定：大货车驾驶员张×才对事故负主要责任，皮卡车驾驶员王×辉（在事故中死亡）负次要责任，王×对事故不负责任。为处理王×丧事，李××及亲属产生了交通费、食宿费、通信费、误工费等损失。

同年12月，××运输公司向阿克苏市公安局交警大队事故处理中队出具了由其法人代表签字并加盖公司公章的担保书，担保挂靠在其公司名下的事故车辆驾驶员张×才会积极配合处理事故，张×才如潜逃或无能力支付事故赔偿，××运输公司将承担一切法律责任和经济责任。另查明，阿克库木须水库是具有独立法人资格的全民事业单位，隶属于市××局（阿克苏市××局）。

李××以王×乘车过程中发生交通事故死亡，肇事者、车辆所有人以及被挂靠单位均应承担责任为由，提起诉讼，请求判令张××、××运输公司、市××局、阿克库木须水库赔偿死亡赔偿金、赡养费、精神损害抚慰金、交通费、食宿通信费、误工费等损失。

判决主文

一审法院认定：因被告张××雇佣的驾驶员导致交通事故，致使原告李××之子王×死亡，侵害了王×的生命权，被告张××作为雇主应承担赔偿责任，被告××运输公司作为被告张××的担保人应承担连带保证责任，而被告阿克库木须水库的雇员王×辉在履行职务期间发生事故并对事故负次要责任，被告阿克库木须水库应按比例赔偿原告李××遭受的损失。但原告李××作为退休人员有固定收入，不支持赔偿赡养费请求。

一审法院判决：被告张××向原告李××赔偿丧葬费 3669 元、死亡赔偿金 149 096 元、交通费 2960 元、食宿通信费 3900 元、误工费 3000 元、精神损害抚慰金 10 000 元合计 172 625 元的 70% 即 120 837. 5 元。被告××运输公司对该赔偿款项承担连带保证责任；被告阿克库木须水库向原告李××赔偿丧葬费 3669 元、死亡赔偿金 149 096 元、交通费 2960 元、食宿通信费 3900 元、误工费 3000 元、精神损害抚慰金 10 000 元合计 172 625 元的 30% 即 51 787. 5 元；驳回原告李××的其他诉讼请求。

原告李××不服一审法院判决，提起上诉。

二审法院认定：被上诉人张××作为雇主应承担赔偿责任，被上诉人××运输公司应承担连带保证责任；被上诉人阿克库木须水库雇员王×辉对事故负次要责任，张×才与王×辉对王×构成共同侵权，被上诉人张××与被上诉人阿克库木须水库应依法承担连带责任。此外，被上诉人阿克库木须水库具有独立法人资格，应独立承担民事责任，被上诉人市××局不应承担赔偿责任。

二审法院判决：维持一审判决第一、二项；撤销一审判决第三项；被上诉人张××与被上诉人阿克库木须水库彼此承担连带责任；驳回上诉人李××的其他诉讼请求。

被上诉人××运输公司不服二审法院判决，申请再审称：本公司提供的担保是刑事诉讼中的担保，因刑事诉讼已经结束，本公司也已履行了担保书中约定的保证义务，不应再为车主被申请人张××承担的民事赔偿负连带保证责任。其次，被申请人张××有可供执行的财产，而本公司作为中介服务公司，并未向被申请人张××收取过中介服务费，本公司不应也无能力承担垫付责任。因此，请求撤销二审法院判决，依法裁判。

再审法院判决：维持二审法院判决第二、三、四项以及一审法院判决第二项；撤销二审法院判决第一项；被申请人张××向被申请人李××赔偿丧葬费3669元、死亡赔偿金149 096元、交通费2960元、食宿通信费3900元、误工费3000元、精神损害抚慰金10 000元共计172 625元的70%计120 837.5元。申请再审人××运输公司对被申请人张××不能赔偿的部分在收取中介服务费的范围内承担1000元的赔偿责任。

裁判要旨

肇事车辆的被挂靠单位在交通事故处理中出具担保书，保证肇事人和肇事车主在公安机关处理交通事故期间能够到案处理事故的，该保证书系刑事担保书，与民法或担保法意义上的民事担保不同。被挂靠单位无需因该刑事担保书而对车主或肇事者应承担的交通事故责任承担保证责任，但并不是说被挂靠单位的赔偿责任因此而免除，其仍应在收取挂靠费的范围内承担赔偿责任。

重点提示

保证人，在广义上其意思是对某项事务作出保证行为的人，但民事上的保证人与刑事上的保证人不同，应当承担的权利义务也不同，民事上的保证人为与债权人约定，为主合同债务提供担保，在债务人不履行债务的情况下，由其按照约定履行债务或承担责任的当事人。而刑事上的保证人系在对犯罪嫌疑人、被告人采取取保候审等强制措施时，为犯罪嫌疑人、被告人提供担保，保证其在公安机关、检察机关或司法机关调查、审理案件时随传随到的保证人。司法实践中，二者的区分对相关当事人责任承担的认定极其重要，具体可以从以下几方面进行分析：（1）二者的不同主要体现在：①民事上的保证人，可以是一人，也可以是数人，而刑事保证人只能是一人进行担保；②民事上的保证人担保债务履行既可以是担保全部履行，也可以是担保部分履行，但刑事保证人只保证被取保候审的人在刑事诉讼过程中随传随到，并不承担经济债务；③民事上的保证人可以是公民、法人或其他经济组织，但刑事保证人只能是符合法律条件的中国公民；④民事上的保证人承担责任是民事法律责任，但刑事保证人承担的责任则是刑事法律责任。（2）在挂靠关系中，被挂靠单位向公安机关出具担保，保证作为挂靠人的肇事者在公安机关处理案件期间能够接受处理，协助完成案件调查的，被挂靠单位提供的是刑事担保责任，应当认定为刑事上的保证人，对作为挂靠人的肇事者应承担的事故赔偿责任不承担保证责任。（3）被挂靠单位虽不承担民事赔偿的保证责任，但其与车辆挂靠人之间存在挂靠关系，在对挂靠车辆享有运行利益与运行支配权的情形下，应当与挂靠人承担连带赔偿责任。在不享有挂靠车辆运行利益与运行支配权的情形下，应当对挂靠人不能赔偿的部分在收取车辆挂靠管理费的范围内承担赔偿责任。

9. 出租机动车发生交通事故的责任认定与处理

案例来源

徐××、王××诉济南××汽车租赁有限公司等机动车交通事故责任纠纷案

发布单位：最高人民法院审判监督庭《全国法院典型案例评注》（上卷）

审判法院：最高人民法院

基本案情

2005 年 7 月，××广告公司（济南××广告有限公司）职工韩×全驾驶××汽车公司（济南××汽车租赁有限公司）所属的小客车与张×驾驶的吉普车相撞后，吉普车与王××驾驶的小客车相撞，致三车受损，王××及乘坐人徐××、吴×受伤。事故发生后，经济南市历下区交警大队认定，韩×全负事故全部责任，张×、王××、徐××不负事故责任。事故中，韩×全驾驶的车辆是××广告公司从××汽车公司租赁的，事故发生于租赁期内。

另查明，××汽车公司向××广告公司出租车辆时，签订了书面合同，并要求××广告公司出示了营业执照，检查了车辆并出具交接单，亦为车辆办理了车损险、盗抢险和第三者责任强制保险。事故发生后，天安保险公司支付了理赔金99 932.92元。

次年，徐××、王××以××广告公司租赁的车辆发生交通事故，致其遭受人身损害为由，提起诉讼，请求判令××广告公司向徐××赔偿各项损失共计103 874.4元，向王××赔偿各项损失共计216 952.7元，××汽车公司承担连带赔偿责任。

判决主文

一审法院认定：被告××广告公司的驾驶员韩×全系在执行职务期间发生事故，民事责任依法应由雇主被告××广告公司承担。其次，韩×全所驾驶车辆系被告××汽车公司租给被告××广告公司使用的，而后在出租期间发生该事故，鉴于被告××汽车公司因出租行为收取了一定的租赁费用，系受益人，故应对被告××广告公司承担的民事赔偿责任承担连带责任。

一审法院判决：被告××广告公司赔偿原告徐××各项损失共计92 534.4元，赔偿原告王××各项损失共计211 655.7元，被告××汽车公司对上述款项承担连带赔偿责任。

被告××汽车公司不服一审法院判决，提起上诉。

二审法院判决：维持原审被告××广告公司对被上诉人徐××、王××的赔偿部分；改判上诉人××汽车公司不承担连带责任。

被上诉人徐××、王××不服二审法院判决，向检察机关提出抗诉申请。

检察机关依法向省高级人民法院提起抗诉。

省高级人民法院指令二审法院再审本案。

二审法院再审认定：被申诉人××汽车公司作为车辆租赁公司，通过向原审被告××广告公司出租车辆来获取运营经济利益，应当负有对承租方谨慎审查、确保将车辆租与具有良好信誉的公司和驾驶技术熟练的驾驶员并为车辆办理相应保险的义务，而不仅是简单审查承租人的驾驶证和身份证并交付合格车辆。被申诉人××汽车公司在该租赁关系中未尽到谨慎审查承租方主体的义务，应承担责任，承担责任后可依法向相关责任人追偿。原二审判决以被申诉人××汽车公司将车辆出租后对出租车辆失去运行支配权和运行利益，且对事故发生无过错为由免除其连带赔偿责任，不利于保护受害当事人的合法权利，应予纠正。

二审法院再审判决：撤销二审法院判决；维持一审法院判决。

被申诉人××汽车公司不服二审法院再审判决，申请再审称：二审法院再审判决认定本公司作为车辆租赁公司，通过向原审被告××广告公司出租车辆来获取运营经济利益，未尽到谨慎审查承租方主体的义务，应承担责任，属于认定事实不清，适用法律错误。本公司对出租车辆已尽到了审查义务，对交通事故的发生无任何过错，也不享有运行利益和运行支配权，不应承担连带赔偿责任。因此，请求依法改判。

被申请再审人徐××、王××辩称：申请再审人××汽车公司应依据公平原则承担连带赔偿责任。

再审法院判决：撤销二审法院再审判决；维持二审法院判决。

裁判要旨

出租人在出租机动车时已尽到谨慎审查承租主体、保障车辆正常运行的义务，并为车辆办理了相应保险。在租赁期间，承租人雇用的驾驶员发生交通事故致损的，出租人的出租行为与损害后果之间无因果关系，对事故的发生不存在过错，且对出租车辆不具有运行支配权与运行利益，因此，出租人对事故损害不承担赔偿责任。

重点提示

出租的机动车发生交通事故造成人身及财产损害的，主要涉及肇事司机、出租人、承租人以及保险公司四方主体的责任认定问题。对此问题的认定与处理，司法实践中，应当从以下几个方面进行分析：（1）因租赁、借用等情形机动车所有人与使用人不是同一人时，发生交通事故后属于机动车一方责任的，由保险人在机动车强制责任保险限额范围内予以赔偿。不足部分，由机动车使用人承担赔偿责任。（2）认定出租人是否承担事故赔偿责任时，应当从以下几点进行判断：①出租人对机动车承租人的驾驶资格以及车辆本身的安全性是否履行了保障义务，已履行的不具有过错。在其出租行为与事故损害无因果关系时，不承担损害赔偿责任。②对租赁关系中运行利益和运行支配权的认定，出租人是以出租车辆的方式收取租赁费用，属于经营行为，其租金收益并非直接驾驶车辆获取车辆运行而带来的收益，即并非运行利益。车辆出租后，出租人同时又丧失了运行支配权，因此，无需承担事故的损害赔偿责任。（3）肇事司机与承租人存在雇佣关系，且是在执行职务中发生交通事故的，承租人作为雇主应当对事故的发生承担损害赔偿责任。

10. 被挂靠单位的道路交通事故责任认定

案例来源

李××诉临朐县××汽车运输有限公司等机动车交通事故责任纠纷案

发布单位：最高人民法院审判监督庭《全国法院再审典型案例评注》（上卷）

审判法院：最高人民法院

基本案情

陈××是鲁G-62060号中巴客车的原车主，该车后被卖给王××，车辆交付后二人并未办理过户手续。2002年2月，王××雇佣的司机李×新在驾驶鲁 G－62060 号中巴客车过程中，将自行车骑车人李××撞倒后，驾车逃逸。李××住院治疗 5 个多月后，经鉴定为 I 级伤残。事故发生后，临淄交警大队认定，司机李×新对事故承担全部责任。

另查明，陈××曾与××代理中心（临朐县××代理中心）签订代理客车经营合同，约定陈××的车辆由××代理中心代理经营。××代理中心以本中心的名义为鲁 G－62060 号中巴客车办理了客运线路审批手续，并与临朐县汽车站签订涉案中巴车的客车进站经营管理合同。代理经营期间，陈××向××代理中心缴纳了场地费、代理费。××代理中心对涉案中巴客车一直收取代理费及代交相关规费至交通事故发生的前 1 个月。2002 年 11 月，××代理中心改制为临朐县××汽车运输有限公司××代理中心，改制后为临朐汽运公司（临朐县××汽车运输有限公司）分公司，不具有法人资格。

李××以其在交通事故中受到人身损害，造成经济损失应获赔偿为由，提起诉讼，请求判令王××赔偿医疗费、护理费、伤残补助费及精神损害赔偿等经济损失，陈××及临朐汽运公司承担连带赔偿责任。

判决主文

一审法院认定：被告王××作为造成交通事故的车主，对原告李××因该事故所受的经济损失，应依据事故责任认定书的责任认定承担全部赔偿责任。被告陈××出卖车辆后未办理过户手续，应承担连带赔偿责任。原告李××主张临朐汽运公司作为被告王××的客运经营主管单位应负连带赔偿责任，但无足够证据证实，原告李××主张精神损害赔偿也无法律依据，不予支持。

一审法院判决：（1）被告王××赔偿原告李××医疗费 18 898.42 元；（2）被告王××赔偿原告李××护理费 13 000 元；（3）被告王××赔偿原告李××交通费 600 元；（4）被告王××赔偿原告李××伤残补助费 58 696.30元；（5）被告王××赔偿原告李××伙食补助费 552 元；（6）被告王××赔偿原告李××残疾者用具费 3440 元；（7）被告王××赔偿原告李××伤残鉴定费及其他费用 196.90 元；上述（1）～（7）项共计 95 383.62 元

于判决生效后10日内付清；被告陈××承担上述款项的连带责任；驳回原告李××的其他诉讼请求。

判决生效后，原告李××不服一审法院判决，向检察机关提起抗诉申请。

检察机关依法向市中级人民法院提出抗诉。

市中级人民法院指令一审法院再审本案。

一审法院再审判决：维持一审法院判决。

申诉人李××不服一审法院再审判决，提起上诉。

二审法院判决：维持一审法院判决和一审法院再审判决；被上诉人临朐汽运公司对一审法院判决第一至第八项的支付款项承担连带赔偿责任。

被上诉人临朐汽运公司不服二审法院判决，向省高级人民法院申请再审。

再审法院认定：申请再审人临朐汽运公司为涉案车辆提供修车、加油、用餐、停车、代交规费、代领客票、代办一切营运手续等有偿服务，所收取的200元是劳务费用，不应认定为该车的运行利益，且申请再审人临朐汽运公司也未对该车进行运行支配。同时，申请再审人临朐汽运公司是从事汽车运输的企业，原审被告王××、陈××均是从事个体客运的个体户，双方不存在隶属关系，申请再审人临朐汽运公司不应承担本案的民事赔偿连带责任。

再审法院判决：维持二审法院判决第一项；撤销二审法院判决第二项；申请再审人临朐汽运公司对一审法院判决的支付款项，不承担连带赔偿责任。

被申请人李××不服再审法院判决，向最高人民法院申请再审称：肇事车辆的客运经营权属于被申请人临朐汽运公司，个体车主无客运经营权，只是执行客运业务。肇事车辆原车主与××代理中心签订的代理客车经营合同明确约定，双方存在管理与被管理的关系。被申请人临朐汽运公司在代理经营期间，未尽到管理职责和义务，且未按合同约定为肇事车辆办理投保手续，存在明显过错。因此，请求改判被申请人临朐汽运公司承担连带赔偿责任。

被申请人临朐汽运公司辩称：本公司不应承担赔偿责任。本案是一起交通事故赔偿案件，人民法院审理交通事故案件，应严格依据《交通事故处理办法》的规定处理，承担责任的主体只能是负有责任的驾驶员和机动车所有人，本公司既不是肇事车辆的车主，也不是驾驶员的所在单位；本公司收取的是劳务费用，并非管理费，双方不是管理关系。因此，请求维持再审法院判决。

最高人民法院判决：撤销再审法院判决；维持二审法院判决。

裁判要旨

机动车被挂靠单位作为机动车运行利益的享有者，应当与机动车车主共同承担机动车运行过程中的风险。被挂靠单位在已经收取了机动车经营代理费的情况下，既未注意机动车的转让情况，亦未注意机动车是否适合安全运营的，应认定被挂靠单位在代理经营方面存在管理失误。即使该失误与交通事故的发生不存在直接的因果关系，被挂靠单位仍应当与车主承担连带赔偿责任。

重点提示

在机动车挂靠关系中，因发生交通事故造成人身、财产损害的，应当依据运行支配和运行利益认定损害赔偿责任的承担主体。其中，运行支配权是指在事实上能够支配、管理机动车运行，有指令、控制机动车运行的权利。运行利益则是指通过机动车运行所获取的直接利益和间接利益。对于车辆关系，被挂靠单位对挂靠车辆负有监督、管理责任并收取了管理费的，应认定被挂靠单位享有对机动车的运行支配权及运行利益。在挂靠车辆发生道路交通事故，挂靠人是交通事故责任人时，只要被挂靠单位对挂靠车辆存在支配力及运行利益，就应与挂靠人对交通事故的损害后果承担连带责任。但对于以代理形式存在的挂靠关系中的车辆肇事，应从以下几个方面确定事故的责任主体：（1）挂靠车辆基于代理经营合同进行运营的，在代理经营期间，即使挂靠车辆的原车主将车辆出售给现车主，未办理过户手续，也未与代理人签订代理经营合同，但代理人始终收取代理费，挂靠车辆亦以代理人名义运营的，应认定代理经营合同正在实际履行，双方仍存在代理经营合同关系。代理人应当积极履行合同义务，严格履行管理职责，怠于行使义务，造成其管理的挂靠车辆发生事故致损的，应当承担事故损害赔偿责任。（2）现车主对受害人因事故所遭受的经济损失应当依据交通事故责任认定承担全部赔偿责任，原车主未办理过户手续的应向受害人承担连带赔偿责任。（3）代理人对挂靠车辆进行管理，收取代理费，并从中取得经济利益的，应认定其享有挂靠车辆的运行利益，应当与现车主共同承担事故损害赔偿责任。其中，若代理合同中有关于侵权责任承担的约定，也仅能成为代理人向车主追偿的法律依据而不能产生对外效力，不能对抗有理由信赖挂靠车辆仍为代理人所有的一般善意第三人。

11. 关于连环发生的两起交通事故致损的责任认定问题

案件来源

周×安诉王×元、李×荣机动车交通事故责任纠纷案

发布单位：《最高人民法院公报》2002 年第 5 期（总第 79 期）

审判法院：江苏省徐州市中级人民法院

判决日期：2001 年 12 月 20 日

基本案情

2001 年 1 月，柳×海驾驶半拖挂汽车，沿苏 239 线由西向东行驶至 80.7 公里处时，发现王×骑自行车由南向北横过公路，当即采取向左打方向盘并刹车的方式避让。因有雪路滑以及车速高，半拖挂车车头越过公路中心线，与周×安驾驶的与之相向行使的大货车发生碰撞致周×安受伤。半拖挂车车尾向右甩尾侧滑，将王×连人带车撞倒，致王×当场死亡。事故发生后，县交警大队作出《道路交通事故责任认定书》认定：柳×海因雪天路滑超速行驶、发现险情避让措施不当负事故主要责任；王×因横过公路观察避让不够，负事故次要责任；周×安对事故不负责任。事后，经中国人民保险公司××公司对周×安驾驶的大货车进行定损，确认损失数额为 26 900 元。周×安受伤后，在县第二人民医院住院治疗，共支付医疗费用 3439. 20 元。柳×海及半拖挂车车主卞迎秋已向王×亲属赔偿损失 4. 3 万元，向周×安赔偿损失 28 000 元。

周×安以其在事故中无责任却遭受重大经济损失，王×对此次事故负次要责任，其遗产继承人应按王×分担的责任给予赔偿为由，提起诉讼，请求判令王×元、李×荣以继承王×的遗产赔偿其损失的 20%。

王×元、李×荣答辩并反诉称：周×安当时超速行驶，应认定其负事故的次要责任，交警部门对责任认定有误。其次，按国务院颁布的《道路交通事故处理办法》第 44 条的规定，周×安即使无过错，但其作为机动车一方，亦应承担 10% 的赔偿责任。因此，请求判令周×安赔偿王×死亡给本方造成的损失，及王×所骑自行车被毁坏的损失。

周×安针对反诉辩称：此次事故造成王×死亡是驾驶半拖挂车的柳×海的过错，柳×海一方已对王×元一方进行赔偿，本次事故本人虽驾驶机动车，但确实被牵连其中，王×死亡并非本人直接造成，本人在事故中遭受的损失是由柳×海及王×共同造成的，王×元及李×荣向本人主张赔偿，并无道理。另外，王×元及李×荣所主张的赔偿自行车毁坏的损失，并无证据。

判决主文

一审法院认定：此次交通事故致被告王×元、李×荣的女儿王×死亡，原告周×安身体受伤、车辆损坏，事实清楚。对此次事故，柳×海负主要责任，已经由其本人和车主赔偿了全部损失的 80%。死者王×负事故的次要责任，但至今未对在此次事故中无责任却遭受损失的原告周×安给予任何赔偿。因此，对原告周×安的损失，应由王×的遗产继承人被告王×元、李×荣承担 20% 的赔偿责任。被告王×元、李×荣反诉主张原告周×安应负事故的次要责任，证据不足，不予支持。

一审法院判决：被告王×元、李×荣在其继承王×遗产的范围内给原告周×安赔偿总损失 34 570. 30 元的 20% 计 6914. 06 元，被告王×元、李×荣互负连带清偿责任；驳回原告周×安的其他诉讼请求；驳回反诉原告王

×元、李×荣的诉讼请求。

被告王×元、李×荣不服一审法院判决，提起上诉称：（1）只有非机动车、行人一方故意造成自身伤害的，才能免除无过错的机动车一方应当分担的10%赔偿责任。目前，无证据证明王×系故意自伤，因此一审法院判决驳回本方的反诉请求，于法无据。（2）被上诉人周×安主张的损失中，误工费和车辆修复期间的营运损失系重复计算的。一审判决在此基础上判令本方向其赔偿经济损失错误。综上，请求撤销一审法院判决，改判被上诉人周×安承担10%的赔偿责任。

被上诉人周×安辩称：一审法院判决认定事实清楚，适用法律正确，应予维持。

二审法院判决：维持一审法院判决第二、三项；撤销一审法院判决第一项；驳回被上诉人周×安要求上诉人王×元、李×荣作为王×的继承人赔偿其损失的诉讼请求。

裁判要旨

未成年人因违规横过马路，致使超速行驶的机动车与另一正常行驶的机动车相撞，造成未成年人死亡、正常行驶方受伤。事故发生的根本原因是机动车超速行驶方未能采取适当的紧急避险措施，未成年人横过马路只是险情发生的诱因，在正常行驶方无过错的情况下，对于事故的损害赔偿责任，应当由超速行驶方承担。此外，超速行驶方向未成年家属赔付的丧葬费和死亡补偿费，是对死者亲属的经济补偿和精神抚慰，不属于死者的遗产，未成年家属无需向正常行驶方承担损害赔偿责任。

重点提示

在道路交通事故中，常见的事故是由一起事故引起的。但在特定情况下，机动车驾驶人为躲避违章行人与正常行驶的机动车相撞，致行人死亡、两辆机动车受损的，属于由连环发生的两起事故共同组成的交通事故。此种情形下，认定事故造成的损害结果的责任承担主体及承担责任的范围等问题时，应从以下几个方面予以考虑：（1）紧急避险的法律后果。因紧急避险造成损害的，由引起险情发生的人承担民事责任，如果危险是由自然原因引起的，紧急避险人不承担民事责任或者承担适当的民事责任，因紧急避险采取措施不当或者超过必要的限度，造成不应有的损害的，紧急避险人应当承担适当的民事责任。（2）在机动车与行人之间发生的交通事故中，因行人违反交通规则，致使机动车一方采取紧急避险措施与正常行驶的机动车相撞，应当认定行人与采取紧急避险措施的机动车均具有过错，原因在于行人的违规行为不会迫使采取紧急避险的机动车方只能采取两车相撞的避险方式。在机动车与正常行驶的机动车之间发生的紧急避险的事故中，因两车相撞的根本原因是紧急避险措施不当，因此，应由采取紧急避险的机动车方承担紧急避险事故的全部责任。正常行驶的机动车不具有过错，不承担事故的损害赔偿责任。（3）《道路交通事故处理办法》第 44 条的规定适用的条件是，在机动车与非机动车、行人发生的交通事故中，机动车造成非机动车、行人一方的人员死亡或者重伤，而机动车一方没有过错的，应承担 10% 的损害赔偿责任。而对于行人遭受的损害而言，正常行驶的机动车方并没有参与到该起交通事故中，与行人的死亡或损害后果无关，不属于上述第 44 条规定的情形，不应当承担 10% 的事故损害赔偿责任。

（二）赔偿范围（5 例）

1. 交通事故受害人的个人体质状况对责任认定的影响

案件来源

荣 × × 诉王 ×、× × 财产保险股份有限公司 × × 支公司机动车交通事故责任纠纷案

发布单位：最高人民法院 2014 年 1 月 26 日（指导案例 24 号）

审判法院：江苏省无锡市中级人民法院

判决日期：2013 年 6 月 21 日

基本案情

2012 年 2 月，王 × 驾驶涉案车辆（苏 MT1888 号轿车）沿江苏省无锡市滨湖区蠡湖大道自北向南行驶至蠡湖大道大通路口时未减速即穿越人行横道线，与荣××发生碰撞，造成荣××受伤的交通事故。荣××受伤后被送往医疗机构治疗，为此支付医疗费30 006元，其中20 000元系由王×垫付。在治疗期间，荣××聘请家政服务人员的费用为每月2200元。对于本次交通事故，交警大队（××交警大队）作出的《道路交通事故认定书》确认王×负全部责任，荣××无责任。事故发生后，经司法鉴定所（无锡市中西医结合医院司法鉴定所）对荣××的伤情进行鉴定，认定荣××左桡骨远端骨折构成十级伤残，其左下肢损伤构成九级伤残；损伤参与度评定为75%，个人体质因素占25%。另外，荣××的误工期评定为150日，护理期评定为60日，营养期评定为90日。另查明，涉案车辆在××保险公司（××财产保险股份有限公司××支公司）投保了机动车交通事故责任强制保险，保险期为2011年8月至2012年8月。

荣××以王×驾驶涉案车辆将其撞伤，应对本次交通事故负全部责任，××保险公司应在交强险范围内承担保险责任为由，提起诉讼，请求判令王×、××保险公司赔偿医疗费用30 006元、住院伙食补助费414元、营养费1620元、残疾赔偿金27 658.05元、护理费6000元、交通费800元、精神损害抚慰金10 500元及鉴定费用等。

××保险公司辩称：王×驾驶涉案车辆与荣××发生碰撞致其受伤，并对本次交通事故负全责，故本公司同意在交强险范围内承担保险责任。但是，依据司法鉴定所作出的鉴定意见，荣××自身体质占伤残因素的25%，应按照损伤参与度75%计算残疾赔偿金为20 743.54元。另外，本公司认可营养费1350元，护理费3300元，交通费400元，不同意承担鉴定费，至于414元住院伙食补助费本公司无异议。

王×辩称：本人对交通事故的事实及责任认定无异议，荣××的损失应由××保险公司在交强险赔偿限额内先予赔偿；除鉴定费请求法院依法判决外，本人同意××保险公司对其余赔偿项目的意见，而且本人已经向荣××支付了赔偿金20 000元。

判决主文

一审法院判决：被告××保险公司赔偿原告荣××医疗费用、住院伙食补助费、营养费、残疾赔偿金、护理费、交通费、精神损害抚慰金共计45 343.54 元；被告王×赔偿原告荣××医疗费用、住院伙食补助费、营养费、鉴定费共计4040 元；驳回原告荣××的其他诉讼请求。

原告荣××不服一审法院判决，提起上诉。

二审法院判决：撤销一审法院判决；被上诉人××保险公司赔偿上诉人荣××52 258.05 元；被上诉人王×赔偿上诉人荣××4040 元；驳回上诉人荣××的其他诉讼请求。

裁判要旨

交通事故的受害人没有过错，其体质状况对损害后果的影响不属于可以减轻侵权人责任的法定情形。

重点提示

根据我国《道路交通安全法》第 76 条的规定，机动车与非机动车驾驶人、行人之间发生交通事故，非机动车驾驶人、行人没有过错的，由机动车一方承担赔偿责任；有证据证明非机动车驾驶人、行人有过错的，根据过错程度适当减轻机动车一方的赔偿责任。据此可知，在交通事故侵权责任赔偿纠纷中，可以减轻侵权人即肇事者责任的情形系受害人具有过错。至于受害人个人的特殊体质是否可以减轻侵权人的损害赔偿责任，可以从以下几个方面进行判断：（1）受害人的特殊体质是否构成过错。在侵权责任法中，过错是行为人实施侵权行为时应受谴责的一种心理状态，包括故意和过失。而受害人自身的特殊体质是其身体状况的一种客观情况，与主观心理状态无关，因此，受害人的特殊体质不能认定为应当受到谴责的主观心理状态，不构成过错。（2）受害人的特殊体质是否可以作为扣减残疾赔偿金的依据。在交通事故损害赔偿中，残疾赔偿金的计算应当根据受害人对损失的发生或扩大是否存在过错进行分析，而受害人是否存在过错，需要从受害人的行为、事实是否属于对事故造成后果的客观因素，是否具有法律上的因果关系进行判断。首先，若交通事故责任认定受害人对事故不负责任，则应认定受害人对事故的发生及损害后果的造成无过错。其次，在交通事故中，机动车肇事者的行为是损害后果发生的直接原因，两者之间具有相当的因果关系；而受害人的特殊体质与损害后果之间仅具有客观上的介入关系，并不具有相当的因果关系。最后，《侵权责任法》与《道路交通安全法》均仅规定了受害人过错减轻侵权人的责任，并未作出受害人特殊体质可以减轻侵权人的责任。综上，不能依据受害人的特殊体质扣减残疾赔偿金。(3) 受害人的特殊体质不能成为保险公司的免赔事由。交通事故致受害人人身损害的，保险公司应在机动车第三者责任强制保险限额内予以赔偿，其主张免责的事由仅限于受害人故意造成交通事故的情形，即便是投保机动车无责，保险人也应在交强险无责限额内予以赔偿。

2. 关于未投保交强险的机动车之间发生交通事故的责任认定问题

案件来源

黄×、黄小×诉曾×机动车交通事故责任纠纷案

发布单位：最高人民法院民事审判第一庭《民事审判指导与参考》2009年第1集（总第37集）

审判法院：××人民法院

基本案情

2008年2月，黄×驾驶摩托车（未投保交强险）搭乘妻子梁甲×、女儿黄小×由××镇××圩往平×村委会方向行驶，在经过××镇北路1号时，为绕过路中小坑与曾×驾驶、梁乙×搭乘的摩托车（未投保交强险）车头左侧相撞发生交通事故，致使两车损坏、黄小×受伤。随后，黄小×被送到××卫生院抢救治疗，后因伤情较重，当天被送至××市人民医院治疗，经诊断为：左股骨中段粉碎性骨折；左锁骨骨折；地中海贫血。同月 29 日，黄小×出院，共住院 26 天，住院期间 2 人陪护，共支付医疗费用 19 133. 80 元，出院时遗嘱载明：出院后门诊治疗并全休 6 个月，成人陪护，一年后行钢板取出术。事故发生后，交警大队（××市公安局交警支队郊区大队）作出交通事故责任认定书，认定黄×负事故的主要责任，曾×负事故的次要责任；梁甲×、黄小×、梁乙×不承担事故责任。

黄×、黄小×以曾×未支付赔偿款为由，提起诉讼，请求判令曾×承担 40% 的事故责任，赔偿医疗费、护理费、住院伙食补助费、出院后的成人陪护费、营养费及休学期间家教费共计 11 478 元。

案件审理过程中，经一审法院委托鉴定，黄小×因交通事故构成三级伤残。

判决主文

一审法院认定：被告曾×未履行交强险投保义务，应当承担未投保的法律后果，故对于应当投保的交强险责任限额内的部分，应由被告曾×予以赔偿；超出交强险责任限额的部分，被告曾×再依据其在此次事故中的责任予以赔偿。依据本案已查明的事实及相关法律的规定，认定此次交通事故造成原告黄小×的经济损失包括：医疗费、住院伙食补助费、住院期间护理费、出院后的护理费、残疾赔偿金，应当由被告曾×在赔偿限额内预先赔偿原告黄小×医疗费、住院伙食补助费合计 10 000 元；护理费、残疾赔偿金合计 109 200 元。对于超出交强险责任限额的医疗费用合计 9455. 8 元，应由被告曾×按 30% 的赔偿比例予以赔偿，即 2836. 74 元。

一审法院判决：被告曾×向原告黄小×赔偿医疗费、护理费、住院伙食补助费共计 122 056. 74 元。

被告曾×不服一审法院判决，提起上诉称：一审法院适用法律错误，虽然交强险是强制性保险，但对于未投保交强险的机动车发生交通事故的，我国不存在任何法律规定由车主按交强险的赔偿限额先行赔偿。因此，一审法院判令本人在交强险限额内赔偿事故损失不正确，请求依法撤销一审法院判决。

被上诉人黄×辩称：一审法院事实认定清楚，且并不存在上诉人曾×所称的适用法律不当的情形。故请求驳回上诉，维持原判。

二审法院判决：撤销一审法院判决；改判上诉人曾×赔偿医疗费、护理费、住院伙食补助费 38 602. 74 元给被上诉人黄小×。

裁判要旨

未参加机动车第三者责任强制保险的，应参照《道路交通安全法》第 76 条的规定处理，但应排除对未投保交强险的机动车与机动车之间发生交通事故造成车上乘员伤亡的情形的适用。因此，在未投保交强险的机动车之间发生交通事故，一方机动车搭乘的受害人无权要求另一方在未投保的交强险限额内优先赔偿，仅能要求其按照在事故中的责任比例承担赔偿责任。

重点提示

未参加交通事故责任强制保险的机动车发生交通事故应当如何承担责任，我国《道路交通安全法》并没有作出明确规定。司法实践中，对于未投保交强险的机动车发生交通事故，肇事机动车一方应否在交强险责任限额范围内优先承担赔偿责任，不足部分再按照过错责任比例分担，存在较大争议，认定并处理该问题时，应当注意以下几点：（1）未投保交强险的机动车发生交通事故，参照《道路交通安全法》第 76 条的规定，按照文义解释的方法，应当认定由未投保的机动车一方在交强险责任限额范围内优先承担赔偿责任，仅适用于“机动车与非机动车驾驶人、行人发生交通事故”，目的是保护非机动车驾驶人和行人的利益，亦符合交强险主要在于保护道路通行中弱势群体利益的立法目的。即在机动车与非机动车、行人之间发生交通事故，且受偿主体为非机动车、行人，机动车一方未投保交强险的，应当在交强险责任限额内先行赔偿。（2）根据《机动车交通事故责任强制保险条例》第 21 条的规定，本车人员被排除在交强险赔偿范围之外，即使发生交通事故的机动车投保了交强险，受害一方机动车上的成员也不在该车投保的交强险赔偿范围之内。因此，在双方均是机动车的情形下，应当对本车人员作目的性扩张解释，即解释为“车上人员”。即在机动车与机动车之间发生交通事故时，“车上人员”不在交强险的保障范围内，这样解释能够均衡机动车双方的责任承担，符合公平原则。

3. 关于残疾赔偿金与精神损害抚慰金能否并存的问题

案件来源

黄××诉深圳××运输实业有限公司机动车交通事故责任纠纷案

发布单位：最高人民法院审判监督庭《全国法院优秀再审裁判文书精选》

审判法院：广东省深圳市中级人民法院

判决日期：2008 年 12 月 3 日

基本案情

2004 年 3 月，××运输公司（深圳××运输实业有限公司）司机叶×东驾驶大型客车在深圳市红岭路由北往南方向行驶，行至八卦三路路口时，与黄××乘坐的×××公司（深圳×××运输实业有限公司）的小型客车发生碰撞，造成黄××重伤。次月，交警大队（深圳市交通警察的大队福田大队）作出交通事故责任认定书，认定叶×东负事故全部责任，黄××不负事故责任。同月 19 日，深圳市第二人民医院《出院证明书》表明黄××病情为“肋骨多发骨折；创伤性湿肺……”等，出院医嘱为：全休 3 个月，门诊治疗；留陪一人。同年 7 月，经法医鉴定，黄××为十级伤残。黄××因本次事故的各项治疗费用共计 19 824. 11 元，××运输公司已支付住院费用 17 672. 41 元。

黄××以叶×东违规驾驶机动车发生交通事故，致其受伤落残为由，提起诉讼，请求判令××运输公司赔偿医疗费、精神损害抚慰金、误工费、交通费、住院伙食费、护理费、住宿费、残疾生活补助金等损失共计 192 350. 51 元。

一审审理中，黄××提供了《户口簿》，证明其与黄×云、黄×华、黄×之间存在抚养关系。

判决主文

一审法院认定：交警部门作出的事故责任认定书中写明：被告××运输公司的司机叶×东在事故中负全部责任。故应由其雇主被告××运输公司承担事故的全部责任。因此对原告黄××主张的医疗费、误工费、交通费、残疾赔偿金等请求，应予以支持。而原告黄××主张的住宿费不属于医疗费用，营养费无医嘱证据支撑，精神损害抚慰金已在残疾赔偿金中体现，且其未提供合法的被抚养人关系的证据，故对其上述请求不予支持。

一审法院判决：被告××运输公司支付原告黄××医疗费2151.7元；被告××运输公司支付原告黄××误工费32 437.9元；被告××运输公司支付原告黄××交通费540元；被告××运输公司应支付原告黄××住院伙食补助费950元；被告××运输公司支付原告黄××护理费10 500元；被告××运输公司支付原告黄××残疾赔偿金17 976元；被告××运输公司支付原告黄××工商登记查询费60元；驳回原告黄××的其他诉讼请求。

原告黄××不服一审法院判决，提起上诉称：（1）残疾赔偿金不应包括在精神损害抚慰金内，二者性质不同，应分别赔偿；同时，残疾赔偿金应按照受诉法院所在地上一年度城镇居民人均可支配收入或农村居民人均纯收入标准，自定残之日起按20年计算。据此，本案应按照广东省统计局公布的深圳市2003年度城镇居民人均可支配收入23 905.92元/年计算。（2）护理费用除了一审法院判决的3个月康复治疗期，还应包括住院20天的护理费。（3）本人提供的扶养关系证明应予采纳。综上，本人提出的精神损害抚慰金15 000元，残疾赔偿金的不足部分29 835.84元、护理费的不足部分2333元、扶养费43 429.00元，应获支持。

二审审理中，黄××提供了其户籍所在地派出所和街道居委会出具的“抚养关系证明”，载明：1998年，黄××已与妻子李×菊离婚，其妻不负责子女抚养，黄××的父亲黄×云、子女黄×华、黄×均由其一人抚养。

二审法院判决：驳回上诉，维持原判。

上诉人黄××不服二审法院判决，申请再审称：（1）残疾赔偿金是财产性质的损失赔偿，而精神损害抚慰金是对精神损害的非财产性质的损害赔偿，故赔偿残疾赔偿金和精神损害抚慰金并不冲突。（2）广东省统计局公布的深圳市2003年度的“城镇居民人均可支配收入”是23 905.92元，而原判决在计算残疾赔偿金时认定“城镇居民人均可支配收入”为8988元是错误的；（3）本人在一审期间提交的《户口簿》能够证实本人对家庭成员的抚养义务和抚养状况，且当地派出所和街道居民委员会已出具“抚养关系”证明。因此，抚养费应计算三个被抚养人的合计。综上，请求撤销原判，判令被申请人××运输公司支付精神损害抚慰金15 000元、被抚养人生活费43 429元、残疾赔偿金47 311.84元。

再审法院判决：撤销二审法院判决；维持一审法院判决第一、二、三、四、五、七、八项；变更一审法院判决第六项为：被申请人××运输公司应支付申请再审人黄××残疾赔偿金47 811.84元，精神抚慰金10 000元，抚养费36 481.29元。

裁判要旨

事故受害人因交通事故造成十级伤残的，因残疾赔偿金是对受害人因全部或部分丧失劳动能力而导致未来收入减少的损失赔偿，是一种财产性的补偿；而精神损害抚慰金是对受害人身心所遭受痛苦的赔偿，是一种非财产性的补偿，即两者的性质不同。据此，受害人有权向肇事者同时主张精神损害抚慰金和残疾赔偿金。

重点提示

司法实践中，对于在交通事故人身损害赔偿案件中，残疾赔偿金与精神损害抚慰金是否可以并存的问题，认识不同，存在较大争议。对此问题的认定，应当注意以下几点：（1）对残疾赔偿金和精神损害抚慰金同时作出规定的法律法规主要有《侵权责任法》和最高人民法院《关于审理人身损害赔偿案件适用法律若干问题的解释》。在《侵权责任法》中，第16条是关于伤残赔偿金和死亡赔偿金的规定，第22条是关于精神损害抚慰金的规定；而在最高人民法院《关于审理人身损害赔偿案件适用法律若干问题的解释》中，第17条和第25条是关于残疾赔偿金的规定及具体计算标准的规定，第18条是关于精神损害抚慰金及其计算标准的规定。从上述规定可以看出，残疾赔偿金和精神损害抚慰金被规定在不同法律条文中，而不同法条之间是并列关系，并不存在包含关系，亦不是同一项赔偿，因此，残疾赔偿金和精神损害抚慰金可以同时并存。（2）最高人民法院《关于审理人身损害赔偿案件适用法律若干问题的解释》与最高人民法院《关于确定民事侵权精神损害赔偿责任若干问题的解释》虽然都有残疾赔偿金的内容，名称也完全相同，但两者的性质不同。最高人民法院《关于审理人身损害赔偿案件适用法律若干问题的解释》中规定的残疾赔偿金，是指受害人因伤致残所应获得的物质损害赔偿，是对受害人因残疾而导致收入降低的赔偿，属于直接的物质损失，与精神损害无关。最高人民法院《关于确定民事侵权精神损害赔偿责任若干问题的解释》第9条规定的残疾赔偿金为精神损害抚慰金，是指受害人因精神受到损害所应获得的精神损害赔偿，即受害人因致残同时又遭受精神损害的，应当获得相应的精神损害赔偿，是对受害人心理创伤的一种抚慰方式，赔偿的是受害人的精神损失而非物质损失。因此，残疾赔偿金并不能包含精神损害抚慰金，两者可以同时主张。

4. 关于七旬老人主张交通事故误工费赔偿的问题

案件来源

黄××诉张××机动车交通事故责任纠纷案

发布单位：最高人民法院审判监督庭《全国法院优秀再审裁判文书精选》

审判法院：河南省内乡县人民法院

判决日期：2008年9月12日

基本案情

2008年4月，河南省内乡县余关乡村民黄××（71岁）骑着装满蔬菜的人力三轮车赶往县城出卖时，在距县城不到 3 公里的国道上与迎面驶来的张××驾驶的摩托车相撞，致黄××、张××二人受伤。事故发生后，黄××入住县医院治疗，其伤情被诊断为：右颞骨骨折、右颞部硬膜外血肿伴气颅，需住院治疗。事故经县交警队认定，张××应负此次事故的全部责任，黄××在交通事故中无责任。

同年 7 月，黄××因多次索要赔偿无果，以张××驾驶摩托车与其相撞，致其受伤为由，提起诉讼，请求判令张××赔偿医疗费、误工费、护理费、住院期间伙食补助费、营养费共计 15 853.15 元

张××辩称：根据《关于制止和纠正违反国家规定办理企业职工提前退休有关问题的通知》中的规定，国家法定的企业职工退休年龄是男年满 60 周岁；从事井下、高温、高空、特别繁重体力劳动或其他有害身体健康工作的，退休年龄为男年满 55 周岁；因病或非因工致残完全丧失劳动能力的，退休年龄为男年满 50 周岁。黄××已经年过七旬，属自然丧失劳动能力人，故其误工费请求不应得到支持。

诉讼中，黄××提交了其所在村村委会出具的证明，用以证明其一直以种菜、卖菜为生。

判决主文

一审法院判决：被告张××赔偿原告黄××医疗费、误工费、护理费、住院伙食补助费、营养费共计 13 719.15 元（含被告张××已付的 1500 元）。

宣判后，双方当事人均未提起上诉，一审判决已经发生法律效力。

裁判要旨

因人身损害引发的误工费等费用的赔偿，我国在立法和司法实务中所采用的理论是生活来源丧失说，即赔偿的标准并不是丧失的劳动能力，而是生活补助费。因此，对于农村那些六七十岁仍然靠从事种植、养殖等承包经营为生的老人，他们在诉讼中主张的误工费，应当得到法律的支持。

重点提示

道路交通事故中致人伤残的赔偿费用主要包括医疗费、误工费、残疾赔偿金等，其中，对于误工费的认定及其赔偿标准的计算，应当注意以下几点：（1）误工费，是指赔偿义务人应当向赔偿权利人支付的受害人从遭受伤害到完全治愈这一期间内，因无法从事正常工作而实际减少的收入。误工费赔偿与否与受害人的年龄无直接关系，高龄受害人可以证明其依靠自己的劳动收入为主要生活来源，并未丧失劳动能力的，仍有权要求赔偿义务人承担损害赔偿责任。（2）误工费的赔偿并非只针对受害人的误工损失，除了受害人本人治疗过程中造成的误工发生的费用，还包括受害人及其亲属或者委托代理人因需要参与处理事故而误工造成经济减少的费用。（3）误工费赔偿数额因行业和岗位的不同，以及受害人是否就业、收入方式的不同，计算的依据也不同。在确定就业情况后，误工费应根据当事人的误工时间和收入状况予以确定，受害人的误工时间根据接受治疗的医疗机构出具的诊治证明确定。因伤致残持续误工的，误工时间可以计算至最终评定伤残的前一日。（4）证明误工费赔偿数额的证据主要有两种：一种是证明收入状况的证据，另一种是证明误工时间的证据，即需要证明其以工资为主的收入来源或者是居民家庭的稳定性收入，并将最近 3 年的平均收入状况作出证明，受害人不能证明其最近 3 年的平均收入状况的，可以参照受诉法院所在地相同或者相近行业上一年度职工的平均工资计算。

5. 死者生前实际应当抚养的人的损害赔偿请求权认定

案例来源

王××诉杨×盛、泸州市×××队机动车交通事故责任纠纷案

发布单位：《最高人民法院公报》2006 年第 3 期（总第 113 期）

审判法院：四川省泸州市江阳区人民法院

判决日期：2003 年 5 月 28 日

基本案情

2002年4月27日，杨×盛驾驶货车（挂靠在泸州市×××队）行驶过程中，会车时，因对前方情况观察不够，将在公路上行走的王×强撞倒，王×强经抢救无效死亡。经交警队（泸州市公安局交通警察支队二大队）认定，杨×盛负主要责任。此外，法院已经对杨×盛追究了刑事与民事赔偿责任。由于在处理交通事故时王××尚未出生，因此法院未对王××的相关费用进行处理。经查，王×强生前与王××之母尚未结婚。王××出生后，经鉴定，王×强是王××的亲生父亲。

王××以其系死者王×强的遗腹子，虽在处理交通事故时尚未出生，但其在起诉时已出生，因此具有民事权利，应当解决其相关费用问题为由，提起诉讼，请求判令杨×盛、泸州市×××队支付抚养费及相关费用，并支付精神抚慰金。

杨×盛辩称：在法院追究其刑事责任时，附带对死者王×强生前实际扶养人进行了经济赔偿。现王××无确切的依据证明其是死者的遗腹子，请求法院驳回王××的诉讼请求。

泸州市×××队辩称：王××如有确切的依据证明其是死者的遗腹子，亦只能按《道路交通事故处理办法》对其进行赔偿。

判决主文

一审法院判决：被告杨×盛一次性给付原告王××生活费、教育费；被告泸州市×××队对上列款项承担垫付责任；驳回原告王××对被告杨×盛的其他诉讼请求。

宣判后，双方当事人均未提起上诉，一审判决已经发生法律效力。

裁判要旨

“死者生前扶养的人”，既包括死者生前实际扶养的人，也包括应当由死者抚养，但因为死亡事故发生，死者尚未抚养的子女。

重点提示

死者生前扶养的人是指死者生前依法应当承担抚养义务的未成年人或者承担扶养义务的丧失劳动能力亦无其他生活来源的成年近亲属。从本质上应包括两类人：一是现实利益上的被扶养人，即指正在实际接受受害人的扶养，但因受害人受害而丧失该利益的人；二是机会利益上的被抚养人，即指那些现在虽还未接受受害人的抚养，但若受害人生存，则依法享有将来接受受害人抚养的期待权利的人，即通常所称的“遗腹子”。实践中，对于死者生前实际应当抚养的人的损害赔偿请求权认定，需要从以下几方面进行考虑：第一，侵权损害发生后，受害人因侵权行为死亡，其被抚养人在出生后起诉至法院，该被抚养人具有民事权利，属于受害人生前的被抚养人，加害人依法应当向该被抚养人支付必要的生活费、教育费等。第二，依法应当由受害人抚养的被抚养人，在受害人遭受人身损害死亡后尚未出生的，不具有民事权利能力，在要求加害人承担民事赔偿责任时，无权以未出生的胎儿的名义请求赔偿，但有必要对胎儿的“预留权”进行法律保护，以体现公平原则和有损害救济原则。第三，抚养与被抚养的关系因其本身的血缘关系根本地、不可改变地存在，并不因被抚养人出生的早晚或是否婚生而发生实质性变化，无论其属于婚生子或者非婚生子，均有权获得赔偿。同时，依据我国《婚姻法》第25条的规定，非婚生子女享有与婚生子女同等的权利，任何人不得加以危害和歧视。由此，受害人尚未出生的非婚生子女也属于受害人生前抚养的人的范围，有权向加害人主张赔偿责任。

三、事故保险理赔（6 例）

1. 家用车营运发生事故时保险人的赔偿责任

案例来源

程××诉张×、中国××××保险股份有限公司××市分公司机动车交通事故责任纠纷案

发布单位：《最高人民法院公报》2017 年第 4 期（总第 246 期）

审判法院：江苏省南京市江宁区人民法院

判决日期：2016 年 12 月 14 日

基本案情

2015 年 7 月 28 日，张×通过打车软件接到网约车订单一份，订单内容为将乘客从南瑞集团送至恒大绿洲小区。张×驾驶苏 A×××××号轿车至南瑞集团，接到网约车乘客。17 时 5 分许，张×驾驶苏 A×××××号轿车搭载网约车乘客，沿前庄路由西向东行驶至清水亭东路丁字路口往南右转弯过程中，遇程××驾驶电动自行车沿清水亭东路由北向南通过该路口，两车碰撞，致程××受伤、车辆损坏。交警队（南京市公安局江宁分局交通警察大队）以无法查清程××遵守交通信号灯的情况为由，出具宁公交证字［2015］第 0018 号道路交通事故证明。

苏 A×××××号轿车所有人为张×，行驶证上的使用性质为“非营运”，该车在××保险××分公司（中国××××保险股份有限公司××市分公司）投保了交强险、保额为 100 万的商业三者险及不计免赔率险，保险期间均自 2015 年 3 月 28 日起至 2016 年 3 月 27 日止。保单上的使用性质为“家庭自用汽车”。

程××受伤后入同仁医院（南京同仁医院）治疗，同仁医院诊断其急性闭合性重型颅脑损伤；右颞及额顶硬膜外血肿；左颞脑挫裂伤；右颞骨骨折及冠状缝分离；右额颞顶部头皮血肿；右侧颧弓骨折。程××产生医疗费 99 122. 26 元（其中张×垫付 59 321 元，××保险××分公司垫付 10 000元)。南京金陵司法鉴定所于 2016 年 3 月 8 日出具司法鉴定意见书，意见为程××颅脑损伤所致轻度精神障碍，日常活动能力部分受限构成九级伤残；颅骨缺损 6 平方厘米以上构成十级伤残；误工期限 180 日，护理期限 90 日，营养期限 90 日。

程××以张×驾驶的汽车与驾驶电动自行车的本方相撞致使本方受伤、车辆损坏，且涉案车辆在××保险××分公司投保为由，提起诉讼，请求判令张×、××保险××分公司赔偿医药费、住院伙食补助费、营养费、误工费、护理费、残疾赔偿金、精神损害抚慰金、交通费、鉴定费、被扶养人生活费及财产损失，共计 255 339. 75 元。

张×辩称：本方承认程××所述的案件事实，但是程××没有戴头盔，应当承担同等以上责任。同时，程××的诉讼请求金额过高。此外，应在交强险和商业三者险内由××保险××分公司赔偿。

××保险××分公司辩称：首先，本方承认程××主张的事故发生及投保的事实；其次，程××没有戴头盔，应当承担同等以上责任；再次，程××的诉讼请求过高；最后，张×改变了车辆的用途将家庭自用车辆从事网约车运营活动，没有通知本方，在商业三者险内免赔。

判决主文

一审法院判决：原告程××因交通事故产生医疗费 99 122. 26 元、住院伙食补助费 560 元、营养费 1350 元、误工费 3427. 48 元、护理费 7650 元、残疾赔偿金 156 126. 6 元、精神损害抚慰金 10 500 元、交通费 500 元，合计 279 236. 34 元；由被告××保险××分公司在交强险责任限额内赔偿 120 000元，由被告张×赔偿 159 236. 34 元。

宣判后，双方当事人均未提起上诉，判决已发生法律效力。

裁判要旨

在合同有效期内，保险标的的危险程度显著增加的，被保险人应当及时通知保险人，保险人可以增加保险费或者解除合同。被保险人未作通知，因保险标的危险程度显著增加而发生的保险事故，保险人不承担赔偿责任。以家庭自用名义投保的车辆从事网约车营运活动，显著增加了车辆的危险程度，被保险人应当及时通知保险公司。被保险人未作通知，因从事网约车营运发生的交通事故，保险公司可以在商业三者险范围内免赔。

重点提示

保险人是保险合同当事人的一方，与投保人订立保险合同并承担赔偿或者给付保险金的责任。保险人的权利是在经营保险业务中收取保险费，根据被保险车辆的用途，保险人向投保人收取保险费。实践中，家庭自用和营运车辆的保险费收取标准不同，在发生道路交通事故后，保险人所承担的责任亦有所区别，主要需要注意以下几个问题：第一，营运活动与家庭自用的区别。（1）营运以收取费用为目的，家庭自用一般不收取费用；（2）营运的服务对象是不特定的人，与车主没有特定的关系；家庭自用的服务对象一般为家人、朋友等与车主有特定关系的人；（3）家庭自用和营运车辆使用中的危险程度不同，二者收取的保险费也不同，保险人依据投保人告知的情况，评估危险程度而决定是否承保以及收取多少保险费，即车辆的危险程度与保险费是对价关系，在合同有效期内，保险标的的危险程度显著增加的，被保险人应当按照合同约定及时通知保险人，保险人可以按照合同约定增加保险费或者解除合同。第二，车辆使用性质。针对所涉车辆的保险合同，确认为双方当事人真实意思表示，保险合同约定该车系家庭自用，但被保险人却将其用营运并获得利益，且未办理相关批改手续的，属于改变被保险车辆使用性质的情形。第三，依据我国《保险法》第52条的规定，在合同有效期内，保险标的的危险程度显著增加的，被保险人应当按照合同约定及时通知保险人，被保险人未履行前款规定的通知义务的，因保险标的的危险程度显著增加而发生的保险事故，保险人不承担赔偿保险金的责任。由此，以家庭自用名义投保的车辆，从事营运活动，车辆的风险显著增加，投保人应当及时通知保险人，保险人可以增加保费或者解除合同并返还剩余保费，投保人未通知保险人的，无权要求保险人赔偿营运造成的事故损失，即保险人不承担赔偿保险金的责任。

2. 保险人对因醉酒引起的交通事故中的受害人的赔偿责任

案例来源

张××诉冯××、中国××××保险股份有限公司南充市××支公司机动车交通事故责任纠纷案

发布单位：最高人民法院审判监督庭《全国法院再审典型案例评注》（上卷）

审判法院：四川省南充市中级人民法院

基本案情

2007年7月26日，冯××醉酒后驾驶小轿车将通过人行横道的行人张××撞倒。经交警部门认定，冯××系酒后驾车，应承担全部责任。涉案车辆在保险公司（中国××××保险股份有限公司南充市××支公司）投保了交强险，且交通事故发生在保险期内。

张××以冯××醉酒驾驶致其受伤且在保险公司投保了交强险为由，提起诉讼，请求判令冯××和保险公司赔偿其损失59 919.89元。

判决主文

一审法院判决：被告保险公司对原告张××身体受到伤害的各项损失总和44 814.89元中的40 730.2元在交强险范围内承担保险责任。

一审判决生效后，被告保险公司不服一审判决，以被申请再审人冯××系醉酒驾车，其不应承担交强险赔付责任为由，申请再审。请求判令申请再审人保险公司不予赔偿被申请再审人张××的损失。驳回被申请再审人张××对本方的诉讼请求。

一审法院再审认定：原告张××的各项损失共计47 173元，被告冯××已支付7050元，还需支付张××40 123元。根据相关的交通法律规定，被告保险公司不承担保险赔付责任。

一审法院再审判决：被告冯××赔偿原告张××的各项损失共计40 123元；驳回原告张××对被告保险公司诉讼请求。

被告冯××不服一审法院再审判决，以本案交通事故发生在机动车保险期内，被上诉人保险公司也应当在交强险范围内向被上诉人张××承担保险责任为由，提起上诉。

终审法院判决：撤销一审和一审法院再审判决；被上诉人保险公司给付被上诉人张××37 764.89 元。

裁判要旨

驾车人的过错程度不影响保险公司承担交强险责任，因肇事人醉酒发生交通事故时，保险公司仅对受害人的有形财产损失免责，对受害人的人身损害仍应在交强险范围内予以赔付。

重点提示

为了保障受害人的损失得到及时、有效的赔偿，我国在《道路交通安全法》中规定了交强险这一内容，机动车驾驶人驾驶的机动车应当依法在保险人处投保交强险，而《机动车交通事故责任强制保险条例》的实施，对受害人权益的保护更加完善和充分。基于受害人合法权益的保护，为了填补受害人遭受的损害，更好的发挥交强险的作用，应当对与之相关的法律以及规定的理解作出确定，从其立法目的、逻辑关系、法条的文义等方面做出充分的解释，才能充分的适用该规定。故，对于机动车事故造成受害人人身、财产损失的道路交通事故，受害人请求赔偿的，机动车与保险人之间的损害赔偿责任的承担，需要注意以下几方面的内容：第一，保险人对交通承担无过错责任，投保交强险的机动车发生交通事故造成第三人人身伤亡的，无论交通事故的当事人各方是否对事故的发生存在过错，更无论过错程度多大，保险人均应当在责任限额内进行赔偿。第二，投保交强险的机动车发生交通事故，造成第三人伤亡的，在第三人故意导致事故发生的情况下，保险人应当免除对第三人的赔偿义务。第三，保监会作出的规范性文件与法律和行政法规抵触的，应当适用法律和行政法规的规定，保险人无权以保监会做出的规范性文件免除其赔偿责任为由而要求免责。第四，机动车驾驶人存在无证驾驶、醉酒等四种情形之一，发生交通事故的，对受害人的财产损失，保险人不承担赔偿责任，但对受害人的人身损害，保险人应当承担赔偿责任。第五，交通事故发生在机动车保险期内，保险人应在交强险范围内向受害人承担保险责任，受害人请求对其财产损失进行赔偿，且没有超出保险责任限额，保险人应对受害人予以赔偿，但肇事者已经赔偿的部分，应当予以扣除。

3. 保单系保险公司员工伪造情形下的保险责任认定

案例来源

刘×诉汪××、朱××、××保险股份有限公司××中心支公司机动车交通事故责任纠纷案

发布单位：《最高人民法院公报》2012 年第 3 期（总第 185 期）

审判法院：江苏省苏州市中级人民法院

判决日期：2008 年 6 月 19 日

基本案情

2005 年 7 月 20 日，汪××驾驶三轮载货摩托车在路上掉头时与刘×驾驶的无号牌电动自行车相撞，造成刘×受伤，电动自行车损坏的后果。经交警大队（常熟市公安局交通巡逻警察大队）调查后，作出交通事故认定书，认为汪××夜间驾车却在道路上掉头妨碍了其他车辆的通行，是主要原因；而刘×夜间驾驶没有开灯且车速较快，也是此次事故的一个原因。因此，认定汪××负该事故的主要责任、刘×负次要责任。

刘×受伤送至××医院（常熟市××医院）治疗，后经诊断为左胫腓骨开放性骨折并住院治疗 12 天；此后，刘×又在××人民医院（常熟市××人民医院）治疗 22 天；次年 8 月 15 日至 19 日，刘×又在××人民医院住院治疗 4 天。次年 11 月 17 日至 12 月 1 日，又在交大附属×医院（上海交通大学附属××人民医院）住院治疗 13.5 天。次年 12 月 1 日至 12 日，在宛平××医院（上海徐汇区宛平××医院）住院治疗 11 天。共计医疗费 27 556.70 元。刘×在受伤后由亲属护理。第一××医院（常熟市第一××医院）司法鉴定所对刘×的伤残等级、误工期限、护理期限及人数、营养期限进行了鉴定，鉴定意见为：刘×因交通事故致左胫腓骨开放性骨折已构成十级伤残；误工期限为伤后至定残前一日，住院期间及出院后 90 日应予 1 人护理并予营养支持。

经查，刘×的工作日收入为 50 元。肇事三轮载货摩托车的登记车主为朱××。汪××在事故发生后向交警大队提供了肇事车辆责任限额为20 000 的第三者综合损害责任险保险单，事故发生时间在保险期限内。后后查实，该保单系保险公司（××保险股份有限公司××中心支公司）营销部负责人刘×星伪造。现刘×星现已被法院以合同诈骗罪判处有期徒刑。

刘×以汪××驾驶三轮摩托交通肇事致其损害为由，提起诉讼，请求判令赔偿医药费、误工费、护理费、交通费、住院伙食补助费、救护费等计 24 172 元。

后刘×变更诉讼请求，请求判令赔偿医药费、救护费、误工费、护理费、交通费、住院伙食补助费、营养费、残疾赔偿金、精神损害抚慰金及伙食费等共计 112 875 元。

保险公司辩称：保险公司从未向朱××签发过该摩托车保险单证，并发现该保单业务专用章与保险公司印章不一致，保险公司与朱××就摩托车保险一事从未形成保险合同关系。因此，保险公司在此交通事故赔偿一案中不应为假保单承担赔偿责任，请求驳回刘×的诉讼请求。

判决主文

一审法院判决：被告保险公司赔偿原告刘×的医疗费、误工费、护理费及精神损害抚慰金等共计 20 000 元；被告汪××、朱××赔偿原告刘×医疗费、误工费、护理费及精神损害抚慰金等共计 61 769.35 元；驳回原告刘×的其他诉讼请求。

被告保险公司不服一审法院判决，提出上诉称：一审法院仅凭一份假保单和犯罪分子在公安部门的供词即认定本公司管理不力，而认定本公司承担责任，于法无据；刘×星原系本公司响水营销部的负责人，但刘×星在事故发生1年前即擅自离开公司，已不再系本公司响水营销部负责人，其犯罪行为与本公司的管理和培训无关，本公司不应当承担民事赔偿责任；本案已适用普通程序，但开庭审理时仅由邵均独任审理，程序不合法，其结果必然无效。请求二审法院依法改判。

二审法院判决：维持原判，驳回上诉。

裁判要旨

投保人通过保险公司设立的营销部购买机动车第三者责任险，营销部营销人员为侵吞保费，将自己伪造的、内容和形式与真保单一致的假保单填写后，加盖伪造的保险公司业务专用章，通过营销部的销售员在该营销部内销售并交付投保人。作为不知情的善意投保人有理由相信其购买的保险是真实的，保单的内容也并不违反有关法律的规定，营销部的行为在民法上应当视为保险公司的行为。因此，虽然投保人持有的保单是假的，但并不能据此免除保险公司根据保险合同依法应当承担的民事责任。

重点提示

保险公司工作人员任职期间伪造保单并销售给被保险人，该行为在触犯刑法之余，还涉及事故发生后，保险公司应否承担保险赔偿责任的问题。关于该问题的处理，存在如下不同的意见。第一种意见认为，保险公司工作人员伪造保单并销售的行为属于个人行为，保险公司无需为此承担保险责任。理由为：保险公司工作人员的该行为并未经过保险公司授权，受益主体为其个人，其伪造保单并销售的行为虽以保险公司的名义作出，但实质上不属于保险公司的保险业务，故该行为产生民事责任应当由其个人承担。第二种意见认为，保险公司工作人员伪造保单并销售的行为属于表见代理，保险公司应当对事故承担保险责任。理由为：保险公司工作人员的行为虽未经过公司授权，但其对外具有特殊身份，被保险人有理由相信其行为代表保险公司，且其是以保险公司的名义与被保险人签订保险合同，符合表见代理的特征，该行为的法律后果直接由保险公司承担。第三种意见认为，保险公司工作人员伪造保单并销售的行为属于职务行为，保险公司应当承担保险责任。理由为：该保单系保险公司工作人员在公司内销售给被保险人，保单内容与形式均与保险公司保险业务一致，被保险人作为善意相对人，有理由相信其购买的保险真实有效，该工作人员的行为应当视为保险公司的行为。审判实践中，采信的是第三种意见，保险公司与其工作人员之间属于劳动合同关系，该工作人员身份特征体现为根据公司的工作安排，从事保险业务，被保险人基于该身份特征产生的信任而与之订立保险合同，合同直接约束保险公司与被保险人，不属于表见代理，而为在工作时间、地点以及范围内的从事与其工作有关的职务行为。该行为尽管触犯了刑法，构成犯罪，但客观上可将该行为认定为保险公司行为，被保险人与保险公司之间的保险合同成立，保险事故发生后，保险公司应当在保险范围内承担保险赔偿责任。

4. 连环购车未办理转移登记的交通事故赔偿责任认定

案例来源

李 × 诉 × × 公司、常 × 机动车交通事故责任纠纷案

发布单位：最高人民法院民事审判第一庭《民事审判指导与参考》2008 年第 3 集（总第 35 集）

审判法院：× × 人民法院

基本案情

2007 年 8 月 25 日，常 × 驾驶货车将行人刘 × 撞伤，刘 × 经抢救无效于当日死亡。交警部门认定，涉案货车驾驶员常 × 负全责。经查明，涉案货车登记的所有人为 × × 公司。2007 年 2 月 25 日，× × 公司将涉案车辆转让给石 ×，但仍挂靠在 × × 公司名下；同年 5 月 18 日，石 × 又转让给常 ×，常 × 亦未办理变更登记手续。此外，经核实，2006 年 9 月 1 日，× × 公司已为车辆办理机动车交通事故责任强制保险，但在该车转让后，未相应办理该项责任强制保险合同的变更手续。

李×（死者刘×的妻子）以常×驾驶货车将刘×撞伤至身亡且涉案车辆登记在××公司为由，提起诉讼，请求判令登记车主××公司与实际车主常×赔偿死亡赔偿金、被扶养人生活费、抢救治疗费、丧葬费、交通费及精神损害抚慰金等共计人民币436 500元。

判决主文

一审法院认定：肇事车辆的实际所有人为被告常×，其实际支配车辆运行并获取运行利益，而应对刘×死亡承担民事责任；肇事车辆的登记车主系被告××公司，被告××公司将该车转让与石×，石×后又将该车转让与被告常×，均未办理变更登记手续。根据我国法律规定，机动车转让需进行转移登记或者变更登记，登记申请人为现机动车所有人。因此，被告××公司将车辆转让与石×，应由石×办理变更登记，石×未办理变更登记导致被告××公司的名义残留。事故发生时，登记车主为被告××公司，但被告××公司未取得该车的运行支配权，故其对该车不具有运行支配权和运行利益，不应承担车辆肇事致刘×死亡的民事责任。

一审法院判决：被告常×赔偿原告李×抢救治疗费、交通费、误工费、死亡赔偿金及精神损害抚慰金等共计人民币436 500元；驳回原告李×其他诉讼请求。

原告李×不服一审判决，提起上诉称：一审判决查明的事实表明，肇事车辆转让后仍挂户在被上诉人××公司的名下运营；机动车发生物权变动未经登记不得对抗善意第三人，本人作为受害人一方仅能依据机动车登记事项确认该车所有人，诉前不知亦无从知晓车辆所有权发生变动的事实，故被上诉人××公司不得以此对抗本人的诉请，请求二审法院依法改判被上诉人××公司与被上诉人常×共同承担连带赔偿责任。

被上诉人××公司答辩称：所谓挂户在本公司名下运营仅表明车辆未办理转移登记的事实，而无证据证明本公司同意挂户经营。鉴于《机动车登记规定》已明确车辆转移登记由现机动车所有人负责申请及履行相关手续，故本公司对名义残留事实本身不应承担任何法律责任。请求二审法院维持一审判决，驳回上诉。

二审法院判决：维持一审判决；按照一审判决第一项确定的损害赔偿金额，由被上诉人××公司在交通事故责任强制保险责任限额范围内与被上诉人常×承担连带赔偿责任。

裁判要旨

转让人将其已投保交强险的机动车转让后，始终未办理车主变更登记，亦未办理交强险变更手续。此后受让人将该车再次转让，最终受让人在驾驶该机动车的过程中发生交通事故致人死亡。虽然转让人作为该机动车的登记车主，已丧失运行支配权，亦不获取运行利益，但因其未办理交强险保险合同变更手续，导致交通事故赔偿权利人无法获取保险金，故转让人应当在交强险保险责任限额内与最终受让人承担连带赔偿责任。

重点提示

在连环购车未办理转移登记或者变更登记手续，机动车发生道路交通事故时，登记的机动车所有人应否承担赔偿责任，最高人民法院《关于连环购车未办理过户手续原车主是否对机动车交通事故致人损害承担责任的复函》中明确规定：连环购车未办理过户手续，因车辆已交付，原车主既不能支配该车的运营，也不能从该车的运营中获得利益，故原车主原则上不应对机动车发生交通事故致人损害承担责任。据此，连环购车未办理过户手续，发生事故后，登记车主应依据运行支配和运行利益决定其应否承担赔偿责任。此外，对于连环转移的机动车发生道路交通事故赔偿责任的认定，还应当根据案件具体情况分别进行处理：第一，机动车因交通事故致人损害，支配机动车运行或者从机动车运行中获得利益的机动车所有人、使用人、管理人应当对受害人的损害承担赔偿责任。第二，车辆未办理转移变更登记手续，但车辆及其相关登记资料已经交付给实际车主，车辆所有权发生变动，由实际车主对车辆进行占有、使用、收益，登记所有人不享有运行支配权和运行利益，而负有办理变更登记法定义务的实际车主怠于办理登记手续的，机动车登记所有人不承担交通事故损害赔偿责任。第三，国务院 2016 年《机动车交通事故责任强制保险条例》第 18 条规定：

被保险机动车所有权转移的，应当办理机动车交通事故责任强制保险合同变更手续。根据该规定，机动车交通事故责任强制保险的投保人即登记车主将机动车所有权转移后，应当办理机动车交通事故责任强制保险合同的变更手续，其作为合同相对人，未履行法定义务办理变更手续，导致该机动车发生交通事故造成受害人法定保险救助权利落空的，对发生在保险合同有效期内的事故，应在机动车责任强制保险责任的限额范围内承担无过错连带赔偿责任。

5. 无证驾驶、醉酒驾驶肇事致人伤亡时保险公司的责任认定

案例来源

丁××、王××诉周××、××财产保险股份有限公司××中心支公司机动车交通事故责任纠纷案

发布单位：最高人民法院审判监督庭《全国法院典型案例评注》（上卷）

审判法院：江苏省泰州市中级人民法院

基本案情

周××于2007年4月7日在饮酒后驾驶普通二轮摩托车的过程中，与王×成发生碰撞，致使周××、王×成均倒于地面，王×成又被由西向东行驶的一辆机动车拖带，该机动车随后逃逸，最终导致王×成死亡。交警部门认定，周××未领取机动车驾驶证、饮酒后（达醉酒状态）驾驶普通二轮摩托车与王×成发生交通事故，两人倒地，王×成又被另一机动车施带，该机动车已逃逸。

另查，周××驾驶的普通二轮摩托车已在保险公司（××财产保险股份有限公司××中心支公司）投保了机动车交通事故责任强制保险，交通事故发生时间在其保险期限内。

丁××（王×成妻子）、王××（王×成女儿）以周××无证、醉酒

驾驶摩托车发生事故，导致王×成死亡为由，提起诉讼，请求判令周××赔偿死亡赔偿金、精神损害抚慰金及交通费等共计314 554元。

判决主文

一审法院判决：原告丁××、王××的损失共计314 554元，由被告周××赔偿264 554元，被告保险公司赔偿5万元。

被告周××、保险公司均不服一审判决，提起上诉。

二审法院认定：上诉人周××与王×成发生碰撞后，另一机动车又将王×成拖带，致使王×成死亡，事实认定清楚。因另一机动车驾驶员逃逸，上诉人周××应承担王×成死亡的全部责任，在承担赔偿责任后有权向该驾驶员追偿。根据我国《机动车交通事故责任强制保险条例》第22条第1款的规定，保险公司只有对受害人受伤需要抢救时，才垫付抢救费用，对受害人所造成的死亡伤残、医疗费用等未规定保险公司负有赔偿责任；该条例第2款进一步规定造成受害人财产损失的，保险公司不承担赔偿责任。故在驾驶人未取得驾驶资格发生交通事故的情形下，上诉人保险公司只负有垫付抢救费用的责任。上诉人保险公司主张上诉人周××无证并醉酒驾驶，其不应承担赔偿责任的理由成立。

二审法院判决：撤销原审法院判决；上诉人周××赔偿被上诉人丁××、王××损失314 554元。

上诉人周××不服二审法院判决，申请再审。

再审法院判决：撤销二审法院判决；维持一审法院判决。

裁判要旨

驾驶员在未取得驾驶资格且饮酒的情况下，驾驶已投保交强险的机动车，发生交通事故致受害人死亡。此时，因《机动车交通事故责任强制保险条款》是国务院授权保监会制定的，效力低于国务院制定的《机动车交通事故责任强制保险条例》，故根据后者的规定，承保人仅免赔受害人遭受的财产损失，对受害人遭受的人身损害承保人仍应在交强险责任限额内赔偿。

重点提示

关于驾驶人未取得驾驶资格、醉酒发生交通事故造成受害人人身伤亡的，保险公司应否承担责任的问题，有两种不同的意见：一种意见认为，驾驶人无证驾驶、醉酒驾驶行为不属于法律规定的保险公司免责事由，保险公司应承担赔偿责任；另一种意见认为，驾驶人无证驾驶、醉酒驾驶，按照国务院2016年《机动车交通事故责任强制保险条例》第22条的规定，保险公司只需在交强险责任限额范围内垫付抢救费用，受害人受伤后没有发生抢救费用的，保险公司不应赔偿受害人的损失。实践中，通常赞同的是第一种意见。原因在于：（1）保险公司的无过错责任。依据我国《道路交通安全法》以及国务院2016年《机动车交通事故责任强制保险条例》的规定，机动车发生事故造成人员伤亡、财产损失的，不论交通事故当事人各方有无过错以及过错大小如何，保险公司依据无过错赔偿责任原则，在交强险范围内对事故承担赔偿责任。（2）保险公司对“人身伤亡”的赔偿责任。无证驾驶或者醉酒驾驶情形下发生交通事故，国务院2016年《机动车交通事故责任强制保险条例》第22条免除的是此种事故中保险公司对受害人财产损失的赔偿责任，保险公司对受害人人身伤亡的赔偿责任并未明确免除。由此，无证驾驶、醉酒驾驶肇事的，保险公司应当在交强险范围内对受害人人身伤亡损失承担赔偿责任。（3）保险公司对“人身伤亡”承担赔偿责任符合交强险的设置目的。设置交强险的目的在于保障受害人得到及时并有效的救助，该种救助最强大的后盾就是保险公司的赔偿。（4）保险公司的追偿权。根据最高人民法院《关于当前形势下加强民事审判切实保障民生若干问题的通知》的精神，为确保公平正义，在无证驾驶、醉酒驾驶等违法情形的责任承担上，应当在确定保险公司承担相应的赔偿责任的同时，赋予保险公司追偿权。

6. 保险合同中车上人员与第三人的认定

案例来源

郑××诉徐××、中国××××保险股份有限公司××支公司机动车交通事故责任纠纷案

发布单位：《最高人民法院公报》2008 年第 7 期（总第 141 期）

审判法院：浙江省湖州市中级人民法院

基本案情

郑××乘坐徐××所有的汽车，因驾驶该车的司机杨×平对路面动态疏于观察，遇到紧急情况时采取措施不当，致使车辆失控，将乘坐在车内的郑××甩出车外。随后，郑××又被该车碾轧致重伤。事故发生后，郑××被送往医院治疗，交警大队（交警工业园区大队）作出的事故责任认定书认定：杨×平对事故承担全部责任，郑××不负事故责任。此后，经劳动能力鉴定委员会鉴定，郑××左上肢截肢构成五级伤残，脾切除构成八级伤残，肝修补构成十级伤残，面部形成疤痕构成十级伤残，胸部形成疤痕构成十级伤残。而后徐××以借款形式给付郑××部分医疗费用。郑××左上肢截肢需安装假肢，可安装装配中心（浙江省残疾人××××矫形器装配中心）的上臂肌电假肢为 26 500 元，该假肢的平均使用寿命为 3～5年，维修费用为装配价的 4%，总计费用需 153 700 元。另，徐××已在××保险公司××支公司（中国××××保险股份有限公司××支公司）为肇事车辆投保了机动车辆第三者责任险和车上人员险。事故发生时处于保险期内。

郑××以杨×平酿成的交通事故致其人身遭受损害，构成侵权为由，提起诉讼，请求判令××保险公司××支公司、徐××共同赔偿医疗费、交通费、误工费、护理费、住院伙食补助费、伤残赔偿金、残疾辅助器具费、精神损害抚慰金。

判决主文

一审法院判决：被告××保险公司××支公司赔偿原告郑××各项损失合计314 716.64元；被告徐××赔偿原告郑××精神损害抚慰金30 000元；驳回原告郑××其余的诉讼请求。

被告××保险公司××支公司不服一审法院判决，提起上诉称：本案中被上诉人郑××的身份应为事故车辆的乘车人，而不是第三者，违背了被上诉人郑××是涉案肇事车辆上乘坐人员的客观事实，其被甩出与其被车辆碾压为一起不可分割的交通事故，且被上诉人郑××不是在其自行上下车的过程中遭遇车祸而受伤的。同时，一审法院对于保险合同中第三者的认定过于片面，且无视了合同中约定的免责条款，这一做法是不合理的。综上，求撤销原判，依法改判涉案交通事故责任属于车上人员责任险的理赔范围。

被上诉人郑××、徐××辩称：一审判决认定事实清楚，适用法律正确。请求二审法院驳回上诉，维持原判。

二审法院判决：驳回上诉，维持原判。

裁判要旨

（1）根据机动车辆保险合同的约定，机动车辆第三者责任险中的“第三者”，是指除投保人、被保险人和保险人以外的，因保险车辆发生意外事故遭受人身伤亡或财产损失的保险车辆下的受害者；车上人员责任险中的“车上人员”，是指发生意外事故时身处保险车辆之上的人员。据此，判断因保险车辆发生意外事故而受害的人属于“第三者”还是属于“车上人员”，必须以该人在事故发生当时这一特定的时间是否身处保险车辆之上为依据，在车上即为“车上人员”，在车下即为“第三者”。

（2）由于机动车辆是一种交通工具，任何人都不可能永久地踞身于机动车辆之上，故机动车辆保险合同中所涉及的“第三者”和“车上人员”均为在特定时空条件下的临时性身份，即“第三者”与“车上人员”均不是永久的、固定不变的身份，二者可以因特定时空条件的变化而转化。因保险车辆发生意外事故而受害的人，如果在事故发生前是保险车辆的车上人员，事故发生时已经路身于保险车辆之下，则属于“第三者”。至于何种原因导致该人员在事故发生时路身于保险车辆之下，不影响其“第三者”的身份。

重点提示

第三者责任险是指被保险人允许的合格驾驶员在使用被保险车辆过程中发生交通事故，造成第三者遭受人身伤亡或财产的直接损失，保险人应按照保险合同赔偿本应由被保险人支付赔偿金的保险，其赔偿对象为除投保人、被保险人和保险人之外的车外人员。在道路交通事故人身损害赔偿案件中，事故受害人是否属于第三人决定了第三者责任险的理赔对象。实践中，事故发生前属于车上人员，事故发生时从车内摔到车外，对于此类人员是否属于第三人的问题，主要有以下几种不同的观点：第一种观点认为，发生事故时，车上人员从车上摔到车下是事故的结果，该结果系事故的延续，当被摔到车下的人员与车辆未发生接触时，无二次伤害的属于车上人员，有二次伤害的属于第三人。第二种观点认为，事故发生时，车内人员以及正在上车的人员应当属于车上人员的范畴，即使其因事故脱落车辆，但并非事故发生时其已经置身车外，仍属于车上人员。第三种观点认为，以在事故发生时是否身处于车辆之上为依据，事故发生时，在车上的人员即为车上人员，在车下即为第三人。同时因事故发生的不特定性，任何人不可能永久地置身于车内，第三人与车上人员均不是永久固定不变的身份，随着特定时间、空间以及事故性质的变化而变化。即不问该人员在事故发生时置身于车下的原因，在车上即为车上人员，在车下即为车外人员，不可因该人员在事故发生前系车上人员而认定不属于第三者责任险的赔偿范围。关于以上三种观点，第三种观点占主流地位，该种审判思路被广泛采用。保险事故发生时，受害人摔到车下受伤，其已经脱离了被保险车辆，不属于车上人员，应当认定为第三者，依法获得在保险责任范围内的赔偿。

第八章 违反安保义务责任（17 例）

一、直接责任（11 例）

1. 未成年人在物业管理场所遭受人身损害的赔偿责任

案例来源

汤×1 诉连云港××置业有限公司、灌南县××物业管理有限公司健康权纠纷案

发布单位：《最高人民法院公报》2017 年第 3 期（总第 245 期）

审判法院：江苏省灌南县人民法院

判决日期：2005 年 3 月 19 日

基本案情

2014 年 10 月，周某携带其子汤×1 至灌南县南大院小区玩耍。之后汤×1 在周某与他人在小区内室外健身广场边聊天时独自进入成人健身场地，并使用该场地中的腹背锻炼器，使用过程中，汤×1 因腹背锻炼器损坏致使其左手中指被设备夹伤。汤×1 受伤后住院治疗，医生诊断为左手中指开放伤伴指骨骨骺分离，需要进行“清创修复再植术”，此次住院治疗共花费 7079.16 元。同月，汤×1 出院并至××医院（无锡市××人民医院）住院治疗，该院医生诊断为左中指坏死，需进行“残端修整术”，此次住院花费 4365.9 元，两次治疗共计 11 445.06 元。同年 11 月，汤×1 父母委托鉴定所（灌南县中医院司法鉴定所）对汤×1 的伤情进行鉴定。经鉴定，汤×1 于 2014 年 10 月在灌南县南大院小区室外健身区使用健身器材时不慎被夹伤左手中指，住院进行左手中指清创修复再植术后左手中指坏死，之后又进行残端修整术。后遗症为左手中指中、远节缺如。汤×1 的营养期限为伤后

60日，护理期限为伤后90日。本次鉴定计600元。

另外，××置业公司（连云港××置业有限公司）作为南大院小区的开发商在2010年11月20日与××物业公司（灌南县××物业管理有限公司）签订了《南大院前期物业服务合同》，并在合同中第2条约定“在物业管理区域内，乙方提供的前期物业管理服务包括以下内容：……2. 物业共用设施设备的日常运行和维修养护……”，第27条约定“共用设施设备，是指物业区域内，保障房屋正常使用的，由全体业主共同拥有的上下水管道……公益性文体设施和共用设施设备使用的房屋等。”2011年12月29日，二公司对健身场地、健身器材、滑梯等物品签订《南大院小区与物业公司物品移交清单》，2012年7月24日，二公司之间就新增加的及原有的健身器材等物品签订《南大院小区与物业公司物品移交清单》，并于次年11月确认《南大院小区物业交接查验记录》，确认完好接收健身器材、健身场地等物品。在汤×1受伤前，其玩耍的腹背锻炼器就已发生损坏并有致他人受伤的事实；受伤后，××物业公司将腹背锻炼器损坏部分拆除，并在小区内另设儿童乐园场地。

汤×1以其因健身器材损坏致使自身左手中指坏死，××置业公司、开源物公司应承担赔偿责任为由，提起诉讼，请求判令两被告共同赔偿其医疗费、护理费、住院伙食补助费250元、营养费、鉴定费合计19 045.06元。

××置业公司辩称：本公司作为涉案小区的开发商，该小区的建设已经过相关部门的验收且合格。本公司与××物业公司签订的物业合同表明该健身器材已移交给××物业公司，且验收记录可以表明在移交时该器材并未损坏。汤×1一家并不是该小区的住户，未经门卫登记擅自进入该小区，且幼儿在无人看管的情况下使用成人健身器械，其监护人应承担相应的责任。综上，本公司不应承担赔偿责任。

××物业公司辩称：汤×1一家不是事发小区的业主，本公司只对本小区中缴纳了物业费的业主提供相应的物业管理服务，本公司对汤×1没有提供服务的义务，本公司不应承担赔偿责任。且汤×1为3岁的幼儿，本次事故发生的根本原因系其监护人未尽到应尽的监护义务，应由其监护人承担责任与本公司无关。综上，请求驳回汤×1的诉讼请求。

判决主文

法院判决：原告汤×1因本案而造成的经济损失19 045.06元，由被告××物业公司赔偿5713.52元（19 045.06元×30%）；驳回原告汤×1的其他诉讼请求。

宣判后，双方当事人均未提起上诉，一审判决已发生法律效力。

裁判要旨

物业公司作为小区健身器材的管理人，应当对健身器材进行日常管理和维护，器材存在安全隐患的，物业公司应设置安全警示标志并及时维修，以保障他人使用器材时的安全。物业公司未尽到该职责造成他人损害的，应依法承担相应赔偿责任。

重点提示

安全保障义务，是从事住宿、餐饮、娱乐等经营活动或者其他群众性组织的自然人、法人或者其他组织，对进入其场所管理范围内的自然人的人身、财产安全负有的一种法定安全保障义务。我国《侵权责任法》对其作出了原则性的规定，明确管理人未尽到安全保障义务、造成他人损害的，应当承担侵权责任。物业管理企业作为从事经营活动或者公共场所的管理人，也应为承担安全保障义务的主体之一。实践中，对涉及物业管理企业未尽安全保障义务造成在其场所内玩耍的未成年人人身损害案件的处理，需注意以下几个方面：第一，开发建设者与物业管理企业已经完成交接手续，将被管理物交付至物业管理企业，物业管理企业在接收时被管理物完好的，对因被管理物损坏造成的受害人损伤，无需由开发建设者承担赔偿责任。第二，受害人作为无民事行为能力人，其监护人在监护的过程中放任作为被监护人的受害人至存在危险的场所，导致损害后果的发生，基于监护人的监护不利造成受害人损害的，监护人应当对损害后果负主要责任。第三，物业管理企业对其管理区域内的公共设施负有管理和维护的义务，其未能积极履行其义务，造成受害人损害的，物业管理企业应当对损害后果的发生负次要责任。第四，在物业管理单位与监护人均存在过错的情况下，应根据双方的过错程度，确认双方对受害人伤情应当承担的民事责任比例。综上，物业管理企业未履行上述安全保障义务，致使受害人伤害的，应依法承担相应赔偿责任，受害人的监护人具有过错的，应减轻物业管理企业的责任。

2. 公共道路路面瑕疵妨碍通行损害责任的认定

案例来源

姚××诉东台市××××管理处、东台市××管理局公共道路妨碍通行损害责任纠纷案

发布单位：《最高人民法院公报》2015 年第 1 期（总第 219 期）

审判法院：江苏省盐城市中级人民法院

基本案情

2011 年 10 月 9 日，姚××驾驶电动自行车在路上行驶，在右转弯时，因路面有油污和积水，导致其电动车侧滑，姚××摔倒受伤。其报警后，民警到现场取证拍照，照片中显示，该处路面上有两处油污且与水融合，占地面积超过 0.5 平方米。当日，姚××前往医院进行治疗，诊断结果为右胫腓骨开放性骨折，住院 18 天，花费医疗费 12 718.34 元，门诊费 624.40 元。第二年 4 月 13 日，姚××自行委托司法鉴定中心进行鉴定，鉴定意见为：被鉴定人姚××右踝部损伤致右踝功能丧失 25% 以上（不足 50%）构成十级伤残；被鉴定人误工期限从受伤之日至今，护理期限 4 个月（住院期间 2 人护理，其余时间 1 人护理），营养期限 2 个月；被鉴定人取除钢板内固定费用约需人民币 6000 元。经查，姚××原为世纪联华（盐城世纪联华超市有限公司）东台店的劳务工。其受伤后，单位自 2011 年 10 月 9 日至 2012 年 4 月 25 日止按净工资 1900 元每月的 75% 即 1425 元向其发放工资。

姚××以其在驾驶电动自行车出行期间因路面存在油污和水摔倒，致使其受伤，经鉴定确定为十级伤残，××管理局（东台市××管理局）以及××管理处（东台市××××管理处）对事故发生路面负有管理义务，故××管理局、××管理处应当因未尽管理注意义务，应当向其承担赔偿责任为由，提起诉讼，请求判令××管理局、××管理处连带赔偿各项损失52 268元。

××管理局辩称：本局是行政管理单位，不承担民事赔偿责任，故请求驳回姚××的诉讼请求。

××管理处辩称：姚××诉称无事实和法律依据，请求驳回原告的诉讼请求。

判决主文

一审法院认定：首先，本案事故发生路段属道路，我国法律明确规定，非机动车在道路上行驶应当遵守有关交通安全的规定。非机动车应当在非机动车道内行驶；没有非机动车道的，应当靠车行道的右侧行驶。原告姚××驾驶非机动车行驶在机动车道路，违反法律相关规定，且其在行驶过程中未观察路况，其自身亦存在过错，应对事故承担主要责任。其次，被告××管理局、××管理处对本案事故发生地路段确负管理义务，但被告××管理局的主要职责为负责管理城市的法律、法规及规章，治理和维护城市管理秩序，而非道路清洁的直接维护单位，故不应对原告姚××的损害承担责任。被告××管理处的主要职责为对建筑垃圾及其他渣土进行管理，故被告××管理处作为事故发生路段的保洁单位，应当承担民事责任。被告××管理处未能提交证据证明其对路面保洁履行相应职责，故其应当对事故承担次要责任。最后，根据双方过失大小及事故发生的原因力比例，应由被告××管理处对原告姚××的合理损失承担20%的赔偿责任，原告姚××自负80%的责任。

一审法院判决：被告××管理处赔偿原告姚××受伤产生的各项损失16 890元；驳回原告姚××的其他诉讼请求。

原告姚××不服一审判决，提起上诉称：一审法院认定被上诉人××管理局对事故不负责任有误，××管理局作为维护城市管理秩序的部门，负有巡查路政，管理路况的义务，其未能提交相关路政巡查记录，应认定其存在管理瑕疵，应对事故担责。同时，上诉人××管理处亦未能提交相应道路养护清洁的记录，故应认定其未能履行法定职责清洁事故路面，故一审法院认定上诉人××管理处对事故承担次要责任错误。因此，请求二审法院撤销一审判决，改判支持本人的一审诉讼请求。

上诉人××管理处不服一审法院的判决，提起上诉称：一审法院仅依据上诉人姚××的陈述以及存在瑕疵的警务人员证明、现场照片认定本案事实，属缺乏事实依据。上诉人姚××称其摔倒是因路面存在油污和水，但其未能提供有效证据对此进行证明，其应承担举证不能的不利后果。同时，一审法院依据上诉人姚××自行委托鉴定机构所作司法鉴定意见认定案件事实，属程序违法。本单位具有特殊地位，不应承担民事责任，一审法院未对此予以认定，损害了本单位合法权益。因此，请求二审法院依法改判本单位不承担责任或将案件发回重审。

被上诉人××管理局答辩称：本单位系政府职能部门，履行的系行政处罚职能，主要职责包括城市管理以及纠正违法行为。本单位对于本案事故无过错，故不应担责，一审法院事实认定清楚，认定本单位无责正确。故请求二审法院依法驳回上诉人姚××对本单位的上诉请求。

二审法院判决：维持一审民事判决的第二项，即驳回上诉人姚××的其他诉讼请求；变更一审民事判决的第一项为：上诉人××管理处赔偿姚××受伤产生的各项损失 33 780 元。

裁判要旨

在公共交通道路上堆放、倾倒、遗撒妨碍他人通行的物品，无法确定具体行为人时，环卫机构作为具体负责道路清扫的责任单位，应当根据路面的实际情况制定相应的巡查频率和保洁制度，并在每次巡查保洁后保存相应的记录，保持路面基本见本色，保障安全通行。环卫机构未能提供其巡回保洁和及时清理的相关记录，应当认定其未尽到清理、保洁的义务，对他人因此受伤产生的损失，依法应承担相应的赔偿责任。

重点提示

我国《侵权责任法》中规定了在公共道路上堆放、倾倒、遗撒妨碍通行的物品的侵权责任，侵权责任主体包括对公共道路负有管理职责的单位和堆放、倾倒、遗撒妨碍通行的物品的行为人。但认定具有管理职责的单位以及行为人均存在一定的难度，为侵权责任的认定也带来困难。故对此类案件的归责原则以及责任承担问题，具体可从以下几方面予以考量：第一，公共道路妨碍通行损害的侵权责任主体包括堆放、倾倒、遗撒妨碍通行物品的行为人，以及公共道路管理部门，因道路上存在妨碍通行的障碍物致使发生交通事故的，若无法确定具体行为人，则当事人有权请求道路管理者承担相应民事责任。第二，同一段道路有时会存在多个管理者，此种情形下，若事故是因道路出现毁损、污染而发生的，承担责任的主体应当为直接负有保洁维护义务的相关环境保卫部门，其他非道路清洁的直接维护管理单位则无需担责。第三，道路管理者不能证明其已按照法律、法规、规章、国家标准、行业标准或者地方标准尽到清理、防护、警示等义务，致使受害人因在道路上堆放、倾倒、遗撒物品等妨碍通行的行为，发生交通事故造成损害，受害人有权请求道路管理者承担赔偿责任。第四，因道路存在瑕疵引起的交通事故中，道路管理者在未能证明其无过错的情况下，应当按照管理者过失大小及在事故发生中所占的原因力比例对事故承担赔偿责任。综上，当事人因道路瑕疵发生交通事故，若其自身未依据相关交通规则行驶，则应认定其自身对事故发生存在过失，亦对损害后果存在原因力，此时应当依据道路管理者以及当事人各自过失程度及原因力确定责任比例。

3. 地铁运营单位的安全保障义务与责任承担

案例来源

高××诉南京××集团有限公司健康权纠纷案

发布单位：《最高人民法院公报》2015 年第 9 期（总第 227 期）

审判法院：江苏省南京市玄武区人民法院

判决日期：2013年11月15日

基本案情

高××于2012年6月29日在南京新街口地铁站乘车，与其同行的还有一名免票的儿童，新街口地铁站属××集团有限公司（南京××集团有限公司）所有。高××在刷卡进入地铁站时，进站闸机扇门与其腹部相接触，导致高××受伤。受伤后，高××于当日即被送至××总院（中国人民解放军南京××南京总医院）接受治疗，诊断结果为患腹部闭合伤、急性弥漫性腹膜炎、回肠穿孔等疾病，××总院为其实施了回肠双造口等治疗。高××先后在××总院与×医院（南京市×医院）接受诊治，共53日。经鉴定，高××小肠切除小于1/2构成九级伤残，护理期限以伤后120日为宜，营养期限以伤后120日为宜。

高××以其在进入××集团有限公司所属地铁站时，闸机突然关闭，将其腹部夹住，致其腹部闭合伤、急性腹膜炎、回肠穿孔，××集团有限公司应承担赔偿责任为由，提起诉讼，请求判令××集团有限公司向其支付医疗费36 362.67元、护理费12 000元、住院伙食补助费1060元、营养费1800元、交通费800元、残疾赔偿金59 354元、精神抚慰金10 000元。

××集团有限公司辩称：高××进站时携带儿童，其受伤的原因为疏忽大意而与闭合的闸机相撞，高××的行为违反本公司关于乘坐地铁的规定，因此本公司不需对其受伤承担责任，且对高××主张的部分损失金额存在异议。请求驳回高××的诉讼请求。

判决主文

一审法院判决：被告××集团有限公司赔偿原告高××医疗费、护理费、营养费、交通费、残疾赔偿金、精神损害抚慰金共计84 473.67元。

宣判后，双方当事人均未提起上诉，一审判决已经发生法律效力。

裁判要旨

安全保障义务是公共场所或公共设施管理人的一种法定义务，安全保障义务人既要保障其管理的场所或设施的安全性，也要对在场所内活动或使用设施的人进行必要的警告、指示说明、通知及提供必要的帮助。以预防侵害的发生。地铁运营单位主要以自动检票闸机控制乘客的进出站，如果地铁运营单位未对免票乘客及其随行人员如何安全通过闸机进行合理的安排和管理，由此导致乘客在无法得知安全通行方式的情况下受伤，则应认定地铁运营单位作为公共场所的管理者未尽到安全保障义务。应当对乘客的损失承担相应的侵权责任。

重点提示

我国《侵权责任法》第 37 条规定：宾馆、商场、银行、车站、娱乐场所等公共场所的管理人或者群众性活动的组织者，未尽到安全保障义务，造成他人损害的，应当承担侵权责任。因第三人的行为造成他人损害的，由第三人承担侵权责任；管理人或者组织者未尽到安全保障义务的，承担相应的补充责任。这是地铁运营单位承担安全保障义务的法律依据。地铁运营单位的安全保证义务范围主要有：（1）施工、设计符合规定标准。地铁运营单位应当保证地铁站的建筑施工、设计符合相关国家标准，并按照维护守则进行了日常维护和巡查。（2）警示义务。地铁内涉及安全隐患的部分，应当设置醒目的安全提示，工作人员及时疏导，以保障乘客安全。（3）救助义务。地铁运营单位对乘客有救助义务，地铁工作人员应当具备基本的医疗救助知识，有相应的急救物资，以保证乘客的人身安全，防止受伤乘客的损失扩大。地铁运营单位违反上述义务，造成乘客人身损害的，应当承担侵权责任。但是，依据最高人民法院《关于审理人身损害赔偿案件适用法律若干问题的解释》第 6 条的规定，安全保障义务应当在合理限度范围内，即地铁运营单位在合理限度内尽安全保障义务，保障乘客安全。从保护受害人合法权益的角度出发，除受害人自身原因造成损害、不可抗力、第三人致害之外，地铁运营单位能够预见或者应当预见的安全隐患，地铁运营单位都应当采取积极防范措施，避免此种危险的发生，才为尽到在合理限度范围内的安全保障义务。综上，地铁运营单位对其场所内承担的是合理限度范围内的安全保障义务，当受害人对损害的发生也有过错时，可减轻地铁运营单位的责任。

4. 高速公路管理瑕疵致害的责任承担

案例来源

丁××诉江苏京沪××公路有限公司、弓×秋公共场所管理人责任纠纷案

发布单位：《最高人民法院公报》2016 年第 10 期（总第 240 期）

审判法院：江苏省扬州市中级人民法院

判决日期：2013 年 2 月 19 日

基本案情

2009 年 12 月 21 日晚，弓×秋载着丁××驾驶的苏 MFA177 号轻型普通货车由北向南行驶，驶至京沪高速公路扬州段时，因碾压到散落的铁制物件造成车辆侧翻，弓×秋与丁××均受到不同程度损伤。随后，同样由北向南行驶的主×平驾驶的鲁 QB1423 号重型半挂牵引车行至该事发地点时，撞上前方刚发生事故的苏 MFA177 号货车，以及其前方同向行驶的由刘×永驾驶的苏 NF3539 号重型半挂牵引车和挂车苏 NF212 的尾部，致使苏 NF3539 号半挂牵引车及苏 NF212 挂车撞断右侧护栏后翻出高速公路路面，造成鲁 QB1423 号半挂牵引车的乘车人张×防被撞伤、鲁 QB1423 号半挂牵引车和鲁 QW455 挂车、苏 NF3539 号半挂牵引车和苏 NF212 挂车、苏 MFA177 号货车车辆以及高速公路护栏损坏，引起第二起事故。后交警队（扬州市公安局交警大队）作出认定书，其结论为：第一起交通事故属于交通意外事故，第二起交通事故由驾驶人主×平承担全部责任，其余人不承担责任。之后，丁××在各地医院辗转治疗，共支付医疗费六万余元。经司法鉴定所（扬州东方医院司法鉴定所）鉴定，丁××损伤致瘢痕形成，属十级伤残，其左下肢缩短畸形致双下肢相差4.5cm，属九级伤残。

另查，丁××系江苏省靖江市红光镇新丰村后陆家埭村民，一直在江苏××重工机械有限公司工作，其父母年事已高并育有四子女，且无生活来源。

丁××以江苏京沪××公司（江苏京沪××公路有限公司）未及时清理道路障碍，未尽到安全保障义务，弓×秋驾驶车辆时未尽到高度的注意义务导致车辆侧翻为由，提起诉讼，请求判令江苏京沪××公司及弓×秋对此次事故对其造成的损失承担连带赔偿责任，共同赔偿各项损失共计276 666.73万元。

江苏京沪××公司辩称：本公司非本案被告，主体资格不符；根据法律相关规定，高速公路管理部门只有在接到清障救援后才负有清理路障的义务，在交通事故发生之前本公司并未接到有关救援义务的信息；而丁××受伤是由弓×秋驾车未注意到路障物所造成，与本公司无关，故对丁××的损害本公司不负任何责任。

弓×秋辩称：本次事故主要是因为江苏京沪××公司未尽到及时清扫路障物的义务所导致。本人驾车驶入高速公路后，因天黑无法看清路障物才导致车辆侧翻，故应由江苏京沪××公司承担赔偿责任。

判决主文

一审法院判决：被告江苏京沪××公司赔付原告丁××道路交通事故人身损害赔偿款计210 280.98元；被告弓×秋应赔付原告丁××道路交通事故人身损害赔偿款计52 570.25元；驳回原告其他诉讼请求。

被告江苏京沪××公司不服一审法院判决，提起上诉称：本公司与被上诉人丁××不存在任何法律关系，且本次事故的发生与本公司无关，本公司不应承担责任。一审法院认定的赔偿费用的依据不足。故请求二审法院改判。

原审被告弓×秋答称：被上诉人丁××为其车上乘员，上诉人江苏京沪××公司具有保障道路安全通畅的义务，其未尽相关义务，故应承担全部责任。

二审法院判决：驳回上诉，维持原判。

裁判要旨

车辆通过付费方式进入高速公路的法律关系，系通行者与高速公路管理者达成的有偿使用高速公路的民事合同关系，高速公路管理者有及时巡视和清障的义务，以保障司乘人员在通过高速公路时的安全、畅通。通行者在高速公路驾车行驶时碾压到车辆散落物导致交通事故的，高速公路管理者在不能举证证明已尽到及时巡视和清障义务的情况下，应当承担相应的赔偿责任。

重点提示

高速公路管理者对其管辖区内路段负有安全保障义务，应及时巡视和清障，在合理限度范围内使他人免受人身损害。因高速公路管理部门的管理行为存在瑕疵致使受害人直接或间接遭受人身损害的，判定其承担赔偿责任时，需注意以下几个方面的内容：第一，高速公路管理者的安全保障义务范围。主要包括：（1）在硬件方面，对于在高速公路管理者所管辖范围内的高速公路路面、服务区配套服务设施、设备应当安全可靠，有国家强制标准的应当符合强制标准的要求，没有国家强制标准的，应当符合行业标准或者达到进行此等经营所需的安全标准；（2）在软件方面，及时巡视和清障，消除高速公路上存在的安全隐患，为驾驶员行驶过程提供安全的驾驶环境，并具有向驾驶人提示和劝告的义务，未履行上述义务，造成受害人损害的，高速公路管理者应当承担赔偿责任。第二，赔偿主体。在高速公路上发生事故的，直接引发事故的因素往往除了机动车驾驶人员外，还包括非机动车因素的，赔偿主体应不限于导致事故发生的人或物的支配者，也包括未尽相应管理义务的高速公路管理者。第三，高速公路管理者的责任承担。机动车驾驶人在高速公路行驶过程中致受害人损害，高速公路管理者无法证明其已经达到保障公路安全通行的目的，应认定高速公路管理者怠于履行管理职责，与事故的发生存在因果关系，高速公路的管理者依法应当对受害人的损失承担赔偿责任。第四，肇事者的责任承担。

机动车驾驶人在高速公路上驾驶机动车，未尽充分的安全谨慎义务，未及时发现公路的风险，对事故的发生也存在一定过错，应对其过错造成的受害人损害承担赔偿责任。

5. 关于经营者安全保障义务合理限度的认定问题

案例来源

赵××诉上海×××酒店有限公司、上海××实业有限公司健康权纠纷案

发布单位：《最高人民法院公报》2014 年第 1 期（总第 207 期）

审判法院：上海市闸北区人民法院

判决日期：2011 年 2 月 11 日

基本案情

×××酒店（上海×××酒店有限公司）与××实业公司（上海××实业有限公司）签订租赁合同，约定：×××酒店承租××实业公司位于共和新路 452 号的房屋，并注明一楼靠近中兴路通道部分归××实业公司使用。×××酒店在上述租赁合同签订后，拆除了通道内的电梯轿厢，二楼以上电梯井的位置由×××酒店储存物品。×××酒店在施工时，并未对空置电梯井设置防护装置。赵××系个体工商户，从事服装零售行业。

2009 年 12 月 14 日晚，赵××入住×××酒店。随后，曾饮酒的赵××在该酒店靠近中兴路的一楼通道内通行时，步入×××酒店通道内已被拆除轿厢但未设置防护装置的电梯井受伤。事故发生后，赵××于次日凌晨拨打 110 电话报警。民警赶至现场后，将其送至第二附属医院（第二军医大学第二附属医院）进行救治。经该院诊断，赵××右侧粗隆下骨折、左侧锁骨远端骨折、左侧第 8、9 肋骨骨折、左侧喙突骨骨折，当日即被接收入院治疗。同月 17 日，第二附属医院为赵××实施了右股骨粗隆下骨折重建钉内固定和左锁骨骨折切开复位内固定术。术后，赵××于 12 月 28 日出院。出院后，赵××多次至门诊复查，共支付医药费 66 394.33 元、辅助器具费 528 元。

赵××以其入住×××酒店后，搭乘无禁行标志和防护装置的空置电梯井受伤，×××酒店未尽安全保障义务，应负赔偿责任；×××酒店的建筑物系出租人××实业公司所有，××实业公司应负连带责任为由，提起诉讼，请求判令×××酒店、××实业公司共同赔偿医疗费、住院伙食补助费、二期治疗费、精神损害抚慰金等费用。

×××酒店辩称：赵××摔伤的地点在本酒店承租范围之外，本酒店与××实业公司在租赁合同中作出了安全通道系××实业公司使用的约定。赵××当天已走出本酒店的经营场所，本酒店未违反安全保障义务的不作为侵权，且在事故发生后本酒店已支付四万元。另外，赵××因过量饮酒，判断力受到严重影响，自身应对损害结果的发生承担相应责任。据此，请求驳回赵××的诉讼请求。

××实业公司辩称：发生事故的通道及涉案电梯本不属租赁范围，但×××酒店要求拆除涉案电梯的轿厢，变更电梯井为仓储室使用，在征得本公司同意后，×××酒店派人将电梯轿厢拆除，但在施工时未采取相应的安全措施，造成赵××坠井受伤的后果。本公司对该事故并无过错，出租房屋本身亦无瑕疵，故本公司不应承担赔偿责任。综上，请求驳回赵××的诉讼请求。

审理过程中，经赵××申请，法院委托鉴定机构对赵××损伤后的伤残等级及休息、护理、营养期进行法医学鉴定，鉴定意见为：赵××伤后一期治疗的休息期为 180 日，护理期为 120 日，营养期为 120 日。今后若行二期治疗，则休息期为 30 日，护理期为 15 日，营养期为 15 日。在举证过程中，赵××针对其主张提交了有关费用的票据材料等证据；×××酒店提交了事故现场照片以证明通往事发地的拉门上贴有警示说明，该照片未能由其他相关证据佐证其拍摄时间；××实业公司提交了租赁协议的补充协议，该协议仅就租赁物约定了双方的权利义务，未涉及事发通道以及一楼电梯井部位。

判决主文

一审法院判决：被告×××酒店一次性赔偿原告赵××医疗费、住院伙食补助费、营养费、护理费、交通费、误工费、残疾赔偿金、辅助器具费、精神损害抚慰金、诉讼代理费、查档费共计人民币 157 000 元（已履行人民币 40 000 元）。

宣判后，双方当事人均未提起上诉，判决已发生法律效力。

裁判要旨

作为提供住宿服务的酒店经营者，对入住酒店的消费者应履行合理限度的安全保障义务。酒店经营者因管理、服务瑕疵等安全隐患而致消费者产生人身伤害的，应承担民事赔偿责任。酒店经营场所的出租方对于事发场所管理不善的，亦应承担相应的责任。受害人对于损害发生也有过错的，应根据过失相抵原则，减轻侵害人的民事责任。

重点提示

根据我国《侵权责任法》的规定，服务场所的经营者，对于在其管理的经营场所活动的消费者应承担安全保障义务，即对其提供的经营设施的安全性及可能存在的危险作出提示说明的义务，以及采取相应保护措施的义务。最高人民法院《关于审理人身损害赔偿案件适用法律若干问题的解释》具体确立了从事经营活动或其他社会活动的自然人、法人或其他组织合理限度范围内安全保障义务的制度，但对于安全保障义务的合理限度应当如何认定以及认定后的责任应如何承担并未作出明确限定。司法实践中，对合理限度的安全保障义务的认定以及有关责任的承担，应当从以下几方面进行分析：（1）对“合理限度”的认定标准主要有：第一，法定标准，即在法律法规、规章或特定的操作规程等对安全保障义务的内容有明确规定时，应当严格按照规定进行判断。如公安部《高层建筑消防管理规则》第 33 条的规定，《大型群众性活动安全管理条例》第 18 条的规定，《娱乐场所管理条例》《营业性演出管理条例》《旅馆业治安管理办法》等规范性文件的规定等等。第二，一般性标准。公共场所的管理人或经营者应尽的安全保障义务首先应是对潜在的可能风险的警告、提示义务；其次是对受邀请进入到该场所的消费者受到的损害，尽可能降低到最低程度。第三，预见性标准，即作为理性人所应当具有的能够感知潜在危险的标准。在考察经营者对可能发生的潜在危险是否具有预见性，应当具体情况具体分析，对于特殊行业或职业的预见性标准的要求应高于一般人的标准，如银行等金融机构对犯罪分子通过特殊装置在 ATM 机上盗取客户账号内存款可能的预见应高于客户。第四，特别标准，即对未成年人的安全保障义务应高于成年人。如网吧、酒吧、KTV 等场所的经营者应当拒绝未成年人入内，从根源上消除危险的发生。（2）经营者的过错判断，应以其行为是否达到了必要的注意程度，或是否达到了同类经营者所应达到的通常注意程度，或者一个善良的理性管理人所应达到的注意程度。（3）经营者在经营过程中因管理服务瑕疵或者经营场所设施等存在安全隐患，未尽到合理限度内的安全保障义务致消费者遭受人身损害的，具有过错，应对消费者承担赔偿责任，赔偿消费者因事故遭受的医疗费、误工费等损失。但若消费者在此过程中存在过错，则应当适当减轻经营者应承担的赔偿责任。（4）经营场所系承租而来的，房屋的出租人应对出租的经营用房负有管理义务，对消费者因经营用房设施缺陷造成的人身损害，亦应承担相应的赔偿责任。

6. 自助储物柜物品丢失时超市的赔偿责任

案例来源

张 × 诉 × × 超市公共场所管理人责任纠纷案

发布单位：最高人民法院民事审判第一庭《民事审判指导与参考》2011 年第 4 辑（总第 48 辑）

审判法院：× × 人民法院

基本案情

张 × 在 × × 超市购物时，将其随身携带的包存入了超市准备的自动储物柜中。购物完毕后，张 × 到自动储物柜取包，发现其存包柜已经被打开，柜内的物品被换成了一个黑色塑料袋。其存储在储物柜中价值 9000 多元的物品，全部丢失。

张×以××超市未尽到保管义务，致使其财产丢失，给其造成损失为由，提起诉讼，请求判令××超市赔偿其损失。

判决主文

一审法院认定：原告张×将随身携带的包存入被告××超市准备的自助储物柜中，双方形成保管合同关系，被告××超市未尽保管义务，应承担赔偿责任。

一审法院判决：被告××超市赔偿原告张×9000元。

被告××超市不服，提起上诉称：本超市设立储物柜，是为了方便顾客购物，系无偿行为，故本超市不应承担赔偿责任；被上诉人张×应对丢失的物品承担举证责任。

二审法院判决：上诉人××超市赔偿被上诉人张×2000元。

裁判要旨

依照我国《侵权责任法》第37条第1款的规定，宾馆、商场、银行、车站、娱乐场所等公共场所的管理人或者群众性活动的组织者，未尽到安全保障义务，造成他人损害的，应当承担侵权责任。超市未尽到安全保障义务，对顾客放在超市自助储物柜中物品丢失造成的损失应当承担赔偿责任。同时，消费者未将贵重物品随身携带也存在一定过失，消费者应自担部分损失。

重点提示

当顾客为了购物而将其物品存入超市的自助储物柜时，双方之间形成何种法律关系，若物品丢失，超市应否承担赔偿责任。关于上述问题的处理，存在三种不同的观点。第一种观点认为，超市与顾客之间形成保管合同关系，上述问题的处理，应当适用保管合同的规定。第二种观点认为，超市违反了合同附随义务，导致顾客寄存于自助储物柜中的物品丢失，超市应为此承担责任。第三种观点认为，依据我国《消费者权益保护法》第7条的规定，消费者在购买、使用商品和接受服务时享有人身、财产安全不受损害的权利。超市经营者应当采取有效的措施，保障顾客进入其经营场所后的人身与财产安全。这是《消费者权益保护法》赋予消费者应有的权利，超市经营者不得侵犯消费者此种权利。此外，依据我国《侵权责任法》第 37 条第 1 款的规定，宾馆、商场、银行、车站、娱乐场所等公共场所的管理人或者群众性活动的组织者，未尽到安全保障义务，造成他人损害的，应当承担侵权责任。超市对于在其内购物的顾客的人身安全与财产安全，负有安全保障义务，违反该项义务，应当承担相应的责任。实践中大多赞同的是第三种观点，即超市对顾客寄存于储物柜中的财产负有安全保障义务。原因在于，其一，采用安全保障义务理论作为超市承担责任的依据，更有利于在超市购物的顾客以及其他与超市没有合同关系的受害人的损害赔偿问题。其二，安全保障义务对义务人来说，是其应当达到的最低义务要求，即以法定义务为原则，超市自助储物柜的设计标准当然低于银行保管箱的设计标准，如果要求超市承担与保管合同相等或者更重的责任，有加重超市责任之嫌。故根据超市的注意义务标准，以安全保障义务的违反作为超市赔偿责任的依据更符合公平原则。综上，超市对顾客的人身、财产应当尽到包括说明、注意、管理义务在内的安全保障义务，未尽到该种义务，而直接或者间接地造成顾客人身或者财产权益损害，应当承担损害的赔偿责任。顾客对其人身、财产安全受到损害主观上具有过失的，相应减轻超市的赔偿责任。

7. 旅游景区经营者对游客的安全保障义务

案例来源

吴×景、张×逸、吴×娟诉厦门市××旅行社有限公司、福建省永春×××旅游发展服务有限公司生命权纠纷案

发布单位：《最高人民法院公报》2006 年第 6 期（总第 116 期）

审判法院：福建省厦门市中级人民法院

判决日期：2005 年 12 月 10 日

基本案情

吴×景、张×逸、吴×娟分别系张×的妻子、女儿、母亲。2005年5月5日，××旅行社（厦门市××旅行社有限公司）组织吴×景、张×逸、张×等17人参加×××旅游公司（福建省永春×××旅游发展服务有限公司）经营的景区自驾游。当日，×××旅游公司的导游带吴×景、张×逸、张×等一行人进入牛姆林景区。此时天色阴沉，有人建议更改行程。导游坚持带领进入林区，并称不会下太长时间的雨。进入后，天色更阴沉，有人再次建议，但导游要求继续向林区行走。此后，开始刮风下大雨，导游带领一行人折回原路向茶馆走去避雨。后张×被一棵折断的树砸伤，同伴联系急救中心和工作人员救援。工作人员将张×放到桌子上从广场抬至停车场。景区的医生并未赶到，也没有采取急救措施。救护车将张×送到医院，经抢救无效于当日下午死亡。法医鉴定，张×系生前被树干砸压致颅脑损伤和血气胸死亡。×××旅游公司已支付给张×亲属2万元、丧葬费2872.2元。此外，×××旅游公司经营的牛姆林景区系AAAA级景区，根据相关规定，在旅游安全方面应当符合救护等设备齐全、建立紧急救援体系、突发事件应急处理能力强及事故处理及时等要求。

另查明：×××旅游公司曾与天湖山医院签订了一份《协议书》，双方约定：天湖山医院有义务在力所能及的情况下，帮助×××旅游公司安排在景区的医生郭×城处理较大病患及意外。之后，×××旅游公司又制定了景区安全应急救援预案，其中“重特大伤亡事件应急处理”规定：急救援领导小组在接到交通、火灾、水灾、经营设施、自然灾害等引发重特大伤亡事件报告后，应立即有效措施进行抢救。

吴×景、张×逸、吴×娟作为张×的近亲属，以××旅行社未尽保障游客安全的法定义务，其行为与事故的发生有重大的因果关系；×××旅游公司未作任何防范，且在事故发生后亦未能提供最基本的救护手段，延误了张×的最佳救治时机，应对张×的死亡承担责任为由，提起诉讼，请求判令××旅行社、×××旅游公司连带赔偿丧葬费、被抚养人生活费、死亡补偿费、误工费、交通费、精神损害抚慰金等损失。

××旅行社辩称：吴×景、张×逸及张×参加的是自驾游，导游服务系×××旅游公司提供，本旅行社在该事故的整个过程中并不存在过错，且未违反双方之间订立的合同，本公司无需承担赔偿责任。故请求驳回吴×景、张×逸、吴×娟对本旅行社的诉讼请求。

×××旅游公司辩称：张×的死亡系恶劣天气导致大树折断而引发，该结果的发生并非人力所能控制，符合不可抗力的构成要件；且被折断树木在此之前亦生长良好，本公司并不存在疏于管理的情形；事件发生后，本公司亦提供了相应的救助措施，对该事件的发生不具有过错。故请求依法裁判。

判决主文

一审法院判决：被告××旅行社赔偿原告吴×景、张×逸、吴×娟 55 051.58元；被告×××旅游公司赔偿原告吴×景、张×逸、吴×娟 495 464.22元，应从中扣除其已支付的22 872.2 元；被告××旅行社、×××旅游公司在 55 051.58 元范围内互负连带责任；驳回原告吴×景、张×逸、吴×娟的其他诉讼请求。

被告×××旅游公司不服一审法院判决，提起上诉称：本公司在树木折断前已尽到合理的注意义务，该树木折断系不可抗力，本公司不应当承担赔偿责任，且张×作为成年人，应当能够遇见被树木砸伤的危险，故其本人对损害结果的发生负有过错，应自行承担责任。另外，本公司导游在带队过程中并未坚持带游客冒险上山，其行为与损害结果之间没有必然的因果关系，且本公司在事故发生后已采取了合理措施，同时赔偿数额存在不合理之处。故请求依法改判，驳回被上诉人吴×景、张×逸、吴×娟的全部诉讼请求。

被上诉人吴×景、张×逸、吴×娟辩称：上诉人×××旅游公司提供的证据不能证明事故的发生系不可抗力导致，因此其不能免责；上诉人×××旅游公司的导游坚持带游客冒险进入林区的行为具有过错，是损害发生的原因，且事发后，上诉人×××旅游公司并未提供应有的救助义务，应当承担损害结果扩大的责任。另外，一审法院认定的赔偿项目、数额完全符合法律规定。综上，请求驳回上诉人×××旅游公司的上诉，维持一审法院判决。

被上诉人××旅行社辩称：此次事故的导游系上诉人×××旅游公司安排的，因此，本方对于事故的发生无过错，且与事故的发生无任何因果关系，请求法院判令上诉人×××旅游公司承担全部责任。

二审法院判决：驳回上诉，维持原判。

裁判要旨

（1）旅游服务机构及其导游对自然风险的防患意识应当高于游客，且负有保障游客安全的责任，应以游客安全第一为宗旨，依诚实信用原则并结合当时的具体情况对是否调整行程作出正确判断。导游不顾客观存在的危险，坚持带游客冒险游玩，致游客身处险境，并实际导致损害结果发生的，其所属的旅游服务机构应当承担相应的民事责任；游客遇险或者受到伤害后，相关旅游服务机构应当尽最大努力及时给予救助，旅游服务机构未尽到救助义务，导致损害结果扩大的，应当承担相应的民事责任。

（2）树木折断致人损害的，除存在树木的所有人或管理人已尽到维护、管理义务，或者损害结果的发生系因不可抗力所致，或者受害人因自己的过错造成损害等三种情形外，树木的所有人或管理人应当承担赔偿责任。

（3）根据最高人民法院《关于审理人身损害赔偿案件适用法律若干问题的解释》第 3 条第 2 款的规定，二人以上没有共同故意或者共同过失，但其分别实施的数个行为间接结合发生同一损害后果的，应当根据过失大小或者原因力比例各自承担相应的赔偿责任。

重点提示

我国《侵权责任法》第 37 条规定：宾馆、商场、银行、车站、娱乐场所等公共场所的管理人或者群众性活动的组织者，未尽到安全保障义务，造成他人损害的，应当承担侵权责任。这也是调整旅游景区经营管理者与游客权利义务关系的重要法律依据。旅游景区作为一种重要的公共空间，其经营者对进入景区的游客具有采取积极措施防止损害发生的义务和给予提示、告知、警告等义务。具体包括：（1）预防措施。即配备与景区相适应的安全工作人员、医务救助人员，并配置相应设施设备，保障设施设备和交通工具安全可靠；在明显位置设置标志牌和警示牌；对景区的游览线路、设施设备进行巡查，及时消除安全隐患；景区内的旅游服务人员应当树立高于游客的安全防患意识。（2）及时救助义务。应当保证在事故发生后能立即启动救援体系，包括安全人员、医疗人员等对受害游客及时救治，降低事故损害。此外，景区经营者违反安全保障义务造成游客伤害，应承担的责任类型有：①赔偿责任。景区经营者未合理限度范围内的安全保障义务，未及时排除危险，导致游客受伤，景区经营者应当对自己的过错行为承担全部赔偿责任；当游客的伤害是第三人侵权造成时，景区经营者也有过错的，应当在其能够防止或者制止损害的范围内承担相应的补充赔偿责任。②免责事由。当景区经营者能提供证据证明其按照法律对旅游安全的规定，建立了有效的安全保障系统和救助系统，游客的伤害系景区不能预见和控制的因素造成时，可认定景区经营者对游客的人身安全尽到了合理的安全保障义务，景区经营者无过错的，不担责；游客的伤害系其故意或者过失行为造成时，应当自担责任，景区经营者不担责；游客的伤害系第三人侵害造成，且第三人已经赔偿全部损失的，景区经营者无需再行赔偿；不可抗力，对于不能预见、不能克服的客观情况导致游客伤害，景区经营者自身没有过错的，不担责。但对于景区经营者应当预见而未预见，或者已经预见而轻信能够避免的自然灾害，未采取相应预防措施，导致游客伤害的，景区经营者对此具有过错，不得以不可抗力为由主张免责。

8. 电力企业违反电力管理行政法规但与损害结果无必然联系的应否承担民事责任

案例来源

余×洪、余×友等诉雅安××股份有限公司、雅安市雨城区××镇人民政府、雅安市××开发有限责任公司××电站违反安全保障义务责任纠纷案

发布单位：最高人民法院审判监督庭《审判监督指导》2004 年第 3 辑

（总第15辑）

审判法院：四川省雅安市中级人民法院

判决日期：2003年5月12日

基本案情

2000年6月中旬，镇政府（雅安市雨城区××镇人民政府）所有的广播线断落于草坝镇石坪村二组田中，并电击家禽死亡。村社干部向镇政府反映后，镇政府未予以重视，亦未及时采取安全防范措施。其后，在包产田内劳动的帅×被该广播线照明电压电击死亡。该广播线穿越××股份有限公司（雅安××股份有限公司）、××开发公司××电站（雅安市××开发有限责任公司××电站）供电区域，并与××股份有限公司、××开发公司××电站的不符合安装规程、具有安全隐患现象的供电线同杆架设。事故发生后，安全生产委员会（原雅安市人民政府安全生产委员会）会同雅安地、市水电局、××股份有限公司、××开发公司××电站、市人事劳动局等有关单位对广播线带电原因进行调查，经现场检查，并未发现输电线与广播线具有接触地方。调查人员由于未对广播线的进户线逐户进行检查，共同分析认为因为草坝镇至石坪村架设的广播线路与输电线隐患比较严重，故可能系某一个地方广播线与输电线软接触所致，并将该调查情况以文件确认。

另：余×洪系帅×丈夫，余×友、余×、余×海、余×军系帅×生前与余×洪共同生育四子。帅×父母已死亡。余×海被残联（雅安市残疾人联合会）评定为十级伤残。事故发生后，镇政府给付帅×安葬费等8000元。

余×洪、余×友等（余×、余×海、余×军）以镇政府应对其亲属帅×在自家包产地劳动时，被掉落于田中广播线电击死亡的事故负主要责任，××股份有限公司、××开发公司××电站负一定责任为由，提起诉讼，请求判令镇政府、××股份有限公司、××开发公司××电站按照《企业职工工伤保险试行办法》标准承担连带赔偿责任，共计赔偿其丧葬费、死亡补助金、抚恤金、交通费、误工费等费用50 000元，精神损害赔偿费

50 000元。

镇政府辩称：经鉴定，帅×系触电死亡。其会同相关部门勘验现场，不能确定帅×死亡现场掉落田间的广播线是否导通高压线及导通原因；而且，余×洪、余×友等主张按企业工伤保险规定进行赔偿的要求于法无据；其确有广播线和电线不规范同杆架设的现象，同意承担三分之一的赔偿责任。

××股份有限公司辩称：石坪村二组虽属其供电营业区，但该区电线产权不属其所有，其无管理维护义务，且现无证据证明其所有或属其供电营业区的照明线与广播线发生软接触。因此，帅×的死亡与其无关，安全生产委员会无权对此事故进行调查确认。请求驳回余×洪、余×友等对其的诉讼请求。

××开发公司××电站辩称：其供电区内虽供电线与广播线可能发生软接触，但软接触并非造成广播线导电的唯一原因，余×洪、余×友等要求其承担责任的证据不充分，请求驳回余×洪、余×友等的诉讼请求。

判决主文

一审法院认定：帅×在草坝镇石坪村二组责任田内劳动时，被断落于田中的带电广播线电击死亡。因被告镇政府未对其所有广播线严格管理，负有过错，承担此事故主要责任；被告××股份有限公司未对供电区内电力设施定期检查，对同杆违规架设广播线未采取措施制止，未尽到安全供电法定义务，承担此事故次要责任；广播线和供电线可能发生软接触与广播线带电无必然因果关系，故被告××开发公司××电站承担责任证据不充分。

一审法院判决：由被告镇政府赔偿原告余×洪、余×友等死亡补偿费、丧葬费、交通费、被抚养人生活费、误工费共计 13 288 元（扣除已支付 8000 元，实际支付 5288 元），被告××股份有限公司赔偿 3322 元；驳回原告余×洪、余×友等对被告××开发公司××电站的诉讼请求。

原告余×洪、余×友等不服一审法院判决，提起上诉称：一审法院判决赔偿数额偏低，精神抚慰金未予赔偿，请求增加赔偿费用。

被告××股份有限公司亦不服一审法院判决，提起上诉称：其不应承担赔偿责任。

二审法院判决：撤销一审法院判决第一、二条；维持第三条，即驳回上诉人余×洪、余×友等对被上诉人××开发公司××电站的诉讼请求；由被上诉人镇政府赔偿上诉人余×洪、余×友等死亡补偿费29 380元、丧葬费1200元、交通费90元、误工费30元、被抚养人生活费600元等，共计31 300元（扣除已支付8000元，实际支付23 300元）；驳回上诉人余×洪、余×友对上诉人××股份有限公司的诉讼请求。

二审法院判决生效后，检察机关经审查认为，原审判决适用法律错误，提出抗诉称：其一，上诉人××股份有限公司、被上诉人××开发公司××电站的输电线架设均不符合规程，其与石坪村村委会对出事地点的输电线均存在管理不善的责任，不能排除对事故发生完全无过错。其二，上诉人××股份有限公司、被上诉人××开发公司××电站管理不善构成共同危险行为，应与被上诉人镇政府负连带赔偿责任。其三，石坪村村委会系照明电路权的所有者，应和两家××股份有限公司一起承担赔偿责任。综上，原审法院判决判令被上诉人镇政府应负赔偿责任正确，但不导电的广播线并非致帅×死亡的直接原因。原审法院未判决两家电力供应者与照明线路产权人石坪村村委会的致害赔偿责任错误，属适用法律不当。

再审法院受理抗诉后，决定再审本案。

再审法院判决：维持二审判决。

裁判要旨

电力企业依法对电力设施负有监管责任，电力企业、电线所有人对电力设施管理不善，广播电线致人损害，虽是带电所致，但无证据证明带电原因系电力企业、电线所有人的行为所致，即电力企业管理不善的行为并非损害后果发生的必然原因，虽违反《电力设施保护条例》的规定，但并不承担民事赔偿责任。

重点提示

依据最高人民法院《关于审理触电人身损害赔偿案件若干问题的解释》的规定，因高压电造成人身损害的，由电力设施产权人承担民事责任，通常为电力企业承担此责任。这是关于高压电线致人损害的责任承担主体的规定。但在触电人身损害赔偿案件中，损害结果非高压电线所致，系带低压电的广播线所致。对于此种情形下电力企业应否承担损害赔偿责任，分析如下：（1）致害行为与损害结果的因果关系分析。人身损害赔偿的因果关系，指的是侵权行为与损害事实之间存在前因后果的客观联系。而带低压电的广播线致人触电死亡，要求电力企业承担损害赔偿责任，因触电死亡的原因多种多样，除电力企业监管不力外，还有村民乱接乱搭行为，故需有充分证据证明带电的原因系电力企业的行为所致，且该行为与损害结果具有直接因果关系时，才认定为侵权行为中的因果关系。否则，将违反我国《侵权责任法》中关于归责原则的规定。（2）电力企业对电力设施的监管责任。依据我国《电力法》第 19 条第 2 款的规定，电力企业应当对电力设施定期进行检修和维护，保证其正常运行。若电力企业监管不力时，要求电力企业承担民事损害赔偿责任的前提条件如下：其一，电力企业监管不力行为并非行政电力管理行为；其二，违反法定的管理行为；其三，管理行为与损害结果具有直接因果关系；其四，电力企业具有过错。只有同时具有上述四个条件，才能认定电力企业应对电力设施监管不力承担民事赔偿责任。需要注意的是，不能将电力企业的行政责任与民事责任混淆。若电力企业对电力设施监管不力并非损害后果的直接、必然的原因，且监管不力不能构成共同危险行为，则不能认定其应当对损害后果承担民事责任。但电力企业应当对与电线同杆架设的广播线按照规定进行维护、监管，及时制止危害电力设施的行为，否则，违反相关行政管理法规的规定，电力行政管理部门可依法对电力企业进行处理。

9. 银行设施致未成年人损害的责任承担

案例来源

关××诉××银行洛阳分行××支行公共场所管理人责任纠纷案

发布单位：最高人民法院中国应用法学研究所《人民法院案例选》2004年民事专辑（总第48辑）

审判法院：河南省洛阳市中级人民法院

判决日期：2002年5月23日

基本案情

2001年3月，未成年人关××在其父关×阳带领下前往由××支行（××银行洛阳分行××支行）管理的24小时无人值守自助银行存款。在此期间，关××被放置在存款机旁的碎纸机切伤，导致左手食、中、环指外伤性缺损，住院治疗13天，花费医疗费2069.07元。其中，××支行给付医疗费5000元，交通费840元。出院诊断：关××必要时需要进行残指修整术，装配义肢。临床医学鉴定中心（洛阳市中级人民法院临床医学鉴定中心）出具法医伤残等级鉴定书认为：关××被碎纸机轧伤左手，致食、中指近侧指间关节离断缺失，环指远侧指关节缺失，属七级伤残。假肢装配厂（洛阳市××假肢装配厂）诊断：关××适应装美容装饰性手套，因其幼年发育较快，需每年更换一次，价格分进口、国产两种，建议关××18岁前最好装低价位，18岁后可适当高一点价格或进口产品。

关××以自助银行提供的碎纸机切伤其左手，××支行作为管理人应当承担赔偿责任为由，提起诉讼，请求判令××支行赔偿医疗费、护理费等各项经济损失，支付残疾慰抚金。

判决主文

一审法院判决：被告××支行以60%的比例赔偿原告关××医疗费、护理费、住院伙食补助费、营养费、交通费、伤残生活补助费共计

18 845. 59元；被告××支行以 60% 的比例赔偿原告关××残疾用具费共计 98 160 元；被告××支行赔偿原告关××残疾慰抚金 30 000 元；驳回原告关××的其他诉讼请求。

被告××支行不服一审法院判决，提起上诉称：本行无过错，不应赔偿被上诉人关××损失。请求撤销原审法院判决，依法改判。

经二审法院调解，双方自愿达成如下调解协议：被上诉人关××的监护人对被上诉人关××的人身损害承担 80% 民事责任，上诉人××支行承担 20% 民事责任；上诉人××支行一次性给付被上诉人关××各项费用 8 万元；其他互不追究。

裁判要旨

监护人携带未成年人至自助银行存款过程中，未成年人被自助银行内设置的碎纸机切伤手指，经鉴定，属于七级伤残。因自助银行的管理机构未尽安全保障义务，故其对未成年人伤残负有过错，应当承担主要赔偿责任，并应根据一般国产中档同类产品的价格以及未成年人配备残疾用具的次数等支付安装义肢的费用。监护人未尽监护责任，应当自行承担部分民事责任。

重点提示

我国法律虽将未成年人定义为限制行为能力人和无行为能力人，但未成年人广泛地参与社会活动，因在公共场所遭受人身损害，涉及未成年人监护人、公共场所管理人两方的责任承担问题。具体分析如下：（1）监护人未尽到监护职责。依据我国《民法总则》的规定，监护人应当按照最有利于被监护人的原则履行监护职责。由此，在公共场所发生的未成年人人身损害赔偿纠纷中，监护人对未成年人未进行足够的安全教育，未对未成年人的人身安全采取必要的防护措施，系造成未成年人人身损害的原因之一，其监护人应当依法承担相应的责任。（2）公共场所未尽到安全保障义务。未成年人的生命健康权当然依法受到保护，我国《侵权责任法》第 37 条规定，宾馆、商场、银行、车站、娱乐场所等公共场所的管理人或者群众性活动的组织者，未尽到安全保障义务，造成他人损害的，应当承担侵权责任。公共场所经营人作为其场所的管理者，应当尽到合理限度范围内的安全保障义务，对危险部位、区域进行规范的安全提示，对相关设施及时检修、更新，保障进入其场所人员的安全，严格排除安全隐患，特别是未成年人弱势群体的人身安全，应尽到更为严格的安全保障义务，否则，依法应当承担赔偿责任。综上，银行对其内设设施负有监管并及时排除安全隐患的义务，因监管不力造成未成年人损害的，应当承担赔偿责任。同时，未成年人的监护人，携带未成年人进入银行等公共场所，应当对其人身安全、财产安全尽到更严格的监护义务，因监护不力造成未成年人损害的，亦应当承担一定的责任。

10. 餐饮经营者的安全保障义务

案例来源

祝×诉长春市×酒家有限公司公共场所管理人责任纠纷案

发布单位：最高人民法院民事审判第一庭《民事审判指导与参考》2004 年第 2 卷（总第 18 辑）

审判法院：吉林省高级人民法院

基本案情

王×与祝×系夫妻关系。2000 年 10 月 23 日，王×与其高中同学 7 人在×酒家（长春市×酒家有限公司）聚会。当日聚会结束后，王×在二楼门口缓台处倚靠左侧的门时，身体失去平衡跌倒，晕倒在通往厨房的楼梯上。×酒家服务员发现王×摔倒后，王×的同学将其送到吉林大学第一医院抢救。王×临床诊断为“重度闭合性颅脑损伤，原发性脑干损伤；左颞、枕叶脑挫裂伤；右额、颞、顶硬膜下外血肿，硬膜外血肿；右额、颞、顶、颅骨骨折；外伤性蛛网膜下腔出血”，最终王×因伤重医治无效死亡。经查，事故发生地（门及楼梯）是×酒家自行改建设计的，供内部职工使用的通道门。发生事故时，该门没有上锁。门上除贴有“厨房顾客止步”外，再无其他告示内容。

祝×以×酒家建筑设施设置不合理，管理不善，导致王×死亡为由，提起诉讼，请求判令×酒家赔偿王×住院期间的医药费、误工费、住院伙食补助费、护理费、交通费、住宿费、丧葬费、死亡补偿费、被扶养人生活费、精神损害费等共计 680 000 余元。

×酒家辩称：事故发生与王×饮酒过量，已不能独立行走，同行人看护不到位有关，事故发生区域不存在设计不合理状况。故×酒家在王×跌倒事故中不存在过错。

判决主文

一审法院判决：被告×酒家赔偿原告祝×为王×住院期间支付的医药费、交通费、宿费、护理费、伙食补助费、丧葬费、死亡赔偿金等合计 227 621. 90元。

被告×酒家不服一审法院判决，提起上诉称：一审判决对王×饮酒过量未认定；适用法律不当，本方对王×身体受到侵害无故意或过失，不应承担赔偿责任。

被上诉人祝×辩称：原审判决正确合理，应驳回上诉，维持原判。

二审法院判决：驳回上诉，维持原判。

裁判要旨

经营者应当向消费者提供符合人身、财产安全标准的设施、设备。因餐饮业的经营者在为消费者提供服务过程中，其公共场所的构筑物存在安全隐患，且未作出真实说明和标有明确的危险警示，致使消费者伤亡的，应当认定经营者未尽安全保障义务，承担全部的损害赔偿责任。

重点提示

餐饮经营者的安全保障义务，是从事餐饮经营活动的主体在合理限度范围内，对进入其经营场所的消费者或者其他人的人身、财产予以依法保障的义务。主要包括：所使用的建筑和与餐饮服务相关的设施、设备符合安全标准；新建、扩建、改建营业场所应当符合安全标准；对醉酒者的关照义务；防止顾客在餐饮场所内遭受第三人非法侵害的注意义务。其中，餐饮经营者应对醉酒者尽必要合理的关照义务，因为消费者醉酒时，属于处于一种无意识的危险状态，故餐饮经营者应当防止危险结果的发生。依据最高人民法院《关于审理人身损害赔偿案件若干问题的解释》第 6 条的规定，从事餐饮经营活动或者其他社会活动的自然人、法人、其他组织，未尽合理限度范围内的安全保障义务致使他人遭受人身损害，赔偿权利人请求其承担相应赔偿责任的，人民法院应予支持。要求餐饮经营者对消费者或者进入其经营场所的其他人承担安全保障义务，究其原因，主要有：（1）餐饮经营者获得利益的同时也应当承担由此产生的风险，即经营餐饮的目的在于获取收益，故有义务制止危险的发生，对消费者的安全负有风险防范义务。（2）餐饮经营者提供的服务设施造成消费者的损害，属于物的损害，餐饮经营者作为物的所有人或者占有人应当承担赔偿责任。（3）餐饮经营者对其经营场所内的设施、设备了解程度比消费者深，更能预见可能发生的危险，应当对其经营场所承担安全保障义务。（4）消费者与餐饮经营者相比，处于弱势地位，应当由餐饮经营者承担安全保障义务。综上，餐饮经营者未尽到安全保障义务，造成进入其场所的消费者或者他人损害的，应当承担侵权责任。

11. 无民事行为能力人在经营场所被自动扶梯绞伤的法律责任

案例来源

张×诉淮阴××大厦股份有限公司公共场所管理人责任纠纷案

发布单位：最高人民法院中国应用法学研究所《人民法院案例选》2004 年民事专辑（第 48 辑）

审判法院：江苏省淮安市中级人民法院

判决日期：2001 年 9 月 7 日

基本案情

2000 年 6 月，不满 4 周岁的张 × 随同其外祖母韩 × 萍到 × × 大厦（淮阴 × × 大厦）购物，在搭乘自动扶梯过程中，因张 × 穿着的凉鞋被扶梯下口梳齿板卡住，造成左足被绞伤。事故发生后，张 × 被送往淮安市第二人民医院治疗，治疗期间共计花费医疗费 10 712 元。经鉴定：张 × 左足第四、五脚趾缺如、左足足弓损坏，伤残程度为九级，该损伤 5 个月左右可以愈合，张 × 伤后住院期间可予专人护理，伤后 1 ~ 2 月内可予营养补助，其住院期间治疗及用药无明显不妥之处。张 × 治疗期间，× × 大厦管理人 × × 大厦（淮阴 × × 大厦股份有限公司）为张 × 支付医疗费 9000 元。

张 × 以 × × 大厦管理有疏漏，存在安全隐患，导致其人身受到损害为由，提起诉讼，请求判令赔偿医疗费、护理费、营养费、残疾者生活补助费、交通费、精神损害赔偿金和继续治疗费等费用。

期间需要专人护理，伤后 1 ~ 2 月内需要营养补助，张 × 住院期间治疗及用药无明显不妥。

判决主文

一审法院判决：原告张 × 自负医疗费、残疾者生活补助费、护理费、营养费、救护费、交通费、× 摄片费共计 2810.33 元，被告 × × 大厦赔偿原告张 × 共计 25 292.9 元；法医鉴定费，原告张 × 负担 30 元，被告 × × 大厦负担 270 元；被告 × × 大厦赔偿原告张 × 精神损害赔偿金 9000 元。

被告 × × 大厦不服一审法院判决，提起上诉称：被上诉人张 × 并非消费者，事故完全是因其监护人未尽职责导致，本公司不应承担责任。

二审法院判决：驳回上诉，维持原判。

裁判要旨

经营者提供的产品及服务应当符合保障消费者人身、财产安全的要求，消费者因经营者提供的自动扶梯设备存在质量问题及安全隐患而受到人身损害的，经营者应当承担赔偿责任。即使消费者系无民事行为能力的幼童，其监护人未尽监护职责应承担一定过错责任，经营者也不因此免责。

重点提示

无民事行为能力人在经营场所被自动扶梯绞伤，涉及的法律问题主要有：其一，经营场所内自动扶梯在性质上属于商家为消费者提供的服务。商业经营场所作为向消费者提供商品和服务的经营者，在经营的公共场所内配置自动扶梯，虽不为商品，但设置的目的是方便消费者购买或者使用经营者提供的商品或者服务，为实现商品或者服务的消费目的而配置的附属服务。其二，进入商业经营场所的无民事行为能力人也为该场所的消费者。通常所称的消费者，是为生活需要购买、使用商品或者接受服务的人。无民事行为能力人随其亲属进入经营场所，虽不采购商品，但是乘坐经营者为方便消费者购物而设置的扶梯，该扶梯是经营者提供服务的一部分，无民事行为能力人进入该扶梯，即为接受经营者提供的该种服务，当然是消费者。其三，无民事行为能力人在经营场所受伤，所适用的法律。我国《侵权责任法》第 37 条规定：宾馆、商场、银行、车站、娱乐场所等公共场所的管理人或者群众性活动的组织者，未尽到安全保障义务，造成他人损害的，应当承担侵权责任。其中，商业场所经营者作为场所的管理人，对进入其场所内的自然人的人身与财产负有安全保障义务，其提供的商品或者服务应当符合保障人身安全和财产安全的要求，及时排除安全隐患，防止危险发生。未尽到此安全保障义务，对存有安全隐患的自动扶梯进行维修，或者设置安全警示标示，造成进入该扶梯的无民事行为能力人人身损害的，应当承担侵权责任。其四，无民事行为能力人的监护人的责任。无民事行为能力人的监护人对其负有法定的监护义务，监护人对应当预见到经营场所自动扶梯设施存在安全隐患而未尽到注意义务的，对无民事行为能力人由此产生的损害应当负有一般过错责任。

二、间接责任（4 例）

1. 相约进行户外集体探险时发生意外伤害事故的责任承担

案例来源

刘甲、王 × 诉李 × 等十二人群众性活动组织者责任纠纷案

发布单位：最高人民法院民事审判第一庭《民事审判指导与参考》2008 年第 2 集（总第 34 集）

审判法院：× × 人民法院

基本案情

2006 年 7 月，李 × 在网上发帖，召集网友一起参加户外探险活动。次日下午，包括刘 × 在内的 12 人分别抵达李 × 拟定的集合地点 E 江，参加探险活动。探险期间，E 江地区连下大雨，导致 E 江山洪暴发，该团队在 E 河谷中按扎的帐篷被山洪冲走，刘 × 也被洪水冲走。李 × 等 12 名成员在自救及互相营救后基本脱离危险。此后，镇政府（E 江镇政府）组织的搜救队在 F 村的河谷石缝中找到已经遇难的刘 × 的遗体。

刘 × 的父母刘甲、王 × 以李 × 与其他 11 名探险成员在探险期间存在重大过失，导致刘 × 意外死亡为由，提起诉讼，请求判令李 × 等 12 人赔偿死亡赔偿金、丧葬费、交通费、住宿费、误工费共计 200 000 元的 80%；赔偿精神损害抚慰金 200 000 元；李 × 等 12 人对上述赔偿款负连带赔偿责任。

判决主文

一审法院认定：被告李 × 为此次活动的发帖人，由其指定出行的日期、路线、经费，安排车辆并召集人员会合，其行为符合组织行为的特征，故应认定：被告李 × 为组织者；虽然被告李 × 主张活动的费用系 AA 制，但未举证证明，故应推定该次活动具有营利性质；被告李 × 作为组织者应意识到探险活动的危险性，而其却选择暴雨季节在位于山洪下泻通道的河谷中安扎帐篷露营休息，且在连降暴雨的情况下，未组织队员及时撤离，应承担最重大的责任，其他 11 人对刘×死亡的损害后果承担最轻的责任；刘×既未自救亦未救助他人，其所承担的责任应轻于李×，重于其他 11 人。

一审法院判决：受害人刘×、被告李×与其他 11 人按 2.5：6：1.5 的责任比例承担民事赔偿责任。

被告李×等 12 人不服一审法院判决，提起上诉称：上诉人李×只是活动的善意发起人，仅对活动起提倡作用；活动的各项收支已经结算，结清了各自的退补款项，不存在营利性；受害人刘×因山洪暴发不幸死亡，是一起自甘冒险所致的意外伤亡事件，风险责任应当自负；原审判决错误认定案件事实和性质及法律关系，致使全案适用法律错误。请求撤销原审判决。

被上诉人刘甲、王×辩称：一审判决并无认定事实不清，适用法律不当的错误，请求二审法院驳回上诉人李×等 12 人的上诉，维持原判。

二审法院判决：本次户外探险自助游的各参与人分担民事责任。

裁判要旨

行为人提议野外探险，受害人与其他参与者一起加入了该活动。野外探险时，山洪暴发，受害人被洪水冲走并死亡。因行为人仅具有提议行为，并未制定具体的活动方案，且旅游所需费用由各参与人均摊，行为人并未营利，故不属于该次野外探险活动的组织者，不存在管理组织行为，亦无需对受害人的死亡后果承担损害赔偿责任。但受害人因此次探险活动遭受损害，根据实际情况，应由各参与人给予受害人适当的经济补偿。

重点提示

当事人进行野外集体探险或者结伴自助游，由此产生人身损害的责任承担问题，主要有以下几种不同的意见：第一种意见认为，适用《合同法》的基本原理。野外集体探险或者自助游的发起人在网上发帖，即为要约，其对象是不特定的人群，回应者为对该要约进行的承诺，双方形成合同关系。各自之间虽未约定权利和义务，但从其共同行为中可以判断，一起进行探险或者结伴自助游即为合同的内容，合同当事人均具有参加活动中所有项目的权利，也有义务缴纳活动费用。此时，合同当事人对合同的风险应当预见和防范，并对其行为后果承担主要责任，其他未参与野外集体探险或者结伴自助游的辅助者承担次要责任。第二种意见认为，适用过错责任原则，即野外集体探险或者结伴自助游本身风险较大，参与者作为成年人，对其参与活动的潜在风险应当明知，参与到野外集体探险或者结伴自助游中，每个参与者对自己的行为所产生的后果负责。召集者应当预见风险并做好应对措施，及时对他人进行风险提示，未能尽该种义务的，则具有过错，应承担相应的责任。第三种意见认为，野外集体探险或者结伴自助游中的召集者与参与人处于平等的地位，各自对自己的行为负责，参与人发生意外，与召集者和其他参与人的行为无关，发生意外的参与人应当自担风险。鉴于此，关于野外集体探险或者结伴自助游引发的人身损害事故，最高人民法院民一庭的意见认为，该种活动的风险较大，各参与人均为成年人，具有完全民事行为能力，对集体探险或者结伴自助游具有的风险应当明知，各个参与人之间具有临时互助团体的共同利益。尽管受害人属于意外身亡，且其他参与人对受害人已尽必要的救助义务，主观上对受害人的身亡并无过错，但是，依据“当事人对造成损害均无过错，但是一方在为共同利益进行的活动中受到损害的，可以责令受益人给予一定经济补偿”的规定，可责令参加野外集体探险或者结伴自助游的其他当事人对受害人的身亡分担民事责任，对其进行适当的经济补偿。

2. 安全保障义务人的补充赔偿责任

案例来源

吴××、靳××、赵×、赵×雅、赵×凯诉中国××银行云南省分行昆明市××支行、昆明市××保安公司公共场所管理人责任纠纷案

发布单位：《最高人民法院公报》2004 年第 12 期（总第 98 期）

审判法院：云南省高级人民法院

判决日期：2004年6月10日

基本案情

保安公司（昆明市××保安公司）与××银行××支行（中国××银行云南省分行昆明市××支行）签订的保安服务合同，派出保安负责××银行××支行营业区域内的治安。2003年2月，昆明市官渡区××精米厂个体经营业主吴×红与两名随行人员一同前往××银行××支行办理存、汇款业务。在营业厅办理业务过程中，一名犯罪嫌疑人违反银行一米线规定，站在吴×红侧边。在此期间，银行值班的保安公司保安及工作人员并未注意该人，亦未制止该人的行为。在吴×红将装有现金的钱袋放在银行柜台办理存款时，该名犯罪嫌疑人上前抢夺钱袋。犯罪嫌疑人在吴×红反抗过程中开枪将其击倒，随即逃离现场，但未带走钱袋及现金。事发后，吴×红因中弹而被立即送往医院，但最终因抢救无效死亡，犯罪嫌疑人亦未能缉拿归案。经查，××银行××支行安全防护设施符合相关规定，案发当日，银行电视监控无专门人员值守。

吴×红的近亲属吴××、靳××、赵×、赵×雅、赵×凯以××银行××支行未能履行相应的安全保障义务，导致吴×红被枪击死亡，其应承担主要责任，保安公司亦应承担相应责任为由，提起诉讼，请求判令××银行××支行、保安公司对吴×红的死亡后果予以赔偿。

判决主文

一审法院判决：被告××银行××支行向原告吴××、靳××、赵×、赵×雅、赵×凯赔偿吴×红死亡赔偿金66 760元、丧葬费8241元，向原告赵×赔偿被抚养人赵×雅、赵×凯生活费56 933.48元，三项合计131 934.48元；驳回原告吴××、靳××、赵×、赵×雅、赵×凯的其他诉讼请求。

原告吴××、靳××、赵×、赵×雅、赵×凯不服一审法院判决，提起上诉称：上诉人××银行××支行在其营业场所内，未配备必要的安全技术设施，在安全防范工作中存在重大过失，从而导致客户的人身安全存在重大威胁，且上诉人××银行××支行未对保安人员进行必要的管理，因此，保安人员的失职行为与上诉人××银行××支行及上诉人保安公司的管理具有直接的因果关系，上诉人××银行××支行及上诉人保安公司均应承担赔偿责任。综上，请求二审法院撤销一审法院判决，并判令上诉人支行、上诉人保安公司连带赔偿死亡赔偿金等费用。

上诉人××银行××支行辩称：吴×红的死亡与本行的行为无直接联系，而系犯罪行为直接导致，并且本行对该损害后果的发生不能防范且不能预见，因此，本行不应承担赔偿责任。

上诉人保安公司辩称：上诉人吴××、靳××、赵×、赵×雅、赵×凯既然认为本公司与上诉人××银行××支行签订的合同是内部关系，那么本公司并非本案的适格当事人。犯罪嫌疑人案发前并无异常举动，且本公司保安在案发时亦在解答客户的问题，视线被遮挡，另外，本公司保安在案发后，立即采取了相应措施，因此，本公司并无过错。

被告××银行××支行不服一审法院判决，提起上诉称：本行已经按照规范，完善了相应的安全防范硬件设施；案发时犯罪嫌疑人的行为具有突发性、不可预见性和不可控制性。因此，不应直接否定本行未尽到合理限度内的安全保障义务，本行不应承担任何责任。据此，请求二审法院撤销一审法院判决，驳回上诉人吴××、靳××、赵×、赵×雅、赵×凯的诉讼请求。

被告保安公司不服一审法院判决，提起上诉称：本公司保安在案发时，正在回答客户提的问题，该行为亦属履行职责的行为，且在案发后本公司保安亦追赶了犯罪嫌疑人，故不应认定本公司具有过错。请求撤销原审判决对保安有过错的认定，确认保安在本案中无过错。

上诉人吴××等五人辩称：上诉人××银行××支行在犯罪嫌疑人在营业厅游走时，并未发现异常现象，因此，应认定其未尽到相应的注意义务，且在案发后，犯罪嫌疑人逃走时亦未受到阻拦，也证明上诉人××银行××支行未履行安全保障的义务。

二审法院判决：驳回上诉，维持原判。

裁判要旨

储户在银行办理存款、取款业务时，被准备抢劫财物的犯罪分子杀害。因银行是面向公众开放，且负有安全注意义务的经营场所，如因第三人侵权致人损害的，经营者作为安全保障义务人，在其能够防止或者制止损害的范围内对受害人承担与其过错相适应的补充赔偿责任。而银行虽设置了报警监控设施，但未按规定派人值守监控室，亦未对保安人员进行管理，故应认定银行未尽到安全保障义务，其应当为储户的死亡承担一定责任。但储户死亡的后果系他人的犯罪行为导致，具有突发性，根据公平正义原则，银行仅需在其能够防止或者制止损害的范围内承担补充赔偿责任。

重点提示

安全保障义务人未尽相应义务，在不同的情况下所承担的责任也不同，对此，我国《侵权责任法》第 37 条规定了安全保障义务人的两种责任类型：一种是安全保障义务人因违反安全保障义务而直接造成他人遭受损害时的责任，即直接责任；另一种是安全保障义务人因未尽安全保障义务而使得被保护的人遭受第三人的不法侵害时的责任，即补充责任。其中，关于安全保障义务人的补充责任，即能够确定加害人时且加害人能承担受害人全部损失的赔偿责任时，由其承担，而安全保障义务人不承担责任；当不能确定加害人或者在加害人财产不足以承担其应负的民事责任时，负补充责任的安全保障义务人对不足部分承担的责任。具体而言，其一，在侵权补充责任形态中，当直接责任与补充责任竞合时，受害人应当先向直接责任人请求赔偿，直接责任人承担了全部赔偿责任后，受害人不得再要求安全保障义务人承担补充责任。其二，受害人在直接责任人不能赔偿、赔偿不足或者无法确定直接责任人时，可以向承担补充赔偿责任的安全保障义务人请求赔偿。此外，安全保障义务人承担补充责任的前提条件为：其一，第三人侵权行为系受害人损害结果的直接原因。其二，安全保障义务人未尽安全保障义务，为侵权行为发生、受害人遭受损害提供了条件。其三，安全保障义务人的义务在于防范和制止其安保范围内的侵权行为。其四，第三人的侵权行为与安全保障义务人不作为行为产生竞合，如果安全保障人履行其应尽的安全保障义务，能够有效防止或者制止损害结果的发生，亦或减轻损害结果的扩大。综上，当安全保障义务人未尽到合理限度范围内的安全保障义务，对第三人侵权行为未及时防范和制止，造成在其场所内从事相关活动的受害人人身损害，虽第三人的侵权行为具有突发性，应当对受害人的损害承担主要的、直接的责任，但为及时弥补受害人的损失，安全保障义务人也应当在一定条件下承担相应的补充赔偿责任。

3. 第三人侵权时经营者的义务与责任

案件来源

李 ×、龚 × 诉广东珠海经济特区 × × × 饮食有限公司生命权纠纷案

发布部门：《最高人民法院公报》2002 年第 2 期（总第 76 期）

审判法院：广东省高级人民法院

判决日期：2001 年 11 月 26 日

基本案情

1999 年 10 月 24 日傍晚 6 时左右，李 ×、龚 × 夫妇二人带其八岁的儿子龚 × 皓与朋友到 × × × 饮食有限公司（广东珠海经济特区 × × × 饮食有限公司）开设的 × × × 餐厅就餐，由餐厅礼仪小姐带至二楼就座于名为“福特的餐厅包房”旁。包房东、南两面为砖墙，西、北两面为木板隔墙，龚 × 皓就座于靠近该房木板隔墙外侧。约半小时后，“福特”包房内突然发生爆炸，李 × 和龚 × 皓随即倒下不省人事，龚 × 忍着伤痛拖开因爆炸倒下的包房木板隔墙，立即将龚 × 皓、李 × 送往医院。龚 × 皓因双肺爆炸伤外伤性窒息，呼吸、循环衰竭，经抢救无效死亡。李 × 的左上肢神经血管损伤，腹部闭合性损伤，失血性休克，肺挫伤，进行了左上肢截肢手术及脾切除术，伤愈后被评定为二级残疾。龚 × 右外耳轻度擦伤，右背部少许擦伤。

经查，此次事故系顾客自带的“五粮液酒”爆炸引起。该“五粮液酒”系他人送给该顾客的伪装的爆炸物，制造爆炸物的犯罪嫌疑人已被公安机关抓获，案件正在审理之中，且嫌疑人无赔偿能力。

李×、龚×以×××饮食有限公司经营管理不善，使餐厅发生爆炸，造成顾客人身伤亡为由，提起诉讼，请求判令×××饮食有限公司赔偿其医疗费、营养费、护理费、交通费、假肢安装费、残疾生活补助费、后期继续治疗费、残疾赔偿金、丧失生育能力赔偿金、丧葬费、死亡赔偿金、精神损害赔偿金等共计403万元。

×××饮食有限公司辩称：此次爆炸是犯罪分子所为，顾客在不知情的情况下将爆炸物带入餐厅，餐厅当然不可能预见，故餐厅在主观上没有过错。此外，爆炸至餐厅一名服务员身亡，以及餐厅装修、设备等损坏，餐厅本身也是受害者。李×、龚×只能向真正的加害者主张权利，不能要求餐厅承担责任。故李×、龚×的起诉缺乏事实和法律依据，请求驳回李×、龚×的诉讼请求。

判决主文

一审法院认定：原告李×、龚×的人身伤害和龚×皓的死亡，是×××餐厅发生的爆炸造成的。此次爆炸是第三人的违法犯罪行为所致，与被告×××饮食有限公司本身的服务行为没有直接的因果关系；在当时的环境下，被告×××饮食有限公司通过合理注意，无法预见此次爆炸，其已经尽了保障顾客人身安全的义务；×××餐厅木板隔墙不符合标准，只是造成李×、龚×、龚×皓伤亡的条件，并非原因，与损害事实之间没有直接的因果关系，被告×××饮食有限公司不能因此承担侵权损害的赔偿责任。

一审法院判决：驳回原告李×、龚×的诉讼请求。

原告李×、龚×不服一审法院判决，提起上诉称：其与被上诉人×××饮食有限公司系消费者权益之争，不是一般的人身损害纠纷；被上诉人×××饮食有限公司接受顾客自带酒水，在为顾客开启酒瓶时，应当考虑到餐厅是群体消费的场所，有必要对顾客带来的物品实施安全检查，被上诉人×××饮食有限公司未尽此项应尽的注意义务，致本案损害结果发生；

被上诉人×××饮食有限公司经营×××餐厅，未向有关部门报批装修，对本案损害的发生有主观过错；被上诉人×××饮食有限公司存在违约行为，也应该承担侵权责任。请求二审法院依照消费者权益保护法的规定，改判被上诉人×××饮食有限公司承担赔偿责任。

被上诉人×××饮食有限公司答辩称：允许顾客自带酒水进入餐厅就餐，是行业习惯。本公司已尽了本行业应尽的注意义务，对上诉人李×、龚×遭受的损害没有过错，亦未违约；上诉人李×、龚×和本公司同是本次爆炸事件的受害人，上诉人李×、龚×不能将本公司的服务行为和加害人的爆炸行为混为一谈。一审判决认定事实清楚，适用法律正确，应当维持。

二审法院判决：撤销一审判决；被上诉人×××饮食有限公司给上诉人李×、龚×补偿30万元。

裁判要旨

餐饮业经营者应当根据本行业的性质、特点和条件，随时谨慎地注意保护消费者的人身及财产安全；对于发生在经营者之经营场所的第三人侵权行为，经营者已经尽到合理的注意义务的，经营者无需承担责任；但第三人无赔偿能力的，可由经营者对受害人给予一定的补偿。

重点提示

酒店、饭店等场所的经营者应当对进入其场所的人尽到安全保障和风险告知义务，但该义务被限定在合理范围内，当第三人故意在酒店、饭店实施加害行为时，关于经营者安全保障义务范围与补充赔偿责任的理解与认定，具体分析如下：（1）经营者是否尽到合理限度范围内的安全保障义务。安全保障义务，是指依据法律规定或者合同约定负有安全保障义务的经营者，对进入其场所内的人的人身和财产安全履行相应积极作为和消极不作为的义务。违反该义务造成他人人身损害的，应当承担损害赔偿责任。判断经营者是否实施了未尽安全保障义务的行为，关键在于是否尽到“合理限度范围”内的安全保障义务。判断标准为，该安全保障义务人的行为是否符合法律、法规或者行业特定操作规程的要求，是否达到同业经营者应有的注意义务，以及能否预见或者预见的可能性等，并结合具体案件情况予以综合判断。负有安全保障义务的经营者对发生在其场所内的第三人侵权行为，没有及时采取必要的预防和制止措施，在一定程度上促成了侵权行为的发生，应当认定其违反了安全保障义务。（2）经营者作为安全保障义务人的补充赔偿责任。我国《侵权责任法》第37条第2款规定：因第三人侵权导致损害结果发生的，由实施侵权行为的第三人承担赔偿责任，安全保障义务人承担补充责任。此处补充赔偿责任要求有：一是安全保障义务人与第三人无共同侵权行为，二者不承担连带赔偿责任；二是安全保障义务人对侵权行为的发生未尽合理限度内的安全保障义务，但非受害人损害的直接原因；三是在侵权的第三人没有赔偿能力或者不能确定直接责任人的情形下，才由安全保障义务人承担补充赔偿责任，并以自己的行为应当承担的责任为限。综上，在存在第三人侵权行为的情况下，经营者对受害人的损害承担补充赔偿责任，以体现公平合理的理念，既保障受害人的救济，又使侵权人承担责任和风险。

4. 宾馆对住客的安全保障义务

案件来源

王××、张××诉上海××宾馆违反安全保障义务责任纠纷案

发布部门：《最高人民法院公报》2001年第2期（总第70期）

审判法院：上海市第一中级人民法院

判决日期：2001年1月17日

基本案情

1998年8月23日，王××、张××之女王×1为参加药品交流会来到上海，入住××宾馆（上海××宾馆），经宾馆服务台登记后，由服务员带至1911客房。王×1所住的1911房间门上配有探视镜、安全链及自动闭门器。在客房门后张贴的安全告示中有要求旅客“看清门外访客再开门”的提示。全×宝于当日下午2时2分进入宾馆伺机作案，在2时40分左右按1911客房门铃，待王×1开门后，将王×1杀害并将其随身携带的人民币2.3万余元、港币20元和价值人民币7140元的欧米茄手表劫走后，于4时52分离开宾馆。在此期间，宾馆未对其作访客登记，且对其行踪也未能引起注意。全×宝在选择犯罪对象的两个小时内，曾7次上下××宾馆的电梯。

另，××宾馆是四星级涉外宾馆，内部有规范的管理制度，并安装着安全监控设施。××宾馆制订的《××宾馆质量承诺细则》置放于客房内，并于1998年8月19日起实施。该细则中有“24小时的保安巡视，确保您的人身安全”、“若有不符合上述承诺内容，我们将立即改进并向您赔礼道歉，或奉送水果、费用打折、部分免费，直至赔偿”等内容。

王××、张××以××宾馆未尽安全保障义务为由，提起诉讼，请求判令××宾馆向其承认错误、赔礼道歉，并赔偿其丧葬费用、差旅、住宿费、教育、抚养费、王×1被抢劫财物损失共计442 800元，赔偿精神损失费500 000元。

××宾馆辩称：其与王×1之间存在着以租赁客房为主和提供相应服务为辅的合同关系；宾馆内部的各项管理规章制度并非该合同条款；宾馆对旅客所作的服务质量承诺，只是相对出租的客房和提供的服务而言。其已按约履行了出租客房和提供相应服务的义务，并未违约。其是有影响的涉外宾馆，内部有着必要的、规范的各项规章制度及相应设施，不存在对犯罪分子作案有利的客观条件。王×1遇害及其财物被劫，是犯罪分子所为，与其管理没有因果关系，故应当驳回王××、张××的诉讼请求。

判决主文

一审法院判决：××宾馆给付王××、张××赔偿费人民币80 000元；王××、张××的其他诉讼请求不予准许。

原告王××、张××不服一审法院判决，提起上诉称：首先，上诉人××宾馆未对全×宝进行访客登记，对其反常行为未予检查，上诉人××宾馆虽有完善的监控措施，却未能对旅客起到实际的保护责任。其次，上诉人××宾馆没有恪尽职守，王×1的死亡是由其以不作为侵权与全×宝的犯罪行为共同导致。再次，上诉人××宾馆既有侵权责任，亦有违约责任和消费者权益保护法上的责任。最后，王×1作为旅客住宿，是一种消费行为，应受到消费者权益保护法的保护，本案应根据受害方的原则处理。请求撤销一审判决，支持本方在一审中的诉讼请求。

被告××宾馆亦不服一审法院判决，提起上诉称：其一，上诉人王××、张××请求让宾馆同时承担违约和侵权责任，于法不符。其二，王×1与宾馆之间只存在合同关系，对本案不应适用消费者权益保护法调整。其三，宾馆没有对仝×宝进行访客登记，不违反宾馆行业的一般规定，从而亦不构成对王×1的违约。原审认定本宾馆在整个事件中有违约行为，没有事实和法律依据。其四，王×1之死是仝×宝所为，仝×宝的犯罪行为是导致王×1死亡的唯一原因。宾馆即使有违约过失，但此过失不足以造成王×1的死亡。其五，宾馆提醒客人看清来访客人再开门，并同时配有设施。王×1未看清来者即开门，亦为仝×宝犯罪提供了条件。宾馆与王×1之死没有必然因果关系，不应当承担责任。其六，本宾馆对原审判决承担的款数没有异议，是宾馆对王×1之死表示同情，系自愿补偿给王×1家属的。

二审法院判决：驳回上诉，维持原判。

裁判要旨

住客在宾馆内遇第三人侵害，宾馆若疏于注意，应承担违约责任。宾馆之不作为违反的是合同义务而非法定义务，不能成为侵权行为法上的原因，宾馆之不作为与住客之损害不具备侵权行为法上的因果关系。宾馆不应承担消费者权益保护法上的责任。当事人不选择请求权基础时，法院应依据查明的事实独立进行法律上的判断，民事判决理由不必与当事人之诉理由一致。

重点提示

我国《侵权责任法》将宾馆对住客的安全保障义务纳入其规定中，从安全保障义务理论的角度对宾馆的此种义务予以明确。宾馆对住客的人身安全和财产安全负有保障义务，该义务的范围主要有：设施设备符合国家或行业标准；营业人员经过专业合格的培训；宾馆在服务过程中履行说明、警示、劝告、救助等义务；对于可能对住客人身或者财产安全造成威胁的情形，做到及时、有效的提醒和防范。宾馆违反该义务，造成住客人身伤害或者财产损失的，则构成侵权，应当承担赔偿责任。判断宾馆违反安全保障义务的责任，与一般侵权责任的构成要件一致，即客观行为、主观过错、因果关系、损害事实。其中，宾馆有无过错的标准为，其是否达到法律、法规要求的关注程度，或者是否达到同类经营者以及一般诚信善意人所应当达到的注意程度，即合理限度范围内的安全保障义务。另，宾馆对其住客未尽安全保障义务，其赔偿责任无外乎有无外力介入的直接赔偿责任与第三人侵权导致的补充赔偿责任。关于宾馆对住客的补充赔偿责任，即当第三人侵权造成住客人身损害的，第三人承担侵权责任，宾馆未尽安全保障义务的，承担补充责任。具体而言：（1）第三人侵权行为是损害结果的直接原因或者主要原因。（2）宾馆对侵权行为的发生未尽合理限度范围内的安全保障义务，为第三人侵权创造了条件。即使经营者尽到谨慎的安全保障义务，即使第三人侵权，也可避免或者减轻损害后果。（3）第三人侵权行为与经营者消极不作为行为竞合。（4）经营者承担补充赔偿责任后，可向第三人追偿。综上，宾馆对住客的人身、财产保护义务在于宾馆应当确保住客不因其设施质量瑕疵遭受人身损害，谨慎地防止住客在宾馆内遭受第三人不法侵害。如果宾馆保安人员、安全监控措施等安全保卫措施与制度符合规范要求，则可认定宾馆尽到谨慎注意义务。否则，住客在宾馆内遭受第三人侵害，宾馆疏于安保，则应当承担相应的赔偿责任。

三、免责情形（2 例）

1. 因受害人自身过错致损时经营者的责任认定

案件来源

钱××、马×、钱×雁诉××证券有限责任公司、×××××酒店有限责任公司等公共场所管理人责任纠纷案

发布部门：《最高人民法院公报》2006 年第 11 期（总第 121 期）

审判法院：江苏省南京市中级人民法院

判决日期：2006年7月31日

基本案情

2005年7月22日，江苏××馆作为房屋产权人，×××酒店（南京×××××酒店有限责任公司）作为房屋出租人，××证券公司（××证券有限责任公司）下属分支机构××证券营业部（××证券有限责任公司南京×××××证券营业部）作为承租人，三方签订《房屋租赁协议》，约定××证券营业部承租位于南京市玄武区22号楼的一层部分区域及二层全部区域，作为开展证券业务的场所，承租期为2005年7月21日至2007年9月21日。同年11月，在××证券营业部进行股票交易的钱×为拾捡落在窗外平台上的鞋垫，而将窗户上的限位器卸下，并跃出窗户。在此过程中，平台地板突然塌陷，钱×因躲避不及而坠楼身亡。事故发生后，××证券营业部借与钱×近亲属8000元用于处理丧事。另查明，钱×跌落处的窗户及窗外平台均由×××酒店建造和安装。

钱×的亲属钱××、马×、钱×雁以涉案阳台底部仅为一层石膏板，不具有承重能力，阳台的管理人和所有人亦未设置相应的警示标志，未尽高度的预防义务，故应对钱×的坠楼身亡的后果承担相应民事责任为由，提起诉讼，请求判令××证券公司、××证券营业部、江苏××馆、×××酒店连带赔偿死亡赔偿金、被抚养人生活费、丧葬费、精神损害抚慰金等合计303 567.50元。

江苏××馆辩称：本方虽然为楼房的所有人，但是并未对楼房框架之外的部分进行修建，该部分由×××酒店负责，故本方在事故中并无责任。

×××酒店辩称：本酒店在修建涉案平台时，已为每扇窗户安装了限位器，尽到了相应的安全保障义务，钱×私自破坏限位器并跃出窗户，最终导致死亡的结果发生，故本方并无过错，不应承担赔偿责任。

××证券营业部、××证券公司辩称：钱×作为完全民事行为能力人，应当能预见到私自翻窗的危险，但却未给予重视，导致自己意外死亡，故其应当对自己的行为负责。本公司已经尽到了合理的安全保障义务，不应承担赔偿责任。同时，本公司已从人道主义的角度出发，借与钱××8000元用于处理丧事。

判决主文

一审法院判决：驳回原告马×、钱××、钱×雁的诉讼请求。

原告马×、钱××、钱×雁不服一审法院判决，提起上诉称：涉案平台并未有任何警示标志，足以使钱×认为该平台是坚固的，故被上诉人×××酒店、××证券公司、××证券营业部未履行安全保障义务的行为与钱×死亡的后果具有一定关系，被上诉人×××酒店、××证券公司、××证券营业部应当承担赔偿责任。

被上诉人×××酒店、××证券公司、××证券营业部辩称：一审法院判决正确。

二审法院判决：驳回上诉，维持原判。

裁判要旨

营业场所管理人为美观而在窗外修建不能承重的平台，且在安装窗户时加装限位器，避免室内人员进入平台。受害人在营业场所内将限位器卸开，并翻窗进入平台，最终坠楼身亡。营业场所管理人为避免发生可能出现的危险而安装限位器，故应认定其已履行了安全保障义务。受害人作为完全民事行为能力人因自身重大过失而导致损害结果发生，营业场所管理人无需承担赔偿责任。

重点提示

经营者安全保障义务是指经营者对进入其经营场所的消费者、潜在的消费者或者其他进入经营场所的人的人身、财产安全依法承担的安全保障义务。经营者未尽到安全保障义务，造成他人损害的，应当承担侵权责任。但是，此种安全保障义务被限定在合理限度范围内，如果依据法律、法规、规章或者特定的操作规程的要求，经营者作为安全保障义务人，其实际行为达到了同行业从业者或者同类社会活动应当达到的注意程度，尽到善良保护消费者人身和财产安全的义务，并且损害的发生超出了经营者预见能力范围，则可确定经营者尽到了合理限度范围内的安全保障义务，对损害不承担责任。另外，除了合理限度范围内这一因素外，还需考虑受害者是否存在过错。如果受害人之损害完全系其自身过错所致，则安全保障义务人不承担损害赔偿责任。同时，我国法律规定，受害人对于损害的发生也有过错的，可以减轻侵害人的民事责任。其适用前提是经营者尽到了合理限度范围内的安全保障义务，受害人对损害的发生系自身过错所致。具体而言，受害人过错系导致损害的直接原因，其不听劝阻、无视经营者的警示，或者作出与一个完全民事行为能力人对自己行为正常判断相反的行为，故意、重大过失违反安全规则，造成损害后果。而经营者已经采取了有效的安全防护措施，对危险因素进行限制。此种情形下，不得将受害人应当承担的责任以未尽安全保障义务为由转嫁给经营者，而应当由受害人自担损失，经营者无需担责。

2. 因海浪冲击致人损害的民事责任承担问题

案件来源

钟××诉深圳×××度假村健康权纠纷案

发布部门：最高人民法院中国应用法学研究所《人民法院案例选》2002 年第 4 辑（总第 42 辑）

审判法院：广东省深圳市中级人民法院

判决日期：2002 年 4 月 29 日

基本案情

2000 年 8 月 22 日傍晚，钟××与其朋友一同到深圳×××度假村经营的海滨泳场各花 15 元购票后即下海游泳，因风浪较大，钟××游玩不久便回到岸边沙滩，在跑动过程中被突然冲来的海浪打倒在沙滩上，致其无法起身。其朋友见状叫来泳场保安将其送至泳场医务室，医护人员给其擦了一些红花油，约半小时过后，泳场工作人员用车将其送至盐港医院救治，被诊断为左腿胫骨及腓骨粉碎性骨折。当晚，钟××自行转到深圳市红十字会医院治疗，得出相同诊断结论。由于钟××医疗保险关系在铜陵市，遂于同月 24 日回铜陵市人民医院住院治疗，经手术后于 10 月 27 日出院，住院 64 天，支付医疗费 7363.58 元，其社保基金承担 5758.09 元，自行承担 1605.49 元。钟××住院时有 3 人护理。出院后，自称休息治疗了 6 个月。

2001 年 6 月 27 日，经鉴定中心（深圳市公安局伤残鉴定中心）红会法医室进行伤残鉴定，钟××伤残等级为八级，并为此支付鉴定费 300 元。

经查，在游泳场的正门、东门入口均设有“游客须知”警示牌，以告知游客在风浪较大时的游泳注意事项。游泳场的广播室每天从上午 9 时至晚上 22 时 30 分均进行关于安全注意事项、游水须知、风浪较大时游水的注意事项及台风警报等广播。深圳气象台当天未发布台风预警信号，全天无降水记录。泳场提供的每日营业收入报表反映，当天进入其泳场人数为 3490 人。

另查明：深圳×××度假村 2000 年度已通过工商注册年检，其经营范围包括利用小梅沙海滨度假村的海滩与设施合作经营海上娱乐及运动场。经向深圳市旅游局调查深圳×××度假村《海滨游泳场安全鉴定书》办理情况及 2000 年度安全检查情况，该局函复称：（1）截止到 2002 年 3 月 15 日，深圳市现有海滨游泳场均未领取该安全鉴定书，主要原因是现有海滨游泳场均未在深圳市海洋局办理《海域使用证》，不符合《广东省海滨游泳场安全管理规定》中关于办理安全鉴定书的要求。（2）2000 年 8 月 15 日，市旅游管理局、技术监督局及市消防局对深圳×××度假村进行安全检查，未有设施设备不符合要求的记录。

钟××以其在深圳×××度假村的海滨游泳场受伤，该度假村应当承担赔偿责任为由，提起诉讼，请求判令深圳×××度假村赔偿自己受伤造成的损失。

判决主文

一审法院判决：驳回原告钟××的诉讼请求。

原告钟××不服一审法院判决，提起上诉称：被上诉人深圳×××度假村未取得《海滨游泳场安全鉴定书》，不具备经营海滨游泳场的营业资格。事故发生时，深圳市天气恶劣，但被上诉人深圳×××度假村未禁泳，亦未采取有效防范措施，导致其受伤，故被上诉人深圳×××度假村主观存在过错。请求二审法院撤销原判，判令被上诉人深圳×××度假村赔偿损失。

被上诉人深圳×××度假村辩称：同意原判。

二审法院判决：驳回上诉，维持原判。

裁判要旨

海浪系一种非人力所能控制的自然现象，且法律未规定游泳场的经营者应承担无过错民事责任，故游客游泳时因受海浪冲击受伤的，应当适用过错责任原则。经营者提供的场地、设备及服务并无不当，且已经履行告知义务，则经营者不存在主观过错，游客作为完全民事行为能力人未尽闪避海浪的注意义务受伤，应自行承担民事责任。

重点提示

游泳者被海浪击伤，法律并未规定游泳场的经营者应承担无过错民事责任，因此应按过错责任原则来处理。即关于海浪冲击致人损害的民事责任承担问题，重点在于如何适用归责原则和过错认定。关于侵权责任法中的归责原则，是确定行为人侵权行为成立以及侵权民事责任的依据，首先应当遵循法律规定，其次，在法律没有明确规定的情形下，综合考虑归责原则的设置功能以及案件具体性质等因素。海浪冲击致人损害，我国法律并未明确规定适用无过错责任原则，而公平原则的设立基础是当事人双方均无过错，而在海浪冲击致人损害产生的纠纷中，如果损害系受害人疏忽大意、未予以防范导致，游泳场经营者已经采取了必要的安全保障措施，则应当适用过错责任原则来解决该纠纷。另外，关于受害人过错的认定，因过错是基于受害人未尽到自己应尽的注意义务，并违反该义务的一种主观心理状态，故应当结合损害发生的时间、地点、条件等因素，综合认定受害人有无过错。当受害人作为一名普通的、具有完全民事行为能力的游客，前往海边游泳场游泳，且未向游泳场经营者约定特殊的安全保护要求，则该受害人应当具有自我保护的基本能力，并依据海浪的变化而作出正确的判断，对自身的人身安全负有注意义务，未尽到该种注意义务而受到损害的，则认定受害人具有过错。综上，当游泳场经营者已尽到必要的安全告知、提醒义务，其设施和服务符合安全标准，可认定游泳场对受害人损害的发生没有过错，而受害人自己存在过错的情况下，应当自行对损害承担责任。

第九章　环境污染责任（4 例）

1. 检察机关提起行政附带民事公益诉讼的情形

案件来源

白山市××××院诉白山市江源区××和××××局、白山市江源区×医院水污染责任纠纷案

发布部门：最高人民检察院 2017 年 1 月 4 日发布（检例第 29 号）

审判法院：吉林省白山市中级人民法院分院

判决日期：2016 年 7 月 15 日

基本案情

2012 年，江源区×医院（吉林省白山市江源区×医院）在建设综合楼时未建设污水处理设施且未经环保验收便投入使用，并将医疗污水经消毒粉处理后直接排入院内渗井及院外渗坑，以致对周边土壤及地下水造成污染。2014 年 1 月 8 日，江源区环保局因江源区×医院进行建筑设计改建时，未执行建设项目防止污染措施应当与主体工程同时设计、同时施工、同时投入使用的“三同时”制度，对其作出罚款行政处罚和责令改正、限期办理环保验收的行政处理。江源区×医院因污水处理系统建设资金未到位，继续通过渗井、渗坑排放医疗污水。

第二年 5 月 18 日，在江源区×医院未提供环评合格报告的情况下，江源区××和××××局（白山市江源区××和××××局）对江源区×医院《医疗机构执业许可证》校验结果评定为合格。××院（白山市××××院）在履行职责时发现上述情况，并提出检察建议，但医疗污水违法排放损害社会公共利益的情况仍在继续。经查，吉林省内无提起公益诉讼主体资格的社会组织。

××院以公益诉讼人身份提起行政附带民事公益诉讼，诉求判令江源区×医院立即停止违法排放医疗污水，确认江源区××和××××局校验监管行为违法，并要求江源区××和××××局立即履行法定监管职责责令江源区×医院有效整改建设污水净化设施。

判决主文

一审法院判决：确认被告江源区××和××××局于 2015 年 5 月 18 日对被告江源区×医院《医疗机构执业许可证》校验合格的行政行为违法；被告江源区××和××××局履行监督管理职责，监督被告江源区×医院在三个月内完成医疗污水处理设施的整改；被告江源区×医院立即停止违法排放医疗污水。

宣判后，被告江源区××和××××局、被告江源区×医院均未提起上诉，公诉机关亦未提出抗诉，判决已发生法律效力。

裁判要旨

检察机关在履行职责中发现负有监督管理职责的行政机关存在违法行政行为，导致发生污染环境，侵害社会公共利益的行为，且违法行政行为是民事侵权行为的先决或者前提行为，在履行行政公益诉讼和民事公益诉讼诉前程序后，违法行政行为和民事侵权行为未得到纠正，在没有适格主体或者适格主体不提起诉讼的情况下，检察机关可以参照《行政诉讼法》第 61 条第 1 款的规定，向人民法院提起行政附带民事公益诉讼，由法院一并审理。

重点提示

根据《人民检察院提起公益诉讼试点工作实施办法》的有关规定可知，检察机关在符合一定的条件下，可以作为公益诉讼人提起公益诉讼。即：第一，检察机关需要在履行职责的过程当中发现行政机关的违法行政行为是导致民事侵权行为的前提条件，该违法行为侵害了社会公共利益，并且仍在持续侵害中。第二，对于已发生的损害社会公共利益的行为，在没有符合法律规定的适格主体或者适格主体不提起公益诉讼时，检察机关可以公益诉讼人的身份向法院提起诉讼。同时，检察机关在以公益诉讼人的身份对行政机关违法行为提起行政诉讼时，对于涉及的相关民事争议，可以一并提起附带民事诉讼，法院可以对民事诉讼一并审理。由此，关于检察机关提起行政附带民事公益诉讼的情形，具体分析如下：（1）检察机关作为公益诉讼人，可以提起行政附带民事公益诉讼。依据《人民检察院提起公益诉讼试点工作实施办法》《人民法院审理人民检察院提起公益诉讼案件试点工作实施办法》的规定，检察院就环境污染案件可以公益诉讼人身份提起民事或行政公益诉讼，诉讼权利义务参照民事诉讼法、行政诉讼法关于原告诉讼权利义务的规定。对环境污染领域侵害社会公共利益的民事侵权行为，既存在行政管理失职的违法行政行为，又存在民事侵权行为，且违法行政行为是民事侵权行为的前提，故从督促行政机关依法履职以及及时有效解决民事侵权行为的角度出发，检察机关可向法院提起行政附带民事公益诉讼。（2）检察机关提起行政附带民事公益诉讼，应当同时严格履行行政公益诉讼和民事公益诉讼的诉前程序。在提起公益诉讼前，应当发出检察建议，督促行政机关依法履职，督促相关机关和组织提起民事公益诉讼。（3）检察机关提起行政附带民事公益诉讼案件，一般由市（分、州）人民检察院管辖，上级人民检察院认为确有必要，可以办理下级人民检察院管辖的案件。

2. 侵权人承担刑事责任后对其民事侵权责任的影响

案件来源

江苏省××市人民××院诉许××、许×仙固体废物污染责任纠纷案

发布部门：最高人民检察院 2017 年 1 月 4 日发布（检例第 28 号）

审判法院：江苏省常州市中级人民法院

判决日期：2016 年 4 月 14 日

基本案情

2010 年至 2014 年间，不具有处理危险废物资质的许 × ×、许 × 仙在租用的厂房内，擅自从事相关业务，并在进行废树脂桶和废油桶的清洗时造成环境持续性污染。随后，公安机关依法查获了废桶 7789 只，其中 6289 只尚未清洗。经常州市环境检测中心取样并委托南京大学现代分析中心检测，从现场尚未清洗的桶内检出对苯二甲酸和间苯二甲酸聚酯。经常州市固废与辐射环境管理中心认定，上述桶及桶内物质均属于《国家危险废物名录》所认定的危险废物。经江苏常环科技有限公司现场采样并委托澳实分析检测（上海）有限公司检测，从现场地下水、污水池内废水以及污水池四周堆放的残渣、污水池底部沉积物中均检出铬、锌等多种重金属及苯酚类、总石油烃等多种有机物。

2015 年 6 月 17 日，许 × ×、许 × 仙因犯污染环境罪，被人民法院分别判处有期徒刑 2 年 6 个月、缓刑 4 年，有期徒刑 2 年、缓刑 4 年，并分别判处罚金。许 × ×、许 × 仙被依法追究刑事责任后，因现场有未清除的污染物，对周边环境的污染仍在持续中。经查，在该市民政局登记的三家环保类社会组织，均不具有提起公益诉讼的主体资格。

检察机关以许 × ×、许 × 仙非法从事洗桶业务，造成环境严重污染，其行为与环境污染损害结果间具有因果关系为由，提起民事公益诉讼。

许 × ×、许 × 仙辩称：其一，本案不属于环境公益诉讼，且检察机关不具备环境公益诉讼的主体资格。其二，本方虽实施了环境污染行为，但未造成环境污染的后果。洗桶厂内、厂区围墙南侧的残渣，污水池下的废泥及废桶，本方将会委托有资质的单位进行处理。且本方所采用的是水循环方式洗桶，产生废水 50 余吨，公益诉讼人所称 500 吨废水并无事实依据。其三，本方未对厂房地土壤造成污染，所有检测报告均不能证明土壤受到污染，故无需对土壤进行修复。其四，无证据证明厂房处的地下水是由本方造成的，地下水和公共环境的污染与本方行为不存在因果关系，本方不应承担赔偿责任。其五，因本方造成污染的行为不成立，故检察机关提出的按照虚拟成本方法计算赔偿数额方法也不能成立。

判决主文

一审法院判决：被告许××、许×仙将常州市武进区遥观镇东方村洗桶场地内留存的130只废桶、两个污水池中蓄积的污水及池底污泥以及厂区内堆放的残渣委托有处理资质的单位全部清理处置，消除继续污染环境危险；被告许××、许×仙委托有土壤处理资质的单位制定土壤修复方案，提交常州市环保局审核通过后，六十日内实施；被告许××、许×仙赔偿对环境造成的其他损失150万元支付至常州市环境公益基金专用账户。

宣判后，被告许××、许×仙均未提起上诉，公诉机关亦未提出抗诉，判决已发生法律效力。

裁判要旨

（1）行为人依法承担刑事责任后，就同一违法行为造成的侵权损害亦应当承担民事侵权责任。

（2）生态环境的破坏程度达到无法通过生态恢复工程完全恢复，生态环境污染地也缺乏相应的环境损害评价指标体系，此时可以通过虚拟治理成本法计算得出修复环境所需的相关费用。

（3）在环境公益诉讼当中，针对专业技术问题可以引入专家辅助人进行协助，并且经过质证的专家辅助人得出的专家意见可以作为认定事实的依据。

重点提示

法律责任按照不同的标准有着不同的分类，根据法律责任类型可划分为行政责任、民事责任以及刑事责任。因民事责任和刑事责任作为不同性质的法律责任，各自有其不同的适用依据和范围。但侵权人因同种行为应当承担刑事责任的，不影响其依法承担侵权民事责任。这也是侵权民事责任与刑事责任竞合的处理规则。具体可从以下几个方面对刑事责任与侵权民事责任进行分析：（1）具体含义。侵权民事责任是指，行为人因过错而实施侵权行为所应当承担的民事法律后果，以及依照法律特别规定所应该承担的民事法律后果。刑事责任是指，任何主体实施了刑法所禁止的犯罪行为，而应当承担刑法所规定的后果。二者均系事后责任。（2）构成要件。侵权民事责任要求具有损害后果、侵权行为以及主观过错，且侵权行为与损害后果具有因果关系。而刑事责任依据其所触犯罪行的不同，具有不同的构成要件，且受行为人意志状态和主观恶性的影响。（3）责任竞合。因行为人的侵权行为，违反社会公共利益而被依法追究刑事责任，被判处刑罚，但不影响其依法应当承担的侵权民事责任。原因在于：其一，行为人的违法行为虽然被追究刑事责任，但是如果违法行为同时也侵犯了社会公共利益时，该违法行为也属于侵权行为，除承担刑事责任外，还应当承担民事侵权责任。其二，在行为人依法承担的刑事责任中，被判处罚金这一附加刑属于刑事处罚，与民事侵权损害赔偿属于不同的法律性质，民事侵权损害赔偿具有优先性。

3. 环境公益诉讼主体之“社会组织”的界定

案例来源

中国生物多样性×××××发展基金会诉宁夏××科技股份有限公司水污染责任纠纷案

发布单位：最高人民法院2016年12月28日发布（指导案例75号）

审判法院：最高人民法院

基本案情

发展基金会（中国生物多样性×××××发展基金会）系民政部登记的基金会法人，2009年至2013年连续五年年检合格且无违法记录，其五年内未因从事业务活动违反法律、法规的规定而受到行政、刑事处罚。其宗旨是“广泛动员全社会关心和支持生物多样性保护和绿色发展事业，保护国家战略资源，促进生态文明建设和人与自然和谐，构建人类美好家园”。

发展基金会以××科技公司（宁夏××科技股份有限公司）在生产过程中违规排放废水导致腾格里沙漠污染严重为由，提起诉讼，请求判令：

第一，××科技公司停止非法污染环境行为并对造成环境污染的危险予以消除、恢复生态环境或者成立沙漠环境修复专项基金并委托具有资质的第三方进行修复，由法院组织发展基金会、技术专家、法律专家、人大代表、政协委员共同验收。第二，由××科技公司赔偿环境修复前生态功能损失并在全国性媒体上公开赔礼道歉等。

截至起诉时，××科技公司仍然未整改完毕。

判决主文

一审法院认定：原告发展基金会的章程中没有确定从事环境保护公益活动，而且原告发展基金会的业务范围也没有关于环境保护的业务。根据《中华人民共和国环境保护法》的58条的规定，不属于专门从事环境保护公益活动的社会组织。

一审法院裁定：不予受理原告发展基金会的起诉。

原告发展基金会不服一审法院裁定，提起上诉称：一审法院未能正确理解"环境"及"环境保护"的概念，从而错误得出本方宗旨和业务范围没有"从事环境保护公益活动"的结论。请求法院判令撤销一审法院裁定，依法受理本方的起诉。

二审庭审期间，上诉人发展基金会提交的"生态教育校园行"、"环境公益诉讼案例研讨会"等活动照片证明组织或者参与了有关环境保护公益活动。

二审法院裁定：驳回上诉，维持一审法院裁定。

上诉人发展基金会不服二审法院裁定，申请再审称：二审裁定未进行分析即认定上诉理由不符合法律规定，不符合民事裁定内容要求，也不利于公益诉讼制度的实施；一审裁定关于环境以及环境保护的概念理解不正确，而错误得出结论，本方章程中关于"生物多样性保护""绿色发展事业""生态文明建设"等都属于环境保护的范围，因此，一审裁定作出的关于不具备环境保护公益活动的表述不符合实际，应予纠正；本方成立后，致力于从事环境保护的公益活动，符合相关法律关于社会组织专门从事环境保护公益活动的审查标准。请求撤销一审、二审裁定；依法受理本方的起诉。

庭审期间，经查，申请再审人发展基金会前身系中国麋鹿基金会，长期从事麋鹿种群保护和繁育工作；已提起的多起环境民事公益诉讼被立案受理；2014 年度年检合格。

再审法院裁定：撤销一审与二审裁定；本案由一审法院立案受理。

裁判要旨

（1）社会组织的章程虽未载明维护环境公共利益，但工作内容属于保护环境要素及生态系统的，应认定符合最高人民法院《关于审理环境民事公益诉讼案件适用法律若干问题的解释》（以下简称《解释》）第 4 条关于“社会组织章程确定的宗旨和主要业务范围是维护社会公共利益”的规定。

（2）《解释》第 4 条规定的“环境保护公益活动”，既包括直接改善生态环境的行为，也包括与环境保护相关的有利于完善环境治理体系、提高环境治理能力、促进全社会形成环境保护广泛共识的活动。

（3）社会组织起诉的事项与其宗旨和业务范围具有对应关系，或者与其所保护的环境要素及生态系统具有一定联系的，应认定符合《解释》第 4 条关于“与其宗旨和业务范围具有关联性”的规定。

重点提示

根据我国《环境保护法》以及有关司法解释的规定，社会组织在同时符合依法在设区的市级以上人民政府民政部门登记、专门从事环境保护公益活动连续五年以上且无违法记录的条件下，对于污染环境、破坏生态，损害社会公共利益的行为，可以向人民法院提起诉讼，人民法院应当依法受理。由此，法律规定了社会组织具有环境公益诉讼的主体资格与诉权，可以提起、参加诉讼，独立享有和承担诉讼上的权利义务，并可以独立做出实体处分。对于环境公益诉讼主体之一的“社会组织”的界定，可从以下几个方面来理解：（1）我国《民事诉讼法》将环境和公益诉讼的主体从原来的社会团体扩充到社会组织，将民办非企业的单位与基金会纳入其中。此种性质的社会组织具有较强的独立性和公益性，较之一般人、政府环保部门等具有较高的环境监测与资源保护方面的专业知识，更能保障诉讼的有效进行与环境保护。（2）关于社会组织提起环境公益诉讼，除我国《民事诉讼法》《环境保护法》、最高人民法院《关于审理环境民事公益诉讼案件适用法律若干问题的解释》规定标准外，较为具体的标准还有：其一，设立的目的须与环境公益相关，其宗旨和业务范围包含维护环境公共利益；其二，具备相当的环境保护相关知识与专业技术水平；其三，具有提起环境公益诉讼，并为诉讼展开的资金能力；其四，其提起的环境公益诉讼必须与社会组织的宗旨和业务范围具有一定关联性，进而保证社会组织具有相应的诉讼能力；其五，具备一定组织规模，且能够证明其长期实际从事相关环境保护活动，能够代表普遍性观点。综上，当某一社会组织被认定为“专门从事环境保护公益活动”的社会组织，其从事的相关实践活动系一种环境保护的公益活动，且起诉的事项与其宗旨及业务范围具有对应关系或关联性时，应当认定其具有环境公益诉讼的原告主体资格。

4. 光污染侵权认定及其责任承担

案例来源

陆××诉上海××中宝汽车销售服务有限公司环境污染责任纠纷案

发布单位：《最高人民法院公报》2005 年第 5 期（总第 103 期）

审判法院：上海市浦东新区人民法院

判决日期：2004 年 11 月 1 日

基本案情

陆××的居室西侧与××中宝公司（上海××中宝汽车销售服务有限公司）经营场所的东侧的距离仅相距 15 米宽的公共通道。××中宝公司为给该经营场所东面展厅的外部环境照明，在围墙边安装了三盏双头照明路灯，开启时间为晚上 7 点至次日早 5 点。其中位于陆××居室西南一侧的路灯，高度与陆××居室的阳台持平，最近处距陆××居室 20 米左右，其间无任何物件遮挡。该路灯开启后，灯光除能照亮××中宝公司的经营场所外，还能散射到陆××居室及周围住宅的外墙上，并通过窗户对居室内造成明显影响。夜间开启后的路灯灯光亮度达到刺眼的程度。

此外，2004 年 6 月 29 日发布了《城市环境装饰照明规范》，同年 9 月 1 日实施。该规范上明确的定义了“外溢光/杂散光”“障害光”及“光污染”。

陆××以××中宝公司设置的路灯严重干扰其休息，违反了《城市环境装饰照明规范》的规定，构成光污染侵害为由，提起诉讼，请求判令××中宝公司停止和排除对其的光污染侵害，拆除该路灯，公开道歉并赔偿损失 1000 元。后变更赔偿金额为 1 元。

××中宝公司辩称：首先，涉案路灯是经营所需的外部环境照明装置，在本方自己经营的场所内，陆××没有权利干涉；其次，涉案路灯的功率为 120 瓦，不会造成光污染侵害及对陆××造成损害结果。最后，此涉案路灯能为小区的居民在夜间行走提供方便，而且本方得知陆××的起诉后，为搞好邻里关系，已停止使用涉案路灯。请求法院判令驳回陆××的诉讼请求。

判决主文

一审法院判决：被告××中宝公司停止使用涉案的照明路灯，对原告陆××造成的光污染侵害予以排除；驳回原告陆××的其余诉讼请求。

宣判后，双方当事人均未提出上诉，一审判决已发生法律效力。

裁判要旨

《环境保护法》第 2 条规定：本法所称环境，是指影响人类生存和发展的各种天然的和经过人工改造的自然因素的总体，包括大气、水、海洋、土地、矿藏、森林、草原、野生生物、自然遗迹、人文遗迹、自然保护区、风景名胜区、城市和乡村等。第 6 条规定：一切单位和个人都有保护环境的义务。环境既然是影响人类生存和发展的各种天然的和经过人工改造的自然因素的总体，路灯灯光当然被涵盖在其中。行为人在自己的经营场所设置路灯，为自己的经营场所外部环境提供照明，本无过错。但如果路灯的外溢光、杂散光射入周边居民的居室内，数量足以改变居室内人们夜间休息时通常习惯的暗光环境，且达到了《城市环境装饰照明规范》所指的障害光程度，超出了一般公众普遍可忍受的范围，则构成由强光引起的光污染，根据《环境保护法》第 42 条的规定，行为人的照明灯光对他人的正常居住环境和健康生活造成环境污染危害的，行为人有责任排除危害。

重点提示

光污染侵权作为环境侵权类型的一种，具有局部性、不存在残留危害等特点，在侵权行为认定、民事责任承担等方面具有特殊之处。关于光污染的侵权认定，需注意以下内容：（1）污染源系人为因素造成。即人的活动改变光的自然状态，如不合理地设置灯饰等。（2）必须超过必要的限度。即结合不同行业、不同地区、不同场所、不同人群等因素，赋予法官自由裁量权，根据案件具体情况判断光线是否超过必要的限度。（3）具有损害结果。光污染的损害不仅包括财产损害，还包括受害人精神上的损害。同时，光污染行为是否造成受害人实际损害的认定，不仅包括症状明显的可用计量方法反映的损害结果，还包括症状不明显且暂时无法用计量方法反映的损害结果。若行为人的行为已经超出一般公众普遍可忍受的范围的，则污染程度较为明显，即可认定对受害人造成实际损害。（4）光污染与损害事实之间具有因果关系。即行为人制造的光污染与受害人损害之间系前因后果的关系。其中，受害人对实际损害的发生，经审查符合日常生活经验法则的，受害人无需对损害承担举证责任，根据案件情况可推定属实的即可认定损害后果已经发生，行为人对实际损害予以否定的，应当对其行为未造成受害人损害承担举证责任。另，关于光污染侵权的民事赔偿责任范围主要有，财产损害赔偿、人身损害赔偿以及精神损害赔偿，承担责任的类型主要有赔偿损失和排除危害。具体而言：（1）财产损失引起的赔偿。即光污染行为造成受害人现有财产以及可得利益减损。（2）人身损害引起的赔偿。若光污染导致受害人健康受损，行为人应当赔偿受害人医疗费、因误工减少的工资收入等。（3）精神损害引起的赔偿。只有受害人因光污染受到人身伤害的同时产生精神痛苦，并造成严重后果的情形下，受害人才可要求行为人承担精神损害赔偿责任。此外，需要注意的是，在光污染侵权案件中，排除危害这一民事责任承担方式的适用，需综合衡量各方的利益，当在特殊情形下排除光污染危害代价太大时，可采取其他更灵活的民事责任承担方式。

第十章　物的致害责任（7例）

一、动产致损（3例）

1. 工伤保险赔偿与第三人侵权损害赔偿竞合的处理

案例来源

杨××诉上海××二十冶企业开发公司物件坠落损害责任纠纷案
发布单位：《最高人民法院公报》2006年第8期（总第118期）
审判法院：上海市第二中级人民法院
判决日期：2006年6月30日

基本案情

2000年10月，因××二十冶公司（上海××二十冶企业开发公司）职工未按照相关规程操作，从高处抛掷钢管导致××冶金公司（上海××冶金建设公司）工人杨××被砸伤。事故发生后，杨××被诊断为重度颅脑外伤、外伤性尿崩症等，构成工伤，伤残等级为四级。之后，××冶金公司和杨××就该事故发生纠纷，经司法程序，××冶金公司向杨××支付了工伤保险赔偿款。杨××获得该赔偿后，又要求××二十冶公司承担民事赔偿责任，但××二十冶公司拒绝赔偿。另查明，医院建议杨××长期服用德巴金、弥凝片并进行护理，杨××受伤后每月工资减少约500元。杨××之子系未成年人，其母亲系残疾人。

杨××以××二十冶公司的职工违规作业导致其人身受损为由，提起诉讼，请求判令××二十冶公司赔偿其因伤残造成的收入损失124 320元、被赡养人的生活费10 000元及其他损失。

判决主文

一审法院判决：被告××二十冶公司赔偿原告杨××护理费9600元、营养费4800元、被抚养、赡养人生活费62 200元、因伤残造成的收入损失124 320元及精神抚慰金20 000元，共计赔偿223 920元；关于需长期服用德巴金、弥凝片的费用由被告××二十冶公司负担；驳回原告杨××的其他诉讼请求。

被告××二十冶公司不服一审判决，提出上诉称：被上诉人杨××提起本案诉讼已超过法定的时效期间；被上诉人杨××不能在已获得工伤保险赔偿的情况下，再向本公司主张人身损害赔偿，且被上诉人杨××已经获得的工伤津贴与被抚养人生活费、赡养人生活费的性质相同，故其无权主张。综上，请求撤销原审判决，驳回被上诉人杨××的诉讼请求。

被上诉人杨××辩称：本人于事故发生后一直请求上诉人××二十冶公司赔偿，故诉讼时效并未起算；本人虽然已经获得了工伤赔偿，但不足部分仍需由上诉人××二十冶公司负担；原审判决核定的赔偿范围和金额正确。请求驳回上诉，维持原判。

二审法院判决：驳回上诉，维持原判。

裁判要旨

因用人单位以外的第三人侵权造成劳动者人身损害，构成工伤的，该劳动者既是工伤事故中的受伤职工，又是侵权行为的受害人，有权同时获得工伤保险赔偿和人身侵权赔偿；用人单位和侵权人均应当依法承担各自所负赔偿责任，即使该劳动者已从其中一方先行获得赔偿，亦不能免除或者减轻另一方的赔偿责任。

重点提示

在第三人侵权引起的工伤事故中，产生了工伤保险赔偿请求权以及第三人侵权损害赔偿请求权。涉及两种请求权竞合时的处理原则及其相关问题分析如下：第一，依据最高人民法院《关于审理工伤保险行政案件若干问题的规定》第8条规定，职工因第三人的原因受到伤害，社会保险行政部门已经作出工伤认定，职工或者其近亲属未对第三人提起民事诉讼或者尚未获得民事赔偿，起诉要求社会保险经办机构支付工伤保险待遇的，人民法院应予支持。由此，工伤保险与第三人侵权赔偿可兼得。第二，关于工伤保险赔偿与第三人侵权损害赔偿竞合的处理原则。因工伤保险损害赔偿适用无过错责任原则，有社会保险性质，而第三人侵权损害赔偿适用过错原则和过失相抵原则，包括财产性与非财产性的赔偿，二者属于不同的赔偿性质。基于此，劳动者分别提起侵权损害赔偿之诉及申请工伤保险赔偿仲裁的，对于侵权损害赔偿请求以及不服工伤保险劳动仲裁请求，法院可分别进行处理，并作出判决。第三，劳动者在侵权赔偿案件中就重复赔偿项目已经获得足额赔偿后，仍可在工伤保险赔偿中主张赔偿。但依据“就高原则”以及民法中的填平原则，劳动者就工伤保险赔偿和侵权损害赔偿中的重复赔偿项目获得重复赔偿的，用人单位或工伤保险经办机构可以在扣除按照就高原则确定的劳动者应获得的赔偿数额后的剩余部分进行追偿，追偿数额不得超过其实际支付的赔偿数额。

2. 建筑物倒塌致损的侵权责任承担

案例来源

李××诉张××建筑物倒塌损害责任纠纷案

发布单位：最高人民法院中国应用法学研究所《人民法院案例选》2002年第3辑（总第41辑）

审判法院：河北省东光县人民法院

基本案情

李××与张××系东西邻居，李××在张××的墙体东侧搭建牛棚饲养耕牛，张××未表示过异议。2000年7月8日晚至次日，下大雨导致墙体倒塌将李××饲养的耕牛砸死。事后，李××与张××共同清理现场。李××将牛变卖后获得人民币1180元。

李××以张××的墙体倒塌至其饲养价值三千余元的耕牛砸死，应为此承担赔偿责任为由提起诉讼，请求判令张××赔偿耕牛的损失不得低于2000元。

张××答辩称：由于李××搭建的牛棚距本方墙体较近，而牛粪长期侵蚀、耕牛踢蹭墙体等原因，导致本方墙体倒塌。因此，李××应当承担墙体倒塌的责任，本方不应当对李××予以赔偿。同时，提出反诉，请求判令李××赔偿其墙体损失678.89元。

判决主文

一审法院判决：原告李××的耕牛损失1020元，被告张××赔偿700元，其余损失由原告李××自负；驳回被告张××的反诉请求。

宣判后，双方当事人均未提起上诉，一审法院判决已发生法律效力。

裁判要旨

受害人在所有人的墙体旁搭建牛棚，墙体因遭受大雨而倒塌，致使受害人饲养的耕牛被砸死。所有人未对受害人倚靠其墙体搭建牛棚一事提出异议，亦未对墙体履行合理的维护保养义务，且在下大雨的情况下未积极采取应急措施，对牛棚倒塌致牛死亡的损害结果具有过错，故应承担赔偿责任。而受害人在明知墙体状况不佳时，仍未将耕牛转移至安全地点，未尽合理的注意义务，亦具有一定过错，应自担部分损失。

重点提示

根据法律规定，建筑物或者其他设施以及建筑物上的搁置物、悬挂物发生倒塌、脱落、坠落造成他人损害的，其所有人或者管理人应当承担民事责任，但能够证明自己无过错的除外。据此，在建筑物倒塌损害责任纠纷中，过错系确定责任承担的主要依据，故应依据过错责任原则确定建筑物或搁置物、悬挂物倒塌致损的责任承担问题。实践中，对建筑物倒塌致损的损害赔偿责任的认定，具体可以从以下几个方面予以考虑：第一，适用过错责任原则的，以所有人或者管理人的主观上的过错作为责任的构成要件，作为所有人或者管理人承担民事责任的基本准则，所有人或者管理人具有故意或者过失才可能承担侵权责任，可以证明其对损害后果的发生无过错的，则无需承担责任。第二，根据所有人或者管理人的过错程度确认其责任形式以及责任范围，同时考虑受害人以及第三人的过错对损害后果的影响，受害人或者第三人对损害的发生亦存在过错的，可减轻甚至抵消所有人或者管理人承担的责任。第三，具体到建筑物倒塌侵权责任中，在归责原则上，分两种情形：（1）根据过错推定原则，推定所有人或者管理人在建筑物倒塌时具有过错，应承担损害赔偿责任，但在其可以举证证明存在免责事由的情况下，可减轻或免除其责任；（2）对建筑物倒塌未尽合理的注意义务的，可认定所有人或者管理人具有过错，需对受害人的损失负主要赔偿责任，受害人自身未尽合理注意义务，亦对损害存在过错的，应适当减轻所有人或者管理人的责任。

3. 公路设施致损时管理人的赔偿责任

案例来源

王××诉陕西省千阳县××管理段林木折断损害责任纠纷案

发布单位：《最高人民法院公报》1990 年第 2 期（总第 22 期）

审判法院：陕西省宝鸡市中级人民法院

判决日期：1989 年 8 月 14 日

基本案情

王××与马××系夫妻关系，马××系宝鸡市 171 信箱机动科职工。1988 年 7 月 15 日，马××骑自行车回家，途经××局（千阳县××局）门前公路时，突遇大风把公路旁的护路树吹断。马××躲避不及，被断树砸中头部，当即倒地昏迷，所骑自行车也被砸坏。马××被送往医院后，经救治无效死亡。医院诊断为因重度脑挫伤并呼吸衰竭，颅底骨折。

经查，事故发生地段的公路及树木均由××管理段（千阳县××管理段）

负责管理，该段路旁树木受黄斑星天牛危害，虫株率达79%，且每株树平均虫口密度达26%，部分树木已经枯死3年。为此，公路局（陕西省公路局）经××管理段上报后，批准由宝鸡公路管理总段向××管理段下达采伐路旁虫害护路树的文件。但是，××管理段并未按照文件要求采取措施。

王××以××管理段未尽管理职责，致使护路树发生严重虫害被风吹断，造成马××死亡的结果为由，提起诉讼，请求判令××管理段承担赔偿责任。

判决主文

一审法院判决：被告××管理段赔偿原告王××生活费7020元，丧葬费500元，自行车修理费50元，死者医药费14.23元。

被告××管理段不服一审法院判决，提起上诉称：因与附近村镇就收益分配问题未能达成一致，而未能采伐受虫害的护路树，故相关单位对本案事故发生亦负有过错，应与其共同承担赔偿责任，而原审法院责令本方承担赔偿责任于法无据；事故发生的当天有大风，气象部门已经给出预报，受害人马××冒风行进，对事故发生亦负有一定过错。请求判令本方与被上诉人王××共同承担责任。

二审法院判决：驳回上诉，维持原判。

裁判要旨

公路两旁护路树发生严重虫害后，公路段管理人虽报请上级单位，但未能在上级单位下达采伐文件后积极采取措施，致使护路树被风吹断砸死受害人。管理人未尽管理职责，其对受害人死亡负有过错，应承担赔偿责任。至于管理人与相关单位就采伐树木问题发生争议，并非其免责事由，受害人冒风骑驶自行车途经公路段与死亡结果之间也不存在必然的因果关系，管理人不能免除或减轻赔偿责任。

重点提示

公路损害侵权是指在公路上进行民事行为时，因公路设施或与公路设施有关的物体、因素，造成当事人经济损失、人身伤害而产生的侵权行为。

根据最高人民法院《关于审理人身损害赔偿案件适用法律若干问题的解释》第16条规定，所有人或者管理人承担赔偿责任的情形有：（1）道路、桥梁、隧道等人工建造的构筑物因维护、管理瑕疵致人损害；（2）堆放物品滚落、滑落或者堆放物倒塌致人损害；（3）树木倾倒、折断或者果实坠落致人损害。上述情形中，所有人或者管理人能够证明自己没有过错的，不承担赔偿责任。实践中，对公路设施致人损害的案件进行处理时，应当注意以下几个问题：第一，公路设施致人损害责任纠纷适用无过错责任原则，相应举证责任由所有人或管理人承担。即所有人或管理人应举证证明其对公路设施造成他人损害无过错，否则，所有人或管理人应承担赔偿责任。第二，公路所有人或者管理人对公路设施负有管理和保护的责任，在公路设施已经长期损坏，直接对公路上的车辆以及行人安全造成威胁的情况下，公路所有人或者管理人始终未采取积极措施进行管理，未履行管理职责，导致危害后果的发生的，应当认定公路所有人或者管理人对损害后果的发生具有主观过错。第三，受害人在公路上行进，主观上不存在过错，公路所有人或者管理人无法证明受害人的行进行为与损害结果具有必然的因果关系，受害人对其自身的损害不应承担责任。综上，公路所有人或者管理人具有向公路使用人说明道路状况，及时维护的职责，在道路存在危险的情况下应向使用人予以明示，未履行上述义务的，造成使用人损害的，应当承担赔偿责任。

二、地面施工、地下设施致损（3例）

1. 关于排放污水结冰致损的赔偿责任认定问题

案例来源

曹××诉张××、博兴县××管理处健康权纠纷案

发布单位：最高人民法院中国应用法学研究所《人民法院案例选》2004年民事专辑（总第48辑）

审判法院：山东省滨州市中级人民法院

基本案情

2000 年 2 月，曹 × ×骑自行车途经张 × ×经营的洗车场时，因洗车场前路面污水结冰摔倒，致右下肢受伤。曹 × ×摔伤后入院治疗十四天，花费住院费 4000 余元。次月，经法医鉴定，认定曹 × ×伤情为右胫骨粉碎性骨折，建议休息治疗三个月，一年后需要进行二次手术。次年，曹 × ×进行了第二次手术，住院三天，花费医疗费 1000 余元，术后出院时医院建议休息治疗三个月。

另查明，事发的前两天，当地有一次明显降雨雪过程，路面积雪 2 厘米，平均气温均保持在冰点以下；× ×管理处（博兴县 × ×管理处）是市容环境卫生行政主管部门，张 × ×按时给 × ×管理处交纳排水设施有偿使用费；曹 × ×在较滑的地段骑车存在疏忽大意的责任。

曹 × ×以张 × ×排放的污水流至路面导致其摔伤，× ×管理处未尽监管职责为由，提起诉讼，请求判令张 × ×、× ×管理处共同赔偿医疗费、手术费、误工费、护理费、法医鉴定费、伙食补助费等损失。

判决主文

一审法院判决：原告曹 × ×受伤治疗的医疗费、二次手术费、误工费、护理费、法医鉴定费、伙食补助费共计 9333. 80 元，由被告张 × ×赔偿 4200 元，由被告 × ×管理处赔偿 3266 元，其余部分由原告曹 × ×自行承担；被告张 × ×与被告 × ×管理处对上述债务承担连带清偿责任；

被告张 × ×与被告 × ×管理处均不服一审法院判决，分别提起上诉。

二审法院判决：驳回上诉，维持原判。

裁判要旨

洗车场经营者向交通公路路面排放污水，致受害人在结冰的路面上摔伤的，经营者与未尽到监管职责的市容环境卫生行政主管部门应承担连带赔偿责任。但若受害人本身未尽到安全注意义务的，具有过错，应相应的减轻洗车场经营者及市容环境卫生行政主管部门的责任。

重点提示

公民的身体健康权受法律保护，在生活中，排放者对污水的排放行为常常会导致他人遭受损害，但对损害后果的发生不能直接以排放者作为承担责任的主体，而应当根据损害发生的具体原因及情况，综合认定承担责任主体以及承担责任的程度，具体可以从以下几个方面予以确定：（1）排污设施或受害人摔伤路段有产权单位的，应由产权单位承担赔偿责任。无产权单位的，污水管理者作为卫生行政管理机关，向排放者收取费用，对排放者负有监督管理责任，即双方存在监督管理关系。污水管理者在管理过程中存在管理过失或处置不当，致污水流入公共区域，并导致受害人受伤的，应当对受害人的损害承担赔偿责任。（2）污水排放者未能及时排除公共区域的安全隐患，对事故的发生具有过错，应当根据其过错程度对受害人遭受的损害后果承担赔偿责任。（3）受害人自身存在疏忽大意或者过于自信的过失，对损害后果的发生亦存在过错的，应自行承担部分。综上，因排放污水而引发的人身损害赔偿案件，负有管理职责的管理者未对污水进行处理，造成受害人在行走过程中因疏忽大意遭受人身伤害的，排放者、污水管理者以及受害人均对损害后果具有过错，应当共同承担损害赔偿责任。

2. 关于路面施工致损发包人是否连带担责的问题

案例来源

郑××、苏××、王××诉玉环县×××经济开发区管理委员会、徐××地面施工损害责任纠纷案

发布单位：最高人民法院民事审判第一庭《民事审判指导与参考》2001 年第 4 辑（总第 8 集）

审判法院：浙江省玉环县人民法院

判决日期：2001 年 8 月 7 日

基本案情

2001年4月，管委会（玉环县×××经济开发区管理委员会）下属的国土局（大麦屿开发区国土局）与徐××签订《路面修补施工承包协议书》，双方约定：国土局将部分路段修复施工任务发包给徐××施工，国土局应协助徐××做好交通疏导工作。八日后，郑××、苏××、王××的近亲属郑×权持与准驾车型不符的机动车驾驶证驾驶无号牌二轮摩托车，且未戴安全头盔，途经上述施工路段时，因道路上未设置警示及保护设施，发生交通事故，造成摩托车损坏，郑×权受伤后经抢救无效死亡的交通事故。事故发生后，玉环县交警大队作出《浙江省道路交通事故责任认定书》，认定郑×权及徐××对此事故负同等责任。

郑××、苏××、王××以徐××违章施工导致郑×权发生交通事故死亡，管委会作为工程发包方应承担连带责任为由，提起诉讼，请求判令徐××与管委会连带赔偿死亡补偿费、丧葬费、抢救治疗费、抢救护理费、交通费、车辆损失费、停车费、评估费等事故损失总额的90%共计95 038.64元。

管委会辩称：依《交通事故责任认定书》，事故的直接当事人是郑×权和徐××，要求本委会连带赔偿90%责任无依据。故请求驳回郑××等对本委会的诉讼请求。

徐××辩称：本人与管委会之间为雇佣关系，本人作为雇员不应承担赔偿责任。其次，本人在施工路段两头均设置了一只红灯和毛竹围栏，无明显过错。故请求驳回郑××等对本人的诉讼请求。

判决主文

一审法院判决：被告徐××赔偿原告郑××、苏××、王××死亡补偿费、丧葬费、抢救治疗费、交通费、车辆损失及评估费等共计71 278.98元；驳回原告郑××、苏××、王××的其余诉讼请求。

宣判后，双方当事人均未提起上诉，判决已经发生法律效力。

裁判要旨

驾驶人持与准驾车型不符的机动车驾驶证驾车行至未设置警示及保护设施的地面施工路段时，发生交通事故受损。施工人未能尽到设置警示标志的义务，应当就驾驶人所遭受的人身损害承担赔偿责任。除非另有约定，否则道路施工工程的发包人无对施工人的施工安全负责的义务，对于该损害后果，发包人无需与施工人承担连带赔偿责任。

重点提示

道路施工是现代经济发展中的一项重要工程，在该项施工作业中，经常发生人身损害赔偿纠纷。司法实践中，因道路施工障碍、无危险标志等发生交通事故致人身损害，在认定并处理此类事故的责任时，应当注意以下几点：（1）以过错责任为一般归责原则的道路交通事故人身损害案件中同时又存在以过错推定为归责原则的地面施工损害赔偿案件的，存在一般侵权与特殊侵权的竞合，应当优先适用特殊侵权的规定进行处理。（2）在地面施工损害赔偿案件中，应当由工程施工人承担事故损害赔偿责任，施工人系承包人的，除非另有约定，否则发包人没有义务再对承包人的施工安全负责任，亦无需对事故造成的人身损害承担赔偿责任。同时，即使施工人作为承包人与发包人签订了承包合同，并约定发包人有协助施工人做好工程疏导工作的义务，但因该合同具有相对性，事故受害人无权要求发包人直接对其承担民事赔偿责任。但在施工人系雇员的情况下，雇主应当基于雇佣关系对施工人造成的损害后果承担赔偿责任。（3）在地面施工损害赔偿案件中，受害人的轻微过失或一般过失，不能成为减轻施工人事故损害赔偿责任的事由，但受害人对事故的发生及损害后果的扩大负有重大过失的，应当适用过失相抵原则，适当减轻施工人的赔偿责任。（4）在民事赔偿案件的审理中，经审理认定交警部门作出的交通事故责任认定错误的，因此而产生的审判权与行政权的冲突，应以审判权作出的认定为准。

3. 见义勇为者遭受损害的赔偿责任

案件来源

刘××诉于×、青州××纸业有限公司见义勇为人受害责任纠纷案

发布部门：最高人民法院中国应用法学研究所《人民法院案例选》2004年民事专辑（第48辑）

审判法院：山东省潍坊市中级人民法院

判决日期：2001年2月26日

基本案情

1997年6月29日7时许，于×与其他两名儿童在××公司（青州××纸业有限公司）院墙外东北角的水坑旁捞蝌蚪，于×、许×瀚不慎掉入水中，另一儿童徐某见状大声呼救并跑到事故地点东面的建筑工地叫人。正在自己的建筑工地干活的刘×，听到呼救后，扔掉手中工具，向徐某问明事故地点后，即跑去救人，将于×拖至岸边，在随后赶来的其他人帮助下于×得救。刘×因不识水性和体力消耗过大等原因沉入水底身亡。事发水坑系××公司修建院内场地时取土形成，积水中既有雨水又有该公司的污水。该场地管理人为××公司。

事后，刘×舍己救人事迹通过新闻媒体披露后，中共青州市委、青州市人民政府作出了“关于在全市开展向舍己救人的好工人刘×同志学习活动”的决定，并颁发奖金3000元；刘×后又被山东省人民政府授予“革命烈士”称号。

刘×的近亲属刘××以××公司取土造成水坑，系造成刘×死亡的部分原因，应构成侵权，且于×作为被救助者，应承担部分责任为由，提起诉讼，请求判令于×、××公司赔偿其各项损失。

判决主文

一审法院判决：刘×死亡造成损失共计79 053.74元，于×民（被告于×的法定监护人）赔偿31 621.50元，扣除已支付4000元，应再赔偿

27 621.50元，被告××公司赔偿47 432.24元；驳回原告刘××的其他诉讼请求。

被告××公司不服一审法院判决，以其不应承担责任，一审法院判决错误，且一审程序不合法为由，提起上诉，请求依法改判。

二审法院认定：一审违反法定程序，可能影响案件正确判决。

二审法院裁定：撤销原判，发回一审法院重审。

一审法院重审认定：刘×的行为系见义勇为，刘×牺牲后被授予的荣誉和其亲属领取的奖金是国家基于管理社会公共事务的职能，系政府行为，不影响其亲属向受益人另行主张补偿的民事责任。本案的经济补偿以全额为适当。受益人的补偿责任和与侵权人的赔偿责任性质不同，系两个不同的法律关系，亦适用不同的法律处理规则。本案中，刘×与被告××公司不存在直接的权利义务关系，被告××公司不应该直接向原告刘××承担民事责任。于×民向原告刘××承担赔偿义务后，与被告××公司产生的权利义务关系不在本案的审理范围之内，双方可另行处理。

一审法院重审判决：于×民赔偿原告刘××各项损失共计97 620元，扣除已支付的4000元，尚应赔偿93 620元；驳回原告刘××的其他诉讼请求。

原告刘××不服一审法院重审判决，以重审法院判决被上诉人××公司不承担责任与事实和法律相悖为由，提起上诉，请求依法改判被上诉人××公司承担赔偿责任。

被告于×亦不服一审法院重审判决，以其承担全额赔偿责任过重，且被上诉人××公司应共同承担责任为由，提起上诉，请求依法改判。

二审法院判决：变更一审法院重审判决第一项为：于×民补偿上诉人刘××各项损失共计98 020元，扣除已支付的4000元，尚应补偿94 020元；维持一审法院判决第二项。

裁判要旨

未成年人在单位施工形成的水坑边玩耍时，不慎落入水坑中，而见义勇为人在救助未成年人过程中死亡。被救助未成年人虽无过错，但作为受益方，其监护人应给予见义勇为人家属适当的补偿。施工单位未尽应有的安全防护责任，致使他人遭受人身损害，具有过错，构成侵权，应承担赔偿责任。但侵权人的赔偿责任不同于受益人的补偿责任，此时单位不能直接向见义勇为人家属承担赔偿责任。

重点提示

见义勇为，是指不负有法定职责或作为义务的自然人为了保护国家、集体利益或者他人的人身、财产安全，积极主动、不顾个人安危、义无反顾地与危害行为或者自然灾害进行斗争的行为。我国《侵权责任法》第23条规定：因防止、制止他人民事权益被侵害而使自己受到损害的，由侵权人承担责任。侵权人逃逸或者无力承担责任，被侵权人请求补偿的，受益人应当给予适当补偿。这是对见义勇为者获得救济的明确规定，即侵权人赔偿责任以及受益人补偿义务两种。由于见义勇为者不必然能获得国家救助，在侵权人逃逸或者没有赔偿能力时，受益人补偿义务能使见义勇为者获得救济。关于受益人补偿义务适用条件包括：（1）见义勇为者防止、制止他人民事权益被侵害而使自己遭受损害。首先，见义勇为者对他人或者社会公共利益实施了救助行为，且自身因此遭受损害。其次，见义勇为行为具有风险，受益人从见义勇为行为中获益。最后，受益人补偿义务以见义勇为者救助利益为限。（2）受益人补偿义务限定于侵权人逃逸或者无力承担责任的范围内。此外，侵权人在其管理范围内，因疏于管理，使得进入其管理场所的人遭受人身损害，或者使得进入其场所防止他人民事权益遭受损害的见义勇为者遭受人身损害的，侵权人对该损害具有过错，应当承担侵权赔偿责任。但因受益人的补偿义务与侵权人的侵权赔偿责任系不同性质的责任，且为两个不同的法律关系，应当按照各自的规则处理。

三、饲养动物致害责任（1例）

动物园动物致未成年人损害的赔偿责任

案件来源

谢××诉上海动物园饲养动物损害责任纠纷案

发布部门：《最高人民法院公报》2013年第8期（总第202期）

审判法院：上海市第一中级人民法院

判决日期：2012年6月12日

基本案情

2011年4月10日，四岁的谢××与父亲谢×平、母亲许×梅共同前往动物园（上海动物园）游玩。在灵长类动物展区游览时，谢××因给猴子喂食而穿过笼舍外设置的防护栏，被猴子咬伤，当时动物园工作人员并未在现场。谢×平向动物园有关部门投诉，并自行将谢××送往儿童医院（上海市儿童医院）治疗。两日后，谢××入住社区卫生服务中心（上海市闵行区七宝社区卫生服务中心）接受治疗，包括住院期间伙食费在内共支付医疗费4058.09元。之后，××假肢公司（上海××假肢有限公司）为谢××的右手中指安装了价值2300元的假肢。同时，××假肢公司通过组织专家会诊，确认谢××在18岁前需每2年更换一次假肢，成年后每4年更换一次假肢，每年维修费为假肢总额的5‰。此外，司法鉴定中心（司法鉴定科学技术研究所司法鉴定中心）根据谢××的申请，对其伤情进行鉴定，鉴定意见认为：谢××右手部损伤，损伤的后遗症相当于道路交通事故十级伤残，受伤后护理期限为60日，营养期为30日。

谢××以其在动物园游玩期间，因给猴子喂食导致右手中指被猴子咬伤，而动物园的工作人员未尽到巡视义务，且存在管理技术不合格、防护设施有瑕疵等情形，故动物园对其受伤存有过错为由，提起诉讼，请求判令动物园赔偿医疗费4058.09元、交通费408元、住院伙食补助费160元、精神损害抚慰金40 000元等。

动物园辩称：第一，猴子位于灵长类动物展区的铁质网状笼舍内，笼舍外围设置了足以保护游客安全的金属栏杆，而且动物园区域内多处设置安全警示牌，提醒游客注意人身财产安全。因此，本园已经尽到安全保障义务，订立了完善的安全旅游规则；第二，工作人员已尽到巡视义务。事件发生时，工作人员系正常巡视，虽然谢××受伤时无工作人员在场，但事故发生时间较短，动物园区域较大，工作人员不可能在事故发生前立即阻止谢××的喂食行为。游客应当对其游玩行为负责，避免危险情况的发生，要求工作人员在每个景点全天候配以固定监督岗位显然超过合理安全限度；第三，虽然谢××及十周岁以下儿童可以穿过防护栏间隙，但防护栏的作用在于警示、劝阻儿童钻入，且景区已安装密集的铁质笼舍，起到了安全保护作用。综上，本园不应承担赔偿责任。

法院在诉讼中对事发现场进行了勘察，确认：灵长类动物展区的笼舍属于网状铁制笼舍；动物园在该笼舍的两米处悬挂有警示牌，警示牌标注有："禁止跨越栏杆""禁止敲打""禁止嬉弄"的内容；动物园在距离笼舍1.5米处安置金属防护栏，该金属防护栏高约1.12米、栏杆间距约15厘米；谢××及10周岁以下的儿童能够通过栏杆间隙钻入笼舍。

判决主文

一审法院判决：被告动物园赔偿原告谢××医疗费人民币1623.24元、交通费人民币152元、住院伙食补助费人民币11元、护理费人民币1600元、营养费人民币480元、2011年12月13日发生的假肢费人民币920元、伤残赔偿金人民币25 470.40元；被告动物园赔偿原告谢××精神损害抚慰金人民币2000元。

原告谢××不服一审法院判决，提起上诉称：本人年仅四岁，对警示牌的内容不具有认知能力，上诉人动物园也没有提供证据证明在事故发生时已经设置了安全警示牌，上诉人动物园提供的值班表等证据属于内部规章制度，不能作为认定上诉人动物园已经履行巡视义务的证据；上诉人动物园没有尽到告知义务和巡视义务，安装的安全防护措施存在安全隐患，故上诉人动物园应承担全部赔偿责任；监护人已经尽到监护职责，由于事故发生突然，监护人不能进入防护栏及时将其带离，故监护人不能预见，也不能及时阻止事故发生，不应认定监护人对其人身损害具有过错，进而减轻上诉人动物园的赔偿责任。据此，请求撤销原审判决，改判支持本人的原审全部诉讼请求。

被告动物园亦不服一审法院判决，提起上诉称：本园已经尽到应有的管理义务，即将猴子关在笼内并设置防护栏和安全警示牌。上诉人谢××之所以受伤是因为其无视安全警示牌，穿越护栏并主动靠近铁质笼舍或肢体进入笼舍。同时，上诉人谢××的监护人未阻止其穿越防护栏，也没有阻止上诉人谢××给猴子喂食，故监护人未尽监护职责也是本次事故发生的原因。据此，请求撤销原判，改判驳回上诉人谢××的诉讼请求。

针对上诉人谢××的上诉请求，上诉人动物园辩称：本园对于上诉人谢××发生的损害没有过错；上诉人谢××要求安装的假肢不具有功能性，而属于美容性假肢，故对此本园不应赔偿。

针对上诉人动物园的上诉请求，上诉人谢××辩称：上诉人动物园应承担全部赔偿责任，请求驳回上诉人动物园的上诉请求。

二审法院判决：驳回上诉，维持原判。

裁判要旨

《侵权责任法》第 81 条就动物园无过错责任作出了明确规定，同时规定，如受害人或监护人确有过错，动物园可以减轻或者不承担责任。动物园作为饲养管理动物的专业机构，依法负有注意和管理义务，其安全设施应充分考虑到未成年人的特殊安全需要，最大限度杜绝危害后果发生。游客亦应当文明游园，监护人要尽到监护责任，否则亦要依法承担相应的责任。

重点提示

近年来，动物园动物伤人案件时有发生，尤其是以未成年人参观动物园时被动物致损为主。此类案件中不但涉及动物园的赔偿责任，还涉及未成年人监护人有无监护过失，能否减轻动物园的侵权责任等问题。具体而言，其一，动物园对一般游客的安全保障义务。动物园作为提供游客游览服务的经营者，应当对进入其场所内的游客人身安全与财产安全负责，这是动物园等游览经营机构独特的社会功能。基于这一功能，动物园不仅承担普通管理人的注意义务，还应当承担安全保障义务。就动物园这一游览服务的特殊性而言，其需要区分不同动物的品种、以其专业知识判断不同动物的习性，综合考虑是否履行提醒义务、巡视义务以及安全设施齐全义务等因素，认定动物园是否尽到与之相适应的安全保障义务。因动物园未尽安全保障义务致使游客遭受损害的，动物园应当承担赔偿责任。其二，动物园对未成年游客的安全保障义务。因动物园更多的是吸引未成年人参观游览，故应当对进入其场所的未成年人尽到更高标准的安全保障义务，如设置防护栏需考虑不同年龄层次的未成年人能否穿过，根据动物种类等具体情况采取相适应的安全保护措施。未能采取有效措施防止危险发生，也未采取必要的救助措施，导致未成年人受到损害的，应当为此担责。其三，减轻或免除责任。我国《侵权责任法》第 81 条规定：动物园的动物造成他人损害的，动物园应当承担侵权责任，但能够证明尽到管理职责的，不承担责任。由此，动物园对损害事故的发生能提供证据证明系游客自身过错导致的，可减轻或者免除动物园的赔偿责任。其四，监护过失。未成年人监护人对未成年人的损害具有监护过失的，应当承担部分责任。未成年人监护人应当在其法定监护职责内，保护未成年人的安全，如果未成年人在其监护人的监护下，因自身行为遭受损害，可认定监护人未尽监护职责，应减轻动物园的赔偿责任。

第十一章　高度危险责任（9例）

一、高度危险物致损（7例）

1. 供电企业在触电人身损害事故中的免责事由

案件来源

王×诉××电力公司、张×触电人身损害责任纠纷案

发布部门：最高人民法院民事审判第一庭《民事审判指导与参考》2013年第2辑（总第54辑）

审判法院：××中级人民法院

基本案情

2010年9月张×雇佣王×在×地隧道旁为其修建房屋。王×在修建房屋的过程中需到房顶进行作业，当其在房顶施工时碰到房顶上方十千伏高压线，被高压线电击后受伤坠地，当即被送往当地医院进行治疗。经医院诊断王×为“1. 电击伤；2. 原发性脑干损伤；3. 外伤性蛛网膜下腔出血；4. 双手及双足三度烧伤；5. 头皮裂伤；6. 双眼屈光不正”。王×亦经司法鉴定中心鉴定其为“伤残等级为二级”。另查，××电力公司曾多次在事发地区进行电力保护设施宣传并责令张×停止在高压线下建房。在张×和王×对劝告置之不理执意施工时，××电力公司遂向当地派出所报案请求公安部门阻止违法施工行为，但派出所并没有对此违法行为进行处理。

王×以其受张×雇佣从事建房施工而被高压电击受伤，高压线为××电力公司（以下简称：电力公司）所有、管理，张×和××电力公司应承担连带赔偿责任为由提起诉讼，请求判令，张×和××电力公司共同赔偿其误工费、营养费、住院伙食补助费、住院期间护理费、后续护理费、残疾赔偿金、精神损害抚慰金、残疾用具费、鉴定费、住宿费、交通费等共计 316 994.70 元。

张×辩称：王×受伤是因为触碰到电力公司架设的高压线造成，与本人无关，且本人已垫付了部分医疗费。高压线路的管理者电力公司应承担无过错责任，该公司系王×人身损害的最终赔偿义务人，应对王×的损害承担民事赔偿责任。本人垫付的费用亦应由电力公司赔偿。

电力公司辩称：本公司工作人员对张×的违法建房行为进行了阻止，并向其送达《安全隐患整改通知书》，要求其停止施工，但张×和王×仍继续实施违法建房行为。此后，本公司又多次口头和书面告知张×不得违法建房，要求其停止施工，故本公司已尽到告知和警示义务，二人不听劝阻仍违法施工，造成王×受伤的后果，不应由本公司承担赔偿责任。

判决主文

一审法院判决：原告王×的损失共计 316 994.70 元，由被告张×承担赔偿50%，即158 497.35 元，由被告电力公司承担赔偿30%，即95 098.41 元；驳回原告王×的其他诉讼请求。

被告电力公司不服一审法院判决，以其已履行了警示、劝阻义务，不应承担赔偿责任为由，提起上诉，请求判令其不承担赔偿责任。

二审法院判决：驳回上诉，维持原判。

裁判要旨

雇员受雇从事违法建房活动过程中意外触碰高压电线而遭电击受伤坠地，此时供电企业作为高压电线管理者承担无过错责任，免责事由仅包括受害人故意和不可抗力两种情形。由于雇员不存在主观故意，亦不存在不可抗力因素，电力设施管理者不得以其已履行了警示、劝阻义务为由主张免责，而应承担无过错责任。同时，雇员、雇主明知其从事的是违法建房活动，在电力设施管理者明确责令停止违法建房行为的情况下，仍继续违法建房，二人对雇员人身损害存在一定过错，应减轻电力设施管理者的侵权责任。

重点提示

我国《侵权责任法》第 73 条规定：从事高空、高压、地下挖掘活动或者使用高速轨道运输工具造成他人损害的，经营者应当承担侵权责任，但能够证明损害是因受害人故意或者不可抗力造成的，不承担责任。被侵权人对损害的发生有过失的，可以减轻经营者的责任。据此，高压触电的损害赔偿责任属于无过错责任，只有在受害人故意和不可抗力两种情形下，供电企业才可免责。其中，关于“受害人故意”的认定。对于这一免责事由，不能单纯地从行为本身来看，还应当从受害人的主观目的上进行考量。只有当损害后果是受害人通过自己行为所追求的结果时，才可称为受害人故意导致损害结果发生。如受害人自伤、自杀行为，供电企业即可免责。关于“不可抗力”的认定。不可抗力即不能预见、不能避免和不能克服的客观情况。不可抗力在供电企业触电事故损害赔偿中的适用，是事故发生的原因超出了供电企业的预见能力。通常表现为自然灾害，如大风造成的断线，泥石流造成的倒杆等。当不可抗力作为事故免责事由后，供电企业应当在事后及时补救，防止再次发生事故。综上，供电企业在触电人身损害事故赔偿纠纷中，应当依据我国《侵权责任法》的规定适用无过错责任原则，并可基于触电事故导致损害系受害人故意或者不可抗力而免除责任。

2. 用电企业与供电企业对触电事故连带担责的情形

案件来源

胡 × 诉进贤县 × × 局、进贤县 × × 米厂触电人身损害责任纠纷案

发布部门：最高人民法院审判监督庭《全国法院优秀再审裁判文书精选》

审判法院：江西省高级人民法院

判决日期：2009 年 6 月 17 日

基本案情

2005 年 1 月 15 日，胡 × 与同学玩耍时，攀爬至进贤米厂（进贤县 × ×

米厂）自配变压器围墙中穿墙导管一侧，4.5 米高，触及带有电的 C 相引下线导致触电受伤。被其父母送至医院抢救，治疗过程中，胡×因烧伤严重，于同年 1 月 24 日行右肱骨 1/3 离断术，臀部切痂植自体皮术。胡×住院治疗 137 天，花费各项医疗费用 89 977.64 元，已交医疗费用 5500 元，尚欠医疗费用 39 977.64 元。因监护人无力支付治疗费用，于同年 6 月 1 日自行出院。事后经鉴定中心（江西求实司法鉴定中心）鉴定，胡×构成四级伤残，后续费用 1 万元左右。胡×由于未能痊愈而自行出院，致使右肱骨发生炎症，分别自进贤县民和医院和南昌市解放军医院住院治疗，花费医疗费用 22 000 元，交通费 700 元。

胡×出生于 1992 年，其一家均为农村户口，常年居住在城镇，其父母在进贤县菜市场以贩鸭宰鸭为生，收入来源于城镇。胡×已收到进贤县××局垫付款 50 000 元、进贤米厂垫付款 30 000 元。

经查，进贤米厂于 2003 年 9 月向进贤县××局申请用电报停，双方办理了报停手续，但该局在进贤县城岚湖路第 84 号输电杆引下线 C 相仍然带有电，A、B 两相已拉开，不带电。进贤米厂自配变压器自 84 号杆隔离刀闸及以下 10KV 引下线产权属进贤米厂。触电事故地点，在进贤米厂自配用户产权界限内。

胡×以进贤米厂作为电力设施产权人，未对该设施设置必要的安保设施，并且进贤县××局作为管理部门，亦未履行必要的管理职责，亦未断掉三相电源，双方行为共同导致损害结果的发生为由，提起诉讼，请求判令进贤米厂与进贤县××局赔偿其医疗费、伙食补助费、营养费、护理费、住宿费、交通费、精神损害抚慰金等各项损失。

进贤县××局辩称：胡×在无监护人的情况下攀爬电力设施导致触电，且触电事故发生在进贤米厂自配用户产权界限内，应由其监护人和米厂共同承担责任；进贤县××局不是触电事故点电力设施的产权人，不应承担责任。

进贤米厂辩称：本厂早就对涉案变压器提交了报停申请，故本厂不应承担责任。事故的发生系胡×自身的行为直接导致，故其应承担相应责任。

判决主文

一审法院认定：事故发生时，被告进贤米厂已歇业，但被告进贤县××局并未按照被告进贤米厂的申请，将涉案输电杆引下线完全断电，故其具有一定过错，应当承担一定的责任；被告进贤米厂对自己所有的用电设施未充分履行管理职责，在该区域内亦未设立任何警示标志，故其应对事故的发生承担主要责任。原告胡×在触电事故中自身存在过错，其监护人监护不力，对事故发生应承担相应的责任。

一审法院判决：原告胡×受伤致残应得赔偿为：医疗费、伙食补助费、营养费、护理费、住宿费、交通费、残疾赔偿金、精神损害抚慰金、假肢装配费用、假肢维修费用、后续费用合计578 317.2元，由原告胡×承担20%，计115 663.44元，被告进贤米厂承担60%，计346 990.32元，被告进贤县××局承担20%，计115 663.44元。

被告进贤米厂不服一审法院判决，提起上诉称：本厂早已申请了用电报停，且被上诉人进贤县××局亦已批准，但其并未充分断开公用线路与本厂自用线路的电路连接，对事故的发生具有过错，故被上诉人进贤县××局才是真正的责任主体，本厂无需担责。据此，请求二审法院依法改判。

被上诉人胡×辩称：上诉人进贤米厂对事故的发生负有重大过错，请求维持一审判决。

被上诉人进贤县××局辩称：上诉人进贤米厂当初仅对变压器部分线路申请了报停。因此，本局并无违反规定之处，同时，本局并非电力设施产权人，故不应承担赔偿责任。据此，请求二审法院依法改判。

二审法院认定：被上诉人进贤县××局在办理变压器的报停手续后，并未将C相未断电的情况告知上诉人进贤米厂，故应当认定其对事故的发生具有一定过错，应承担适当责任；被上诉人胡×虽然系未成年人，但对于电压线的危险性应当已经有所认知，故其对于损害的发生亦具有过错；上诉人进贤米厂作为涉案变压器的产权人，其应当知道自己并未申请报停所有线路，但其疏于管理该部分线路，未设置任何警示标志，故对于损害的发生应当承担主要责任。我国法律规定，残疾辅助器具费按照普通适用器具的合理费用标准计算，因此一审法院采信的有关残疾器具费的价格明显偏高。

二审法院判决：撤销一审法院判决；被上诉人胡×受伤致残应得的赔偿为：医疗费、伙食补助费、营养费、护理费、住宿费、交通费、残疾赔偿金、精神损害抚慰金、假肢装配费、假肢维修费用及后续费用，以上费用合计428 167.2元，被上诉人进贤县××局承担115 663.44元，被上诉人胡×和上诉人进贤米厂各承担156 251.88元。

被上诉人胡×不服二审判决，申请再审称：本人所受损害应由被申请再审人进贤县××局与被申请再审人进贤米厂承担全部责任；本人的残疾赔偿金应按城镇居民收入标准计算；本人的营养费、住院伙食补助费、护理费、假肢安装费、维修费计算标准均应相应增高。请求再审法院撤销一、二审判决，依法改判。

被申请再审人进贤县××局辩称：本案事故的发生主要是因为被申请再审人进贤米厂未尽安全管理职责，而申请再审人胡×的监护人未尽监护职责，亦对损害的发生具有过错，需承担相应的民事责任。事故触电点在4.5米高的引下线上，符合安全高度，本局不应承担责任。

再审法院判决：维持二审法院判决第一项；变更二审法院判决第二项为：申请再审人胡×受伤致残应得的赔偿为：医疗费、伙食补助费、营养费、护理费、住宿费、交通费、残疾赔偿金、精神损害抚慰金、假肢装配费用、假肢维修费用、后续费用，赔偿费用合计560 035.16元，由被申请再审人进贤县××局承担40%，被申请再审人进贤米厂承担40%，申请再审人胡×自行承担20%；被申请再审人进贤县××局、进贤米厂互负连带赔偿责任。

裁判要旨

（1）作为电力设施产权人的用电企业，在向供电人申请并办理用电报停手续后，疏于对电力设施的安全检查，致他人触电受伤，其对触电致伤事故的发生具有过错，应承担赔偿责任。供电人因未能严格履行断电及管理义务，亦应承担赔偿责任。产权人与供电人的行为结合致使受害人遭受人身损害的，构成共同侵权。据此，电力设施产权人与供电人应承担连带赔偿责任。

（2）农村户口的未成年人因触电而致残，此时电力设施产权人应当为此支付残疾赔偿金，而我国对残疾赔偿金的计算标准，因居住地是农村或城镇而有所区别。未成年人自出生后即居住在城镇，其家庭成员所取得的家庭收入亦来源于城镇，因此其残疾赔偿金标准应当按照城镇居民标准计算。

重点提示

用电企业，即通常意义上的电力设施产权人，对电力设施承担的是产权责任，高压电触电事故地点发生在其产权界限内的，除非能提供证据证明受害人故意、不可抗力等免责情形，否则因未对产权界限内的电力设施进行安全检查，疏于管理，未设置任何警示标志，由此引发的触电事故，应当承担赔偿责任。另，供电企业对其辖区内的电力设施负有管理职责，未尽管理职责的，应当对触电事故承担赔偿责任。其中，关于用电企业与供电企业连带承担赔偿责任的情形，主要有：其一，电力设施产权约定不明，各致害人应共同赔偿受害人的损失。最高人民法院《关于审理触电人身损害赔偿案件若干问题的解释》第2条规定：因高压电造成人身损害的案件，由电力设施产权人承担民事责任。供电设施产权人归属于哪方，即应当承担相应的法律责任。关于电力设施产权人的界定，应以供用电双方签订供用电合同的约定为准。合同中没有明确约定的，供电设施产权处于不明确状态，用电企业作为电力设施的使用方，供电企业作为电力设施的所有方，即各致害人的行为都有可能对受害人造成损害结果，应对损害结果共同承担赔偿责任。具体而言，用电企业向供电企业申请用电，供电企业为其安装，供电双方应当明确约定产权分界点，未约定，且各方均无证据证明其不是电力设施产权人，且无证据证明自己的行为与损害结果之间不存在原因力的，依法对损害应连带担责。其二，用电企业向供电企业申请变压器报停后，供电企业未打闸，引发触电事故的赔偿责任问题。一方面，用电企业虽向供电企业申请报停变压器，但其对界限范围内的电力设施仍负有安全检查义务，排除安全隐患，未尽该义务的致使电力设施处于不安全状态而引发触电事故的，用电企业应当承担赔偿责任。而供电企业在接到用电企业变压器报停申请后，应当明知用电企业的目的在于申请断电，因怠于管理，导致事故发生，亦应当承担责任。故二者的行为直接导致同一损害后果，构成共同侵权，应当连带担责。

3. 在电力人身损害案件中电力设施产权人的免责情形

案件来源

袁××、李×武、李×芳、李×宇诉李×国、刘×波、刘×超、东莞市××××公司触电人身损害责任纠纷案

发布部门：最高人民法院审判监督庭《审判监督指导》2010 年第 2 辑（总第 32 辑）

审判法院：广东省东莞市中级人民法院

判决日期：2008 年 10 月 21 日

基本案情

刘×波、刘×超系父子关系，二人的新房距离十千伏架空高压线只有 2.7 米。2005 年 8 月，李×国以“装饰工程公司”的名义与刘×波签订承包协议，约定由该公司为其新房制作和安装门及门框，但该协议并未加盖“装饰工程公司”公章。在签约过程中，刘×波未核实该公司是否确实存在以及是否授权李×国签约，亦未要求其出示公司的施工资质证书。之后，李×国雇佣李×进行安装，在运送材料的过程中，李×因触碰高压电身亡。该区域的××公司（东莞市××××公司）在事故现场的高压电设备上安装有“高压危险、禁止攀登”的警示标志牌。××公司系涉案高压电设备的产权人。经查，袁××、李×武、李×芳、李×宇均为李×的亲属。

袁××、李×武、李×芳、李×宇以刘×波、刘×超、李×国、××公司对李×触电身亡的损害结果具有过错为由，提起诉讼，请求判令刘×波、刘×超、李×国、××公司赔偿损失。

判决主文

一审法院认定：李×作为被告李×国的雇员，其按照被告李×国的指示安装不锈钢门时触电身亡，被告李×国理应承担相应责任；而被告刘×波和被告刘×超在发包时，明知被告李×国无施工资质，故二人具有选任过失，应当与被告李×国承担连带赔偿责任；同时，因李×触电的地点系被告刘×波和被告刘×超确定的，该地点处于电力线路保护区内是损害发生的主要原因，故被告刘×波和被告刘×超应承担主要赔偿责任；对于事故的发生，被告××公司已经尽到了相应的警示和注意义务，李×明知在电力保护区内进行施工系禁止行为，却仍进行作业，故被告××公司无过错。

一审法院判决：被告刘×波和被告刘×超偿付原告袁××、李×武、李×芳、李×宇赔偿金153 808.2元；被告李×国偿付原告袁××、李×武、李×芳、李×宇赔偿金65 917.81元；被告李×国对被告刘×波和被告刘×超的赔偿责任承担连带清偿责任。

被告刘×波、刘×超不服一审判决，提起上诉。

二审法院认定：上诉人刘×波、刘×超与原审被告李×国之间成立合法的加工承揽合同关系。对于原审被告李×国所雇工人李×死亡的后果，因被上诉人袁××、李×武、李×芳、李×宇并未提供证据证明上诉人刘×波、刘×超存在选任过失，故应认定上诉人刘×波、刘×超不存在选任过失。原审被告××公司在事故现场已挂有危险警示标识，且该区域属于架空电力线路保护区，应认定其已经尽到相应的注意义务，无需承担赔偿责任。因原审被告李×国系本案唯一的赔偿义务人，故在其未对被上诉人袁××、李×武、李×芳、李君宁主张的赔偿项目及赔偿数额提出异议时，应视为其认可被上诉人袁××、李×武、李×芳、李×宇诉求的全部赔偿总额。综上，原审被告李×国应承担本案的全部赔偿费用。

二审法院判决：撤销一审法院判决的第一、三项判决；变更一审法院判决的第二项判决为：限原审被告李×国偿付被上诉人袁××、李×武、李×芳、李×宇赔偿金219 726.01元；驳回上诉人刘×波、刘×超的其他上诉请求；驳回被上诉人袁××、李×武、李×芳、李×宇的其他诉讼请求。

原审被告李×国不服二审法院判决，申请再审称：被申请再审人刘×波、刘×超在李×施工中，并未尽提示义务和安保义务，对损害的发生具有重大过错；本人与被申请再审人刘×波、刘×超签订的承揽合同需要承揽人具备施工资质，被申请再审人刘×波、刘×超未审查本人的施工资质即将工程发包给本人施工，明显具有选任过失，故其应当对李×的死亡承担赔偿责任；被申请再审人××公司作为涉案电力设施的产权人，其承担的是无过错责任，故对于李×触电死亡的后果，其必然承担一定的责任。综上，请求再审法院撤销二审法院判决第一、二、四项，并判令被申请再审人刘×波、刘×超和××公司承担连带赔偿责任。

被申请再审人刘×波、刘×超辩称：本方建造房屋前已经办理了相关手续，且在建造过程中已经设置了必要的安全设施，故本方在施工过程中并无过错。本方与申请再审人李×国订立合同时，申请再审人李×国以一个虚构的公司的名义，本人基于错误认识与其订立了相应合同，故本方已尽到合理的审查义务。综上，本方认为二审法院判决已查明本案的全部事实，适用法律正确，请求再审维持二审法院判决。

被申请再审人××公司辩称：本公司在事故现场已经设置了明显的危险警示标志，明确将在电力线路保护区范围内进行作业的危险性告知了社会公众，故本公司已经履行了应尽的义务和责任。申请再审人李×国与李×违反法律，擅自在电力设施保护区范围内作业，二人未采取安全防护措施，从而发生损害，该损害与本公司并无关系，二人应当自行承担过错责任。同时，本案亦不属于电力事故纠纷，而是人身损害赔偿纠纷。

被申请再审人袁××、李×宇辩称：二审法院判决不当，被申请再审人刘×波、刘×超、××公司均应负一定的责任。

再审法院判决：撤销一审法院判决及二审法院判决；申请再审人李×国向被申请再审人袁××、李×武、李×芳、李×宇支付赔偿金102 174.68元；被申请再审人刘×波向被申请再审人袁××、李×武、李×芳、李×宇支付赔偿金51 087.34元；被申请再审人刘×超向被申请再审人袁××、李×武、李×芳、李×宇支付赔偿金 51 087.34 元；驳回被申请再审人袁××、李×武、李×芳、李×宇的其他诉讼请求。

裁判要旨

（1）施工人在建造房屋过程中，对所建房屋处于电力设施保护区内的事实已经明知，但未予注意，仍继续施工从而导致自身意外触电身亡，施工人的行为明显与法律规定相违背。据此，应认定电力设施产权人具有法定免责事由。同时，电力设施产权人已在事故现场的高压电设备上安装了警示标志牌，履行了管理义务，故其无需对施工人的死亡后果承担责任。

（2）定作人将建造房屋的工程交由承揽人进行施工。但是，定作人在发包过程中未对承揽人不具备施工资质的情况进行审查，存在选任过失。同时，定作人所建房屋处于电力线路保护区范围之内，其仍将工程发包，应认定其还存在定作过失。综上，承揽人所雇人员因此触电身亡的，定作人应承担赔偿责任。

重点提示

在电力人身损害案件中，高压电致害责任是一种无过错责任或严格责任，但是并不意味着对任何损害都应负绝对责任。电力设施产权人在以下几种情形下，可对触电损害不承担责任。（1）不可抗力。我国民法上的不可抗力构成要件即不能预见、不能避免并不能克服。我国《电力法》明确将不可抗力作为免责的条件，只有不可抗力是造成损害的唯一原因时，才能免除电力设施产权人的责任。（2）受害人故意。在侵权损害赔偿案件中，被控侵权人能够证明损害是由受害人故意造成的，不承担民事责任。由此，关于受害人故意造成损害的举证责任在于电力设施产权人。电力设施产权人提供证据证明受害人故意造成自己的损害，或者从事与电有关的犯罪行为。但并非电力设施产权人承担全部的举证责任，在触电事故发生后，受害人应当举证证明其损害与电力设施产权人之间存在因果关系，以及其伤情和实际损失等。（3）受害人在电力设施保护区内从事违反电力法律、法规的行为。此种情形是指，受害人虽主观上不希望也不追求触电损害结果的发生，但因受害人故意实施违法行为导致自身损害，其主观心理状态表现为间接故意。具体而言，要求电力设施产权人在电力设施保护区域内挂有危险警示标识，其已尽到注意义务，而受害人故意在电力设施保护区从事法律、行政法规所禁止的行为，电力设施产权人应当因此免责。

4. 关于照明电线触电致人死亡的民事责任认定问题

案例来源

曹××等人诉成都××局都江堰××局、四川省彭州市××镇××村村民委员会触电人身损害责任纠纷案

发布单位：最高人民法院立案庭《立案工作指导》2007 年第 2 辑（总第 15 辑）

审判法院：最高人民法院

基本案情

1990 年 11 月 2 日，叶×清经过彭州市隆丰镇大宝村二组距离家仅 60 米处时，脚触及掉到地面的照明电线身亡。该照明电线是××村委会（四川省彭州市××镇××村村民委员）用木制电杆架设的输电电线，输电由都江堰××局（成都××局都江堰××局）提供。次年 3 月，原彭县安全办公室、信访办公室等相关单位作出《处理意见》（《关于叶×清触电死亡的处理意见》），认定此次事故为意外事故，村、镇无直接责任，同意给付受害人家属除已支付的丧葬费 349.50 元和已给家属的 130 元外，再次补助受害人家属 500 元。××村委会会计叶×福代“曹××”在处理意见上签了字。事后，家属领取了 500 元，共计收取赔偿费 895 元，但对该处理意见不服，多次要求有关部门重新处理，未得到答复。

另查明，1994 年 3 月 20 日，经都江堰××局批准，都江堰××局隆丰镇电管所成立，在此之前，事故发生地区的照明电由隆丰镇五一村转供，而都江堰××局给隆丰镇五一村的照明供电。

叶×清的妻子、儿女曹××、叶×城、叶×巧等以叶×清在距家 60 米处，因触及掉在地面的照明电线身亡，××村委会及都江堰××局负有责任为由，提起诉讼，请求判令都江堰××局及××村委会赔偿死亡补偿费、丧葬费、被扶养人生活费等共计63 700元。

判决主文

一审法院判决：被告都江堰××局和××村委会赔偿原告曹××、叶×城、叶×巧死亡补偿费15 780元，丧葬费1200元和被抚养人必要的生活费1913元，共计18 913元。被告都江堰××局赔偿60%即11 347.80元，扣除已支付的895元，还应赔偿10 452.80元；被告××村委会赔偿40%，即7565.2元；被告都江堰××局、××村委会承担连带赔偿责任。

被告都江堰××局不服一审法院判决，以赔偿责任缺乏法律依据以及本案已超过诉讼时效为由，提起上诉，请求依法改判。

二审法院判决：驳回上诉，维持原判。

上诉人都江堰××局不服二审法院判决，以其不是事故线路产权人，不应承担责任为由，向省高级人民法院申请再审。

省高级人民法院裁定：指令二审法院进行再审。

二审法院再审判决：维持二审法院判决。

被上诉人曹××、叶×城、叶×巧不服二审法院再审判决，以原判适用法律法规错误为由，向省高级人民法院申请再审，请求判令赔偿死亡补偿费50 000元、丧葬费7000元、被抚养人的生活费300 000元、精神抚慰费50 000元，共计407 000元。

省高级人民法院经复查裁定：驳回了申请再审人曹××、叶×城、叶×巧的再审申请。

之后，申请再审人曹××进京上访。

最高人民法院决定：维持省高级人民法院的驳回裁定。

裁判要旨

受害人因触及照明电线而死亡的，应由产权人和供电部门承担人身损害赔偿的连带责任。其中，依据农村安全用电管理条例的规定，供电部门应负事故的主要责任。因电力设备的产权人安装使用不合规程要求的供电设备，且并未对设备进行及时维修，造成责任事故的，应负事故的次要责任。

重点提示

随着农村用电的逐步普及，农村触电伤亡事故就不可避免。司法实践中，对于受害人因触碰农村照明用电线而触电身亡的民事责任认定问题，应该注意以下几点：（1）触电伤亡事故调查报告是民事赔偿的主要法律依据。根据《农电事故调查统计规程》的规定，发生农村触电死亡事故时，县电力企业负责人应会同县劳动、公安、检察等有关部门组成调查组，进行现场调查，并出具触电伤亡事故调查报告。（2）根据《农村安全用电管理条例》的规定，供电设备造成农村人身触电伤亡事故的，供电部门与安装不符合规程要求或者存在设备失修等管理不善的产权所属单位均应承担损害赔偿责任。但若事故受害人存在盗窃或破坏供电设施、私拉乱接或私设电线及其设备、违章作业等情形的，应由其自行承担触电伤亡事故的损害后果。（3）根据我国《侵权责任法》的规定，触电人身损害赔偿从类型上而言属于高度危险作业所产生的特殊侵权，应适用无过错责任原则。因此，对于受害人所遭受的人身损害，供电部门与电力设施产权所属单位无论主观上是否存在管理或维修不当的过错，均应承担赔偿责任。赔偿范围主要包括：医疗费、误工费、住院伙食补助费、护理费、残疾者生活补助费、残疾用具费、被扶养人生活费、交通费、住宿费、死亡赔偿金等，通常不包括精神损害抚慰金。原因在于：高度危险作业的“无过错责任”性质和以存在“过错责任”为前提条件的精神损害赔偿相矛盾，但若电力作业人存在主观过错，则受害人可向其主张精神损害赔偿。（4）诉讼中，若受害人出于法律知识欠缺或理解偏差而未起诉应当承担责任的当事人，或者将与其存在不同法律关系的当事人都列为被告的，法官可行使释明权。向受害人说明权利义务关系及法律关系，由受害人自由行使选择权，法院不可依职权追加当事人或变更被告。

5. 关于为掏鸟窝而攀爬高压电线杆致残的责任承担问题

案例来源

吕××诉都江堰市××总公司触电人身损害责任纠纷案

发布单位：最高人民法院中国应用法学研究所《人民法院案例选》2004 年民事专辑（总第 48 辑）

审判法院：四川省成都市中级人民法院

判决日期：2002 年 7 月 4 日

基本案情

2001 年 6 月 29 日，吕××与同伴吕×钦（15 岁）在停有一只鸟的电线杆下玩耍，吕××认为电线杆顶有鸟窝，因此想要爬上去掏鸟窝。在被吕×钦告诫过电线杆上有电后，吕××仍然攀爬，在临近杆顶时触电掉到地上，送往医院治疗时被诊断为双上肢电击伤和左小腿挫裂伤。次月，吕××的左上肢上段被截肢，住院四十一天，共花费医疗费 69 009.45 元、截肢费用 450 元、交通费 1221 元，伤情经鉴定为五级伤残。后经假肢中心评估，吕××的残疾用具每次为 16 900 元。

另查明，涉案电线杆原来安装了××建材厂（已倒闭）的一台 80KVA 变压器。1999 年 8 月转让给了××石材厂并办理了过户手续，同时该台变压器被××总公司（都江堰市××总公司）拆除，安装到了××石材厂，涉案电线杆仍继续作为高压输电线杆使用。

吕××以××总公司在拆除变压器后，未在高压线杆、线路区域设置任何警示、安全等标志，存在过错，构成侵权为由，提起诉讼，请求判令××总公司赔偿其各项损失。

判决主文

一审法院认定：原告吕××攀爬涉案电线杆掏鸟窝的行为系《电力设施保护条例》规定的禁止行为，主观上具有故意，应自行承担损害后果。被告××总公司具有法定免责条件，故不应承担民事责任。

一审法院判决：驳回原告吕××的诉讼请求。

原告吕××不服一审法院判决，提起上诉称：本人不知道涉案电线杆有电，没有任何警示、安全标志以及涉案电线杆周围有残留造成没有使用或者无电的假象，同时也未听到吕×钦的警告；其次，被上诉人××总公司将变压器拆除后，没有任何维护措施，存有安全隐患。同时，被上诉人××总公司应当证明架设线杆、变压器符合法律规定。因此，请求撤销一审法院判决，改判被上诉人××总公司赔偿本人经济损失205 568.65元。

被上诉人××总公司辩称：吕×钦的劝告与上诉人吕××是否听到的案件性质没有关系。上诉人吕××主观上故意攀爬电线杆掏鸟窝，其行为已经违反相关法律规定，应自行承担民事责任；其次，涉案电线杆的安装符合法律规定，本公司无需设立警示标志。因此，请求驳回上诉，维持原判。

二审法院判决：撤销一审法院判决；被上诉人××总公司赔偿上诉人吕××人民币153 038.05元。

裁判要旨

对高压电造成人身损害的案件，应适用无过错责任原则认定电力设施产权人的赔偿责任。受害人并非为了破坏电力设备而攀爬电线杆，故电力设备产权人不具有免责事由，且产权人在改造电线杆时，未将变压器平台及相关部件拆除，亦未在周围设置安全警示标志，使电线杆存在被人攀爬的危险，系未合理履行安全保障义务的行为，应对受害人的损害结果承担赔偿责任。

重点提示

司法实践中，在因高压电致人损害事故而引发的人身损害赔偿纠纷案件中，认定责任主体、举证责任、责任承担方式等，应当注意以下几点：(1) 根据我国《侵权责任法》和最高人民法院《关于审理触电人身损害赔偿案件若干问题的解释》的相关规定，因高压电造成人身损害的，由电力设施产权人承担无过错赔偿责任。唯一的免责条件是“损害是由受害人故意造成的”以及“不可抗力”，前者如受害人以触电方式自杀、自伤，盗窃电能、破坏电力设施或在电力设施保护区内从事法律法规禁止的行为等。（2）受害人对损害后果的发生具有重大过失的，应当减轻电力设施产权人的民事赔偿责任。受害人明知或应当知道攀爬高压电线杆具有极大的危险性，仍执意攀爬，并导致触电致残或致死的，应认定其自身存在重大过失。其中，若受害人是无民事行为能力人或限制民事行为能力人的，其法定监护人或其他监护人疏于管理，未尽到监护职责的，亦应承担一定的民事责任。（3）因高压电引起的人身损害是由多个原因造成的，应当按照致害人的行为与损害后果之间的原因力确定各自的责任。致害人的行为是损害后果发生的主要原因的，应当承担主要责任；致害人的行为是损害后果发生的非主要原因的，应当承担相应的责任。（4）对于“损害是由受害人故意造成的”这一事实，应当由电力设施产权人举证证明。电力设施产权人不能举证证明受害人对损害后果的发生具有主观故意的，应当对受害人遭受的人身损害承担赔偿责任。赔偿范围通常包括：医疗费、误工费、交通费、残疾补助金、残疾用具费、死亡赔偿金等。

6. 抛洒农药致家禽死亡及饲养人中毒的责任认定

案例来源

张 × 诉王 × 华、× × 种马场抛弃高度危险物损害责任纠纷案

发布单位：最高人民法院中国应用法学研究所《人民法院案例选》2004 年民事专辑（总第 48 辑）

审判法院：新疆维吾尔自治区高级人民法院伊犁哈萨克自治州分院

判决日期：2002 年 4 月 25 日

基本案情

王 × 华系种马场（× × 种马场）农二队的护青人员，该队农民放养的鹅经常进农田啄食小麦，王 × 华多次驱赶无效后，于 2000 年 8 月将拌有农药的小麦抛洒在农田的周围。张 × 放养的鹅在吃了小麦后有 20 只中毒致死。张×在捡拾已死亡的鹅后，出现了心慌、乏力、气短的症状，经医院治疗诊断为有机磷农药中毒并住院治疗4天。次月，张×出现昏迷，经医院诊断为继发性癫痫，至此到同年10月31日出院。张×住院治疗共25天，支付医疗费3132.14元、住宿费120元、交通费1002.80元、鉴定费930元；在此期间的伙食补助费为375元、监护人的误工费为381.50元。因中毒身亡的20只鹅造成张×经济损失360元。另查明，涉案农药是王×华从种马场的仓库领取的。

张×以王×华抛洒带有农药的小麦致其中毒且引发继发性癫痫为由，提起诉讼，请求判令王×华、种马场赔偿医疗费、住宿费、交通费、鉴定费及鹅中毒死亡的经济损失等。

诉讼期间，经法院委托，乌鲁木齐市第四人民医院对张×的精神状态进行鉴定，鉴定意见为：张×系癫痫全身强直性痉挛发作，该癫痫与农药中毒有相关关系。同年，法医评定张×因农药诱发癫痫，构成九级伤残。

判决主文

一审法院判决：被告王×华赔偿原告张×各项损失的80%即5041.15元；被告种马场对被告王×华承担的赔偿损失责任负连带责任；驳回原告张×的其他诉讼请求。

原告张×不服一审法院判决，以原判赔偿数额不公平、否定司法鉴定意见并判定其监护人承担责任错误为由，提起上诉，请求判令被上诉人王×华、种马场支付各项费用及残疾者生活补助费17 692元、精神损害赔偿金10 000元。

被上诉人王×华辩称：上诉人张×的监护人明知涉案地点的周围麦粒有毒仍将鹅带至此地觅食，故没有理由要求本人承担相应的责任，请求依法改判。

被上诉人种马场辩称：麦田周围的麦粒有毒的情形已经告知附近的人，因此，本场与上诉人张×中毒没有关系，不应承担责任，故请求依法改判。

二审法院判决：驳回上诉，维持原判。

裁判要旨

行为人为驱赶麦田里的家禽撒放含有农药的麦粒，致权利人饲养的家禽食用后死亡，并导致权利人在捡拾死亡的家禽时中毒。因行为人违法使用农药的行为直接导致家禽死亡，故二者之间具有直接因果关系，应当承担家禽死亡的损失赔偿责任。同时，违法使用农药的行为亦间接导致权利人中毒，与权利人的人身损害后果之间具有间接因果关系，对权利人的人身损害亦应给予赔偿。

重点提示

高度危险作业致害赔偿责任，是指因从事对周围环境具有高度危险作业造成他人损害时，依法应当承担的一种特殊的侵权责任，或者说是物体致人损害的责任，具体包括高空、高压、易燃、易爆、剧毒、放射性、高速运输工具等。其中，认定毒性化学危险物品作业致害的侵权行为，应当注意以下几点：（1）对毒性危险化学品作出规定的法律法规主要有《化学危险物品安全管理条例》《农药安全使用规定》《农药管理条例》《医疗用毒性药品管理办法》等。其中，根据 2001 年《农药管理条例》第 45 条规定，违反本条例规定，造成农药中毒、环境污染、药害等事故或者其他经济损失的，应当依法赔偿。（2）在因农药致损纠纷赔偿案件中，既有受害人的财产被行为人从事生产、销售或抛洒农药活动侵权的损害事实，又有受害人的人身被财产损害结果侵害的事实的，称为多重损害事实。在一个侵权行为造成多重损害事实的情况下，因受害人的财产损失系由行为人的侵权行为直接导致，故二者之间具有直接因果关系，行为人应当对受害人的财产损失承担赔偿责任。而对于受害人人身利益被前一个损害结果侵犯时，由于受害人处理本人的财产损害后果系情理之中，故其人身损害后果与行为人的违法行为之间具有间接因果关系，行为人亦应当对受害人的人身损害承担赔偿责任。（3）对农药等危险品负有管理职责的单位或相关行政机关，疏于管理，致农药等危险品被盗致害或污染环境，具有过错，应当对造成的损害后果承担连带赔偿责任。

7. 非高压电设施漏电造成人身损害的责任认定

案例来源

刘××、唐××诉长葛市××工业公司、刘×军生命权纠纷案

发布单位：最高人民法院中国应用法学研究所《人民法院案例选》2004年民事专辑（总第48辑）

审判法院：河南省长葛市人民法院

基本案情

2002年4月30日，刘××、唐××之子唐×东到邻村的刘×军家玩耍，因玩时抓晾衣铁丝导致触电身亡。涉案线路是从刘×军家引出，触电事故发生时，漏电保护器未工作，电源未断开。刘×军之妻将打水的闸刀关掉后电源才切断。该电源系××公司（长葛市××工业公司）所供给。

刘××、唐××以刘×军的用电设施存在未安装漏电保护装置等隐患，××公司所有的供电设备漏电保护器未起保护作用为由，提起诉讼，请求判令刘×军、××公司承担赔偿责任。

××公司辩称：首先，涉案电力的产权非本方所有、涉案线路系产权人安装架设，产权人能决定是否安装漏电保护器，因此，与本方没有关系。其次，根据产权责任原则，没有法律依据证明漏电保护器不工作与供电部门有关。再次，没有证据证明本方存在过错，有违章用电情况。最后，本方出于人道主义对受害者家属给予补偿，刘××、唐××亦做了保证不追究本方的责任，本方无需承担责任。请求法院判令驳回对本方的诉讼请求。

刘×军辩称：唐×东因在本人家玩耍而触电身亡，不是本人责任，而是××公司违章用电导致的法律后果。其中，2000年农网改造时，本人已缴纳所需费用，但××公司未按规定安装漏电保护器，也未做任何说明。此外，唐×东的触电身亡系电线漏电时漏电保护器未起到保护作用导致的，应由××公司承担责任。

判决主文

一审法院判决：被告××公司应予承担40%的责任，赔偿丧葬费、死亡补偿费共计31 845.68元，扣除已支付3500元，需再付28 345.68元；被告刘×军承担60%的责任，赔偿丧葬费、死亡补偿费共计47 768.52元。

一审宣判后，双方当事人均未提起上诉，判决已发生法律效力。

裁判要旨

管理人对其自身所使用水井取水电机线路设施漏电未尽到管理义务，致受害人触电身亡，管理人应承担赔偿责任；供电部门违章供电，对非高压线路疏于管理，未发现管理人私接电源，对此事故亦有过错，因此未尽管理职责的供电部门亦应承担部分赔偿责任。

重点提示

在水井取水电机线路漏电事故导致受害人触电身亡的事故中，主要涉及归责原则、各方当事人过错以及责任划分问题。首先，关于水井取水电机线路漏电事故的归责原则问题。因高压电是指1千伏及其以上电压等级；1千伏以下电压等级为非高压电，且在高压电造成人身损害的案件中，归责原则适用产权责任原则。而水井取水电机线路电压等级系1千伏以下属低压，应当依据我国《电力法》的规定，适用过错责任原则。其次，关于电力设施产权人与供电公司对事故有无过错问题。供电公司应当严格执行用电安全规程，对农村用户安装的漏电保护器及时进行检查和测试，如果供电公司对存在违章用电情况怠于管理，则对事故具有过错。而电力设施产权人没有按照规定安装漏电保护器，对自身用电疏于防范和管理，未尽注意义务，从而对事故发生亦具有过错，二者构成共同侵权。最后，关于电力设施产权人与供电公司的责任划分。因依据原因力规则，在损害结果存在多个原因力的情况下，行为人之间不同的行为对损害事实和损害结果的发生产生不同作用的原因力，且原因力大小不相同，故可依据原因力大小确定各方的损害赔偿责任。此处的原因力是指在导致受害人同一损害后果的数个原因中，各原因对于该损害后果的发生或扩大所发挥的作用力。原因力与过错具有相互影响的关系，过错程度与原因力大小基本相适应。因此在确定共同原因的侵权赔偿责任时，按照原因力来确定违法行为人的赔偿责任。由此，将电力设施产权人的过错与供电公司的过错相比，若电力设施产权人对事故发生的原因力较大，则其行为系事故发生的主要原因，承担主要责任，供电公司的行为系事故发生的次要原因，承担次要责任。

二、高度危险活动致损（2例）

1. 高度危险作业行为的认定与归责原则

案例来源

吴××诉×水电厂公共场所管理人责任纠纷案

发布单位：最高人民法院民事审判第一庭《民事审判指导与参考》2009年第4集（总第40集）

审判法院：最高人民法院

基本案情

2003年初，担任工程监理师的吴×被派到外地工作，负责×水利工程，该工程与吴×的住处皆位于水电厂（×水电厂）的附近，在吴×的住处可以看见河道。一般情况下，水电厂早晚两次过水发电，将水排至河道流走。次年5月，吴×到大坝下游处散步后进入河道，而水电厂已经按照上级部门的指令正常发电，水位上涨后，吴×来不及上岸，被水冲走导致死亡。相关部门调查得出，此事故不属于刑事案件及亦不属于安全生产事故。此外，水库大坝以下至事发地点的河道较为平稳，不存在大幅落差。

另查明：水电厂与当地公安局在河道的入口处联合设置了以“根据国务院《电力设施保护条例》，水电厂的大坝、水库、尾水河道、桥梁、船闸等设施均属保护范围，距大坝上下游300米以内的河道为电力设施保护区（即禁区），严禁在禁区内游泳、划船以及进行其他妨碍建筑物和人身安全的活动”为主要内容的“关于确保电力设施安全”的通告牌。另外，水电厂在大坝周围、河岸两边也分别设置一些警示标语和告示牌。大坝下游约一公里处的大桥上设有“生产禁区、生命危险”内容的安全警示牌。

吴×的儿子吴××以其父主观上无过错，水电厂发电是高危行业，本案属于特殊侵权纠纷为由，提起诉讼，请求判令水电厂应当承担赔偿责任。

水电厂辩称：过水发电行为不属于法律规定的高度危险作业，应作为一般侵权纠纷，遵循过错责任归责原则。其对事故发生地的河道无管理权，亦无法定义务管理和维护及进行相关安全警示工作。其根据上级指令过水发电，在生产禁区和周边区域内已经尽到必要、合理的安全警示义务，不存在过错情形。吴×的死亡与其无任何关系，其与损害后果没有直接关系，不应承担民事赔偿责任。

判决主文

一审法院判决：驳回原告吴××的诉讼请求。

原告吴××不服判决，提起上诉。

二审法院判决：驳回上诉，维持原判。

裁判要旨

当事人因在河道旁行走时，遇水电厂过水发电导致河道水位上涨，被河水冲走死亡。由于过水发电不属于高度危险作业，因此对当事人因损害赔偿问题产生的纠纷属于一般侵权纠纷，不适用无过错责任原则。水电厂的正常过水发电不具有违法性，对事故发生没有过错，不应承担赔偿责任。

重点提示

高度危险作业是指从事高空、高压、易燃、易爆、剧毒、放射性、高速运输工具等对周围环境有高度危险的作业。我国《侵权责任法》第73条规定：从事高空、高压、地下挖掘活动或者使用高速轨道运输工具造成他人损害的，经营者应当承担侵权责任，但能够证明损害是因受害人故意或者不可抗力造成的，不承担责任。被侵权人对损害的发生有过失的，可以减轻经营者的责任。根据本条对高度危险作业的立法精神，关于高度危险作业行为的认定以及归责原则，应从以下几个方面考虑：（1）高度危险作业行为。高度危险作业行为即是只要作业人实施了作业行为就构成了高度危险作业的行为。（2）承担责任的主体。具体到各类高度危险作业中，承担法律责任的主体即对从事高空、高压、地下挖掘活动或者使用高速轨道运输工具享有运行支配和运行利益的人。鉴于水电厂过水发电不属于法律规定的高度危险作业，水电厂虽作为经营者，但不属于高度危险作业的责任承担主体。（3）侵权责任的归责原则。高度危险责任的构成要件包括：须从事高度危险作业；须造成他人损害；高度危险作业与损害后果之间有因果关系。从我国《侵权责任法》对高度危险作业这一特殊侵权行为的规定来看，高度危险作业采用的无过错责任原则。不为高度危险作业行为的侵权案件，遵循一般侵权纠纷的归责原则来处理，对事故发生没有过错的，则不承担赔偿责任。（4）免责事由。高度危险作业的免责事由有受害人故意和不可抗力。此外，当被侵权人对损害的发生有过失的，可以减轻经营者的责任。

2. 铁路行车事故造成未成年人人身伤亡的赔偿责任

案例来源

杨×诉太原××分局铁路运输人身损害责任纠纷案

发布单位：最高人民法院中国应用法学研究所《人民法院案例选》2003年第4辑（总第46辑）

审判法院：北京铁路运输中级法院

判决日期：2003年12月1日

基本案情

49032次列车于2002年1月13日进入××分局（太原××分局）所属万安站后，停在三道等待加补机车。期间，杨×与两名同学在火车的最后一节车辆下玩耍，涉案列车从万安站车道开出后，同学发现杨×被火车轧伤，遂回村报告。杨×经骨科医院（山西太原建东骨伤手外科专科医院）、汾阳医院（山西汾阳医院）手术治疗，其左前臂中上1/3处、左下肢小腿中上1/3处被截肢，司法鉴定构成二级伤残。经查，事故发生地东侧为杨×所在的西董屯村，西侧为万安站，站区无封闭。

杨×以铁路运输是高危作业，对造成的人身伤害应承担无过错责任，且万安车站未采取合理措施防范，该站工作人员也没有在火车启动前检查，致使其受伤为由提起诉讼，请求判令××分局赔偿医药费、住院期间伙食补助费、住院期间护理费、伤残补助金、鉴定费、残疾用具费、终生护理费、住宿费、交通费，并赔偿精神损失费总计114万元的70%。

判决主文

一审法院认定：火车有其固定运行轨道，根据相关法律规定，在站内及铁路线的路上逗留、游逛等系禁止性行为，相对人有遵守的义务。本案中，首先，原告杨×在火车下玩耍被轧伤致残，系自身原因。但因其为无民事行为能力的未成年人，其监护人应负责看护并保证人身安全。而监护人明知火车站内附近存在危险，而放任原告杨×玩耍，没有履行监护职责是事故发生的主要原因，因此，监护人应当对此次事故负主要责任。其次，万安站虽尽了相应的注意义务，但是没有及时发现幼儿在车下玩耍，亦应对此次事故负有责任。最后，原告杨×安装假肢后，需要更换脚板等假肢费用，本院予以支持。但原告杨×主张的终身护理费及其他费用缺乏事实依据和法律依据，应不予支持。

一审法院判决：被告××分局赔偿原告杨×身体损害的各项费用87 626元；赔偿精神损害抚慰金2万元。

原告杨×不服一审判决，提起上诉称：被上诉人××分局从事对周围环境有高度危险的高速运输作业，本案应当适用无过错责任原则。即使自己存在过错，也只能减轻被上诉人××分局的赔偿责任，而该局仍应承担主要赔偿责任。故原审判决仅认定被上诉人××分局承担20%责任不当。

二审法院判决：撤销一审法院判决；被上诉人××分局赔偿上诉人杨×身体损害所致损失262 877元，赔偿精神损害抚慰金2万元。

裁判要旨

对于铁路行车事故造成人身伤亡的损害，应当由铁路运输企业承担无过错责任。未成年受害人在火车车厢下玩耍，之后火车启动将其轧伤，给受害人造成残疾的损害后果。因受害人属于无民事行为能力的未成年人，故主观上不存在故意或者过失，且铁路运输部门未能提供证据证明受害人存在违反法律法规的行为。据此，铁路运输部门不存在法定免责事由，应当对受害人的损害结果承担赔偿责任。

重点提示

关于铁路行车事故造成未成年人人身伤亡的损害赔偿责任中，主要涉及归责原则、免责事由、监护人责任等问题，具体分析如下：其一，归责原则。对于铁路行车事故造成他人人身伤亡的赔偿责任的归责原则，存在不同认识，一种意见认为，适用无过错责任原则；另一种意见认为，适用过错责任原则或者过错推定责任原则。然而，依据我国《铁路法》关于“因铁路行车事故及其他铁路运营事故造成人身伤亡的，铁路运输企业应当承担赔偿责任”的规定，对铁路行车事故造成的侵权损害赔偿纠纷，适用无过错责任归责原则。其二，免责事由。关于铁路行车造成的人身损害事故中，免责事由主要包括不可抗力和受害人故意。另外，我国《铁路法》还规定了“受害人自身原因”造成人身损害这一免责事由。实践中，对“受害人自身原因”的理解，通常认为指的是受害人故意，同时还包括受害人违反法律、行政法规禁止性规定的行为。而对于铁路行车造成未成年人人身损害的，因未成年人不具有完全民事行为能力，不存在主观故意或者过失的问题，其损害不能认定为“受害人自身原因”，铁路运营者不得以此为由主张免责。其三，监护人责任。根据我国法律规定，未成年人监护人对未成年人负有保护其人身、财产以及其他合法权益不被侵害的职责。监护人对未成年人未采取有效的保护措施，未对未成年人在铁路沿线、站内玩耍尽监护职责，故对未成年人致损的后果存在监护过失，应当依法减轻铁路运营者的民事责任。

附录：侵权责任纠纷相关规范

一、基本法律

1. 中华人民共和国刑法（2017 年 11 月 4 日修正）
2. 中华人民共和国行政复议法（2017 年 9 月 1 日修正）
3. 中华人民共和国民事诉讼法（2017 年 6 月 27 日修正）
4. 中华人民共和国行政诉讼法（2017 年 6 月 27 日修正）
5. 中华人民共和国民法总则（2017 年 3 月 15 日）
6. 中华人民共和国大气污染防治法（2015 年 8 月 29 日修订）
7. 中华人民共和国环境保护法（2014 年 4 月 24 日修订）
8. 中华人民共和国公司法（2013 年 12 月 28 日修正）
9. 中华人民共和国消费者权益保护法（2013 年 10 月 25 日修正）
10. 中华人民共和国涉外民事关系法律适用法（2010 年 10 月 28 日）
11. 中华人民共和国石油天然气管道保护法（2010 年 6 月 25 日）
12. 中华人民共和国侵权责任法（2009 年 12 月 26 日）
13. 中华人民共和国民法通则（2009 年 8 月 27 日修正）
14. 中华人民共和国农村土地承包法（2009 年 8 月 27 日修正）
15. 中华人民共和国物权法（2007 年 3 月 16 日）
16. 中华人民共和国婚姻法（2001 年 4 月 28 日修正）
17. 中华人民共和国合同法（1999 年 3 月 15 日）
18. 中华人民共和国担保法（1995 年 6 月 30 日）

二、行政法规

1. 建设工程质量管理条例（2017 年 10 月 7 日修正）
2. 信息网络传播权保护条例（2013 年 1 月 30 日修订）
3. 诉讼费用交纳办法（2006 年 12 月 19 日）

三、司法解释

1. 最高人民法院关于审理医疗损害责任纠纷案件适用法律若干问题的解释（2017 年 12 月 13 日）

2. 最高人民法院关于审理矿业权纠纷案件适用法律若干问题的解释（2017 年 6 月 24 日）

3. 最高人民法院关于审理商标授权确权行政案件若干问题的规定（2017 年 1 月 10 日）

4. 最高人民法院关于加强和规范人民法院国家司法救助工作的意见（2016 年 7 月 1 日）

5. 最高人民法院关于审理消费民事公益诉讼案件适用法律若干问题的解释（2016 年 4 月 24 日）

6. 最高人民法院关于审理侵犯专利权纠纷案件应用法律若干问题的解释（二）（2016 年 3 月 21 日）

7. 最高人民法院关于海事法院受理案件范围的规定（2016 年 2 月 24 日）

8. 最高人民法院关于当前民事审判工作中的若干具体问题（2015 年 12 月 24 日）

9. 最高人民法院关于当前商事审判工作中的若干具体问题（2015 年 12 月 24 日）

10. 最高人民法院关于审理环境侵权责任纠纷案件适用法律若干问题的解释（2015 年 6 月 1 日）

11. 最高人民法院、最高人民检察院、公安部、司法部印发《关于依法办理家庭暴力犯罪案件的意见》的通知（2015 年 3 月 2 日）

12. 最高人民法院关于审理环境民事公益诉讼案件适用法律若干问题的解释（2015 年 1 月 6 日）

13. 最高人民法院关于充分发挥审判职能作用推动国家新型城镇化发展的意见（2014 年 11 月 14 日）

14. 最高人民法院关于审理利用信息网络侵害人身权益民事纠纷案件适用法律若干问题的规定（2014 年 8 月 21 日）

15. 最高人民法院关于审理涉及公证活动相关民事案件的若干规定（2014 年 5 月 16 日）

16. 最高人民法院关于审理食品药品纠纷案件适用法律若干问题的规定（2013 年 12 月 23 日）

17. 最高人民法院关于国内水路货物运输纠纷案件法律问题的指导意见（2012 年 12 月 24 日）

18. 最高人民法院关于审理侵害信息网络传播权民事纠纷案件适用法律若干问题的规定（2012 年 12 月 17 日）

19. 最高人民法院关于审理道路交通事故损害赔偿案件适用法律若干问题的解释（2012 年 11 月 27 日）

20. 最高人民法院关于军事法院管辖民事案件若干问题的规定（2012 年 8 月 28 日）

21. 最高人民法院关于审理因垄断行为引发的民事纠纷案件应用法律若干问题的规定（2012 年 5 月 3 日）

22. 最高人民法院关于当前形势下加强民事审判切实保障民生若干问题的通知（2012 年 2 月 12 日）

23. 最高人民法院印发《关于充分发挥知识产权审判职能作用推动社会主义文化大发展大繁荣和促进经济自主协调发展若干问题的意见》的通知（2011 年 12 月 16 日）

24. 最高人民法院印发《关于充分发挥审判职能作用加强和创新社会管理的若干意见》的通知（2011 年 10 月 27 日）

25. 最高人民法院关于印发《人民法院为实施“十二五”规划纲要提供司法保障的意见》的通知（2011 年 7 月 1 日）

26. 最高人民法院关于审理船舶油污损害赔偿纠纷案件若干问题的规定（2011 年 5 月 4 日）

27. 最高人民法院印发《关于修改〈民事案件案由规定〉的决定》的通知（2011 年 2 月 18 日）

28. 最高人民法院关于印发修改后的《民事案件案由规定》的通知（2011 年 2 月 18 日）

29. 最高人民法院印发《关于新形势下进一步加强人民法院基层基础建设的若干意见》的通知（2011 年 1 月 28 日）

30. 最高人民法院关于做好涉及网吧著作权纠纷案件审判工作的通知（2010 年 11 月 25 日）

31. 最高人民法院关于审理旅游纠纷案件适用法律若干问题的规定（2010 年 10 月 26 日）

32. 最高人民法院关于适用《中华人民共和国侵权责任法》若干问题的通知（2010 年 6 月 30 日）

33. 最高人民法院印发《关于为加快经济发展方式转变提供司法保障和服务的若干意见》的通知（2010 年 6 月 29 日）

34. 最高人民法院关于审理铁路运输人身损害赔偿纠纷案件适用法律若干问题的解释（2010 年 3 月 3 日）

35. 最高人民法院印发《关于当前形势下做好行政审判工作的若干意见》的通知（2009 年 6 月 26 日）

36. 最高人民法院印发《关于当前经济形势下知识产权审判服务大局若干问题的意见》的通知（2009 年 4 月 21 日）

37. 最高人民法院关于审理无正本提单交付货物案件适用法律若干问题的规定（2009 年 2 月 26 日）

38. 最高人民法院印发《关于为维护国家金融安全和经济全面协调可持续发展提供司法保障和法律服务的若干意见》的通知（2008 年 12 月 3 日）

39. 最高人民法院关于民事申请再审案件受理审查工作细则（试行）（2008 年 4 月 1 日）

40. 最高人民法院关于充分发挥行政审判职能作用为保障和改善民生提供有力司法保障的通知（2008 年 3 月 25 日）

41. 最高人民法院关于认真贯彻执行《关于行政诉讼撤诉若干问题的规定》的通知（2008 年 1 月 31 日）

42. 最高人民法院印发《最高人民法院关于加强和改进行政审判工作的意见》的通知（2007 年 4 月 24 日）

43. 最高人民法院关于妥善处理群体性行政案件的通知（2006 年 12 月

5 日）

44. 最高人民法院印发《最高人民法院关于人民法院为建设社会主义新农村提供司法保障的意见》的通知（2006 年 8 月 21 日）

45. 最高人民法院关于规范行政案件案由的通知（2004 年 1 月 14 日）

46. 最高人民法院关于审理证券市场因虚假陈述引发的民事赔偿案件的若干规定（2003 年 1 月 9 日）

47. 最高人民法院关于确定民事侵权精神损害赔偿责任若干问题的解释（2001 年 3 月 8 日）

48. 最高人民法院关于正确处理科技纠纷案件的若干问题的意见（1995 年 4 月 2 日）

四、批复、复函、答复

1. 国家知识产权局对十二届全国人大五次会议第 7576 号建议答复的函（2017 年 7 月 24 日）

2. 最高人民法院关于侵权行为导致流浪乞讨人员死亡，无赔偿权利人或者赔偿权利人不明的，民政部门能否提起民事诉讼的复函（2010 年 12 月 9 日）

3. 最高人民法院关于“吕洪斌与浙江象山县荣宁船务公司水路货物运输合同纠纷一案有关适用法律问题的请示”的复函（2006 年 3 月 14 日）

4. 最高人民法院关于日本东源株式会社诉如东县东旺水产品有限公司等返还侵占资金案的请示的复函（2004 年 12 月 3 日）

5. 最高人民法院关于山东移动通信有限责任公司潍坊分公司与中国联通公司潍坊分公司违反规范市场经营行为协议纠纷一案有关适用法律问题的函（2004 年 2 月 18 日）

6. 最高人民法院关于深圳市广夏文化实业总公司、宁夏伊斯兰国际信托投资公司、深圳兴庆电子公司与密苏尔有限公司仲裁裁决不予执行案的复函（2002 年 4 月 20 日）

7. 最高人民法院关于郑某与宽城满族自治县电力局、宽城满族自治县孛罗台乡孛罗台村等损害赔偿一案的复函（2002 年 4 月 2 日）

8. 最高人民法院关于津龙翔（天津）国际贸易公司与南京扬洋化工运

贸公司、天津天龙液体化工储运公司沿海货物运输合同货损赔偿纠纷一案请示的复函（2001 年 8 月 10 日）

9. 最高人民法院知识产权庭关于日本福马克拉株式会社与厦门市升祥贸易公司生产销售代理协议纠纷案的函（2000 年 5 月 22 日）

10. 最高人民法院关于曹豪哲诉延边电业局、姜国政赔偿一案的责任划分及法律适用问题的复函（1993 年 5 月 5 日）

11. 最高人民法院关于赵正与尹发惠人身损害赔偿案如何适用法律政策问题的函（1991 年 8 月 9 日）

12. 最高人民法院民事审判庭关于刘伯达诉徐州西站人身损害赔偿一案如何适用法律问题的电话答复（1990 年 6 月 11 日）

五、部门规章

1. 道路交通事故处理程序规定（2017 年 7 月 22 日修订）

2. 建设项目环境影响登记表备案管理办法（2016 年 11 月 16 日）

3. 网络交易管理办法（2014 年 1 月 26 日）

4. 企业知识产权管理规范（试行）（2012 年 5 月 1 日）

六、通知、意见

1. 教育部关于印发《中小学综合实践活动课程指导纲要》的通知（2017 年 9 月 25 日）

2. 国家旅游局关于印发《关于旅游部门实行“谁执法谁普法”普法责任制的实施方案》的通知（2017 年 8 月 28 日）

3. 国务院知识产权战略实施工作部际联席会议办公室关于印发《“十三五”国家知识产权保护和运用规划重点任务分工方案》的通知（2017 年 8 月 17 日）

4. 国务院关于印发“十三五”国家知识产权保护和运用规划的通知（2016 年 12 月 30 日）

5. 交通运输部办公厅关于印发出租汽车驾驶员从业资格全国公共科目考试大纲的通知（2016 年 10 月 21 日）

6. 国家卫生计生委关于印发卫生计生系统法治宣传教育第七个五年规划（2016 — 2020 年）的通知（2016 年 9 月 7 日）

7. 国务院办公厅印发《国务院关于新形势下加快知识产权强国建设的若干意见》重点任务分工方案的通知（2016年7月8日）

8. 教育部、司法部、全国普法办关于印发《青少年法治教育大纲》的通知（2016年6月28日）

9. 国务院办公厅关于印发药品上市许可持有人制度试点方案的通知（2016年5月26日）

10. 国家卫生计生委办公厅关于印发《新入职护士培训大纲（试行）》的通知（2016年1月22日）

11. 国务院关于新形势下加快知识产权强国建设的若干意见（2015年12月18日）

12. 国家新闻出版广电总局办公厅关于积极推进通过法定途径分类处理信访投诉请求工作的通知（2015年11月25日）

13. 交通运输部办公厅关于印发《交通运输领域通过法定途径分类处理信访投诉请求清单》的通知（2015年10月30日）

14. 环境保护部关于改革信访工作制度依照法定途径分类处理信访问题的意见（2015年8月26日）

15. 中国保监会、天津市人民政府关于加强保险业服务天津自贸试验区建设和京津冀协同发展等重大国家战略的意见（2015年7月10日）

16. 教育部关于印发《学校体育运动风险防控暂行办法》的通知（2015年4月30日）

17. 国务院办公厅关于印发贯彻实施质量发展纲要2015年行动计划的通知（2015年3月29日）

18. 国家卫生和计划生育委员会办公厅关于积极推进按照法定途径分类办理信访事项工作的通知（2014年12月30日）

19. 国家质量监督检验检疫总局、中国保险监督管理委员会关于开展产品质量安全责任保险工作的通知（2014年12月30日）

20. 民政部关于印发《生活无着的流浪乞讨人员救助管理机构工作规程》的通知（2014年6月22日）

21. 国家工商行政管理总局关于发布《网络交易平台经营者履行社会责

任指引》的公告（2014 年 5 月 28 日）

22. 商务部关于印发《家政服务合同》范本的通知（2014 年 5 月 14 日）

23. 人力资源和社会保障部办公厅关于印发《劳动人事争议仲裁员任职培训大纲（试行）》的通知（2013 年 12 月 22 日）

24. 工业和信息化部关于印发《工业企业知识产权管理指南》的通知（2013 年 11 月 8 日）

25. 国家中医药管理局、卫生部、教育部关于印发《中医类别全科医生规范化培养标准（试行）》的通知（2013 年 2 月 17 日）

26. 国家中医药管理局关于印发二级中医医院、中西医结合医院、民族医医院和中医专科医院评审标准的通知（2013 年 1 月 21 日）

27. 国家中医药管理局办公室关于印发二级中医医院、中西医结合医院、民族医医院和中医专科医院评审标准实施细则的通知（2013 年 1 月 21 日）

28. 农业部办公厅关于印发《农村土地承包经营纠纷调解仲裁员培训大纲（试行）》的通知（2012 年 11 月 7 日）

29. 卫生部关于印发《全科医生规范化培养标准（试行）》的通知（2012 年 7 月 2 日）

30. 国家旅游局关于加强监督管理规范旅游市场秩序的工作意见（2011 年 2 月 24 日）

31. 卫生部关于做好《侵权责任法》贯彻实施工作的通知（2010 年 6 月 28 日）

32. 最高人民法院关于印发《最高人民法院知识产权案件年度报告（2009）》的通知（2010 年 4 月 14 日）

33. 国家工商行政管理总局关于印发《保护世界博览会标志专有权行动方案》的通知（2009 年 8 月 13 日）

34. 农业部办公厅关于印发《农垦农产品质量追溯标识管理办法（试行）》的通知（2009 年 4 月 21 日）

35. 国家工商行政管理总局关于印发《保护奥林匹克标志专有权行动方

案》的通知（2007 年 7 月 20 日）

36. 国家版权局关于对计算机软件版权保护问题的意见（2003 年 7 月 7 日）

七、地方性法规

1. 北京市水污染防治条例（2018 年 3 月 30 月修正）
2. 河北省社会信用信息条例（2017 年 9 月 28 日）
3. 兰州市中小学生人身伤害事故预防与处理条例（2017 年 9 月 28 日）
4. 四川省环境保护条例（2017 年 9 月 22 日修订）
5. 甘肃省石油勘探开发生态环境保护条例（2017 年 7 月 28 日修订）
6. 陕西省消费者权益保护条例（2017 年 7 月 27 日修订）
7. 咸阳市禁止露天焚烧农作物秸秆条例（2017 年 6 月 21 日）
8. 湖北省专利条例（2017 年 5 月 24 日）
9. 江西省大气污染防治条例（2016 年 12 月 1 日）
10. 三亚市河道生态保护管理条例（2016 年 9 月 30 日）
11. 兰州市养犬管理条例（2016 年 8 月 8 日）
12. 铁岭市饮用水水源保护条例（2016 年 5 月 30 日）
13. 河北省食品小作坊小餐饮小摊点管理条例（2016 年 3 月 29 日）
14. 安徽省消费者权益保护条例（2016 年 2 月 3 日修订）
15. 湖北省土壤污染防治条例（2016 年 2 月 1 日）
16. 河北省大气污染防治条例（2016 年 1 月 13 日）
17. 广州市募捐条例（2015 年 12 月 23 日修正）
18. 广州市社会急救医疗管理条例（2015 年 12 月 23 日修正）
19. 黑龙江省消费者权益保护条例（2015 年 12 月 18 日）
20. 西安市城市房屋使用安全管理条例（2015 年 12 月 10 日修订）
21. 山东省特种设备安全条例（2015 年 12 月 3 日）
22. 河北省国土保护和治理条例（2015 年 1 月 12 日）
23. 上海市消费者权益保护条例（2014 年 11 月 20 日修正）
24. 宁夏回族自治区污染物排放管理条例（2014 年 9 月 29 日）
25. 陕西省放射性污染防治条例（2014 年 7 月 31 日）

26. 上海市大气污染防治条例（2014 年 7 月 25 日修订）

27. 江西省医疗纠纷预防与处理条例（2014 年 3 月 27 日）

28. 湖北省水污染防治条例（2014 年 1 月 22 日）

29. 长阳土家族自治县学校安全条例（2013 年 11 月 29 日）

30. 广东省见义勇为人员奖励和保障条例（2012 年 11 月 29 日）

31. 浙江省饮用水水源保护条例（2011 年 12 月 13 日）

32. 宁波市医疗纠纷预防与处置条例（2011 年 12 月 8 日）

33. 四川省未成年人保护条例（2011 年 9 月 29 日修订）

34. 武汉市中小学校安全条例（2011 年 8 月 28 日）

35. 淮南市中小学校学生人身伤害事故预防与处理条例（2011 年 4 月 22 日）

36. 苏州市专利促进条例（2010 年 11 月 19 日修订）

37. 重庆市妇女权益保障条例（2008 年 10 月 6 日修订）

38. 云南省消费者权益保护条例（2002 年 11 月 29 日）

39. 河北省人才市场管理条例（2002 年 9 月 28 日）

八、地方政府规章

1. 青岛市中小学校管理办法（2017 年 2 月 4 日）

2. 福建省土壤污染防治办法（2015 年 12 月 3 日）

3. 廊坊市区养犬管理规定（2015 年 6 月 30 日）

4. 沈阳市生态保护红线管理办法（2014 年 12 月 9 日）

5. 合肥市医患纠纷预防与处置暂行办法（2014 年 11 月 26 日）

6. 成都市医疗纠纷预防与处置办法（2014 年 9 月 2 日）

7. 邢台市医疗纠纷处置管理暂行办法（2014 年 4 月 1 日）

8. 达州市医疗纠纷预防与处置暂行实施办法（2013 年 12 月 6 日）

9. 宝鸡市市区养犬管理办法（2013 年 11 月 28 日）

10. 西宁市医疗纠纷预防与处理办法（2013 年 11 月 27 日）

11. 邯郸市医患纠纷预防与处置办法（2013 年 11 月 15 日）

12. 广东省医疗纠纷预防与处理办法（2013 年 4 月 2 日）

13. 宜昌市医疗纠纷预防与处理办法（2013 年 1 月 30 日）

14. 上海市社会生活噪声污染防治办法（2012 年 12 月 5 日）

15. 贵阳市机动车租赁治安管理办法（2012 年 5 月 25 日）

16. 浙江省辐射环境管理办法（2011 年 12 月 18 日）

17. 宁波市商业预付卡消费争议处理暂行办法（试行）（2011 年 11 月 24 日）

18. 南昌市医疗纠纷预防与处理办法（2011 年 11 月 19 日）

19. 江苏省道路交通事故社会救助基金使用及追偿管理细则（暂行）（2011 年 7 月 1 日）

20. 宁波市橱柜产品消费争议暂行解决办法（2011 年 1 月 29 日）

21. 福州市医患纠纷预防与处置办法（2011 年 1 月 24 日）

22. 珠海市医疗纠纷预防与处置办法（2011 年 1 月 14 日）

23. 菏泽市医疗纠纷预防与处置办法（2010 年 12 月 21 日）

24. 郑州市医疗纠纷预防与处理办法（2010 年 8 月 6 日）

25. 南昌市行政执法办法（2001 年 12 月 6 日）

26. 深圳经济特区法律援助办法（1998 年 7 月 11 日）

九、地方规范性文件

1. 中共上海市委、上海市人民政府印发《关于加快本市文化创意产业创新发展的若干意见》（2017 年 12 月 12 日）

2. 上海市食品药品监督管理局关于实施《中国（上海）自由贸易试验区内医疗器械注册人制度试点工作实施方案》的通知（2017 年 12 月 1 日）

3. 白山市人民政府关于印发白山市社会信用体系建设实施方案的通知（2017 年 10 月 15 日）

4. 湘西自治州人民政府关于加快社会信用体系建设的实施意见（2017 年 10 月 9 日）

5. 衡阳市人民政府办公室关于印发《衡阳市医疗纠纷第三方调解暂行办法》的通知（2017 年 10 月 8 日）

6. 开封市人民政府办公室关于进一步加强生活无着的流浪乞讨人员救助管理工作的意见（2017 年 9 月 8 日）

7. 湖北省物价局关于印发《湖北省实行政府定价管理涉企收费目录清

单》的通知（2017 年 8 月 25 日）

8. 泰州市政府印发关于金融支持科技创新促进产业转型升级政策措施的通知（2017 年 8 月 14 日）

9. 吉林省人民政府关于批转省发展改革委吉林省 2017 年深化经济体制改革重点任务分工方案的通知（2017 年 8 月 9 日）

10. 河北省人民政府办公厅关于印发河北·京南国家科技成果转移转化示范区建设实施方案（2017 — 2020 年）的通知（2017 年 8 月 7 日）

11. 上海市交通委员会关于试行《上海市交通运输领域通过法定途径分类处理信访矛盾清单》的通知（2017 年 7 月 28 日）

12. 漯河市人民政府办公室关于印发漯河市“十三五”社会信用体系建设规划的通知（2017 年 7 月 11 日）

13. 湖北省物价局关于印发《湖北省涉农价费政策清单》的通知（2017 年 6 月 21 日）

14. 驻马店市人民政府办公室关于印发驻马店市“十三五”社会信用体系建设规划的通知（2017 年 6 月 9 日）

15. 银川市人民政府办公厅关于印发《银川市互联网医院数据安全保密管理制度》的通知（2017 年 4 月 21 日）

16. 郑州市人民政府办公厅关于印发郑州市社会信用体系建设三年行动计划（2016—2018 年）的通知（2017 年 4 月 6 日）

17. 商丘市人民政府办公室关于印发商丘市“十三五”社会信用体系建设规划的通知（2017 年 3 月 29 日）

18. 浙江省人民政府办公厅关于新形势下加快知识产权强省建设的实施意见（2017 年 3 月 21 日）

19. 邢台市人民政府关于印发邢台市医疗纠纷处置管理办法的通知（2017 年 3 月 15 日）

20. 广州市知识产权局关于印发《广州市知识产权局规范行政处罚自由裁量权规定》的通知（2017 年 2 月 13 日）

21. 德州市人民政府关于印发德州市社会信用体系建设规划（2016—2020 年）的通知（2017 年 1 月 26 日）

22. 北京市人民政府关于加快知识产权首善之区建设的实施意见（2017年1月10日）

23. 镇江市人民政府办公室关于印发镇江市贯彻落实《省政府关于加快推进产业科技创新中心和创新型省份建设若干政策措施》目标责任分解的通知（2016年12月27日）

24. 鞍山市人民政府关于新形势下加快知识产权强市建设的实施意见（2016年12月1日）

25. 武汉市发展和改革委员会、武汉市财政局关于调整武汉市涉企行政事业性收费标准目录清单的通知（2016年11月24日）

26. 武汉市发展和改革委员会关于调整武汉市实行政府定价管理的涉企经营服务性收费清单的通知（2016年11月17日）

27. 天水市人民政府办公室关于印发天水市质量发展十三五规划的通知（2016年11月11日）

28. 天津市滨海新区人民政府、天津市金融工作局、中国保监会天津监管局关于印发推动天津空港经济区保险产业园创新发展实施意见的通知（2016年10月31日）

29. 海南省生态环境保护厅关于依照法定途径分类处理环境信访问题的工作意见（2016年10月26日）

30. 南京市政府办公厅关于转发市科委《南京市落实省政府〈关于加快推进产业科技创新中心和创新型省份建设若干政策措施〉重点任务分工》的通知（2016年10月25日）

31. 海南省人民政府关于新形势下加快知识产权强省建设的实施意见（2016年10月25日）

32. 承德市人民政府关于实施质量强市加快绿色崛起的实施意见（2016年10月20日）

33. 无锡市卫生和计划生育委员会关于印发《无锡市市级临床重点专科管理办法》的通知（2016年10月13日）

34. 广州市人民政府办公厅关于做好石油天然气管道保护工作的通知（2016年10月13日）

35. 吉林省交通运输厅关于印发《吉林省交通运输领域通过法定途径分类处理信访投诉请求清单》的通知（2016 年 9 月 27 日）

36. 广东省卫生计生委办公室关于印发依法分类处理群众信访诉求意见（试行）的通知（2016 年 9 月 27 日）

37. 江苏省政府办公厅关于印发加快推进产业科技创新中心和创新型省份建设若干政策措施重点任务分工的通知（2016 年 9 月 14 日）

38. 吉林省教育厅关于印发《吉林省教育领域通过法定途径分类处理信访投诉请求的清单（试行）》的通知（2016 年 9 月 12 日）

39. 江苏省政府印发关于加快推进产业科技创新中心和创新型省份建设若干政策措施的通知（2016 年 8 月 15 日）

40. 辽宁省人民政府关于新形势下加快知识产权强省建设的实施意见（2016 年 7 月 10 日）

41. 淄博市工商行政管理局关于印发淄博市第三方交易平台经营行为规范的通知（2016 年 7 月 8 日）

42. 西安市人民政府关于进一步加强社会信用体系建设的意见（2016 年 6 月 27 日）

43. 北京市环境保护局关于依照法定途径分类处理信访问题的意见（2016 年 5 月 13 日）

44. 河北省财政厅、河北省物价局关于发布行政事业性收费目录的公告（2016 年 5 月 12 日）

45. 内蒙古自治区司法厅、环境保护厅关于加强环境污染矛盾纠纷人民调解工作的指导意见（2016 年 5 月 12 日）

46. 辽宁省国土资源厅关于做好按照法定途径分类处理信访事项工作的通知（2016 年 3 月 30 日）

47. 合肥市司法局关于印发《合肥市司法行政领域分类处理信访投诉请求工作清单》的通知（2016 年 3 月 30 日）

48. 山东省教育厅关于印发山东省职业院校基本工作规范的通知（2016 年 1 月 20 日）

49. 北京市西城区人民政府关于印发北京市西城区直管公房管理暂行规

定的通知（2016 年 1 月 5 日）

50. 齐齐哈尔市人民政府法制办公室关于聘用市政府法律顾问有关事宜的通知（2015 年 12 月 25 日）

51. 北京市知识产权局、北京市金融工作局、中国人民银行营业管理部等关于印发《进一步推动首都知识产权金融服务工作的意见》的通知（2015 年 12 月 8 日）

52. 安徽省环保厅关于改革信访工作制度依照法定途径分类处理信访问题的意见（2015 年 12 月 2 日）

53. 四川省环境保护厅办公室关于印发《四川省环保领域信访问题法定途径清单》的通知（2015 年 11 月 25 日）

54. 安徽保监局办公室关于印发《安徽省保险类机构高级管理人员任职资格电子化测试管理办法》的通知（2015 年 11 月 23 日）

55. 四平市人民政府办公室关于印发四平市医疗纠纷调解办法的通知（2015 年 10 月 26 日）

56. 四川省卫生和计划生育委员会、四川省发展和改革委员会等 5 部门关于印发《四川省医师多点执业管理办法（试行）》的通知（2015 年 10 月 22 日）

57. 中共安徽省委、安徽省人民政府关于进一步加强社会信用体系建设的意见（2015 年 10 月 9 日）

58. 宁夏律师协会关于印发《宁夏律师协会律师互助基金管理办法》《宁夏律师协会经费支出管理办法》《宁夏律师协会机构设置调整方案》的通知（2015 年 9 月 2 日）

59. 长沙市知识产权局、长沙市工商行政管理局、长沙市商务局关于重新公布《长沙市大中型商业零售经营单位知识产权保护指导规范》的通知（2015 年 8 月 20 日）

60. 安阳市人民政府关于加快发展现代保险服务业的实施意见（2015 年 8 月 17 日）

61. 中国保监会、天津市人民政府关于加强保险业服务天津自贸试验区建设和京津冀协同发展等重大国家战略的意见（2015 年 7 月 10 日）

62. 江苏省食品药品监管局关于印发江苏省食品药品安全信用体系建设指导意见的通知（2015 年 7 月 9 日）

63. 徐州市政府关于印发徐州市医疗风险互助金管理办法（试行）的通知（2015 年 7 月 1 日）

64. 内蒙古自治区农牧业厅关于印发新型职业农牧民培育和农村牧区实用人才培养教学大纲的通知（2015 年 6 月 19 日）

65. 湖州市人民政府办公室关于进一步明确市政府部门职责边界的通知（2015 年 5 月 29 日）

66. 山东省工商行政管理局关于印发《山东省工商行政管理局指导经营者处理消费者投诉意见》的通知（2015 年 5 月 29 日）

67. 湖北省教育厅关于印发《湖北省职业院校学生实习管理办法（试行）》的通知（2015 年 5 月 21 日）

68. 上海市政府办公厅印发本市贯彻《国务院办公厅关于加强环境监管执法的通知》实施意见的通知（2015 年 4 月 16 日）

69. 广州市人民政府办公厅关于印发广州市见义勇为人员奖励和保障实施办法的通知（2015 年 4 月 15 日）

70. 四川省卫生和计划生育委员会关于印发四川省二级肾脏医院评审标准实施细则（试行）的通知（2015 年 4 月 8 日）

71. 四川省卫生和计划生育委员会关于印发四川省二级妇产医院评审标准实施细则（试行）的通知（2015 年 4 月 8 日）

72. 江苏省政府关于加快提升文化创意和设计服务产业发展水平的意见（2015 年 4 月 7 日）

73. 中关村科技园区管理委员会、中国人民银行营业管理部、北京市经济和信息化委员会关于印发《关于进一步加强中关村国家自主创新示范区信用体系建设的意见》的通知（2015 年 2 月 27 日）

74. 益阳市人民政府办公室关于印发《益阳市医疗纠纷预防与处理试行办法》的通知（2015 年 2 月 16 日）

75. 上海市杨浦区人民政府办公室转发区住房保障房屋管理局关于加强本区老旧住房安全隐患处置工作的实施意见的通知（2015 年 2 月 15 日）

76. 营口市人民政府关于印发《营口市医疗纠纷预防与处置办法》的通知（2015 年 2 月 8 日）

77. 湖南省经济和信息化委员会关于印发《湖南省中小企业公共服务平台网络运行管理办法》的通知（2015 年 1 月 23 日）

78. 南平市人民政府关于印发南平市医患纠纷预防与处置办法的通知（2015 年 1 月 21 日）

79. 苏州市政府关于印发苏州市社会信用体系建设规划（2014 ~ 2020 年）的通知（2015 年 1 月 5 日）

80. 上海市崇明县人民政府办公室转发县住房保障房屋管理局等四部门制定的关于加强本县老旧住房安全隐患处置工作实施意见的通知（2015 年 1 月 5 日）

81. 淄博市卫生和计划生育委员会关于印发淄博市一级综合医院评审标准（2014 年版）和淄博市一级综合医院评审标准实施细则（2014 年版）的通知（2014 年 12 月 23 日）

82. 宝鸡市人民政府关于印发宝鸡市医疗纠纷调解处置暂行办法的通知（2014 年 12 月 9 日）

83. 浙江省科学技术厅、浙江省知识产权局关于印发《浙江省电子商务领域专利保护工作指导意见（试行）》的通知（2014 年 11 月 7 日）

84. 上海市人民政府办公厅转发市住房保障房屋管理局等五部门关于加强本市老旧住房安全隐患处置工作实施意见的通知（2014 年 9 月 26 日）

85. 北京市顺义区人民政府关于印发顺义区加强工业产品质量安全工作意见的通知（2014 年 6 月 17 日）

86. 上海市工商行政管理局关于印发《上海市工商行政管理局第三方网络交易平台经营管理办法》的通知（2014 年 6 月 11 日）

87. 东莞市人民政府关于印发《东莞市医疗纠纷预防与处理办法》的通知（2014 年 6 月 10 日）

88. 厦门市商务局关于推广执行《家政服务合同》范本的通知（2014 年 5 月 23 日）

89. 丹东市人民政府关于印发丹东市医疗纠纷人民调解办法的通知

（2014 年 4 月 17 日）

90. 郴州市人民政府办公室关于印发《郴州市市城区养犬管理办法》的通知（2014 年 4 月 8 日）

91. 陇南市人民政府办公室关于印发陇南市预防与处置医患纠纷暂行办法的通知（2014 年 3 月 5 日）

92. 龙岩市人民政府关于印发龙岩市医疗纠纷处置办法的通知（2014 年 2 月 21 日）

93. 青岛市教育局、青岛市经济和信息化委员会、青岛市财政局等关于印发《青岛市教育局中等职业学校学生实习管理办法》的通知（2014 年 1 月 26 日）

94. 江苏省卫生厅办公室关于加强医疗机构高值医用耗材临床应用管理的意见（2014 年 1 月 17 日）

95. 巴中市人民政府办公室关于印发《巴中市医疗纠纷预防与处置暂行办法》的通知（2014 年 1 月 10 日）

96. 重庆市教育委员会关于加强高等职业院校学生顶岗实习管理工作的意见（2013 年 11 月 30 日）

97. 河南省教育厅、河南省公安厅、河南省司法厅关于印发《河南省普通高等学校学生非正常死亡事故（案件）应急处置办法（暂行）》的通知（2013 年 11 月 10 日）

98. 重庆市财政局、重庆市国土资源和房屋管理局关于《重庆市矿山地质环境保护与治理恢复保证金管理办法》的通知（2013 年 6 月 20 日）

99. 重庆市国土房管局、重庆市安监局关于印发《重庆市地质灾害与安全生产事故责任调查认定处理暂行办法》的通知（2013 年 2 月 20 日）

100. 浙江省知识产权局关于印发《浙江省〈企业知识产权管理规范〉评审认证工作管理暂行办法》的通知（2013 年 2 月 5 日）

101. 连云港市人民政府关于印发连云港市医患纠纷调处工作实施意见的通知（2012 年 10 月 24 日）

102. 嘉兴市人民政府办公室转发市维稳办、市公安局、市卫生局关于嘉兴市医疗机构重大医疗纠纷预防与应急处置办法的通知（2012 年 7 月 20

日）

103. 江西省教育厅关于印发《江西省校方责任保险管理实施办法》通知（2012 年 7 月 10 日）

104. 黑龙江省住房和城乡建设厅关于印发《黑龙江省建设工程施工合同（系列文本）》的通知（2012 年 7 月 5 日）

105. 新余市人民政府关于印发新余市医疗纠纷预防与处置办法的通知（2012 年 6 月 20 日）

106. 德州市人民政府关于印发《德州市医疗纠纷预防与处置办法》的通知（2012 年 6 月 10 日）

107. 伊春市人民政府办公室关于印发伊春市城市管理综合行政执法协作制度的通知（2012 年 5 月 11 日）

108. 中国保险监督管理委员会江苏监管局、江苏省卫生厅、江苏省司法厅关于加强医疗责任保险工作的通知（2012 年 5 月 3 日）

109. 广州市律师协会关于发布《广州律师办理医患纠纷案件业务操作指引》的通知（2012 年 3 月 26 日）

110. 汕尾市人民政府办公室印发《汕尾市涉税信息交换与共享实施办法（试行）》的通知（2012 年 3 月 22 日）

111. 通辽市人民政府关于印发通辽市医患纠纷预防与调处暂行办法的通知（2012 年 3 月 12 日）

112. 上海市卫生局关于印发《上海市二级甲等综合医院评审标准（2012 版）》的通知（2012 年 2 月 27 日）

113. 肇庆市人民政府关于印发《肇庆市涉税信息交换与共享实施办法》的通知（2012 年 2 月 16 日）

114. 东莞市人民政府办公室关于进一步加强我市医疗机构安全保卫工作的实施意见（2012 年 2 月 14 日）

115. 威海市人民政府办公室关于印发威海市医疗纠纷预防与处置办法的通知（2011 年 12 月 19 日）

116. 黄冈市人民政府关于印发《黄冈市医疗纠纷预防与处置暂行办法》的通知（2011 年 11 月 7 日）

117. 宝鸡市人民政府关于印发宝鸡市市区养犬管理暂行办法的通知（2011年9月26日）

118. 青海省工商行政管理局关于网络商品交易及有关服务行为监管工作的实施意见（2011年8月25日）

119. 四川省卫生厅、四川省财政厅关于印发《四川省预防接种异常反应补偿办法》的通知（2011年7月22日）

120. 大同市人民政府办公厅关于建立领导干部学法制度的通知（2011年7月4日）

121. 昆明市环境保护局关于印发《昆明市环境保护局关于办理环境民事公益诉讼案件的指导意见（试行）》的通知（2011年6月3日）

122. 重庆市卫生局关于印发《重庆市医院投诉管理办法实施细则（试行）》的通知（2011年5月13日）

123. 新疆维吾尔自治区住房和城乡建设厅关于重新发布《新疆维吾尔自治区建筑工程质量投诉处理办法》的通知（2011年4月29日）

124. 新余市人民政府关于印发新余市医疗纠纷预防与处置暂行办法的通知（2011年4月22日）

125. 连云港市人民政府关于印发连云港市医患纠纷预防与处置暂行办法的通知（2010年12月27日）

126. 广东省人民政府办公厅印发广东省涉税信息交换与共享规定（试行）的通知（2010年12月20日）

127. 江苏省物价局、省财政厅关于进一步完善法院收费管理政策的通知（2010年12月10日）

128. 广元市人民政府关于印发《广元市预防及处置医患纠纷暂行办法》的通知（2010年11月15日）

129. 衡阳市人民政府关于印发《衡阳市医疗纠纷处置暂行规定》的通知（2010年11月8日）

130. 镇江市人民政府关于印发镇江市市民卡管理暂行办法的通知（2010年10月20日）

131. 长沙市知识产权保护局、长沙市工商行政管理局、长沙市商务局

关于印发《长沙市大型商业零售经营单位知识产权保护指导规范》（2010年9月29日）

132. 萍乡市人民政府办公室关于印发萍乡市领导干部任职前法律知识考查和测试办法的通知（2010年9月9日）

133. 重庆市人民政府办公厅关于印发重庆市道路交通事故社会救助基金管理暂行办法的通知（2010年9月6日）

134. 镇江市人民政府关于印发《镇江市市区烟花爆竹安全燃放管理暂行办法》的通知（2010年9月3日）

135. 上海市教育委员会关于转发《教育部关于做好新学年中小学幼儿园安全工作的通知》的通知（2010年9月1日）

136. 杭州市文化广电新闻出版局关于印发《创建“依法行政示范单位”任务分解》的通知（2010年9月1日）

137. 邵阳市人民政府办公室关于印发邵阳市医疗纠纷预防与处置暂行办法的通知（2010年8月31日）

138. 海南省卫生厅、中国保险监督管理委员会海南保监局关于在全省公立医疗机构统一推行医疗责任保险制度的通知（2010年8月23日）

139. 北京市卫生局转发卫生部办公厅关于在医疗机构推行表格式护理文书的通知（2010年8月23日）

140. 许昌市人民政府办公室关于印发许昌市人民政府领导干部学法制度的通知（2010年8月6日）

141. 福建省住房和城乡建设厅关于举办《福建省行政机关规范性文件备案审查办法》学习研讨班的通知（2010年7月16日）

142. 云南省律师协会关于印发《云南律师网络在线培训管理办法（试行）》的通知（2010年7月16日）

143. 江苏省卫生厅转发卫生部关于做好《侵权责任法》贯彻实施工作通知的通知（2010年7月14日）

144. 江苏省卫生厅转发卫生部关于做好《侵权责任法》贯彻实施工作通知的通知（2010年7月14日）

145. 浙江省卫生厅转发卫生部办公厅关于切实加强医疗机构安全防范

工作的通知（2010年7月1日）

146. 马鞍山市律师协会关于印发《马鞍山市律师继续教育培训考核办法（试行）》的通知（2010年6月21日）

147. 浙江省质量技术监督局关于抓紧做好“五五”普法总结验收工作的通知（2010年4月20日）

148. 滁州市人民政府办公室批转市司法局关于依法加强公证工作服务大滁城建设的意见的通知（2010年2月27日）

149. 云南省律师协会关于《侵权责任法》讲座有关事项的通知（2010年1月27日）

150. 江苏省卫生厅关于下发《江苏省医院投诉管理实施细则（试行）》的通知（2010年1月26日）

151. 湖南省物价局、省财政厅关于核定法院部分案件受理费标准的通知（2009年12月11日）

152. 甘肃省物价局、省财政厅关于核定我省法院系统相关案件诉讼费用收费标准等有关问题的通知（2007年10月18日）

153. 北京市发展和改革委员会关于非财产民事案件等诉讼受理费标准的通告（2007年6月26日）

154. 成都住宅与房地产业协会关于印发《成都市房地产行业信用等级评定规范》《成都市房地产行业信用激励与惩戒意见》的通知（2006年12月21日）

155. 上海市对外经济贸易委员会关于加强对外经济贸易中知识产权保护的意见（2003年5月20日）

156. 昌吉回族自治州人民政府关于加强知识产权工作的意见（2003年5月6日）

157. 西安市人民政府办公厅转发市科委关于加强专利工作的若干意见的通知（2001年2月12日）

十、地方司法文件

1. 天津市高级人民法院关于印发《天津法院劳动争议案件审理指南》的通知（2017年11月30日）

2. 江苏省高级人民法院、江苏省卫生和计划生育委员会、江苏省司法厅关于印发《江苏省医疗损害鉴定管理办法》的通知（2017 年 10 月 23 日）

3. 杭州互联网法院涉互联网案件起诉及管辖指引（2017 年 8 月 18 日）

4. 江西省高级人民法院关于审理人身侵权赔偿案件指导意见（试行）（2017 年 8 月 17 日）

5. 广东省高级人民法院印发《广东省高级人民法院关于审理第三人撤销之诉案件疑难问题的解答》的通知（2017 年 7 月 19 日）

6. 杭州市中级人民法院、杭州铁路运输法院关于杭州铁路运输法院集中管辖部分涉网一审民事案件起诉及管辖指引（2017 年 5 月 22 日）

7. 北京市高级人民法院关于印发《北京法院机动车交通事故责任纠纷案件疑难问题审判指引》的通知（2017 年 5 月 3 日）

8. 北京市高级人民法院《专利侵权判定指南（2017）》（2017 年 4 月 20 日）

9. 浙江省高级人民法院民三庭关于印发《关于市场开办者知识产权侵权责任的纪要》的通知（2016 年 6 月 30 日）

10. 天津市高级人民法院关于制定并发布《侵犯商标权纠纷案件的审理指南》的通知（2016 年 3 月 7 日）

11. 天津市高级人民法院侵犯商标权纠纷案件审理指南（2016 年 1 月 12 日）

12. 浙江省高级人民法院民事审判第一庭、浙江省劳动人事争议仲裁院关于印发《关于审理劳动争议案件若干问题的解答（三）》的通知（2015 年 9 月 29 日）

13. 贵州省高级人民法院关于印发《贵州省高级人民法院关于推进环境民事公益诉讼审判工作的若干意见》的通知（2015 年 6 月 3 日）

14. 安徽省高级人民法院关于印发《安徽省高级人民法院〈关于审理劳动争议案件若干问题的指导意见〉》的通知（2015 年 1 月 20 日）

15. 安徽省高级人民法院关于审理医疗纠纷案件若干问题的指导意见（2015 年 1 月 20 日）

16. 深圳市中级人民法院关于道路交通事故损害赔偿纠纷案件的裁判指引（2014年8月14日）

17. 深圳市中级人民法院关于医疗损害赔偿纠纷案件的裁判指引（2014年8月14日）

18. 天津市高级人民法院关于进一步规范诉讼费用收取标准的指导意见（试行）（2014年7月15日）

19. 广东省高级人民法院关于印发《广东省2014年度人身损害赔偿计算标准》的通知（2014年7月15日）

20. 浙江省高级人民法院关于依法审理医疗纠纷案件促进和谐医患关系的意见（2014年1月7日）

21. 北京市高级人民法院关于加强未成年人案件专业化审判机制建设的指导意见（2013年12月31日）

22. 北京市高级人民法院关于印发《北京市高级人民法院关于审理电子商务侵害知识产权纠纷案件若干问题的解答》的通知（2013年12月28日）

23. 湖北省高级人民法院关于审理医疗损害责任纠纷案件若干问题的意见（2013年11月23日）

24. 温州市中级人民法院关于印发《关于确定受害人配置残疾辅助器具标准的会议纪要》的通知（2013年11月7日）

25. 惠州市人民政府办公室关于印发《惠州市社会急救医疗管理办法》的通知（2013年10月16日）

26. 北京市高级人民法院关于印发《北京市高级人民法院专利侵权判定指南》的通知（2013年9月4日）

27. 北京市西城区人民政府关于印发北京市西城区行政机关合同管理办法的通知（2013年6月7日）

28. 宁波市司法局关于印发《宁波市人民调解员业务培训大纲》的通知（2013年5月29日）

29. 抚顺市中级人民法院关于为建设幸福美丽抚顺提供有力司法保障的实施意见（2013年3月20日）

30. 广东省高级人民法院关于已被追究刑事责任的犯罪人应否承担精神

损害赔偿民事责任的批复（2013 年 1 月 30 日）

31. 广东省高级人民法院关于调整省法院机关审判业务部门管辖案件范围的通知（2012 年 12 月 20 日）

32. 上海市高级人民法院民事审判第五庭关于印发《关于审理保险代位求偿权纠纷案件若干问题的解答（一）》的通知（2012 年 9 月 19 日）

33. 广东省高级人民法院关于印发《广东省 2012 年度人身损害赔偿计算标准》的通知（2012 年 6 月 7 日）

34. 广东省高级人民法院关于人民法院委托医疗损害鉴定若干问题的意见（试行）（2011 年 11 月 17 日）

35. 浙江省高级人民法院民一庭关于审理物业服务合同纠纷案件适用法律若干问题的意见（试行）（2011 年 10 月 17 日）

36. 新疆维吾尔自治区高级人民法院关于审理道路交通事故损害赔偿案件若干问题的指导意见（试行）（2011 年 9 月 29 日）

37. 新疆维吾尔自治区高级人民法院关于审理医疗损害赔偿案件若干问题的指导意见（试行）（2011 年 9 月 29 日）

38. 北京市高级人民法院关于贯彻执行《规范民、商事审判庭案件管辖分工的规定（试行）》的通知（2011 年 7 月 8 日）

39. 贵州省高级人民法院关于印发《关于审理涉及机动车交通事故责任强制保险案件若干问题的意见》的通知（2011 年 6 月 7 日）

40. 广西壮族自治区高级人民法院、自治区人民检察院、自治区公安厅关于印发《广西壮族自治区道路交通事故损害赔偿项目计算标准》的通知（2011 年 5 月 10 日）

41. 湖南省高级人民法院关于审理涉及网络的著作权侵权案件若干问题的指导意见（2011 年 5 月 5 日）

42. 江苏省高级人民法院关于为加快推进生态省建设全面提升生态文明水平提供司法保障的意见（2011 年 4 月 22 日）

43. 江西省高级人民法院关于审理网络侵权纠纷案件适用法律若干问题的指导意见（试行）（2011 年 4 月 21 日）

44. 玉溪市中级人民法院、玉溪市人民检察院关于办理环境资源民事公

益诉讼案件若干问题的意见（试行）（2011 年 2 月 24 日）

45. 山东省高级人民法院关于审理网络著作权侵权纠纷案件的指导意见（试行）（2011 年 1 月 6 日）

46. 上海市高级人民法院关于委托医疗损害司法鉴定若干问题的暂行规定（2011 年 1 月 1 日）

47. 贵州省高级人民法院关于在交通肇事刑事附带民事诉讼案件中调整赔偿范围的通知（2010 年 11 月 8 日）

48. 北京市高级人民法院关于印发《北京市高级人民法院关于审理医疗损害赔偿纠纷案件若干问题的指导意见（试行）》的通知（2010 年 11 月 18 日）

49. 江苏省高级人民法院、江苏省卫生厅关于医疗损害鉴定工作的若干意见（试行）（2010 年 10 月 11 日）

50. 浙江省高级人民法院关于规范委托医疗损害鉴定的通知（2010 年 9 月 8 日）

51. 浙江省高级人民法院民三庭关于印发《关于审理网吧侵犯信息网络传播权纠纷案件若干问题的指导意见（试行）》的通知（2010 年 7 月 12 日）

52. 江苏省高级人民法院关于做好《中华人民共和国侵权责任法》实施后医疗损害鉴定工作的通知（2010 年 7 月 9 日）

53. 浙江省高级人民法院民事审判第一庭关于审理医疗纠纷案件若干问题的意见（试行）（2010 年 7 月 1 日）

54. 浙江省高级人民法院民一庭关于审理道路交通事故损害赔偿纠纷案件若干问题的意见（试行）（2010 年 7 月 1 日）

55. 广东省高级人民法院关于在知识产权审判工作中认真领会和适用《中华人民共和国侵权责任法》的通知（2010 年 6 月 25 日）

56. 北京市高级人民法院关于印发《关于审理涉及网络环境下著作权纠纷案件若干问题的指导意见（一）（试行）》的通知（2010 年 5 月 19 日）

57. 深圳市中级人民法院关于建设工程合同若干问题的指导意见（2010 年 3 月 9 日）

58. 云南省高级人民法院关于审理信息网络传播权纠纷案件若干问题的指导意见（2009 年 12 月 9 日）

59. 上海市高级人民法院民事审判第二庭关于当前商事审判若干问题的意见（2009 年 12 月 8 日）

60. 浙江省高级人民法院民事审判第三庭关于审理网络著作权侵权纠纷案件的若干解答意见（2009 年 10 月 20 日）

61. 陕西省高级人民法院关于审理刑事附带民事诉讼案件的指导意见（试行）（2009 年 5 月 27 日）

62. 江苏省高级人民法院关于在当前宏观经济形势下进一步做好知识产权审判工作促进自主创新的指导意见（2009 年 3 月 2 日）

63. 广东省高级人民法院关于审理侵犯音像著作权纠纷案件若干问题的指导意见（2009 年 3 月 2 日）

64. 上海市高级人民法院铁路旅客运输人身损害赔偿若干问题的解答（二）（2007 年 3 月 21 日）

65. 上海市高级人民法院铁路旅客运输人身损害赔偿若干问题的解答（一）（2007 年 2 月 17 日）

66. 江西省高级人民法院民事审判第一庭关于审理道路交通事故人身损害赔偿案件适用法律若干问题的解答（2006 年 12 月 31 日）

67. 上海市高级人民法院关于涉及公证民事诉讼若干问题的解答（2006 年 9 月 20 日）

68. 上海市高级人民法院关于印发《关于审理与股份合作制企业相关的公司纠纷案件若干问题的解答》的通知（2006 年 6 月 20 日）

69. 陕西省高级人民法院关于印发《审理刑事附带民事诉讼案件的指导意见》的通知（2006 年 2 月 15 日）

70. 上海市高级人民法院医疗过失赔偿纠纷案件办案指南（2005 年 9 月 20 日）

71. 上海市高级人民法院关于处理房屋租赁纠纷若干法律适用问题的解答（一）（2005 年 8 月 29 日）

72. 新疆维吾尔自治区高级人民法院兵团分院关于审理人身损害赔偿案

件若干问题的指导意见（2005 年 4 月 29 日）

73. 上海市高级人民法院民一庭关于下发《侵权纠纷办案要件指南》的通知（2005 年 3 月 4 日）

74. 上海市高级人民法院民事审判第一庭侵权纠纷办案要件指南（2005 年 2 月 22 日）

75. 沈阳市中级人民法院关于审理房地产案件若干问题的处理意见（之二）（2004 年 12 月 2 日）

76. 上海市高级人民法院关于印发《上海法院民事办案要件指南》的通知（2003 年 11 月 25 日）

77. 北京市高级人民法院关于企业下落不明、歇业、撤销、被吊销营业执照、注销后诉讼主体及民事责任承担若干问题的处理意见（试行）（2001 年 11 月 7 日）

78. 北京市高级人民法院关于审理著作权民事纠纷案件适用法律若干问题的解答（1996 年 12 月 9 日）

79. 北京市高级人民法院关于印发《关于审理计算机软件著作权纠纷案件的几个问题的意见》的通知（1995 年 6 月 21 日）

80. 江苏省高级人民法院印发《关于审理购销合同纠纷案件若干问题的讨论纪要》的通知（1993 年 6 月 12 日）

十一、团体、行业规定、军事法规、规章及其他

1. 中共中央办公厅、国务院办公厅印发《生态环境损害赔偿制度改革方案》（2017 年 12 月 1 日）

2. 中华全国律师协会律师承办海商海事案件业务操作指引（2015 年 10 月 1 日修订）

3. 中国支付清算协会网络支付应用工作委员会关于印发《支付机构互联网支付业务风险防范指引》的通知（2013 年 3 月 7 日）

4. 律师承办海商海事案件操作指引（2007 年 7 月 3 日）